本书出版得到国家重点文物保护

专项补助经费资助

六顶山渤海墓葬

——2004~2009 年清理发掘报告

吉林省文物考古研究所
敦化市文物管理所 编著

主 编 王洪峰

文物出版社

封面设计　周小玮

责任印制　王少华

责任编辑　张广然　李克能

图书在版编目（CIP）数据

六顶山渤海墓葬：2004～2009年清理发掘报告/吉林省
文物考古研究所，敦化市文物管理所编著．—北京：文物
出版社，2012.10

（渤海文物保护工程发掘报告系列丛书）

ISBN 978 - 7 - 5010 - 3572 - 4

I.①六… II.①吉… ②敦… III.①墓葬（考古）—
发掘报告—敦化市　IV.①K878.85

中国版本图书馆CIP数据核字（2012）第228414号

六 顶 山 渤 海 墓 葬

——2004～2009年清理发掘报告

吉林省文物考古研究所
　　　　　　　　　　编著
敦 化 市 文 物 管 理 所

文 物 出 版 社 出 版 发 行

（北京市东直门内北小街2号楼　邮政编码100007）

http：//www.wenwu.com

E-mail：web@wenwu.com

北京旺都印务有限公司印刷

新 华 书 店 经 销

889×1194　1/16　印张：25.5　插页：2

2012年10月第1版　2012年10月第1次印刷

ISBN 978 - 7 - 5010 - 3572 - 4　定价：320.00元

目　录

插图目录

图版目录

第一章　墓群概述

第一节　位置与环境

六顶山墓群位于长白山北麓的吉林省敦化市中部，属于长白山地向第二松花江沿岸丘陵、平原的过渡地带。敦化为县级市，市辖面积约 1.2 万平方公里，北有威虎岭，南有哈尔巴岭，西有牡丹岭，三山环抱，素有敦化盆地之名。境内多山富水，河流除东南部的富尔河外，皆为牡丹江支流。墓群所在的市区附近为盆地中最为开阔之处，周围有孤山低岗环绕，地理环境优越。发源于长白山北侧支脉牡丹岭的牡丹江，自西南向东北穿城而过，一路蜿蜒向东北流，经镜泊湖而入松花江。

六顶山亦称牛顶山，位于敦化城南 5 公里处，是一座东西长约 1.5 公里的孤立山丘，东侧山脚下有一处截牡丹江支流形成的六顶山水库（图一）。六顶山北距牡丹江 3 公里，此山的"六顶"之谓，是指山形有六个相对高出的尖峰，从南、北两个方向看，六座峰丘一字排列，连绵起伏，故而得名。主峰在山的西端，海拔 603 米①，其南坡由一条山梁隔成两片山坳，西侧山坳狭长，北高南低，地势相差较大，东侧山坳形如簸箕，比较开阔平缓。山坳里静谧的林木环绕处，密集地分布有大量的渤海时期墓葬。从 20 世纪 60 年代起，便依调查清理报告称西侧为第一墓区，东侧为第二墓区。两墓区共占地 0.13 平方公里，目前尚存有各类墓葬 235 座之多（图版一、二）。

敦化历史较为悠久，境内渤海时期的文物和遗迹尤为丰富。以六顶山墓群为例，其向南 3 公里有永胜遗址，西向 7 公里有城山子山城（一说即公元 698 年渤海建国时初据的东牟山），西南 2 公里有渤海寺庙址。向北 5 公里的敦化市区以东，沿通往宁安方向的国道，依次有江东、官地、林胜、大山四处二十四块石遗址，南部富尔河流域有马圈子古城。这些遗存生动地反映了当年村镇栉比，人烟稠密的景象。以往的研究中，多以是地为渤海初创时的政治、经济、文化中心，但因后来的几度迁都，如唐天宝年间（公元 742～755 年），渤海国曾都"显州"（今吉林省和龙市西古城），至公元 755 年，渤海国再次迁都至上京龙泉府（今黑龙江省宁安市渤海镇），敦化一带就专称"旧国"了。

渤海为辽攻灭之后，这里先后为辽、金所据，并一度为东夏国治下。在境内一些辽金时期遗存，如额穆背阴砬子山城、帽儿山城、西北岔山城、新民遗址、大蒲柴河板石沟、石人沟、柳树河等城址和遗址中，仍可寻觅到渤海人的大量踪迹。

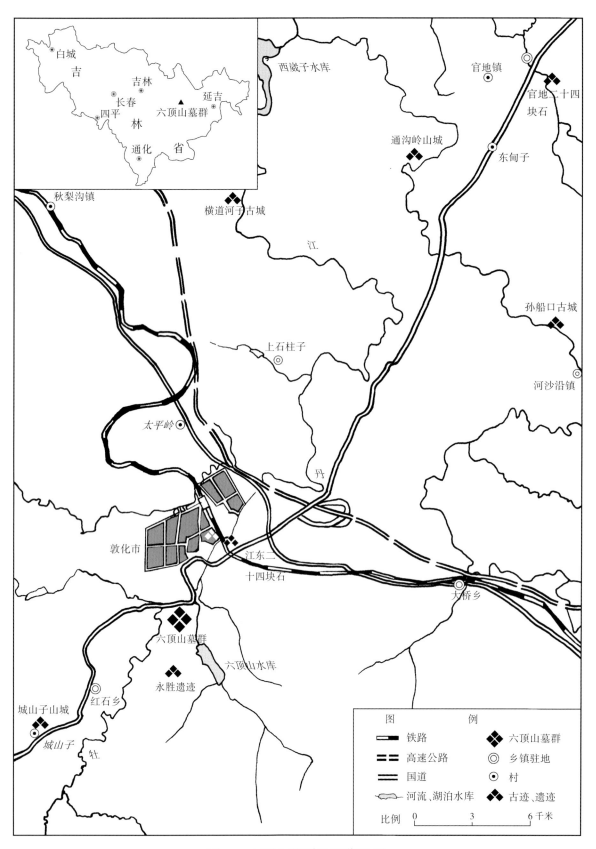

图一　六顶山墓群地理位置图

第二节　既往工作和研究

六顶山古墓群发现较早，早在 1949 年 8～9 月，敦化启东中学与延边大学历史科师生，就在一墓区清理了 9 座已遭盗掘的墓葬。清理中发现了贞惠公主墓，出土了石狮、贞惠公主墓碑、鎏金杏叶、项链等一批重要文物。发掘后修复了贞惠公主墓已塌落的墓室顶部盖石，填培了墓葬封土[②]。

贞惠公主碑出土后，引起了学术界的注意。1956 年阎万章先生发表了《渤海"贞惠公主墓碑"研究》一文，认为碑文中"大兴宝历孝感金轮圣法大王"是渤海三世王即文王大钦茂所用尊号，贞惠公主即大钦茂之次女。"大兴"、"宝历"是大钦茂所用的两个年号，晚年又再用"大兴"年号。对此，金毓黻先生予以肯定。他在《关于"渤海贞惠公主墓碑的研究"的补充》一文中，以唐玄宗"开元天宝圣文神武应道皇帝"尊号中的开元、天宝双年号，作为大钦茂双尊号的补证；又用日本史料《续日本记》卷四中，日本光仁天皇宝龟八年（公元 777 年）致渤海国王书中"修朝政于典故，庆宝历于维新"之语，印证了"大兴"一度改为"宝历"。此外作者还据贞惠墓碑提供的新资料，探讨了渤海国都、政治制度、文学艺术等问题，认为六顶山墓群应该是渤海王族，并包括"珍陵"在内的墓群，是极其宝贵的渤海史料堆积地[③]。

1953 年～1957 年，吉林省文物管理委员会对六顶山墓群作过多次调查，并依其自然分布状况作了墓群中两个墓区的划分。对此，王承礼先生在《考古》1962 年 11 期发表的《吉林敦化牡丹江上游渤海遗址调查记》中作了比较详尽和全面的介绍。

1959 年 8 月，吉林省博物馆联合吉林师范大学历史系清理发掘一墓区 12 座墓（包括 9 座 1948 年发掘墓葬的再清理），根据所出土的瓦当、玉器、鎏金饰件等一批珍贵文物，报告中发掘者认为六顶山渤海墓群是渤海前期王室和贵族的墓地，并赞同王健群先生观点[①]，同意"珍陵"为武王大武艺之陵。此外，发掘者还依据调查、发掘所见，推定敦化附近为渤海旧国，敖东城可能是其早期都城的故址，同时还就渤海的葬制、葬俗，以及公元 8 世纪时渤海的社会面貌、生产水平，提出一些自己的看法，最后从对贞惠墓碑的研究中，得出渤海"宪象中国"的结论[⑤]。

1961 年，六顶山古墓群被国务院公布为第一批全国重点文物保护单位。

1964 年 5～6 月，中国社会科学院考古研究所和朝鲜民主主义人民共和国社会科学院组成联合考古队对六顶山渤海墓群进行了为期二十多天的考古发掘，共清理墓葬 20 座（其中一墓区 5 座，二墓区 15 座），获得各类遗物 377 件，并且还清理发掘了贞惠公主墓南面的"墓道"。在 1997 年出版的专题报告《六顶山与渤海镇》一书中，发表了 20 座墓葬和贞惠公主墓道等遗迹的平、剖面图，遗物按质地分为五类介绍，极大地丰富了渤海考古资料。报告结语部分，除进一步肯定了以往关于六顶山为渤海早期王室贵族墓地的结论之外，还根据墓葬的形制结构以及随葬器物的比较，提出了石室墓中铺底石者可能稍早，珍陵不在二墓区，以及墓群整体年代应为渤海前期等认识[⑥]。

1997 年，国家文物局拨专款修建了墓群保护围栏，切实加强了墓群的整体保护工作。同年，延边朝鲜族自治州文管会办公室聘请吉林省地质局物探大队，对两个墓区进行了全面的物理探查，以进一步确定六顶山墓群的现存墓数及其分布。此次探查的结果是Ⅰ区有 56 座墓葬，Ⅱ区有 110 座墓葬，并标绘了两区的平面分布图。物探期间，延边朝鲜族自治州文管会还会同州博物馆，选择了一、二墓区各两座石构墓作了清理，出土了铁镞、铜带銙等一批渤海遗物，报告尚待发表。

上世纪五六十年代的六顶山发掘材料公布之后，一直是学术界关于渤海墓葬研究的重要对象。魏存成、郑永振、金太顺、刘晓东等人就渤海墓葬形制及其葬俗方面展开的研究，均以之为据。2002 年，李强、侯莉闽发表了《渤海珍陵新探》一文，赞同珍陵在六顶山墓群之中，但根据墓葬形制和遗物两方面的综合研究认为，珍陵不应是一墓区的 M6 号墓，而是二墓区 1964 年发掘的 M206 号墓[7]。这一认识在学界引起一定反响，但目前尚未达成共识。

第三节　本次工作概况

2004 年，吉林省文物局和敦化市人民政府开始了六顶山墓群总体保护规划的编制，同时着手对墓群及周边环境进行综合整治。至 2005 年，吉林省考古研究所对六顶山渤海古墓群进行了为期两年的复查和一些墓葬的发掘。

这次工作以复查为重点，主旨是为制订规划提供翔实而全面的基础资料，发掘则希望通过对一些典型墓葬的清理，在墓群年代、类型等方面得出更为明确的认识，为保护规划增加科学依据。

复查工作于 2004 年 5 月开始，拟以延边朝鲜族自治州文管会 1997 年物理勘探得出的分布图为蓝本，对于已知墓葬逐一定位，而后进行有选择地发掘。实施过程中发现，该图标注的仅是石构墓，有些位置不够准确误差较大，土坑墓标注不多，一些封土很明显的墓图上亦未作标示。针对这种情况，我们将图上标示与实际封土位置分别定位标记，采取地面调查与探沟相结合的方法进行逐墓确认，以获取准确翔实的墓葬分布资料。至 2005 年夏，结合墓区内杂草清理、灌木根系刘除等环境整治工作，两年度做了总面积近 1.5 万平方米的表土揭露，对全部疑似墓葬进行了露封石或盖石探查，土墓多做了局部解剖。最后根据墓葬保存状况，舍去残破过其只剩半边墓底的 8 座，确认两墓区现存墓数为 235 座。2005 年秋，对现存墓葬作了分墓区的编号著录，并由北京特种工程研究设计院对整个墓群进行了重新测绘（图二）。

发掘工作重点选择了以往清理较少的土坑墓和石椁（棺）墓，并且将过去虽然发掘过，但发表图片资料不太完整的一墓区 M1～M10 十座大型墓葬及 M11 再次作了清理和测绘。两年共清理、发掘各类墓葬 36 座，出土金、银、铜、铁、玉器及陶器、瓦件标本 600 余件，获取了一批新的资料。在10 座大墓的发掘过程中，有三项重要发现：一是在Ⅰ M1 和 M7 之间发现了原来未曾清理和著录的Ⅰ M17 号大型石室墓；二是认定Ⅰ M10 和Ⅰ M3 应归为土坑墓类，并在Ⅰ M3 墓上发现了"冢上做屋"的建筑遗迹；三是发现了Ⅰ M1、M5 等墓的墓室外墙，初步判明渤海早期曾经有过一种不加封土的大型墓葬。小型土、石墓葬的清理，也极大地丰富了关于渤海早期墓葬形制、葬法的了解和认识。更为重要的是，一墓区清表土过程中发现的一批石台和房址遗迹，使得我们对六顶山的墓群内涵，较以往有了更加清楚和全面的认知。

发掘的同时，还就一墓区的西侧围墙是否存在，以及"珍陵"和其他王陵的所在作了一些探查。围墙的说法是第二次全国文物普查时，根据一墓区西侧山脊中间部分地段微微隆起，局部发现有露于地表的块石得出的。这次除了沿暴露块石作了一些顺向清理，还在一墓区西缘山脊开了 4 条横向探沟，结果证实此区不曾修筑围墙。王陵的探查是基于学术界对ⅠM6、ⅡM6（《六顶山与渤海镇》中的 M206）两墓为"珍陵"的疑问⑧，以及两墓之外是否还有其他陵墓的考虑，请北京特种工程研究设计院在二墓区以东区域作了有重点的局域性物探，但结果不甚理想，尚待今后进一步工作。

2009 年，墓群本体保护工程启动。配合工程施工，延边朝鲜族自治州文管办和敦化市文管所又先后对ⅠM2、ⅠM4、ⅠM8 等墓的周边作了局部清理，完整地揭露了ⅠM4 的排水设施，重新核对了ⅠM2 的墓室结构。全部工作于 2010 年基本结束，以下分复查和发掘两方面报告这一时段的工作成果。

注　释

① 本高程为北京特种工程研究设计院 2005 年依据国家基准高程系测绘数据。

② 王承礼：《敦化六顶山渤海墓清理发掘记》，《社会科学战线》1979 年第 3 期。

③ 闫万章：《渤海贞惠公主墓碑的研究》，金毓黻：《关于"渤海贞惠公主墓碑的研究"的补充》，均载于《考古学报》1956 年第 2 期。

④ 王健群：《渤海贞惠公主墓碑考》，《文物集刊》（二），文物出版社，1980 年。

⑤ 王承礼：《敦化六顶山渤海墓清理发掘记》，《社会科学战线》1979 年第 3 期。

⑥ 中国社会科学院考古研究所：《六顶山与渤海镇》，中国大百科全书出版社，1997 年。

⑦ 侯莉闽、李强：《渤海珍陵新探》，《北方文物》2002 年第 3 期。

⑧ 王承礼：《敦化六顶山渤海墓清理发掘记》认为ⅠM6 系珍陵，侯莉闽、李强：《渤海珍陵新探》以ⅡM6 为珍陵，刘晓东：《渤海文化研究》认为均有疑问，参见该书 162 页，黑龙江人民出版社，2006 年。

第二章　墓群复查

六顶山墓群发现及第一次清理之后，吉林省文物管理委员会曾多次派人员进行实地调查、著录，期间绘制的墓葬分布平面图已刊布于《敦化六顶山渤海墓清理发掘记》及《六顶山与渤海镇》两报告中。据该图，两个墓区内共发现有大小墓葬80余座，墓葬以第二墓区保存数量较多。在此基础上，1997年延边朝鲜族自治州文管会和博物馆进行了两区墓葬总数的物理探测，最终的分布图上显示，两区共有墓葬166座，报告待刊。

本次复查以1997年物探分布图为蓝本，墓葬定位与清理发掘同时进行。定位时发现，计划中作为首批发掘对象的5座墓葬，其中4座位置在1997年墓葬分布图上标示均不够准确，1座墓未在图上标出。因此，本次复查时的墓葬定位是以图中标示与现存封土相对照而进行的，同时也对图上空白区域中实际地表有裸石或隆起的迹象予以充分关注，采取清表土留封土充分暴露墓上积石的方法，对所有疑似迹象作了逐一核定。

由于大面积的表土揭露，已将多数墓葬暴露至墓口，此次核查较为彻底，认定更加准确，同时借鉴以往发掘成果，复查中对墓葬的类型也作了进一步划分。

第一节　墓葬的确认和分类

六顶山各类墓葬多有封土，1997年保护围栏的修建，使得墓区内灌木生长茂盛，对保护封土减少流失起到一定作用，但也给墓葬核查工作造成较大困难。灌木清除后发现，1964年发掘时那种高0.6~0.7米的墓葬封土已然不见，现存的墓葬封土普遍较低，多半不足0.3米，厚度达0.4~0.5米者已属罕见，有的甚至只有略微隆起，地表上就能见到筑墓石材的裸露边角。

这次复查时，凡有隆起和露石之处都作了表土揭露，其中有些间隔较远的空旷处，也作了探沟解剖或整体的表土揭露。解剖和首批墓葬发掘证实，两墓区地层堆积相同，第①层表土为黑褐色腐殖土，厚0.2~0.4米不等。第③层生土为风化花岗岩粗砂，其间第②层为一层较细致的浅黄色黏土，厚0.5~0.7米不等。墓葬均构筑于浅黄土层上，少数深入至生土粗砂层。

表土去除后，多数墓葬的封土已经所剩不多，有些墓上暴露有块石。块石分布有以下三种情况：一种是石块分布较为开散，普遍位于封土外围，平面构成长方或椭圆形；另一种是石块相对集中，集中于外围的一般皆布列作直线或弧线，集中于封土之内的，平面亦构成一定形状；还有一种是石块分布连片，块石存量较多占地面积也大，平面多数不构成规整形状。参照地层堆积和六顶山土、石墓构筑特征，前两种情况墓葬形制易于辨识，第三种情况则需要取去黑土中夹杂的浮石，按照黄黏土上块石排列砌筑情况才能得出类别判断。核定过程中，对于中心与边缘均很少块石但封土明显者，以及块石仅布列在外围一侧或两侧的，采用局部的探沟解剖，按照土坑墓形制作了进一步查明。从调查和发掘看，石块分布在外围者，石块有些直接压在黄黏土上，但多数则压着灰褐或黄褐色的墓葬封土，其原来位置显然是在封土外面，后因封土流失而有所沉降。这些石块其实和墓室构筑无关，我们将之称为封土包石。包石的目的应该是为了减少封土流失，目前看包石者多为土坑墓，但也有一些石构墓葬。

以此方法核实，墓葬判定相对准确，这次核定的 235 座墓葬总数，和 1997 年物探数据相比，两区墓数都有很大增加，物探所遗漏的石构墓主要分布在边缘区，新知的主要是土坑墓和土坑包石墓。但据发掘，六顶山的墓葬形制变化较多，土、石墓中都有前所未知的形式，分类应细化，定名应突显特征。

关于墓葬的分类，以往报告中有土坑墓和石构墓两种划分，其中土坑墓由于以往发掘较少，并无再细的分类，研究中也鲜有论及。石构墓在《敦化六顶山渤海墓清理发掘记》中分为石室墓和石棺墓两种，《六顶山与渤海镇》则统称为石室墓。后来的研究文章中，多数学者都因袭了石室墓的名称，曾经参加 1964 年中朝联合发掘的朝鲜学者朱荣宪在其后来发表的论著中，将这批墓分成大中小三种，亦统称为石室墓[①]。现在看来，这种划分都没有注意到其细部差异，也未能涵盖六顶山墓葬形制的全部内容。以外部形制而言，六顶山墓葬无论土墓和石墓，都有封土和封土再加包石的两种，一墓区还见有外部砌筑整齐外墙而不加封土者。其内部结构，以石室墓来说，至少可以分出有墓门、甬道盖顶者和有墓门、道但没有预先封盖盖顶石者，以及四壁砌石而不留墓门甬道的三种形制，似应加以区别。

根据发掘，有墓门甬道并预先作好盖顶者，如贞惠公主墓等，都有至少一米的墓室高度，死者自墓门葬入，而后再将墓门加以封堵，成为真正意义上的石室。而 1964 年发掘的Ⅱ M5、Ⅱ M6（原编号 M205、M206）、1997 年发掘的Ⅱ M40 以及本次发掘Ⅰ M14、Ⅱ M82 等墓，虽有门和甬道，但墓室均很低矮，甚至不能容人蹲踞，死者是从墓室上口葬入而后封土，或以稍大石块平摆与土一起封盖，和"石室"的含义相去较远。此类墓的四壁较宽厚，石砌或土石混砌，内外缘均很整齐，但多数摆砌松散，显然不能承受叠涩或其他方式的盖顶，而且周围也大多没有发现可以用做盖石的大块石材。因此，从结构角度上说，这类墓的墓室只砌出"圹"而未达到"室"的水平，我们将其名之为"圹室墓"，以便与Ⅰ M2（贞惠墓）一类石室墓相区别。

四壁砌石而不留门和甬道的石室墓，过去也有"石棺"或"长方形石室"等名称，近年有研究者依据较多此类墓中发现有棺钉或木质葬具的迹象，将其称之为石椁，与土坑木椁墓合称"有椁墓"，不无道理[②]。从本次发掘情况看，此类墓室内均有填土，部分出有棺钉或炭块、棺迹，填土上多加封石，少数小型墓见有盖石，盖石横担在两侧壁之上。南壁端均垒块石与侧壁连砌，个别的也有将南壁砌窄，或在南端作出象征墓甬道的墓例。此类墓并无墓门，体量很小，亦不能称为石室。

因此我们把六顶山的 235 座现存墓葬，分成土坑墓、石椁（棺）墓、圹室墓和石室墓四个大类。就中土坑墓的形制相对复杂，以墓穴构筑方式又可分为土穴和土穴上口围石或砌石两种情况；以封土外部情况又可分出单纯封土和封土同时加包石块的两种不同，总为一大类。石椁和石棺在构筑上并无不同，墓室都是四壁砌石，平面呈长方形，区别仅在于墓内是否再用木棺，这种细节在发掘中亦难逐一确认，复查中仅据墓口实难判明，此次复查归为一类。

以历次发掘所知的各类墓葬形制特征为依据，复查中我们对各类墓葬的判定标准为：

1. 内（外）存留有不低于0.8米高度的整齐墓室内壁或外墙，长宽至少两面大于5米，有墓门甬道迹象，残存盖顶石或有足以支撑盖石的墓室内壁者，定为石室墓。

2. 无上述高度墓墙和侧壁，但块石分布长宽至少一面达到4米或大于4米者，表层砌石即可见内侧齐整的墓室边圹甚至甬道，外侧至少有一边显示出齐整轮廓，定为圹室墓。

3. 块石分布长宽不足4米，外侧石材摆砌亦不规则，但长度在2.5米以上，内侧至少两面有整齐砌石的，定作石椁（棺）墓。少数长边不足此数，但内侧可见多层砌石，平面呈或接近长方形者，亦定作石椁（棺）墓。

4. 块石分布长2米以下，外侧不齐整，内侧可见多层砌石，平面呈或接近长方形者，亦定作石椁（棺）墓。少数块石作不连贯的单层摆置，但可见齐整内侧边缘，且中间发现有烧土、木炭的，作为土坑石边墓类录入。

5. 块石分布在3米上下，但普遍分布于封土边缘，中间没有石材暴露者，开探沟一至两条。探沟中有较多红烧土和木炭块，或发现人骨的，列入土坑包石墓。探沟中无烧土，炭块者，视为盗扰或损毁严重的包石墓葬记录在案，但不作为现存墓葬编号。

6. 表土下很少或无块石但有明显隆起封土者，依照周边地平高度作封土探沟，沟中有较多烧土、炭块或发现人骨者，核定为土坑墓类。未见烧土木炭者，不作为墓葬登记。

按照这一标准和本次核查发掘所见，重新审视以往发掘报告，有些墓葬的归类值得推敲。如六顶山2004年发掘《简报》中[③]，只分成土坑和石构两类，显然还欠细化，将封土外包石和只在墓口砌筑石边的用石墓葬，与石砌墓室的石椁（棺）、圹室墓统归于石构墓，未再区分墓外用石和墓室砌石的不同，分类似不够准确。今以墓室构筑方式作为墓葬分类标准，对石构墓类重新考量，将封土外包石墓和只在土坑口部砌石的两种墓葬形制，归于用石的土坑墓类，并将二区墓葬分布平面图包括墓号勘误重新公布于下节（图三）。

1959年发掘的12座墓，报告说ⅠM1、ⅠM2、ⅠM4、ⅠM9、ⅠM10、ⅠM11六座墓为方形石室墓，ⅠM3、ⅠM5、ⅠM6、ⅠM7、ⅠM8五座为长方形石室墓，ⅠM12为石棺墓，并重点介绍了ⅠM2、ⅠM4、ⅠM5、ⅠM6和ⅠM12号墓，发表了M2、M4和M12三座墓和平面图。其中M12四壁砌石高约0.7米，无木质葬具，依平剖面图及报告中的记述，可确认为石棺墓，其余各墓这次复查回填前普遍作了再次清理。经核实，ⅠM2和ⅠM4报告中附图大致不误，ⅠM1、ⅠM7亦符合方形石室墓标准，均可认定为方形石室墓，ⅠM5、ⅠM6、ⅠM8、ⅠM9平面形状为长方形，四墓应为长方形石室墓。这样看来，报告行文可能有误，应将M7、M9两号颠倒过来。疑问较大的是ⅠM3、ⅠM10和ⅠM11三墓。

根据这次的再清理，ⅠM11墓室深不足0.5米，平面近方形，长2.4、宽2.1米，此墓因当年回填不充分，部分石材露边角于地表。内壁以东侧保存较好，砌石四层，最上层高于第②层表，其外侧三面有摆砌的石材，分布呈南北略长的长方形。墓室的东、北两边较齐，西壁南端已遭破坏，

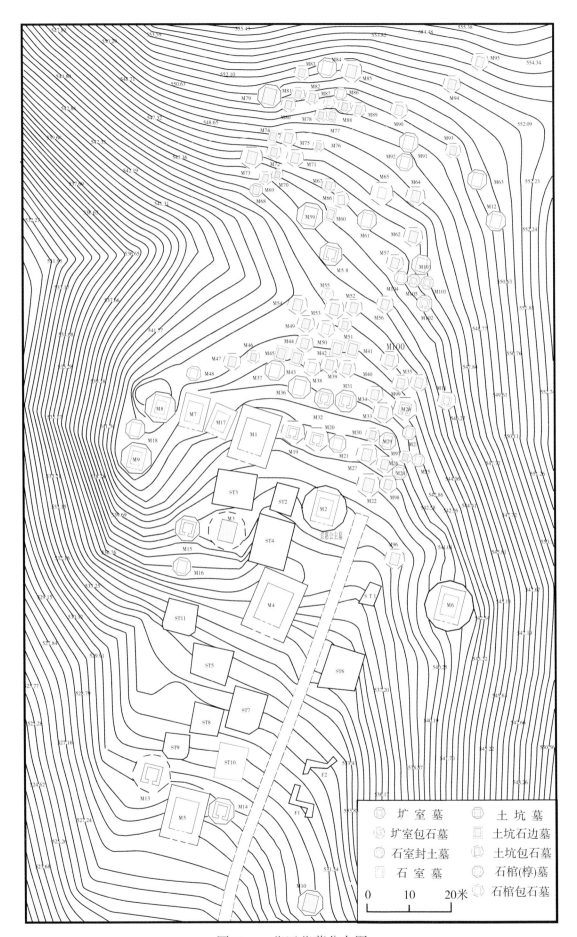

图三 一墓区墓葬分布图

南壁现存东侧一段，长1.4米，砌石两层，其延长线与两壁之间未见砌石，应即当年认定的墓门和甬道。此墓整体形制与1964年发掘的ⅠM101、ⅠM105相同，我们认定为圹室墓（图版二四，1）。

ⅠM3和ⅠM10复查时均为中间有坑的土堆，前者南面还有一条当年寻找甬道的浅坑，回填均不彻底。2004年为绘制平面图，先后依原坑重开了两墓墓室，但包括M3的寻找"甬道"土坑的侧壁，两墓均未见到砌石迹象。只M3在甬道原坑南端和墓室北壁中部距墓底0.4米高处，各见到三块排列不很整齐的小块石材。本次发掘时，两墓底都发现了有火葬迹象的长方形土坑，并于M3墓底先后清理出4个墓坑，内中都有人骨，并出有随葬品，可见当年该墓发掘并不彻底。从墓底情况看，ⅠM3和ⅠM10都同于六顶山这次和以往所发掘的其他土坑墓，而与ⅠM1、4、6等石室墓平坦且无烧痕的墓底绝不相类。考虑到人为取石破坏的可能，我们对周边的三个村屯走访调查，大部分村民都知六顶山为古墓群，因当地不乏石料，出于迷信和敬畏，根本无人愿或敢去墓上取石，位置较之更为方便的ⅠM5和ⅠM4至今石材仍在就是明证。排除了人为破坏的可能，根据上述情形有理由认为，此二墓原为土坑墓，而非石室墓。造成误判的原因，M3可能是北壁上三块不相连贯的块石和相近深度出有人骨（报告说有头骨4具，而其时尚未到底）的关系，M10大概是因当时并未考虑到六顶山还有土坑墓的可能，仅根据其他各墓的情况，误认该墓为被破坏的石墓。

1963~1964年发掘的20座墓中，5座在一墓区，15座在二墓区，报告图片很全，这次未再核实。按照报告中的分类，只二墓区的ⅡM8、9、10和ⅡM14号为土坑墓，其余皆为石室墓。然而依前述本次复查所定标准，比对报告中发表的线图和照片，一区的ⅠM103、M104，二区的ⅡM3（原号M203）均为四壁砌石南无甬道墓门的小型墓，和1959年M12相同，应该归入石椁（棺）墓类。4座土坑墓中，M209和M214土坑之南均有排列呈弧形一列块石，照片上可以看有些块石与墓口尚有一层隔土，应为封土外面的包石，可以归为土坑包石墓类。其余13座平面上有长方和方形两种，但都属于深0.4~0.6米，南侧开甬道墓门，有四面砌石和整齐石砌外缘的墓。这类墓四壁较宽，但多为土石混筑，结构较为松散（ⅠM105东壁为立置的石板），既无法砌筑太高，也不足以承担盖顶板石，因此皆不能称作"石室"，只能归为圹室墓类。这些墓中有的也在封土外加包边石，如ⅠM102、M105和ⅡM15（原号M215），从原报告发掘时的照片上可以看到，三座墓上都有块石。其石块或已压在墓口，或散布于墓周，显然未能始终阻止住封土的流失，情形和本次复查所见的大多数封土包石墓相一致。

如此，依据同样标准，我们把六顶山已确认的全部墓葬归在四大墓类之中。但依前所述，除了土坑墓有包石、石边和单纯土坑三种不同，石椁（棺）与圹室墓有封土和封土包石的差异，石室墓也有封土和封土外再包石墙之别，均可再分亚类。现将各类的墓号汇总成附表一，数量和所占比例可参见图四。

2005年墓地全图测绘的同时，将墓葬冠以DL（郭化六顶山）字头进行了重新编号。因两区墓数均已过百，为避免出现四位数序号，我们舍弃了1964年以序号前加"10"和"20"标示墓区的编号方式，采用最初方法以罗马字"Ⅰ"，"Ⅱ"标示分区，各区墓号分编。为避免造成混乱，凡已公布的墓号皆作了保留，如一区1959年所编的M1~M12、1964年所编的M101~M105均依原号。二墓区1959年未作发掘，1964年发掘的M201~M215各墓，这次仅去除了前冠2或20的区号，改编为

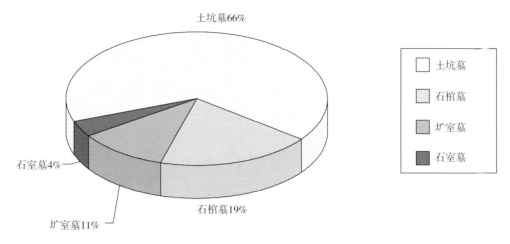

图四　墓区墓葬形制统计示意图

ⅡM1～M15。本次核定的其他墓葬，一区的编为 M13～M100，二区的自 M16 以后顺序编号，均采取反循"S"形自下而上往复编法，使小号在下大号在上，而邻号相近。

应该说明的是，至 2005 年，一墓区认定墓葬 109 座，二墓区认定 134 座，但由于有 8 座残破过甚，测绘编号时一区截至 105，二区截至 130 号，两区各有 4 座墓葬只作了记录而未予编号。1997 年物探时的编号由于尚未公布，今按新的排列法作了统一，原号亦记录在案。

第二节　一区墓葬形制及相关遗物

一墓区登记标图的墓葬 105 座，可分为土坑墓、石椁（棺）墓、圹室墓、石室墓四种类型。其中ⅠM1～M12 有过 1949 年和 1959 年两次清理，ⅠM101～M105 于 1964 年发掘，M13～M100 为这次发现确认的墓葬。包括 2004～2005 年清理的 13 座，本区已发掘墓葬共计 30 座。

如果从ⅠM8、ⅠM7 向东到ⅠM6 画一横线，可以将该墓区分为南北两片，两片面积大致相当。南片较多大墓，分布相对稀疏，其间花插有几座小型墓，小墓大多构建于大墓倒塌堆积之上。北片以中小型墓葬居多，分布较为密集（图三）。现存墓葬中，多数已经被盗扰，南片大墓区中的小墓和与之相连的北片下部，墓葬残损相对严重，但北半部特别是接近边缘的墓葬大多保存较好。其中：

ⅠM1 位于南片北缘中央位置，石室墓，2004 年揭露出封土外部所包石墙。墓室长 3、宽 2.9、深 1.4 米，平面呈方形，1959 年发现头骨两个。甬道居南壁中部，四壁抹白灰，出土有瓦当、兽面砖、筒瓦、香熏、陶器口沿、棺钉、铁镞、银环等遗物（详见第三章）。

ⅠM2 位于 M1 稍东下方，封土石室墓。1949 清理时出"贞惠公主墓志"一方，石狮一对以及鎏金泡钉等遗物。1964 年发掘了"墓道"，2005 年清理了封土外侧。该墓为方形墓室，南有甬道，墓室南北长 2.9、东西宽 2.8、高 2.68 米。叠涩顶，四壁石砌抹白灰，铺有地砖。2009 年出土泡钉、玛瑙珠、棺钉、棺环、甲片和三彩器底（详见第三章）。

Ⅰ M3 位于 M1 之南，M2 西侧，1959 年发掘著录为长方形石室墓，出土头骨 4 个，2005 年认定为土坑包石墓。墓底有四个土坑，中、东二坑为木棺火葬，西坑单人一次葬，北坑有二次迁葬头骨 1 具。墓上有方形回廊建筑，2005 年出土有瓦当、筒瓦、板瓦、兽面砖等遗物，随葬品丰富（详见第三章）。

Ⅰ M4 位于 M2 下方，M3 东南，亦为有外部包石墙的石室墓。方形墓室，边长 3.2～3.5 米，南壁中部有甬道，排水沟经过甬道伸出墓外。1959 年出土玉璧、瓦当、银镯。2004 年发现北侧排水沟盖石，出鎏金泡饰、瓦当、兽面砖、陶盅、铜饰等遗物。2009 年清理出整个排水系统（详见第三章）。

Ⅰ M5 位于墓区最南边偏西位置，石室封土包石墙墓，墓室长方形，建于地上。墓室南北长 2.8、东西宽 1.7、深 1.2 米，南侧直接甬道。墓门两侧立石板，1959 年见叠涩顶两重，出土金环、铁环、鎏金铜饰、陶盂等。2004 年再清理时出瓦件较多，并发现三彩陶罐、鎏金带扣、鎏金带饰等遗物（详见第三章）。

Ⅰ M6 靠近一、二墓区间隔山梁，居于大墓区的东北角。封土石室墓，南北向长方形墓室，长 4.6、宽 1.8 米。四壁抹白灰，铺地砖，甬道在南侧，两侧无砌石。曾出着色白灰块、塗朱狮耳。2004 年再清理时出花纹砖、带銙、银耳环等遗物（详见第三章）。

Ⅰ M7 位于 M1 西侧，间隔有Ⅰ M17。长方形石室墓，封土外有石墙。墓室南北长 3、东西宽 2.4、深 1.3 米，侧壁抹白灰。甬道稍偏于东部，两侧立石板。2004 年清理时墓中散布盖顶石 6 块，棺钉排成长方形。遗物有陶器口沿、带銙、棺钉等（详见第三章）。

Ⅰ M8 位于墓区南半部的西边，封土石室墓。墓室长 2.9、宽 1.2 米，呈南北向的长方形。东西北三面砌石，现存高 1 米，南有甬道。2005 年再次清理，出有玉环、棺钉、陶器等遗物（见第三章）。

Ⅰ M9 位于 M8 南侧，封土石室墓。墓室长方形，南北长 2、东西宽 1.2 米。南侧正中有甬道，侧壁未砌石，上口摆单层石。2005 年再次清理，出土有瓦件和一铜质铆钉（详见第三章）。

Ⅰ M10 位于一墓区入口东侧山丘之上，1959 年清理，报告为方形石室墓。2004 年核查时未见任何石砌墓室迹象，墓底有一浅坑，坑内有炭迹和红烧土，出土甑底、腹部残片等遗物，定作土坑墓（详见第三章）。

Ⅰ M11 圹室墓，位于墓区北部偏东。1959 年清理后，未作回填，东、南壁损坏。长方形墓室，南北长 2.4、东西宽 2.1、深 0.5 米。甬道位于西侧，宽约 0.7 米，东壁立石板，现已倾倒。原报告称墓中出头骨 2 个（详见第三章），整理时只在吉林省博物院库房查到该墓出土的成年女性右侧股骨、腓骨各 1 件，鉴定认为属于同一个体。

Ⅰ M12 位于 M11 之北，接近墓区边缘。石棺墓，1959 年发掘，出土头骨 1 个。墓室长方形，长 2.2、宽 0.8 米，以单排石五层砌筑，棺上封盖石板六块（详见第三章）。

Ⅰ M13 位于墓区南端，Ⅰ M5 的西侧，为一座保存较为完整的圹室墓。封土呈丘状，地表上西、北两侧均暴露着较大石材边缘。东、西、北三面以小块玄武岩碎石摆砌，西壁有些较大块石，南部稍有破损。东壁宽 1.3 米，保存有内外两条齐边，内侧边方向 204°。西壁宽 1.3 米，内侧较齐，外壁北端有明显的内缩。北壁宽 1.5～2 米，砌石中间高于两边，东部并排放置有两块长宽皆在 0.5 米左右的大块石。北壁的外缘不齐，内缘为保存封石未作揭露，西半部可见长 1.5 米左右的一段直边。墓室部分存有明显高于四壁的十数块封石，为保存这些迹象，该墓未作发掘。从暴露情况看，Ⅰ M13 墓室宽近 3 米，长至少 3.5 米，南壁未见到甬道拐角，推测为直筒形，与Ⅰ M14 相近（图五；图版二三）。

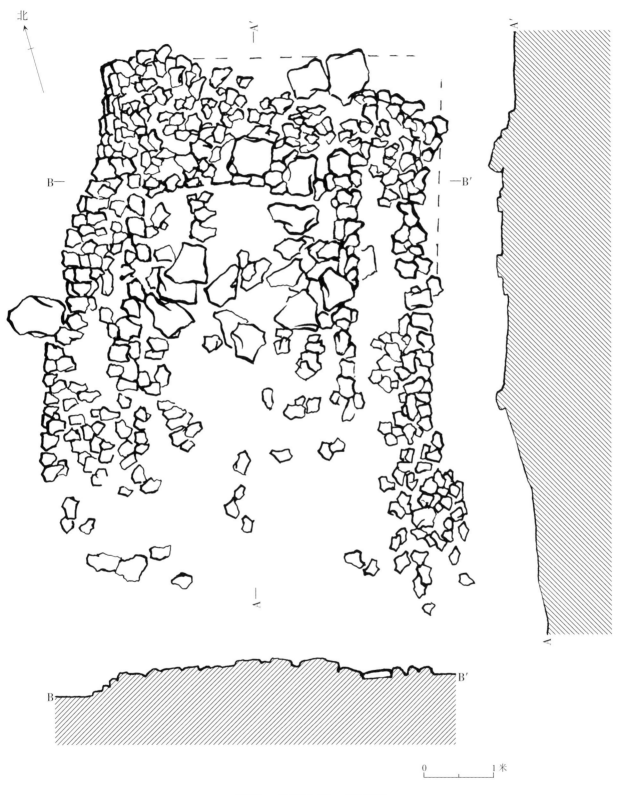

北

A'
B
B'
A
A'
A'
B
B'

0　　　　1 米

图五　I M13 平、剖面图

表土清理时，南侧墓上出有陶器残片 6 件，墓外采获腹部残片 13 件。其中：ⅠM13:1，黄褐色夹细陶，为敛口小罐的口部残片。残片较小，唇部略残。器表粗糙，有两条平行划纹，口径约为 10 厘米。ⅠM13:2，泥质灰褐陶，罐类腹片，外侧有三道弦纹饰，残长 2.9、厚 0.5 厘米。ⅠM13:3，瓮口沿，灰褐色夹细砂陶。侈口，弧颈，卷沿，方唇，上缘翘起，唇面中部有一道凹线。口径 41.5、厚 0.9 厘米（图六，3）。ⅠM13:6，盆口沿，黑褐色夹砂陶，方唇侈口，斜折沿，残片仅余沿部（图六，8）。ⅠM13:4，深鼓腹罐底。红褐色夹砂陶，表面较光滑，但器壁薄厚不均。底径 11、残高 4.9、厚 0.5~0.9 厘米（图六，2）。ⅠM13:5，盆口沿，灰褐夹砂陶。斜方唇侈口，沿部外展较长，唇面作外弧形。口径 43.8、厚 0.8 厘米（图六，4）。ⅠM13:19，鼓腹罐，灰褐色夹细砂陶。方唇、侈口，卷沿，束颈较直，口径 14、厚 0.9 厘米（图六，1）。

ⅠM14 位于ⅠM5 的东侧并与之平行，封土与ⅠM5 东侧扰动弃土连成一片，南端断面上可见其西侧壁叠压在ⅠM5 的瓦砾堆积之上。该墓在 M5 周边清理时发现，随后进行了清理。墓室已被盗掘，封土不仅夹杂有炭粒及烧土，南部还出土红玛瑙珠和带饰各 1 件（详见第三章）。

ⅠM15 在ⅠM3 西侧，相距约 4 米，圹室墓，规模较大，东壁下发现有ⅠM3 墓上建筑倒塌后散布的板瓦、筒瓦残片，2005 年作了清理（见第三章）。

ⅠM16 位于ⅠM3 西南，ⅠST11 之北。是少数混杂于一墓区南部大墓中间的小型石棺墓。地表封土高 0.28 米，平面呈椭圆形。墓室相对保存完好，结构比较清楚。2004 年清理，墓室中未见葬具、人骨，亦未发现随葬品（见第三章）。

ⅠM17 夹在ⅠM7 和ⅠM1 两墓之间，石室墓，外表包石墙。该墓已遭盗扰，以往未曾著录，2005 年作了全面清理。发掘前墓外有土堆，但较相邻两墓周边土堆小了许多。墓室为长方筒形，与ⅠM7 和 M1 一样，筑有墓室和墓外双重石墙，内外墙间由黄土及石块填充。盖石尚存一块，现已落于墓室内。该墓发掘时出土遗物较多，第三章中有详细介绍。

ⅠM18，石椁（棺）封土墓。位于一墓区西缘，处于ⅠM9 和ⅠM8 之间。2005 年发掘。该墓封土南高北低呈慢坡状，平面作椭圆形，墓室长方形，南北长 2、东西宽 0.8 米。四壁以单排石材砌筑，所用石料为精心挑选，石块基本呈长方形。墓内偏北竖立一块板石，将墓室分隔为两部分。填土中有较多颗粒状花岗岩风化沙粒，出土铁刀与铁器各 1 件，已被盗扰（详见第三章）。

ⅠM19、ⅠM20、ⅠM21 位于一墓区中部，为自西向东排列紧密的三座墓，南距ⅠM2 封土北侧边缘约 6 米，西距ⅠM1 东侧边石 3.6 米，墓上封土均呈圆形。

ⅠM19 和 M20 均为圹室墓。墓上封土高度均不足 0.2 米，表土下即暴露墓口及边缘砌石。从石材布列看，圹室均为铲形，南北长 2 约米，墓葬外缘砌石整齐，保存较好。南部墓上出有板瓦、筒瓦残片（图七；图版五七，5~8），并有铁器 1 件。铁器ⅠM19:1，为长方形带饰的上半段。残存长条形镂孔三个，边缘为八个较小外凸内凹联珠。背面有两个不对称的条形鼻钮。带饰残长 3、宽 4.5、厚 0.3 厘米（图六，7）。该墓所发现的瓦片较多，其中ⅠM19:标 12 残片较大，上饰交错绳纹（图版五〇，3），其余各件以绳纹居多，只ⅠM19:标 3 拍印窄条篮纹（图七，1~11）。

ⅠM20 已残，北壁与东壁相对清晰，南侧无存，2004 年作了发掘，但墓内未发现葬具及遗物（见第三章）。

ⅠM21 为较小石椁墓，墓室平面近乎椭圆形，用石仅十余块，石块较小，为 0.15 米 ×0.1 米大

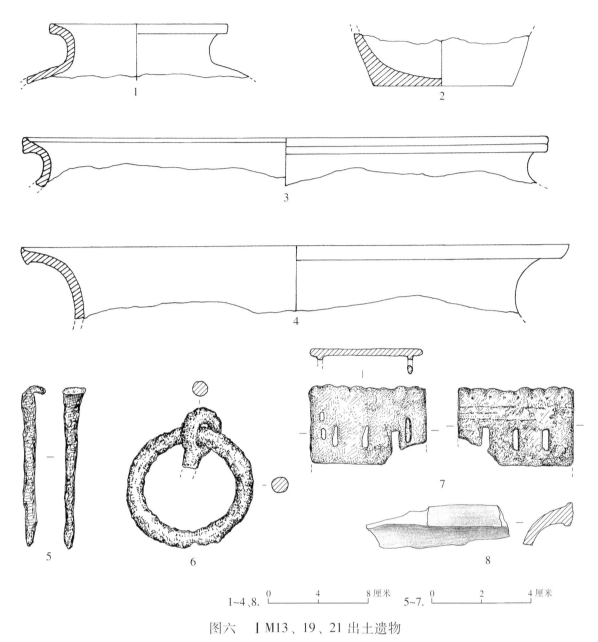

1~4、8. 0 　　　4　　　8 厘米　　　5~7. 0 　　　2　　　4 厘米

图六　I M13、19、21 出土遗物

1. 鼓腹罐口沿（I M13∶19）　2. 深腹罐底（I M13∶4）　3. 瓮口沿（I M13∶3）　4. 盆口沿（I M13∶5）
5. 棺钉（I M21∶2）　6. 铁环（I M21∶1）　7. 带饰（I M19∶1）　8. 盆口沿（I M13∶6）

小。墓室长约 1 米，南壁只砌石两块。此墓已遭破坏，表土下出土有铁环与棺钉各 1 件。铁环 I M21∶1，为一大一小的套环，可能是棺环。大环直径 5、小环直径 3.5 厘米（图六，6；图版七三，4）。棺钉 I M21∶2，为钉帽折曲的四棱锥形钉，长 6.2、宽 0.5、厚 0.5 厘米（图六，5）。

I M22 在 I M2 东北 2.8 米处，为土坑包石墓。揭露表土，即发现散布呈整齐长方形的封土包石。包石分布南北长 3.5、东西宽 2.7 米。东缘方向 210°。边缘为碎石，中央除碎石外，还有 5 块分布不规律的较大块石，石间暴露有烧土和木炭块。从大小块石相叠情况看，中心处这些石块也应该为封土外的包石，因封土流失而沉降至填土层面。此墓为保存较好的一座土坑包石墓，这次未作清理。

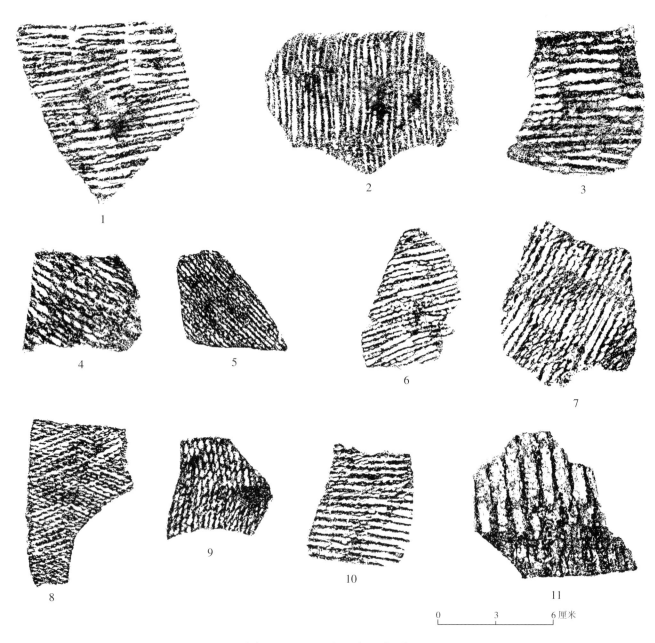

图七　ⅠM19 出土板瓦拓片

1、3、7. 粗绳纹（ⅠM19：标5、ⅠM19：标6、ⅠM19：标1）　2、4、6、9、10. 绳纹（ⅠM19：标4、ⅠM19：标9、ⅠM19：标2、
ⅠM19：标8、ⅠM19：标11）　5、8. 细绳纹（ⅠM19：标10、ⅠM19：标7）　11. 窄篮纹（ⅠM19：标3）

　　ⅠM23～25 为一墓区中部三座相邻的石椁（棺）墓。M23 位于ⅠM29 东侧2.4米处。石椁（棺）
南北长约2.5米。东、西壁采用单排石材砌筑，大小石块搭错紧密，南壁上尚存一块盖石，长1.3、
宽0.5米。东壁方向194°，与南壁接为90°的直角。M24 墓上封土低平，局部暴露有筑墓石材，除去
表土即现椁室上口。平面为长方形，南北长0.9、东西宽0.6、深0.4米，形制较小，2005 年作了发
掘（见第三章）。

　　M25 在 M24 东北，ⅠM98 东侧，位于山坡上。此墓基本已无封土，表土下即见长方形石椁上口。

石椁南北长2、东西宽1.5米，小而简单，四壁皆以单排石材砌筑。大多以较平面向内，南壁以一独石为壁，西壁砌石6块，内中3块略有外移（图版二四，2）。

ⅠM26、ⅠM27为相邻紧密的两座封土坑包石墓，封土均为中间高四周低，局部暴露有封土边石。ⅠM26边缘包石为玄武岩块石，摆放1～2层，仅限于周边，今已全部落于同一平面上。包石外廓南北长4.8、东西宽3米，中间无石处见有大量红烧土零星陶器碎片，填土南部发现一棺钉。ⅠM26∶1，钉身为四棱锥体，扁帽弯向一侧，截面为长方形。钉长6.5、宽0.6、厚0.4厘米（图八，1）。

ⅠM27平面亦呈长方形，块石玄武岩居多，并有少量灰岩块石。石料大小不一，最大者为0.5米×0.3米。石块分布范围南北长5、东西宽4米。西部填土之上亦有较多大小不等块石。西北角尤为密集。墓东南角部有一石长1.3、宽0.75米，形体较大，其外有十数块小石，呈直角围成石边东南角。从平面上看，ⅠM27的封土边缘已叠压了ⅠM26的西南角，包石相对整齐，东南角上的大石平面上已凸入ⅠM26西、南两侧边石延长线内，可能晚建于后者。两墓均未作进一步发掘，但ⅠM27西南角部填土中发现性别无法判明的成年人骨3块，均经火烧过。

ⅠM28位于ⅠM33东侧，圹室墓。封土呈椭圆形，高0.2米，外表包石，南部有一条石边角裸露在地表。表土下见墓室东、西、北三壁，均以2～3排玄武岩质石材摆砌。东壁保存最好，长3.5米，现存内壁大部和东北角外壁，宽0.8米左右，石材最大的为0.55米×0.5米，内侧摆砌较直，方向200°。西壁存南部一段和西南转角，长2.2米，北段仅存内壁一石，现明显位移至墓内。北壁存4.5米的东段，外壁较齐，内壁已有倾颓。西壁无存，但在西南折角向东的延长线上，距离东侧内壁1米处，发现有一立石，当属甬道之东壁。立石长1、厚0.18米，向南明显倾倒。墓外南、北侧有一些小的封土包石，南面的块石明显多于北面，分布有东西长3.5、南北宽1.5米的范围，边缘呈外凸的弧形。从圹室现存四壁均不完整的情形看，此墓已被人为扰动。墓外西南部表土下出土有桥状耳残片，南部包石上发现有一筒瓦残块。ⅠM28∶1，筒瓦尾部，夹砂红褐陶，素面，内里亦未见纹饰。长16.5、厚1厘米。ⅠM28∶2，横向桥状器耳，红褐色，夹细砂陶，表面较光滑。耳宽3.5、厚0.8厘米（图八，6）。

ⅠM29为封土石棺墓，北为ⅠM28圹室墓，西邻ⅠM30。封土呈椭圆形，南北长3、东西宽1.1米。椁室四壁较为整齐，用未加工玄武岩石块砌筑，平面基本向内。墓南有一大块条石，疑为盖石。墓上东部封土内出土带扣卡针及铁钉各1件（详见第三章）。

ⅠM30紧邻M29，是构建在ⅠM27北面的土坑封土墓。封土呈扁丘状，以小石为边，石边平面大至呈矩形，长3.5、宽2米，纵轴线方向为140°。封土北侧最高处高出周围地表0.28米，中心有十数块小石头，石间土色明显发黑，含有较多炭块。此墓未作发掘，南部封土内发现罐底1件。ⅠM30∶1，黄褐色夹砂较细，素面，表面比较粗糙，为深腹“靺鞨罐”底，底径11.5厘米（图八，3）。

ⅠM31和ⅠM32为东西相邻位置前后稍错的两座圹室封土墓，间隔约2米。M32墓上有呈慢坡状封土，平面形状不规则，中心处高约0.2米。圹室外廓呈长方形，南北长7、东西宽5.6米，外缘摆砌齐整。墓室南北长3.5、东西宽2.8米，现存东、西和北壁一段，西北角部残缺，东壁局部内颓。四壁以大块石垒砌，西壁宽0.9、东壁宽1.2米。北壁只保存了东北角部长0.53米的一段，摆砌了两排石材，宽度与西壁相若。南壁中部有向南的甬道，甬道长约 1.6 米，与墓室大致等宽。甬道口的南端，平放着一块长条石板，可能是稍有移位的封门石。此墓封土内有少量陶器残片。Ⅰ M31 墓底有铺石，铺石范围约为 8 米 × 7 米，平面近方形。此墓已遭盗扰，破坏较重，圹室边壁均非原貌，但可知为小块碎石堆叠而成，宽、高不详。墓外东南角处有 3 块长 1～1.3 米的条石，应为移位的墓上封石。

Ⅰ M33、Ⅰ M34 均在 Ⅰ M28 西侧，紧相为邻，是保存较好的两座土坑包石墓。前者封土呈椭圆形，南北长 4、东西宽 2.6 米，中心最高处高于周边地表约 0.3 米，内含小碎石较多。边缘码砌大块石，北部及东部各有一块宽达 0.6、厚 0.4 米的大块石材。后者处于 Ⅰ M33 北端，封土大致呈圆形，直径 2.8 米，顶部和边缘均有块石压护，最大块石为 0.55 米 × 0.5 米，存石较多的东侧边块石排列方向为 203°。封土无石处解剖时出土有 3 片陶片和一些人骨碎块，鉴定为未成年个体，性别不明。鉴于两墓包石完整，可能未经盗扰，这次有意保留未作发掘。

Ⅰ M35 位于一墓区东部，土坑包石墓，北距 Ⅰ M11 边石 5.2 米。封土已成陷坑状，周边包石，平面呈南北长 4.3、东西宽 3.8 米的椭圆形。西南部及东边块石存留较多，南边留有一块南北长 1.2、东西宽 1 米的大石。包边石圈内有一些较大块石和碎石，应该是顶部包石，现已落至与边石大致相平的位置。石间采获有女性成年个体的烧骨碎块多件，表土内出土有陶片。

Ⅰ M36 和 M37 处于 Ⅰ M32 之西，均为封土石棺墓。M37 封土基本无存，中部石块边缘多已裸露于地表，石椁为矩形，长 3、宽 1.1 米。侧壁以双排石砌筑，南壁为立置的一块较宽石板，北壁缺

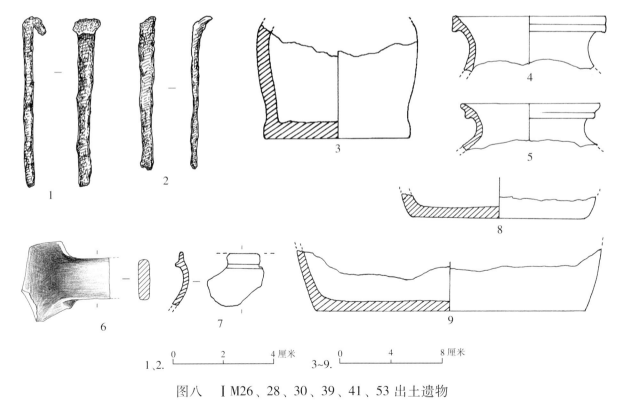

图八　Ⅰ M26、28、30、39、41、53 出土遗物

1. 棺钉（ⅠM26：1）　2. 棺钉（ⅠM41：1）　3. 罐底（ⅠM30：1）　4. 深腹罐口沿（Ⅰ M53：2）　5. 深腹罐口沿（Ⅰ M53：1）
6. 器耳（Ⅰ M28：2）　7. 深腹罐口沿（Ⅰ M53：3）　8. 罐底（Ⅰ M39：1）　9. 罐底（Ⅰ M53：5）

失。M36 石椁轮廓较完整，四边均以大块玄武岩石块松散摆砌，长3.2、宽1.5米许，中间土坑表面留有大块石三块。

ⅠM38、M39、M40 为由西至东排列的三座墓，墓之间相距约0.15~0.2米，前者为封土包石石棺墓，后两墓同为土坑包石墓。

ⅠM38 墓室南北长3.65、东西宽2.1米，西南角已残，现存三壁，盖石裸露于表土外。此墓侧壁以大小不等的石材砌筑，盖石尚存两块，横置于椁室北端。东南两边，墓外散布有包边小石若干。ⅠM39 位于ⅠM38 东约1米处，封土已平，表土即见封土包石。包石中杂有较多凝灰岩，平面分布呈矩形，边长约4.5米许，大小石块搭砌紧密，错落有致。南侧用石较多，石块多有移位而使石边向外弧出。北边存有两块大石，长在0.8米以上。包石圈的中部，黑土内夹杂有烧土和少量烧骨，并出土有陶片。ⅠM40 北侧封土包石已有部分露于地表，墓外东北角处有一大石，去除表土后见块石围作不规则长方形，墓内烧土、炭渣分布面积较大，可能已被扰动。此墓表土下出土罐底1件。ⅠM39:1，灰褐色夹细砂陶，素面，火候较高。底径13.5、残高2.5厘米（图八，8）。

ⅠM41、M42 在M39、40之北，东西排列，相距约6米。两墓均为土坑石边墓，但坑口边缘摆砌有一圈不连贯块石。

ⅠM41 石圈呈长方形，南北长3.2、东西宽1.1米。均为单排石材摆砌，所用块石较大。北部横置一盖石，长0.95、宽0.45米，整体压在墓室土坑之上，墓室东边，也压着三块较大块石，应为封土包石（图九）。此墓未作发掘，但墓外西侧发现1枚铁钉。ⅠM41:1，钉帽已残缺，钉身呈四棱锥形，残长6、宽0.5厘米（图八，2）。M42 石圈长2.3、宽1.3米，北壁呈圆弧状，较ⅠM41 略小，墓中心填土上有条状盖石三块。此二墓石材摆砌稀疏断续，并皆为单层，径以土坑为墓室侧壁，显然不同于前述石椁（棺）墓侧壁均砌筑数层块石。类似的墓例，以往在榆树老河深[④]、永吉杨屯墓地[⑤]均曾见到，原报告称为"石圹墓"，我们以为，称土坑石边墓更能显示其特征。

ⅠM43、ⅠM45 封土相连，形状极不规则，均为土坑石边墓，但坑口亦有块石摆砌的石边。M43 石边以较多小石块砌筑，南北长2、东西宽1.2米。东西壁平行，砌石多有间断。石圈中间已暴露炭渣和烧骨块，构筑相当简单。M45 石边平面呈圭形，南北长1.5、东西宽0.8米。东、西两壁与南壁呈90°转角，北壁呈向外的弧形。此墓虽小，石边四壁以小石摆砌规矩。

ⅠM44、M46、M47 同为土坑包石墓，中间隔有一座 M45。

ⅠM44 包石连作长方形，南北长6、东西宽4.2米，中间有高约0.25米的封土。边石石块大小错落，最大者长达0.7米。东、西两边较平直。南边略向外凸，三面均呈较宽的条形。复查中在封土南北各开探沟一条，两沟中均有烧土和木炭。ⅠM46 封土凸凹不平，最高处约0.2米。围边包石保存极不完整，石块多集中于四角，块石皆为玄武岩，小块石较多。该墓扰动较重，烧土、木炭块在包石以外也有分布。ⅠM47 在其西侧，封土形状较规整，呈圆丘状，西北部略高，约0.3米。南部表土下即见周边包石，块石分布密集，平面作环形，宽0.8~1.5米，东西侧向内延伸较宽，中间几乎相连。墓室部位平置一块较大石板，长、宽各约0.5米，其下见有烧土，并有一些火烧后的人骨残渣。

ⅠM48 南邻ⅠM7，为 M44~M47 延长连线的终端。封土石棺墓，墓上有长约3米的椭圆形封土，高0.25米。石椁为单排玄武岩石材，石块间搭接紧密。石椁南北长2.5、东西宽0.5米。与南北两壁

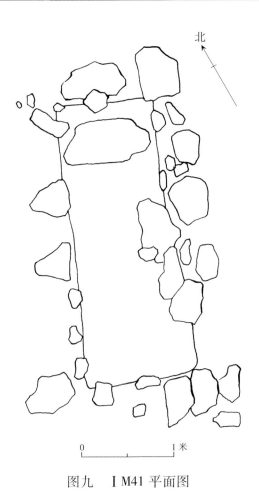

图九　ⅠM41 平面图

间转角呈 90°。墓外东部有一块大石，可能是移位的盖石。西壁有保存较好，内壁齐整（图一〇）。

　　ⅠM49～ⅠM54 六墓均处于ⅠM42、44 与ⅠM55 之间，排列成平行的整齐两排，间隔多在 2～3 米之间，只北排西端的 M54 相距稍远。六座墓中只有 M50 为封土石棺墓，其余的均为土坑封土包石墓。其中，东侧的 M53、M54 包石排列成边缘较为整齐的长方形，中间杂乱的散布有一些大小块石。其余三座包石均布列成圆形或椭圆形，中心区域也存有一些小石块。从包石散布面积看，六座封土墓大小颇有不同，最小的 M51，南北长 3 米，东西宽 2.4 米，大的如ⅠM49，南北长近 4 米，东西宽 3.5 米。局部探沟中，都发现有木炭和烧土，ⅠM49 和 M52 的东、南部各获人骨 1 块。M53 封土出陶片 6 件，包括深腹罐口沿 3 件，罐底 1 件。探沟中获得烧碎的女性成年个体人骨 4 块。

　　M53 出土的深腹罐口沿均作侈口重唇。ⅠM53：1，深腹罐口沿，红褐色，夹砂较细，口径 11、残高 2.3、厚 0.3 厘米（图八，5）。ⅠM53：3，深腹罐口沿，黑褐色（图八，7），口径大小与ⅠM53：1 相接近。ⅠM53：2，深腹罐口沿，出自墓外北侧 1.5 米处表土下。灰褐色，重唇侈口，唇面侧视中间仅稍有浅凹，上下唇缘较平，与前 2 件同类。口径 12、残高 3.5、厚 0.3 厘米（图八，4）。

　　器腹ⅠM53：4、6 均为黑褐色夹砂陶，前者饰一道弦纹和两道戳点纹。后者为素面，厚 0.5 厘米。器底ⅠM53：5，应为鼓腹罐之底，素面夹砂灰褐陶，烧制火候较高。底径 21、残高 5.6 厘米（图八，9）。

M50 位于南排中部，封土包石石棺墓，尚存四面侧壁，砌石以玄武岩条石为多。椁内长 2.8、宽 1.5 米，西南角部块石移向墓内。此墓东、南、北三面都存有较多块石。布列成椭圆形，可能为封土外的包边石。

ⅠM55 处于ⅠM53 西北，为小型封土包石石棺墓。石椁长 1、宽 0.4 米。石料全砌紧密，壁间转角为直角。东壁方向 208°（图一一；图版二八，1）。墓上有呈圆形封土，中部高约 0.25 米，北侧覆有包石。

ⅠM56、M57 为南北向排列的两座土坑包石墓。ⅠM56 封土平面近似圆形，直径约 3.6 米，东北部高 0.25 米。包边石围成长方形，南北长 3.5、东西宽 3 米，石块排列松散，纵向轴线方向 191°。北侧横一大石，长近 0.9 米，中部有三块较小石，见于封土之中而不在表面。南部封土中发现两件陶罐残片。陶片中口、底、腹部残片均见，拼对后有 2 件陶罐已大致修复。ⅠM56：1，夹粗砂灰陶，口部轮修痕迹清晰，素面，下腹有刮抹痕。罐为方唇侈口，深弧腹，平底。口径 13.6、腹径 16、底径 8、高 19.2 厘米（图一二，9；图版八六，6）。ⅠM56：2，夹砂灰陶，深灰色。圆唇侈口，鼓腹平底，中腹有一对横桥状器耳。残片已接成口、底两块，但未能连接修复。口径 20.8、腹径 28.5 厘米（图一二，11）。

ⅠM57 东邻 1964 年发掘的ⅠM101～ⅠM104 一组墓葬。封土呈圆丘状，北部略高，高约 0.25 米。包边石大多隐在表土层下，平面排列呈倒三角形。石块较小，多数小于 0.35 米 × 0.15 米。封土东部的解剖沟内出土有陶器桥状耳 1 件、器口沿 1 件。ⅠM57：2，可能为瓶或壶类器，残存颈部，黄褐色。素面陶夹砂较细。残片侈口、直颈、方唇，唇面稍残。口径 7、厚 0.4 厘米（图一二，2）。带銙 2 件。ⅠM57：1，土绿色，两方形铜片复合而成，角部存有四钉。正面铜片四边倒角四边抹棱，背面铜片为一平面，两片相同位置上皆有一长方形透孔相对。现两片为四钉铆牢，中间革带已朽。长 3.2、宽 3 厘米（图一二，1；图版六七，4）。另一件ⅠM57：3 为铁质，形状大小均与之相同，但出自墓西表土层中，为 2009 年工程部门施工时所获（图一二，4；图版七五，7）。

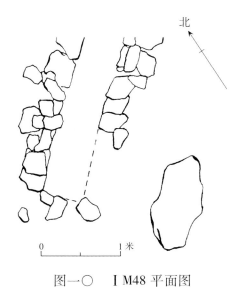

图一〇　ⅠM48 平面图

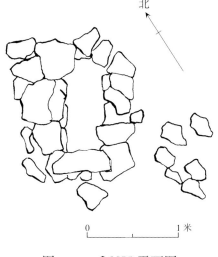

图一一　ⅠM55 平面图

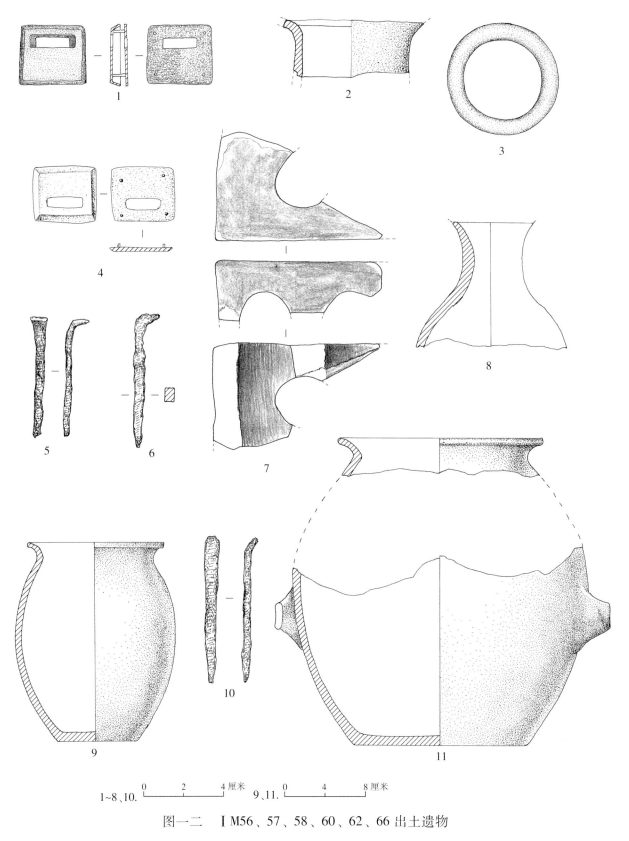

图一二　ⅠM56、57、58、60、62、66 出土遗物

1. 铜带铐（ⅠM57:1）　2. 长颈壶口沿（ⅠM57:2）　3. 铜环（ⅠM66:2）　4. 铁带铐（ⅠM57:3）　5. 棺钉（ⅠM60:1）　6. 棺钉（ⅠM58:1）

7. 多孔器（ⅠM58:2）　8. 长颈壶口沿（ⅠM62:1）　9. 深腹陶罐（ⅠM56:1）　10. 棺钉（ⅠM66:1）　11. 陶罐（ⅠM56:2）

　　Ⅰ M58 在 Ⅰ M55 之北，封土圹室墓。南半部尚完好，两外角犹存，东、西、南三壁显露较清晰。依此复原，该墓外廓为方形，长、宽皆为4.8米，西、南侧外壁砌筑较直，只东北角残缺。圹室呈长方形，南北长2.8、东西宽1.2米，四壁以较大块石砌筑，平面内外均砌有直边。封土平面形状不规则，表面露有两块石边，一块位于南壁正中，似为甬道盖石，另一块位于圹室北部，一端横搭在侧壁上，两块石边均在长1.4、宽0.8米上下。甬道口的南侧，向西南斜向摆有两条单层块石，间隔0.9～1.05米，中间为黄土平面，南端未封口（图一三；图版二八，2）。此墓封盖较好，与 Ⅰ M3 一样，是墓群现存为数不多的圹室墓葬之一，这次未作全面清理（图一一）。

　　在寻找甬道外伸块石南端过程中，该区域出有多孔器（节约？）及棺钉各1件。多孔器 Ⅰ M58：2，素面夹砂灰陶，应为节约残块。长8.5、宽5.5、厚2.5厘米，残存十字相交的两个圆孔，形状不很规整（图一二，7；图版九〇，1）。棺钉 Ⅰ M58：1、3，前者出自墓内，后者出自墓外。两件形制相同，均为截面作长方形的四棱锥状棺钉。前者保存稍好，长6.5、宽0.7厘米，钉帽犹存（图一二，6）。

　　Ⅰ M59、Ⅰ M60 位于一墓区中北部，与东南侧的 Ⅰ M61、东侧的 M65 以及北侧的 M67 构成了一墓区北片的南侧边缘。两墓封土均流失严重，M59 封土较低，石棺墓，部分石材已暴露地表之上。该墓所存石块凌乱分散，似经人为扰乱。M60 土坑石边墓。边缘相对整齐，石边以小块石构筑，平面为长方形，南北长1.75、东西宽0.65米，中间沿石边挖有墓坑。墓坑较浅，沿东壁所做的解剖沟中出土有棺钉3件，长5.8～6厘米不等。Ⅰ M60：1，严重锈蚀，帽扁而弯折，钉身横截面呈方形（图一二，5）。

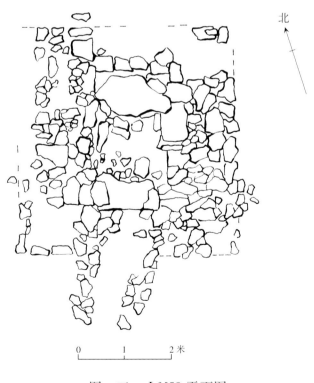

0　　1　　2米

图一三　　Ⅰ M58 平面图

Ⅰ M61 为四壁砌筑较好的封土石棺墓，东西与Ⅰ M65、M66 为邻。墓上封土呈椭圆形，北部略高，为 0.25 米。石椁呈长方形，南北长 2.5、东西宽 1.4 米，中轴线方向 198°。东、南两面可见单排双层砌石，表层砌石以 0.75 米×0.45 米上下的玄武岩块为主，间或以小石填充。墓室上口现存五块较大盖石，平行排列，封至椁室中部以北。

Ⅰ M62 为土坑包石墓，位于 1964 年发掘的 M103、105 之北。墓上封土呈圆形，高 0.3 米，存留较高。墓周边石块少而零乱，分布呈直径约 2.5 米的圆形。墓南侧有一大石块，长 1.2、宽 0.7、厚 0.26 米，应为只是已经移位的墓边包石。此墓中轴线方向为 187°。封土内出土有少量陶片。Ⅰ M62：1，为壶口残片，夹细砂红褐陶质，表面较光滑。壶为侈口、长颈、圆肩，唇部稍残，口径 4、残高约 6 厘米（图一二，8）。

Ⅰ M63 ~ M68 东西成一排，相距 3 ~ 8 米不等，墓上封土皆呈不规则形状，最高不过 0.3 米。其中：

Ⅰ M63 处于墓区东缘，封土石棺墓。墓上封土呈径约 3.5 米的圆形，东部高 0.3 米，较西南高出较多。石椁平面呈长方形，长约 2.8、宽 1 米，单排石材摆砌，南壁稍有缺失（图一四）。

北

0   1 米

图一四　Ⅰ M63 平面图

ⅠM65 亦为石椁墓。墓室为长方形，玄武岩石构筑，东壁石块排列整齐，方向为 210°，石材大小普遍在 0.2~0.35 米之间。南壁转成直角，存有盖石两块，较大的一块为 0.75 米×0.5 米。西壁似经扰动，存石显露呈三段，中段移位内收，东北角处有缺石。石椁外的东、北两面，与椁边平行分布有二十余块较小的包边块石，排列成外缘圆凸的弧形。

ⅠM64、66、67 为土坑包石墓。ⅠM64 包石分布呈东南角略向外凸的长方形，南北长约 5、东西宽 4 米。包石大小不一，皆玄武岩块石，大者为 0.75 米×0.43 米上下，小的也有 0.1 米×0.08 米。东面块石连续，其他三面块石有间断，且移位较多。该墓北半部烧土块较多，南部只见少量炭渣。ⅠM67 包玄武岩块似经挑选，绝大多数为 0.35 米×0.25 米的中型石，只西南侧一块稍大，长 0.75 米。墓内中心处有散摆的块石十余块，石间土色明显发黑，局部发现有炭渣与小块烧骨。ⅠM66 大小介于ⅠM64 和ⅠM67 之间，残破较重。以小石块为边，平面不成形状，东南部墓外表土层中出有铜环、棺钉各 1 件，表明墓内可能被盗。铜环ⅠM66:2，锻成后经过打磨，不见接缝，截面呈圆形，环径 5.5、截面直径 0.8 厘米（图一二，3；图版七〇，6）。棺钉ⅠM66:1，为横截面呈长方形的四棱锥形钉，钉帽弯折部分稍残，残长 7.2、宽 0.7 厘米（图一二，10）。

ⅠM68 位于 M69 和 M70 西南，土坑封土墓。墓上封土呈椭圆丘形，直径近 3 米，中间高 0.2 米。封土外围未发现包边石块，东部出有布纹瓦残片 1 件，北部发现有红烧土及少量木炭。瓦片ⅠM68:1，灰褐色，夹砂，凸面拍有绳纹，凹面有布纹，残长 8、厚 2 厘米，四面无直边。

ⅠM69、M70、M71、M76 系相邻的四座土坑包石墓，位于一墓区北部偏下区域，西侧三墓间距在 1~1.5 米之间，与东侧的 M76 相隔稍远。四墓封土形状均不规则，高度都不到 0.3 米。ⅠM69北侧包石留存较多，南部仅余六块小石，其边石只大致围成椭圆形。ⅠM70 的封土外包石亦呈椭圆形，但长轴方向与前墓相差约 40°，块石除北边有四块大石外，南部皆以 0.2 米×0.15 米的小型石为边。ⅠM71 包石平面呈矩形，边长约 3 米×2 米。东、西与南侧相交呈 90°角，北侧有二石向外凸出，使边缘作弧形。M76 仅存东、北、南三面包石，分布呈弧形。四座墓的墓室位置均有数量不等的块石分布，石间黑土中可见炭块或炭渣，M71 南部见有火烧碎骨。总体看四墓保存较好。

ⅠM72~ⅠM75 四墓两两成排，聚在 M70、71 的西北，与 M68~76 一排组成了一个单独的小的区片。四墓中只 M74 土坑上口围有石边，其余均为土坑包石墓。其中ⅠM73、M74 于 2005 年作了墓室清理，前者出土瑞兽葡萄镜和带铐等遗物多件（详见第三章）。M75 包边石块散布成长方形，M72 呈椭圆形，南北向长度都在 3.5~4.7 米之间，两墓封土表面都发现有小块烧土或木炭碎块。ⅠM75 西侧封土中出土银耳环 1 件。ⅠM75:1，为单股银丝弯所的开口圆形，形状不很规则。表面灰白色，直径 2.6 厘米（图一五，1；图版六四，10）。

ⅠM77~M89，共 13 座墓葬构成了一墓区北边的一个组片。这一区域以土坑包石墓为多，并有 3 座石椁墓和 1 座土坑墓。其中：

ⅠM77、M78 和 M88、M89，组成这一片区的南列，四墓两两相近，封土均很低矮，高度不足 0.2 米。四墓中只ⅠM77 为土坑石边墓，其余三座为土坑包石墓，但 M77 墓坑四周摆有数目不等的块石围成的石圈。此墓西北部尚存长约 3 米的一段摆砌多层的封土包石，石块大小不一，外缘呈弧形，较大块石边缘已裸露于地表。中间墓坑作长方形，长 1.6、宽 1.1 米许，解剖沟中发现 2

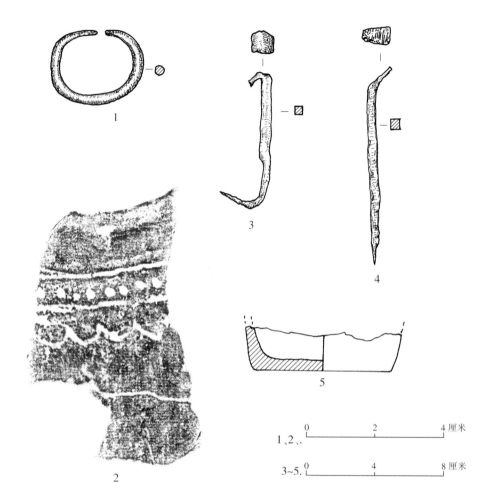

图一五　ⅠM75、79 出土遗物

1. 耳环（ⅠM75：1）　2. 纹饰陶片（ⅠM79：4）　3. 棺钉（ⅠM79：3）　4. 棺钉（ⅠM79：5）　5. 罐底（ⅠM79：1）

块小的烧酥的人骨。M78 的包石仅东边较齐整，其他三面石块很凌乱，似经严重扰动，南侧暴露有木板痕迹。M88、M89 两墓包边石围成长方形，南北向长度都在 3 米左右，墓内填土为黑灰土，含较多炭渣。

　　ⅠM79、M83、M84、M85 构成这一片区的北列，四墓呈弧形分布，间距 2～4 米不一。封土多呈低矮的椭圆形，其中 M79 封土周边未见包边石材，为一墓区少数无包石的土坑墓之一。ⅠM83、M85 为包石土坑墓，因地处陡坡之上，封土流失较重。M85 南部包石多已移位，仅存长方形包石的东北两边。M83 南部封石已挤向中间，形成尖角，其长边 4、宽约 3.5 米，也是一座较大的墓葬。

　　ⅠM84 为 1997 年发掘的墓葬。封土石棺墓，墓室砌筑工整，石缝间填以小石，转角均呈 90°。墓室南部以独石为壁，其上尚存横搭于两壁的盖石一块。

　　ⅠM79 封土直径大约 3 米，北部高约 0.15 米，南部已无封土，表土下已接近墓底，发现有红烧土及少量木炭，出土有陶器口沿及残片，棺钉 6 件，显然已遭严重盗掘。罐底ⅠM79：1，红褐色夹砂陶，深腹，素面，表面较光滑。底径8、残高2.5、厚0.5厘米（图一五，5）。器腹5片均为夹砂陶的深腹罐残片，2件饰有不同纹饰：ⅠM79：2，红褐陶，饰双重弦纹，中间夹戳点纹。残长4.8、残宽3.7、厚0.5厘米。ⅠM79：4，黄褐陶，两道弦纹中间加点，下有水波纹。残长6.5、残宽2.5、厚0.3厘米（图一五，2）。棺钉6件，均为四棱锥形钉残段，1件保存稍好。ⅠM79：3，锈蚀严重，钉长8、钉身宽0.5厘米，钉帽尚存，钉尖已弯曲（图一五，3）。ⅠM79：5，基本完整，长11厘米（图一五，4）。

ⅠM80、M81、M82、M86、M87五墓聚在上述南北两列墓葬之间，相距较近，规模均较小。其中M80～82为封土相连排列成东西向的三座，同为土坑包石墓，边缘包石多为0.25米×0.15米的中型玄武岩块石。三墓大小相近，封土以ⅠM80最高，中部普遍超过0.35米。M80的边石很凌乱，但分布基本呈椭圆形，东、西、南三面块石居多，北侧留存较少，石间黑土内夹杂着少量的炭渣和小块烧骨。M86和M87系相邻的两座石棺墓。石椁均为长方形，南北长1.32～1.4、东西宽05～0.66米不等。后者保存稍好，2004年作了发掘，墓内未见人骨，但发现有铜环、铜带饰各1件（见第三章）。

ⅠM88、M89亦为土坑包石墓，两墓封土相连，均很低矮。前者封土呈长宽约2米×1.6米的椭圆形，边缘散布有石块，后者边石分布略大，石块亦多。两墓中心处皆有大量烧土和炭块分布，但未见人骨残块。

ⅠM90～M95处于一墓区的东北角，六墓间隔稍远，分布较为开散。

ⅠM90系土坑包石墓，1997年发掘。现可见外缘包石排列成的长方形石圈，东西长4.8、南北宽4米，外缘十分整齐。

ⅠM91、ⅠM92均为封土石棺墓，南北排列紧密，建于北高南低的山坡上。其封土相连，最高处高约0.2米。M91的石椁基本完整，石材皆玄武岩质，南、北壁块石叠压紧密，东、西两壁表层石块位置有部分间隔。椁室呈长方形，南北长2.5、东西宽1.2米。M92椁室以西壁较整齐，北、南两壁石块较乱。椁室亦为长方形，南北长2.5、东西宽约1米。

ⅠM93处在ⅠM91与ⅠM63之间，距离都在10米左右。封土呈圆丘状，周边包石。中部偏南的解剖沟中，见有包边石四块，石块内侧为黑土，有炭渣和烧土，属土坑包石墓。

ⅠM94与ⅠM95为一墓区东北角两座相邻且分散的墓葬，封土大小相近，均为土坑包石墓。ⅠM94靠内侧，封土基本无存，西、北两面包石较多，东、南两边只有间断散布。石块布列作长方形，南北长2.2、东西宽1.9米。西南角尚存一块大石，规格为0.8米×0.55米，其余多为碎石。ⅠM95在其东6.5米处，封土为椭圆形，高仅0.2米，封土外围包石只余十数块，大致呈长方形，比较分散。南北长2.5、东西宽2米。两墓包石内侧均有烧土暴露，M95西北角部石间有炭渣和零星碎骨。

ⅠM96～M100五墓沿一墓区东侧山梁下部自南向北排列，皆为土坑包石墓。其中只M96、M97和M99保存较好。M96包边石排作椭圆形，中间封土高0.3米，南侧可见炭块和烧土。M97封土低矮，中部最高处不足0.2米，包石大致分布呈南北长3.5、东西宽2米的长方形。M99石材大小均匀，皆为0.30米×0.25米左右的玄武岩块石，东、西、南三面包石保存较好，北边及西南角缺失，墓内中心处有连片的烧土痕迹。

ⅠM99 封土形状很不规则，包石仅西壁尚存，墓室位置处炭块极多，并见有小块烧骨，可能已至墓底。M100 墓上已不见封土，包边石多露于表土之外。块石相对集中于东北两侧，中心暴露有烧土、木炭，与黑土掺杂，西侧石间发现有火过的人骨碎渣，显然也为火葬。该墓残损较重，南端已裸露生土。

ⅠM101～ⅠM105 为 1964 年发掘的墓葬，集中分布于一墓区东侧中间地带，彼此间距较近。其中ⅠM101、M102、M105 为长方形封土圹室墓，长 2.64～3.02、宽 1.3～1.6、深 0.28～0.5 米不等。三墓中均发现有多个二次葬人骨个体、数量不等的棺钉和随葬品。M101、M102 两墓南壁上发现有甬道，M105 南壁遭破坏，甬道有无不十分确定。ⅠM103、M104 为形制较小的长方形封土石椁墓，墓室长 1.2、宽 0.5～0.7 米上下，较深的 M104 也不足 0.5 米。两墓中皆未见人骨，但 M104 中见有顺长摆放的三块垫棺石，并出有随葬的陶罐 2 件（参见附表二）。

上述 105 座墓葬中，土坑墓占有明显的多数。如图一六所示，一墓区的石椁（棺）墓占墓区总数的 24%，圹室墓、石室墓两类合计可占到 21%，其余半数以上是各种形式的土坑墓葬。土坑墓的绝大多数外表包石，其不加块石包封者，包括未作登记的残墓也仅只 5 座，所占比例很小。

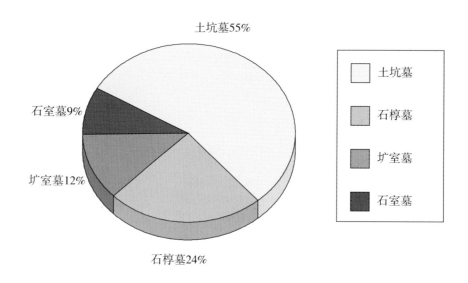

图一六　一墓区墓葬形制统计示意图

从总体分布上看，一墓区南片大型墓布列相对有序，北片中小型墓葬区的分布似显混乱，各类墓相互杂错，排列也不够整齐。虽然大片中还可再分成相对独立的若干小区片，但各片的种类、规模依然参差，很难找到规律。南片的大墓分布区中，如剔去ⅠM14、M15 等明显构建于其旁大墓倒塌堆积之上的墓葬，则除了ⅠM3、M10 两座土坑墓和局促一隅的ⅠM9，其余七墓大致排成一横一顺基本整齐的 T 字形。横向以ⅠM1 为中心，向东有ⅠM2 和ⅠM6，两墓之间距离较远，向西依次为ⅠM17、ⅠM7 和ⅠM8，彼此距离很近。顺向以ⅠM2 为起点，向坡下依次为ⅠM4 和ⅠM5，间隔距离不等。分布上无封土的ⅠM1、ⅠM4 和ⅠM5 居山坳中央，作纵向排列，有封土者分在两边，如ⅠM2 和ⅠM6 在东，ⅠM8、ⅠM9 在西，成一横列。

第三节　二区墓葬形制及相关遗物

二墓区确认登记的墓葬130座，分布在东西长100、南北宽20米的簸箕形山坳里，基本可分为圹室墓、石椁（棺）墓、土坑墓三大类。和一墓区相比，二区缺少石室墓，但分布密度较大，数量上土坑墓已占到三分之二强。墓葬保存情况以土坑墓相对较好，石椁墓的扰动破坏也很普遍。

二区已发掘的墓葬为28座，其中13座为这次所清理。从调查发掘情况看，各类墓封土外都有块石包边和不包边两种形式，土坑墓中也有一些只在坑口周围摆砌块石的墓葬形制，和一墓区相一致。图一七显示了各墓类的分布情况。

ⅡM1～M15为1963年和1964年发掘的墓葬，大致可分为三片。

东片三墓，ⅡM1（原号M201）位于坡上，封土包石圹室墓，甬道和西壁保存尚好。其下方的ⅡM8、M14（原号M208、M214）为土坑墓，墓室长度2.5～3米不等。三墓均为火葬墓，但M8未见人骨，封土有较多的板瓦碎片，并出有半块乳钉纹瓦当。

西片二墓，ⅡM9、M10皆为土坑包石墓，位于墓区西南角。封土外有包石。墓室均长约3米，内有火焚后的木椁和人骨。ⅡM9的东、南两侧还发现有呈扇形散落的大量板瓦，被认定为原来封土上的覆瓦。

中片共十墓，除ⅡM3（原号M203）为明显的封土石棺墓外，其余九座均为封土圹室墓，墓室长度都在3米上下。其中ⅡM2和ⅡM4，ⅡM5和ⅡM6，ⅡM7和ⅡM15，ⅡM11、ⅡM12和ⅡM13，自北向南分四排相并建于坡上。规模最大的ⅡM7墓室长3.4、宽2.8、深0.6米，甬道宽1.15、米，两侧立石板，墓上有直径6米、高约0.6米的圆丘形封土。墓内发现有烧土、炭屑、棺钉、人骨，为火葬。

ⅡM16位于二墓区南侧边缘中间位置。现存封土平面呈圆形，北侧略高。表土去除后在墓葬中部偏南开了0.2米宽探沟一条，发现填土中含有烧土和木炭，探沟南侧散布有两排块石。从块石分布状况看，应为封土边缘包石，确认为土坑包石墓。

ⅡM17、M18以至M22六墓亦处于二墓区西南部边缘，自东向西大致成排，彼此间距近者5～8米，远者达10米以上。

ⅡM17为小型石棺墓。封土近似圆形，直径2.5米，中北部略高。石椁南北长约1.6米，东壁较直，方向175°，与南壁构成90°转角。侧壁为双排石材砌筑，西北角块石略有移位。

ⅡM18为土坑包石墓，封土低矮呈扁平状，长4.5、宽4米，北部最高处仅有0.2米，西南边包石部分裸露在外。此墓周边和顶部都有较多块石，石块集中于西半部，南边仅存石八块，东、北块石普遍较碎小。从块石摆放看，下层石多半压在上层石下面，整体分布成弧形外缘。封土中出土有陶器残片，东侧暴露有烧土和木炭。

ⅡM19为土坑封土墓。位于ⅡM28之南侧，ⅡM20之东侧。现存墓葬之封土呈圆形。直径最大不过3.5米。西北侧略高，为0.2米。在墓葬中部偏北处0.2米宽探沟中，表土下发现有火烧红土和木炭。

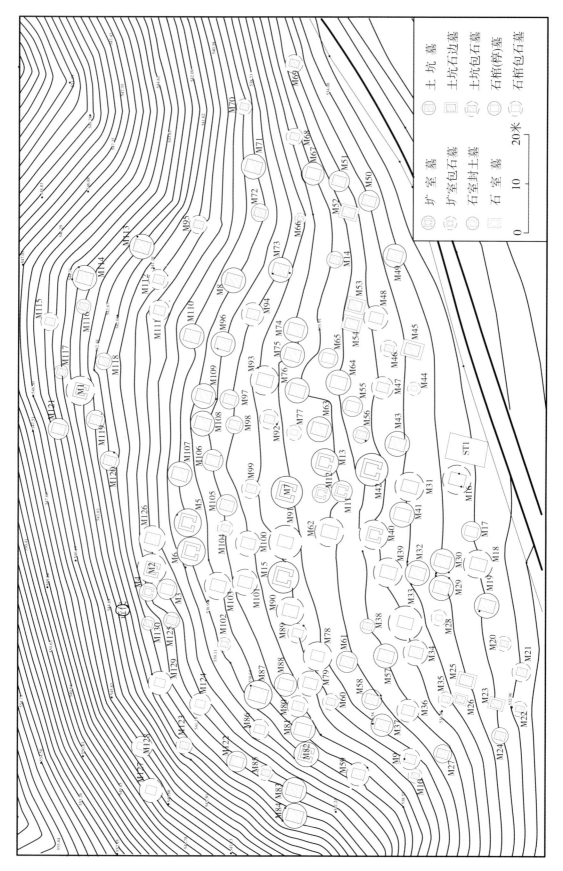

图一七　二墓区墓葬分布图

ⅡM20～22 均为土坑包石墓。前者封土近似圆丘状，北部最高处高 0.2 米。其外围散布有一些块石，有的夹杂在封土之中，石材多为大块。南侧解剖沟中，见到小块烧骨及大量木炭。M21 墓上封土基本呈方形，高度普遍超过 0.2 米。东侧以较大玄武岩块摆出齐边，西侧以小石块为边，块石分布呈南北长 5、东西宽 4 米的长方形。南、北两边存石较少，此墓保存较好，东侧包石现存宽度达 1.5 米，最内侧的碎石已延伸至封土中部。该墓封土未作发掘，边缘亦未作解剖。

ⅡM22 封土近似圆形，直径 3.4 米许，东侧略高，边缘留有包边石十余块。封土西南角部已暴露焚烧后的木椁残段，这次未作进一步清理。

ⅡM23 在ⅡM22 之北，土坑石边墓。墓上封土平面近似圆形，直径 3 米，西南面高近 0.3 米。墓口石边呈长方形，南北长 2、东西宽 0.8 米。单层块石摆砌，内侧整齐，南部两角均作方折。

ⅡM24 为土坑封土墓。位于ⅡM27 之南，ⅡM23 之西侧。现存封土呈圆丘状，直径约 3.5 米，西侧高于东侧，边缘不见包石。在墓葬南部探沟中，发现烧土和木炭，未见人骨。

ⅡM25、M26 为东西并列的两座小型土坑石边墓，墓口摆放有一圈单层石块。前者封土高不足 0.2 米，石圈南北长 2.5、东西宽 0.9～1 米，外侧面不够整齐（图一八；图版三一，1）。后者所用石块较小，石圈亦呈长方形，南北长 1.3、东西宽 0.58 米，北壁已不完整。该墓封土保存较好，圆丘存高 0.3～0.36 米。

ⅡM27 为土坑墓，位于墓区西南边缘，保存较好。封土呈椭圆形，长约 2、高 0.3 米。北侧解剖沟中见板状炭块，未作进一步发掘。

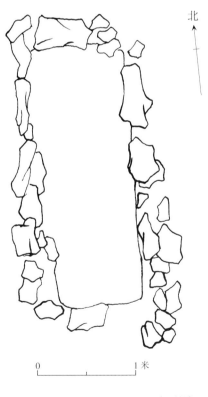

图一八　ⅡM25 平面图

　　ⅡM28～M30 自西向东成一排，其中 M29、M30 为土坑墓，M28 为封土包石石棺墓，2004 年作过发掘，为东西相并的双椁墓，形制较特殊（见第三章）。

　　M29 墓上封土为圆形，直径 3、高 0.2 米许。北侧探沟发现烧碎的人骨 4 块。M30 封土基本流失殆尽，表土下即为墓口，内中烧土和炭块较多。

　　ⅡM31 位于 ⅡM16 之北，墓区中部，系保存较差的一座土坑包石墓。围边石块大多移位，现平面略呈长方形。南北长 3.5、东西宽 2.2 米。该墓损毁较重，未作进一步发掘。

　　ⅡM32～M37，六墓自东而西排成两行。其中 M32、M37 居于两端，皆为土坑墓，M37 因保留有 0.3～0.35 米高的封土，未作进一步探查。M32 封土高度已不足 0.2 米，南侧解剖沟中出有较多炭块和烧土。

　　偏于西侧的 M34、M36、M35 三墓呈三角形分布，皆为土坑包石墓。三墓封土均小，直径不过 3 米，高度均不足 0.2 米。M34 块石大部散在四周，平面不成形状，M35 包石北部基本无存，南侧块石裸露较多，表土下两墓中部均有大面积烧土。M36 封土边缘残存的五块包边石，排列较为紧密，石间黑土中可见烧土和炭渣。此三墓全部作了培封，没有进一步发掘。

　　ⅡM33 为石棺墓，规模较大保存稍好，但封土已经流失较多。表土下即暴露出椁室四壁。四壁中有三面保存较好，只西壁北半部稍残。椁室内壁较齐，平面呈长方形，长 2.5、宽 1.7 米，四壁砌石较小，但块石摆砌较宽，东、南、北三面均将近 1 米的宽度。该墓东侧散布有大致呈扇形的一片碎石，可能是封土外部的包石。西南角处，放置一块长 1.2、宽 0.6、厚 0.5 米的大块玄武岩块，可能为封埋时的盖石之一（图一九）。

　　ⅡM38、M39 位于二墓区西南部相对平坦之处，间距约 9 米，呈西北至东南向排列。前者为土坑墓，封土椭圆形，南北长 3.1、宽 2.4 米，西北部最高处约 0.25 米。墓边不见石块。中部黑土内有少许炭渣。后者为土坑包石墓，封土边缘三面有块石，2004 年作了发掘，出土铜带銙、铁镞等遗物 6 件（参见第三章）。

　　ⅡM40 圹室墓，1997 年发掘，未作回填。四壁以 0.25 米×0.1 米小石砌筑，宽 0.8～0.85 米。墓室底部用风化砂铺底，四角各有一块垫棺石，南部正中有门和相当于南壁宽度的短甬道。

　　ⅡM41 石棺墓，东面距 ⅡM31 边石不足 2 米，为中南部保存较好的墓葬之一。封土平面近似圆形，北侧高 0.28 米。封土中部一块盖石裸露，椁室南北长 3、东西宽 2.3 米，平面为较规整的长方形。四壁为双排石砌，砌石以 0.2 米×1 米小块玄武岩石材多见。墓上有盖石两块，一块长 1.2、宽 0.55 米。东壁上有长 0.4～0.6 米的盖石三块。封土西侧出有棺钉 1 枚。

　　ⅡM42 圹室墓，位于二墓区中南部地势平缓之处。北为 1964 年发掘的 11～13 号墓。墓上有低矮封土，封土近椭圆状，北侧高 0.2 米。墓圹平面呈矩形，南北长 5、东西宽近 4.6 米，中轴线方向 180°。墓室以小石加土筑边，最宽为 0.8 米。甬道位于南部正中，现为碎石掩埋，未作进一步发掘。墓中心封土上有少量小的封石，可能是原有包石。墓外南部表土下发现一破碎陶罐，ⅡM42：1，已修复。夹砂褐陶，素面，器表抹光。罐为重唇侈口，深腹外弧鼓，小平底，最大腹径偏上。口径 12、底径 6、高 17 厘米（图二一，1；图版八五，1）。

　　ⅡM43 土坑墓，现存封土低平。直径约 3.5 米，中央最高处存高 0.2 米，墓南探沟中有较多火烧红土和木炭。北部探沟中出一金环。

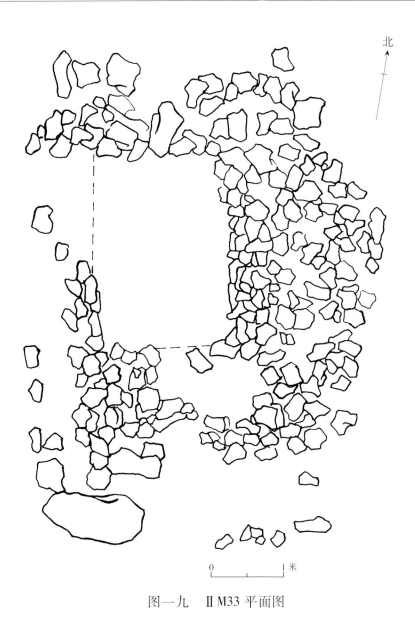

北

0　　　　　　1 米

图一九　ⅡM33 平面图

　　ⅡM44 为石棺墓，墓上有长方形较高封土，北部裸露出两块石材的石边。石椁长方形，南北长
1.5、东西宽0.8 米，侧壁以0.25 米×0.14 米左右的块石砌筑。东北部存有四块稍大盖石。石椁西北
两侧均散布有一些块石，可能是稍有移位封土包石（图版三一，2）。ⅡM44：1，金环，黄色，开口圆
形，以薄金片弯成，展开为长方形，开口两端各有一小孔可供缀合。直径0.9、环宽0.7 厘米（图二
一，7；图版六四，4）。

　　ⅡM45 位于ⅡM46 之南，相距约1 米，为二区南半部保存较好的一座大型土坑石边墓。墓上封土
平面呈南北长4、东西宽2.5 米的椭圆形，东北部高达0.32 米，南部较低平。解剖探沟中发现墓口外
侧整齐块石，清理后见整体作长方形，东面以双排单层石材摆砌，内部较平直，西壁间断摆石五块，
南北两面摆砌二至四块不等，形制较大（图版三二，1）。南部封土中出一瓦当残件，ⅡM45：1，灰
色，乳钉纹瓦当，残存一半，背面已脱落。当面正中为一大乳钉，其外尚存大小乳钉五个，外环有五

个飞鸟形长点浮雕。直径约12、厚0.5厘米（图二一，4）。

Ⅱ M46、M47 均为土坑包石墓。前者封土近乎椭圆，西北部略高，北侧探沟中发现四块包边小块石，石间夹杂少量炭渣和两块烧骨。后者封土低平，东侧三块较大块石露于封土外，探沟中不见人骨，但有较多烧土结块，且掺杂小块木炭。

Ⅱ M48 土坑包石墓，2005年发掘。墓室土坑平面呈矩形，墓底凹凸不平，遗留较多的木炭。墓内发现有头骨、椎骨和肢骨的碎块，人骨均遭火烧，随葬器物丰富（详见第三章）。

Ⅱ M49 ~ M51 均为土坑墓。其中 M49 封土低矮，平面已无形状。墓南端探沟里发现少量被火烧结的红土和木炭，中心部位有一些小块石，包夹在封土之内。M50 封土随山势北高南低，平面略呈椭圆形，M51 封土形状不规则。两墓探沟内均有烧土和木炭碎块，但未见人骨和随葬品。

Ⅱ M52 土坑石边墓，封土近圆形，高0.25米。中心有一南北长2.5、东西宽0.9米的长方形土坑，平面呈圆角长方形，三面摆砌有稀疏的单层块石，填土中可见炭渣。

Ⅱ M53、M54 皆属土坑石边墓，封土低平，外表未见包石。两墓土坑均为长方形，南北长1.5 ~ 1.8米，东西宽约0.8米，大小有差。墓口外面石圈皆以东、西两侧摆砌较整齐，M54 石圈内暴露烧土块略多。

Ⅱ M55 为长约1.2米的小石棺，西、南、北壁块石皆为双排石砌筑，中间封有两块盖石，未作进一步清理。

Ⅱ M56 ~ M58 同为土坑墓。其中 M56、M58 现存封土均呈圆形，封土较小，前者圆丘低矮，直径不到1.5米。后者封土局部高度尚有0.25米左右。两墓探沟中均发现大量红烧土，但未见人骨。Ⅱ M57 墓上有高0.3米以上的椭圆形封土，长、宽皆在4米左右。南侧探沟中发现2块烧碎的人骨，但未见遗物。

Ⅱ M59、M60 位于二墓区西部，同为土坑包石墓，前者封土近似圆形，直径不足3米，最高处不过0.3米。墓上有三块大石摆成"品"字形，周边石块小且零乱。后者包边石大致呈圆形，南侧边石与中心处三块大石连片，可能未经扰动。

Ⅱ M61 为土坑墓，位于Ⅱ M78 南侧，Ⅱ M58 之北。现存圆丘状封土，周围未见包边石块，墓上亦无块石，但中部发现有板瓦及陶片。

板瓦Ⅱ M61:5，黄褐色，夹细砂陶。残块有一直边，凸面素面，内侧有布纹。残长7.5、厚2.5厘米（图二一，2、3）。盆口沿Ⅱ M61:1，轮制，黄褐色夹细砂陶。残片较小，仅知为方唇，斜折沿。口径约22、厚0.6厘米（图二一，10）。陶罐残件3片中，Ⅱ M61:3、Ⅱ M61:4，两片均为黄褐色，夹细砂陶，素面，轮制，表面较光滑。残片长3.5 ~ 5.5、厚0.5厘米。Ⅱ M61:2 为器耳，黑褐色，夹细砂陶，素面，表面光滑，火候较高。耳部已残缺，从陶片弧度和残耳宽度看，应为横向桥状耳。残片长6.3、厚0.5厘米，器耳宽约3.5厘米（图二一，5）。

Ⅱ M62 土坑包石墓，位于Ⅱ M40 之北侧，Ⅱ M12 之西侧。封土低矮呈圆形，周边存留包边块石较多，平面大致呈南北长约3.5米的长方形。在北面一条探沟中，发现木炭和碎骨。

Ⅱ M63 为石棺墓，位于Ⅱ M77 之南2.3米处。石椁保存相对完好。墓壁为单排石材砌筑，西壁摆放尤为整齐，与南、北两侧端壁均构成90°转角。东壁石块略有间隙，东北角石块稍有移位。椁南部尚存移位盖石一块，长、宽均在0.3米上下，周边还留有一些稍小石材。此外，石椁填土表面也见有一些小石块，可能是封土外的包石（图版三三，1）。

Ⅱ M64 和 M65 是两座相邻的小石椁墓。后者已经残损，盖石缺失。石椁长 2、宽 1 米，东壁南部破坏严重。2004 年作了清理，墓中未见遗物。前者尚保留有南北较长的丘状封土，并暴露有两块横置盖石边缘。Ⅱ M64 的椁室为比较整齐的长方形，上有封石，封土范围长 3.2、宽 2.1 米左右。中心有大石五块，基本封盖住石椁上口，应该是一座未曾扰动的石椁墓，这次未作发掘（图二〇；图版三二，2）。

Ⅱ M66 土坑包石墓。墓上封土流失殆尽，包边石大多裸露于地表。清理后北侧有八块较大块石相互搭靠，呈弧形，其余三面已无包石，残损较为严重。

Ⅱ M67 为 1997 年发掘的墓葬，石棺墓，位于二墓区东部，Ⅱ M68 之西侧。墓室由长方形条石砌筑四壁，砌石三至四层，大块石间以小石填充，石块平面向内，墓内遗物不详。

Ⅱ M68、M69、M70，均为土坑包石墓，位于二墓区东端，布列成三角形，两两相距 10~12 米。封土皆呈北高南低的椭圆形，高 0.2 米许，周边均有数量不等、形状不规则的块石散布。三墓封土中都暴露有大量烧土和木炭，故未作进一步发掘。

Ⅱ M71~M76 自东向西成一排，为连续的六座土坑墓。墓上均有大致呈圆形的封土。M71 边缘处

北

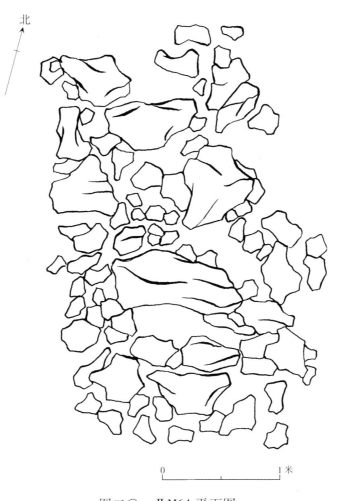

0   1 米

图二〇　Ⅱ M64 平面图

有烧土暴露。封土中有小块烧骨，可能经过扰动。M73 封土高 0.3 米，较其他三墓略高，但不及 M75 封土占地面积大。M74 为 2004 年发掘的墓葬，土坑中有圆木做成的木椁，墓内出土陶罐及银环各 1 件（见第三章）。

Ⅱ M72 表土清除过程中，于墓葬南侧出土银镯 1 件。Ⅱ M72：1，锻制，表面仍为白色。环为圆形开口，横截面内平，外有棱脊，略近三角形。外径 5.9、内径 5.4、截面宽 0.7 厘米（图二一，6）。

Ⅱ M76 封土平面呈椭圆形。南北长约 5 米，填土中夹杂烧土炭块较多，北侧出土铁铃和陶器口沿各 1 件。Ⅱ M76：1，略残，表面带红褐色铁锈，半边已锈蚀出孔。铃身为中空椭圆形，下部开一细缝，可见含珠，上部有一方形梁钮。残长 3.9、宽 2.7 厘米（图二一，8；图版七二，2）。鼓腹罐口沿 Ⅱ M76：2，黄褐色夹细砂陶，方唇，侈口，卷沿。轮制，表面较光滑，烧制火候较高。颈部有一个似箭搭弓上，引弦待发之形的刻划纹。口径约 42、器壁厚 0.9 厘米，可能是瓮类大器（图二一，9）。

Ⅱ M77 石棺墓，位于二墓区的中部。西邻 1964 年发掘的 M7、M13 两座圹室墓。石椁由较多长 0.3 米的大型石材砌筑，平面呈长方形，南北长 2.8、东西宽 1.3 米。椁上有盖石两块，南侧的一块为长条石，长 1、宽约 0.4 米，两端都搭在侧壁之上。北侧一块个体较小，盖石石边露于封土之外，石椁四周散布若干稍小的封土包边碎石，椁内外发现棺钉 12 枚，显然被盗。棺钉中较完整的 1 件编号 Ⅱ M77：1，呈四棱锥状，钉帽扁而弯向一侧。钉长 8.3、宽 0.5、厚 0.3 厘米。其余各件长短不一，大部分保存有较短的弯折钉帽（图二三，1~5；图版七四，6）。

Ⅱ M78 亦为石棺墓，封土外有包石。石椁为南北长 2.3、东西宽 1 米的长方形，2005 年发掘时，出土有铁镯、带鋬、铁器及棺钉等遗物。墓南面有一大条石，可能是盗扰时掀出的盖石（详见第三章）。

Ⅱ M79 和 M80 是相邻的两座土坑包石墓，封土高低不等，基本为南北向略长的椭圆形，高度均在 0.25 米上下。M79 包石分布呈长方形，南北长 4.5、东西宽 3 米。东边石块排列较整齐，西、北两壁石块较零散，南边由于所处地势较低的缘故，置以较多大块石，最大的长达 0.9 米。M80 周边尚存的块石不多，封土较小，北面探沟内，发现零乱石块，石间为黑土，可见火烧的红土。两墓中均获得少量烧骨碎块，经鉴定 M79 中有一未成年个体，M80 中有一疑似女性成年个体（参见附录）。

Ⅱ M81 为石棺墓。该墓位于 Ⅱ M80 的西侧，墓室南 1 米处有一大块石，平面呈长方形，应是该墓的封盖石。墓室于 2004 年发掘，见有较多烧土及炭粒，出土棺钉 1 枚、铜环 1 个，但未发现人骨（详见第三章）。

Ⅱ M82 是圹室墓的残墓，2005 年亦作过简单清理。墓圹保存有东半部分，单层石块摆边，采获成年个体头骨碎片 2 件。此墓南部封土中发现有陶片，墓内出土陶片、铜环、铁环、铁钉等遗物（详见第三章）。

Ⅱ M83~M87 均为土坑墓，自西向东大致成横排，中间 M85、M86 边缘有包边块石。M83 封土较高，将近 0.3 米。探沟中有人骨碎渣。M87 封土以西北侧略高。故在偏南开探沟，沟中有烧土和木炭，但未发现有人骨。M84 封土中出有 2 件铁钉。Ⅱ M84：1，保留下来的钉身皆为截面呈方形的棱锥形，上面包裹着一层朽木。残长 5.5~6 厘米。Ⅱ M84：2，残长约 7 厘米（图二三，6；图版七七，3）。

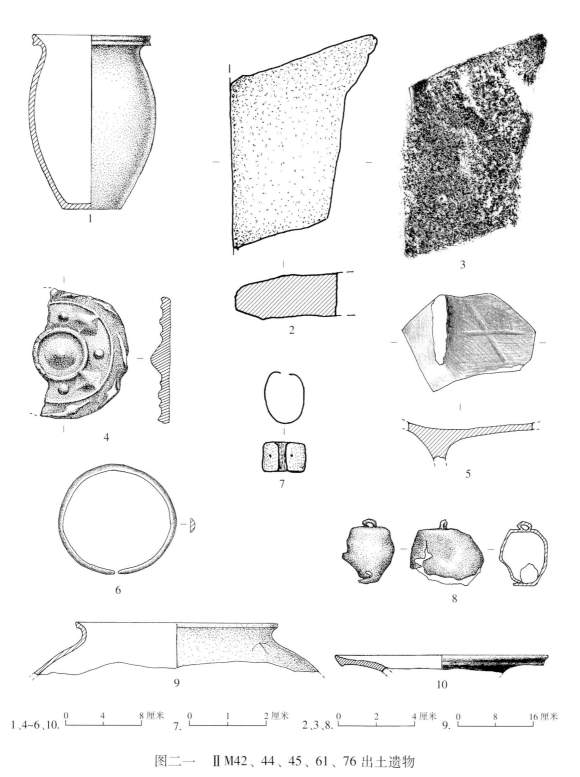

图二一　Ⅱ M42、44、45、61、76 出土遗物

1. 深腹陶罐（Ⅱ M42：1）　　2、3. 板瓦（Ⅱ M61：5）　　4. 瓦当（Ⅱ M45：1）　　5. 罐耳（Ⅱ M61：2）　　6. 银镯（Ⅱ M72：1）

7. 金环（Ⅱ M44：1）　　8. 铁铃（Ⅱ M76：1）　　9. 鼓腹罐口沿（Ⅱ M76：2）　　10. 盆口沿（Ⅱ M61：1）

ⅡM85 保存较好，封土高出坡下地表近 0.5 米，平面为不规整的椭圆形。包边石四面皆存，只西南角部稍有缺失。从平面看，包石围成了一个南北长 5、东西宽 4.1 米的圆角长方形，四面包砌的石块均呈内高外低状。墓葬中部少见封石，局部露有烧土。M86 清理出东、北两侧由小石块构成的石边，北边为单排石，东边堆有多层，石边最宽处 0.8 米。西边坡上无石，南边仅余三块石头，中间封土尚完整。

ⅡM88 石棺墓，位于 M87 之南，封土已多流失，表面露有两块石材。石椁为规整长方形，南北长 2.2、东西宽 1 米，方向 170°。以单排长条状石块为壁，石块平面向内，与小石块套用叠砌，构筑较为精细。

ⅡM89、M90 均为土坑包石墓，相距不到 1 米。M89 封土已不完整，平面形状不规则。包石以南部居多，北部少石。石块大多移位，排列不成形状。损毁较为严重。M90 封土呈椭圆形，南北长 5.5、东西宽 4.5 米，西北部高 0.28 米。周边包石以小块石堆筑，平面为圆形，东侧石块散布范围最宽，约 0.8 米。此墓封土下即见墓坑，墓坑呈长方形，南北长 2.25、东西宽 1.2 米，东侧坑边方向为 175°。

ⅡM91 石棺墓，处在圹室墓集中区的南侧，北邻 1964 年发掘的 M15。此墓墓上封土很少，北部已暴露一盖石石边。椁室以长 0.3 米左右的大型石块砌筑，平面呈长方形，南北长 2.8、东西宽 1.3 米。石椁北侧东西两壁间搭置盖石两块，较大的一块长约 1 米。墓周散布较多小石块，可能为墓边包石。

ⅡM92～M95 均为东半区保存较好的土坑包石墓。M92、M93 两墓所开探沟中均发现有成片的火烧红土和炭渣。M95 距离另外三墓较远，封土存高 0.3 米许。外缘有四面包边石，保存较好，未作进一步探查。M94 于 2005 年作了清理，墓内发现成片烧土，并有数块垫棺石。随葬品丰富，计有银环、铊尾、带扣、带銙、铁刀等多件（详见第三章）。

ⅡM96～M98 呈东西排列，均为土坑墓，与 M95 间隔有 1964 年发掘的 ⅡM8 土坑墓。三墓现存封土均较低矮，随山势呈北高南低的不规则形。北端各开 0.2 米宽探沟一条，M96 探沟深至 0.3 米才发现火烧红土和木炭，保存相对较好。M97 探沟中于接近墓底处出土铁镯 1 件。ⅡM97:1，圆形，直径约 5.8 厘米，半边已残。截面内平，外有棱脊，呈三角形，宽 0.6 厘米（图二三，7；图版七一，1）。

ⅡM99～M104 均为土坑包石墓，分布于 1964 年发掘的 ⅡM5、M6、M7 之间。多数墓包边石平面形状整齐，封土流失较多，表土下就暴露有烧土、炭块，ⅡM99、M100 作了探沟验证，其中 M100 见有火烧人骨。七墓中以 ⅡM103 包边石保存最好，四面块石布列成长方形，摆放成层有序，最多可数出 13 层。西、北两面块石碎小，但块石大小匀称、排列紧密，东侧及南侧使用了一些相对较大的石材。从现存状况看，此墓东西两侧包石原本可能已包封至封土的顶部中心处，只是由于封土流失，现已有所沉降，石材多已压至墓室上口（图二二；图版三五，1）。

位于 ⅡM100 之北的 ⅡM104，包边石南北长 4、东西宽 2.5 米，平面分布呈椭圆形。石材多选择条状石，相对聚集于南北两边，北侧一些大的块石长度有接近 0.7 米者，石边露于封土外，而东、西两侧缺失较多。

0   1 米

图二二　Ⅱ M103 平面图

　　Ⅱ M105 ~ M121 均为土坑墓，大致可分出南北两片。南片 M105 ~ M110 六座墓靠近墓区中部，封土普遍较低，平面以椭圆丘状为多。封土保存稍好者如 M103、M107 和 M109，现存高度也仅有 0.25 米上下。各墓解剖探沟中都发现火烧红土和木炭，M105、M109 两墓见有人骨碎块，M106 作了清理发掘（见第三章）。

　　北片 Ⅱ M111 ~ M121 中有三座墓外围见到少量包边块石。其中 M111、M112 均发现有东、西并列的双墓室，两墓封土仅略突出于地表，包石只封护在墓葬南边。其中 M112 存石较多，五块石材排列成外凸的环形，M111 南部只有三块石材，大小不齐，已经被移至墓外较远处。而位于北边坡上的 M115，现存封土高达 0.24 米，呈直径约 4 米的圆形，南部也仅有一些小块石材。从外围包石的密集整齐程度看，以上三座墓显然都不及墓区南部的一些包石墓。无块石包封的七座墓，封土大多仅存一个很矮小的圆丘，高度普遍不到 0.2 米，揭去表土，多数墓已可见填土中夹杂的炭块和烧土块，有些甚至已暴露出墓坑的南端。2004 年对ⅡM111 进行了清理，墓中只见烧碎的人骨碎渣，却没有任何随葬品（参见第三章）。

ⅡM122～M130 位于墓区西北部，间距多在 5～8 米之间，只 M125 和 M126 两墓距离稍远，中间隔有 1964 年发掘的Ⅱ区编号 M202～M204 一组墓葬。总体上看，这九座墓分布较有规律，但墓葬形制杂乱。

ⅡM122、M125、M130 为土坑墓，其间隔有 M124 一座石椁墓。此三墓的现存墓葬封土随山势呈西高东低状，平面大致均为椭圆形。探沟均开至烧土和木炭层后停止，均未作进一步发掘，M130 南部封土中发现铜带饰 1 件。ⅡM130：1，呈长方形，中部偏上有三个竖条长方形镂孔，镂孔上下各有四排三角形连点凹坑纹饰。偏下部横排五个阴刻同心圆，间隔处均作镂孔。上下缘皆以圆凸作联珠花边，上缘八珠，下缘五珠，间空处亦作出镂孔。背面有两两相对的四个竖向鼻钮。长 6.1、宽 4.7、厚 0.1 厘米（图二三，8；图版六八，3）。

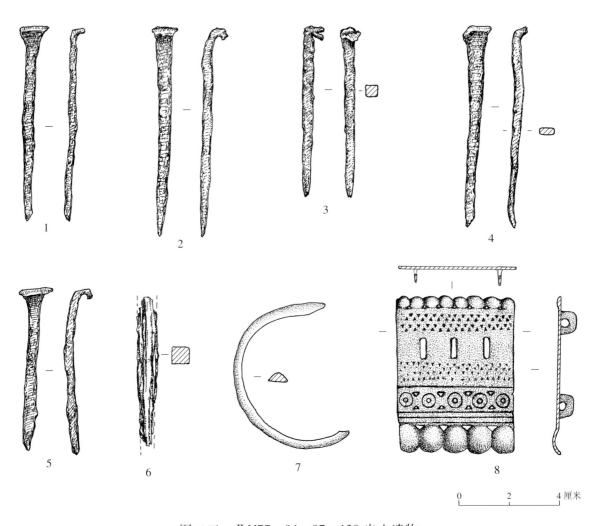

0   2   4厘米

图二三　ⅡM77、84、97、130 出土遗物

1. 棺钉（ⅡM77：4）　2. 棺钉（ⅡM77：1）　3. 棺钉（ⅡM77：6）　4. 棺钉（ⅡM77：2）　5. 棺钉（ⅡM77：5）
6. 棺钉（ⅡM84：2）　7. 铁镯（ⅡM97：1）　8. 铜带饰（ⅡM130：1）

Ⅱ M123 和 M126 为土坑包石墓。前者南距 M122 约 8 米，封土低矮，呈扁圆状，高 0.25 米，包石石块较小且散乱。填土间发现有成片的火烧红土。后者于 2005 年作过发掘，墓内出土有银耳环、玛瑙珠、带銙、铊尾等遗物（见第三章）。

Ⅱ M124、M127、M128、M129 四墓分布于墓区外缘，均为石椁（棺）墓。其中 M124 已残，椁室长约 1.6 米，宽度无法确定，属于小型墓葬。M129 位于西北角的一处陡坡上，南部封土流失殆尽，石椁半边已裸露于地表。椁室宽为 0.8 米，自坡下可见一长 1.1 米的大块板石横置于两侧边石之上。残墓南侧尚存移位的四块大石和数块稍小石材，可能均为石椁南半部垮落的边石和盖石（图版三四，2）。

Ⅱ M128 为二区北部保存最好的一座石椁墓，南距 Ⅱ M123 约 10 米。封土呈北高南低状，最高有 0.35 米。石椁呈规矩的长方形，表面可见砌筑工整单排石材，南北长 2.2、东西宽 0.75 米，四壁皆为 90°转角。石椁南侧暴露有下肢骨一段，鉴定为性别不明的成年人骨。此墓进行了整体封护，未作发掘。

Ⅱ M127 已于 2005 年清理发掘。该墓封土已流失殆尽，南侧坡下有一片乱石，石块大多沿山坡散落，平面呈南北向扇形，可能原为封土包石。石椁东西长 1.2、南北宽 0.5 米，西部出土 1 件陶罐（见第三章）。

墓葬核实过程中，于两区表土层内也发现了一些遗物。其中有的明显同于墓中遗物，可能是墓葬遭盗掘时扬弃的，也有些在以往墓葬发掘时并未见到过，不能确定为同时期遗物。由于出土位置多数都与墓葬相距较远，无法断定归属，现对采集品择要介绍如下。

口沿残片 2 件，采自一墓区。Ⅰ采:1，夹砂红褐陶鞍鞯罐口沿，重唇侈口，颈部施细小刺点和水波纹，两组纹饰之间有一道弦线。口径 12、残高 8 厘米（图二四，1）。Ⅰ采:2，壶口沿，夹细砂褐陶。残片较大，圆唇侈口，弧肩，有较高曲颈。口径 5.2、残高 6 厘米（图二四，2）。

罐底 1 件，采自一墓区。Ⅰ采:3，夹砂红褐陶鞍鞯罐底。底径 5.4、残高 13.4 厘米（图二四，5；图版九〇，3）。

黑曜石片 1 件，亦出自一墓区。Ⅰ采:4，石片较厚，一端有圆角，一端打出锋尖，一侧面周边均有压剥痕迹，但未出锋刃。长 5.3、宽 2.6、厚 1.7 厘米（图二四，3）。

陶球 2 件，采自二墓区。Ⅱ采:1，基本完整。夹砂红褐陶，球形较圆，直径 3 厘米（图二四，4）。

二区的 130 座墓葬，也是土坑墓葬占多数，依照图二五的统计，其土坑墓包括封土包石和土坑石边墓，已达到墓区总数的 75%，石椁和圹室墓分别只占到总数的 15% 和 10%，这个情况在复查之前是无法预料的。从分布上看，各类墓葬已占据了二墓区整个山坳，墓葬排列很满，有些甚至构筑在较陡的坡上。相对稀疏的空地只有两片：其一是墓区东北部 M112～M120 与 M107～M110 诸墓之间，大致有东西长 30、南北宽 20 米的一片空地；其二是西部 M124 向南至 M33，与 M103、M101 向南至 M40 之间一个长 40、宽 15～20 米范围内，仅有 M89、M90 和 M102 三座墓葬。可见二区墓葬整体布局似不够合理。

如果循上述两片墓葬稀疏的空地，东边沿空地西侧以 M107、M108 经 M93、M74 至 M50 墓区南缘，西边沿空地西侧以 M86、M88 经 M39、M32 至 M17 墓区南缘，划两条西北—东南向的直线，大致可以把墓区分成东、中、西三片。东片以土坑墓为主，一少部分墓封土外有加固的包石，只南部

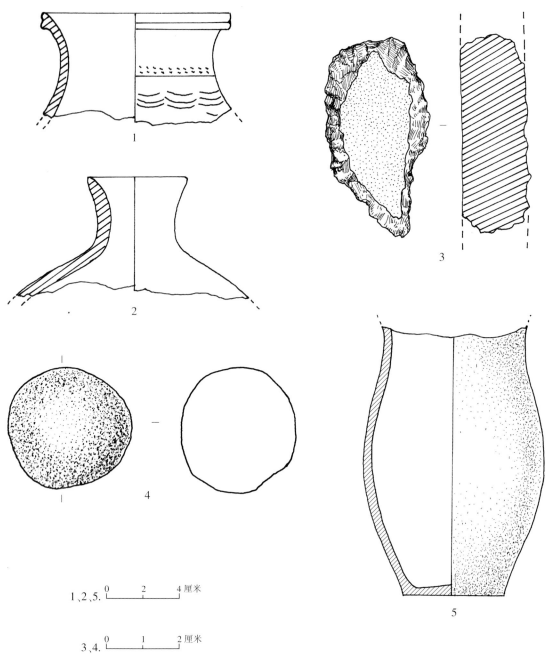

图二四　墓区采集遗物

1. 深腹罐口沿（Ⅰ采:1）　2. 壶口沿（Ⅰ采:2）　3. 黑曜石（Ⅰ采:4）　4. 陶球（Ⅱ采:1）　5. 深腹残罐（Ⅰ采:3）

一带有零星的石椁（棺）墓。中片以圹室墓居多，自最上边的 M5、M6 向南延续至 M40、M42，布列成一独立区域，其间夹杂的一些石椁（棺）和封土包石边墓，有可能为后来陆续埋入的。由于圹室墓普遍大于其他各类墓，更加突出了其在二墓区地位的显赫。西片以土坑包石墓居多，土坑墓较少，并且有相当数量的石椁（棺）及效仿石棺在墓口摆石圈的土坑墓，墓类相对较杂，情形和一区北部相似。

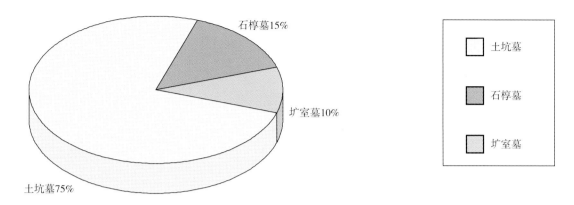

图二五　二墓区墓葬形制统计示意图

　　总体上，二墓区的分布似为石构墓在西，土坑墓居东的格局，最西边为杂类的中小型墓。东部似可分出相对的几个小片区，中部的石圹墓排列也算整齐有序，唯独西边排列比较杂乱，并无规律可言。

注　释

① 朱荣宪：《渤海文化》，朝鲜社会科学出版社，1971 年。

② 刘晓东：《渤海文化研究》，黑龙江人民出版社，2006 年。

③ 吉林省文物考古研究所：《吉林敦化六顶山墓群 2004 年发掘简报》，《考古》2009 年第 6 期。

④ 吉林省文物考古研究所：《榆树老河深》，文物出版社，1987 年。

⑤ 吉林市博物馆、永吉县文化局：《吉林永吉杨屯遗址第三次发掘》，《考古学集刊》第 7 集，1991 年。

第三章 墓葬发掘

六顶山墓葬2004年至2005年的发掘是在全面复查基础上进行的，考虑到以往的工作成果，这次发掘重点选择了土坑墓和石椁墓两类原来发掘较少的墓葬，并且有意识地选择了一些特例墓葬。连同再次清理的ⅠM1～M10，两年度共发掘和清理了墓葬36座，获得各类遗物500余件，不仅掌握了各类墓葬的形制特征，也对其文化内涵有了更多认识。

以下依我们新的分类，将36座墓葬分为土坑墓、石椁（棺）墓、圹室墓和石室墓四节按单位逐一加以介绍。

第一节 土坑墓

六顶山墓群中的土坑墓，据本次核实，两区总数有155座之多，2004～2005年共发掘了14座。此类墓的土坑都挖掘在将山坡去高垫低平整后的小平台上，少数在土坑的上部砌石或在墓口外缘摆砌一圈石边，墓坑内普遍见有木质葬具火焚后的木炭碎块，人骨亦经火焚，其碎块都和烧土、炭块混杂在一起，应是一种火葬。因为有些烧土、炭块混杂在封土之中，葬具多只底板痕迹清楚，边、盖木质皆成炭块且很少大块，我们推测，很大一部分墓葬所覆封土可能是在余烬未熄之际就加以填埋的。

严格来说，六顶山的土坑墓并非深可埋棺的深穴土葬墓，而是一种墓穴深度多不到0.2米的浅坑火葬墓。位于稍陡斜坡上的这类墓，土坑多呈簸箕形，只上坡处坑壁清楚，下坡一端多与墓外地表相平。其土坑的实际意义可能有二：一是使木棺能够在斜度较大的山坡上放平，以便积薪和火葬；二是出于让火葬后的死者依然得以入穴为安的考虑。故此类墓仍可归于土坑墓范畴。

从封土的外部结构上看，所清理的14座墓有包石和不包石的两种，两种墓都有单穴和双穴的形制，个别的如ⅠM3见有同一封土下的四个墓坑。现分类叙述如下。

一、土坑封土墓

本次清理土坑封土墓4座，包括再次清理的ⅠM10已有3座经过扰动，内中ⅡM121残破最重，墓坑已不完整，棺椁炭块较乱，人骨仅在土坑中部见到一堆。该墓未出随葬器物，不再单独介绍。其余3座墓中，ⅡM74保存较好，出有随葬品2件，ⅠM10仅发现一些陶片，但ⅠM3墓葬形制清楚，出土遗物也相当丰富。

1. 一区 10 号墓（DL Ⅰ M10）

ⅠM10（行文略去编号 DL，下同）在 1949 年清理与否情况不明，1959 年清理之后未作回填。1997 年发表的介绍当年清理情况的发掘报告中，称之为方形石室墓，但材料报道未详，亦未附图。

此墓坐落在一墓区南端东侧小丘上，视觉上很是高大，但实际丘顶较平，中心处未回填的土坑很小（图版三，1）。2004 年依原坑口挖 2.5 米×1.8 米探沟，在距原坑底 0.4～0.5 米深度平面上，坑中发现一片长 1.6、宽 1 米的不规则形的炭迹，中间夹杂两片红烧土。周围有木炭碎块和陶器残片，但未见石室迹象。清理后知炭迹烧土层厚仅 2 厘米，做去烧土、炭迹和其下的 8～10 厘米黄黏土，探沟西部普遍已至风化砂生土层。于是向东、南扩方各 1 米，至 0.65 米深度时风化砂层基本连通，仍未见墓室石壁迹象。扩方部分除表层发现 2 块陶片、1 件器底外，再无遗物。嗣后又在此沟东北角向北开 2.5 米×1.5 米的第二条深沟，希望找出封土边缘判断 M10 位置。结果在探沟西壁剖面南端发现疑似的封土一角，剖面上土色黄褐，存长约 0.55 米，厚 0.15 米许，下面叠压着第二层黄黏土。此土若为封土，则 M10 封土范围很小，南北长只有 3 米上下，边缘也未包石。另在此沟北部与M10 封土边缘相距 1.1～2.1 米，距地表 0.4 米平面上，也有一片长约 1 米大致呈长方形的红烧土，北端伸入探沟东壁。由于两探沟中均未发现筑墓石材，我们判断，这两片炭迹、烧土应该分别为两座土坑墓尚存留的墓底（图二六；图版三，2）。

两沟回填后再审视小山丘，其三面为向下的斜坡，东连一、二墓区分界的山梁，顶部面积不足 30 平方米，原坑位于中部，本次探沟以外再无构筑大墓之地。对照当年所绘墓葬分布平面图，两残墓中位于山丘中部的南侧土坑应即ⅠM10，北侧的为另一座残墓，M10 应保留原号，北侧的已无法作为现存墓葬测绘登记。

根据北侧扩方层位和南侧残墓炭迹烧土分布，ⅠM10 封土直径大约 3～3.5 米，土坑长 1.8、宽 1 米许，可能原有浅坑，这次未见齐整边缘。所获陶片中 6 件应为该墓遗物，编号 1、2 两件存疑。

ⅠM10 墓内外出土的 8 件陶器残片中，可识有罐类的口沿和器底 3 件，并有甑底 2 件。

甑底 2 件。形制不尽相同，底上开孔亦有差异。

ⅠM10:1，泥质灰褐陶，火候较高。残片为底的中心部位，留有四个圆孔的边缘。孔径约 3.5 厘米（图二八，3）。

ⅠM10:4，灰褐色夹砂陶，素面，表面较光滑。残片连有下腹，底面边缘残存两个孔。底径 24、残高 9、孔径 6、厚 1.9 厘米（图二八，7）。

腹部残片 3 件中，2 件为夹粗砂陶。ⅠM10:2 黑褐色，为深腹罐残片。表面较光滑，有刻划纹，内壁粘有经火烧过的痂状残留物（图二八，9）。ⅠM10:6，亦为夹砂黑褐陶，上腹外侧有篦齿短刻划线纹饰。厚 0.6 厘米（图二八，8）。另一件ⅠM10:8，泥质灰褐陶，含少量细砂，可能为鼓腹类残片。器表有弦纹和波浪纹组成的纹饰。残长 16.5、厚 0.7 厘米（图二八，6）。

器底 1 件。ⅠM10:7，素面夹砂灰褐陶，表面较光滑。罐底四周外凸成台底。底径 9、残高 4.5、厚 0.5 厘米（图二八，10）。

罐口沿 2 件。ⅠM10:3，出自墓东，为鼓腹罐口沿，夹砂黑褐色，火烧痕迹明显。罐作侈口，方唇，短颈有肩。口径 19、残高 8.5、厚 0.9 厘米（图二八，5）。ⅠM10:5，夹砂灰褐陶，残片较小。侈口，方唇，斜折沿，似为深腹罐口沿。口径 7、厚 0.6 厘米（图二八，4）。

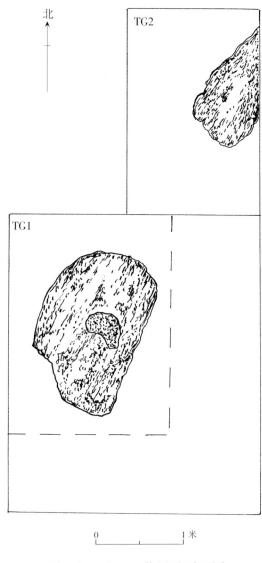

图二六　Ⅰ M10 位置及平面图

2. 二区 74 号墓（DLⅡM74）

Ⅱ M74 位于二墓区东南部偏下位置，附近墓葬形制较杂。周围 10 米范围内，石构墓少于土坑墓。

Ⅱ M74 系于缓坡上挖坑而建，土坑很浅，坑上有呈椭圆形的丘状封土。现存封土堆南北长 4.2、东西宽 3.1 米，顶部较平，中间稍有隆起，高约 0.5 米。墓坑平面呈长方形，南北长 2.7、东西宽 1.2~1.3 米，土坑中间深 0.1~0.25 米，方向 195°。坑内四周留有木椁残迹，墓底的中部和两端留有不连贯的木板灰痕（图二七；图版三三）。木椁以圆木制作，东北角部保存较好。东壁下尚存总长近 1.5 米的未炭化木质数段，直径约 0.08~0.1 米，从保存下来的树皮看，此段圆木为松木。椁内填土为红褐色，夹杂炭灰及细碎烧土，内中发现有大量焚烧后的人骨。人骨经烧程度不一，有些动辄即粉，中部以南相对密集。骨骼均较细碎，很少大块，残渣以肢骨较多，头骨碎片分见于北侧和东南两处，或非同一个体。总体来看，属于二次葬的火葬，但人数、性别均无法判明。为保护木椁棺板遗迹，该墓未全部清理到底。

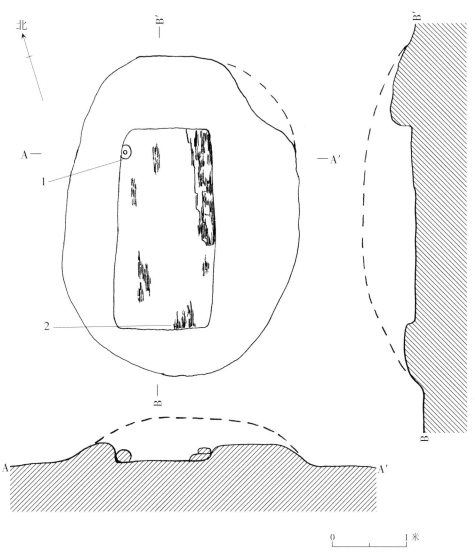

图二七　ⅡM74 平、剖面图

1. 陶罐　2. 银耳环

此墓随葬有银耳环和陶罐各 1 件。

广腹陶罐 1 件。ⅡM74∶1，置于墓室西北角。深灰色夹细砂陶，口部残缺，仅存有短颈。圆鼓腹，平底，颈下、肩部和下腹各有两条下凹的弦线。腹径 18.6、底径 12、残高 12.6、壁厚 0.4 厘米（图二八，1；图版八六，3）。

银耳环 1 件。ⅡM74∶2，出自墓室中部偏南。开口圆形，银丝弯成。银丝内平外鼓，截面呈半圆形。环径 1 厘米（图二八，2；图版六四，11）。

3. 二区 106 号墓（DLⅡM106）

ⅡM106 位于二墓区中部向南的缓坡上，地势相对平坦。该墓周围，西侧的ⅡM105、北侧的 M107 和东侧的ⅡM98、M108 均为土坑墓，只西南的ⅡM99 是一座石椁墓。墓上封土高 0.2～0.25 米，中部稍隆起，平面呈椭圆形，南北向略长，长约 4.7 米。

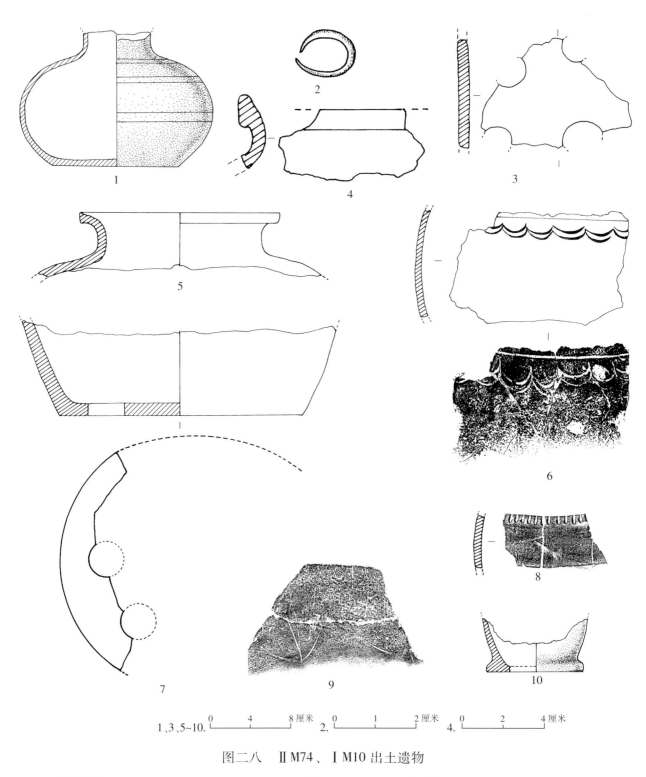

图二八　ⅡM74、ⅠM10 出土遗物

1. 广腹陶罐（ⅡM74：1）　2. 耳环（ⅡM74：2）　3. 甑底（ⅠM10：1）　4. 鼓腹罐口沿（ⅠM10：5）　5. 鼓腹罐口沿
（ⅠM10：3）　6. 纹饰腹片（ⅠM10：8）　7. 甑底（ⅠM10：4）　8. 纹饰腹片（ⅠM10：6）　9. 纹饰陶片（ⅠM10：2）
10. 罐底（ⅠM10：7）

土坑已不完整，仅保留西侧一部分，长 3.3、深 0.06 米，宽度不详。坑底发现有南北向三列共七组平置的块石，东西两列六组的位置基本对称，列间距 1.3～1.8 米，组间距 0.9 米，中列只有北端一组，位置和其他两列的北端相齐。其中西列和东北角三组均为单块，另外三组中有两组为并置的双块，东南角则是三块呈两层放置的。石块的石质多为玄武岩，西南、东北角两处较大石块为山砾石。

该墓填、封土中烧土块和炭块都发现不多，但在墓底南部四组块石之间却保留着一块长、宽各约 70、厚 0.5 厘米的炭灰，并残留着 4 块烧灼严重的人骨碎块。据此推测，墓底的七组块石应为垫棺石，此墓原有木棺，搁置其上后又经火葬，但从人骨数量来看，棺内敛入的可能只是二次葬的部分人骨。

该墓未见随葬品，亦未发现棺钉。

二、封土包石墓

封土包石墓为土坑墓的一种形制，构筑及葬法与土坑墓相同，墓室亦为长方形浅坑，区别在于封土外包石或不包石。包石的目的是保护封土减少流失，故多数墓葬的包石都不仅用于封土边缘，而是包封至中部甚至墓顶，封土流失后会沉落在周边或墓上。因此其边缘石的散布形状应即原来封土的平面形状，分布范围亦可显示出该墓封土的规模。

封土包石墓的数量多于土坑墓，本次共清理了 8 座，分在两个墓区。ⅠM3 认定为此类墓，故一并介绍。

1. 一区 3 号墓（DLⅠM3）

ⅠM3 位于一墓区中部，前后左右皆为大墓，并有三处石台遗迹。距离较近者有东南的ⅠM4 和西侧的ⅠM15 两墓，间距分别是 6 米和 3 米，稍远处北侧隔 3 号石台有ⅠM1，西北隔 2 号石台有ⅠM2（贞惠公主墓），间距都在 12 米左右。

此墓已经过 1949 年和 1959 年两次清理，但都仅止于"墓室"内和"甬道"。这次发掘较为彻底，并去除了墓外覆土，清理出了封土外的包边石墙。

这次发掘前，该墓是一个直径 13 米左右的土堆，中间有一尖底深坑，南侧中部有一条形浅坑，通至土堆之外。2004 年首先清理的是墓室，底部发现了两个置棺的长方形土坑。两坑中都有随葬遗物，并散布有炭渣、小块红烧土，和一些火烧的人骨碎块，但未见坍塌的墓室及墓室石墙痕迹，也没有发现建造墓室的石材或四壁遭破坏后应该留下的大量白灰残渣。转而依原沟发掘"甬道"时，考虑到发掘后的回填，余土只作了墓内转移，直接堆于墓室北部。在长、宽均达 3.5 米的发掘沟中，除南部沟端五花土里见到的四块散置块石外，没有发现甬道石墙痕迹及其砌石。沟底和两侧下部的堆积均为比较纯净的黄土，但在南端西侧的黄土尽头，却意外地发现了三块竖砌的块石。简单清理后知其向西还有延展，是一段包裹黄土并砌筑考究的石墙，初步认定为墓外包石。接下来是对包石外淤积土的去除和石墙的清理，余土仍回填墓内。淤土土色较花，内中夹杂较多的白灰、木炭、烧土块，并且直到下部仍然出土一些瓦件残块。最后的结果是，四面包石连贯而墓外淤土填入墓内后基本没有剩余。

2005 年，为确认墓室结构，我们将已经有所沉降的墓室回填土再次挖开，对下部黄土进行向外扩大发掘，至四面生土，再加上局部探槽解剖仍未找到墓室石壁。意外的收获是：第一，发现了该墓西侧的第三和第四个土坑，清理出ⅠM3 另外两位墓主人的遗骸。第二，在扩大发掘坑的东侧脱落面上发现了一个白灰层的断面，后经证实为该墓墓上建筑的白灰地面。

由于墓底先后发现了 4 个坑葬人并出有遗物，可知前两次发掘均未到底，是为石室墓肯定有误。四坑中东边两坑为火葬，西边两坑都埋至生土边缘，不仅周边没有再砌墓室的空间，而且只散布着零星的筑墓石材，着实令人费解。鉴于此墓的火葬及包石外墙均同于 I M73、M86、II M126 各墓的葬法和包石做法，我们认为 I M3 属于土坑包石墓类，此墓外墙边长 12.5 米，筑有墓上建筑，无疑是这类墓中规模最大、级别最高的一座（图二九）。

根据发掘，目前对 I M3 的所知，有以下各方面情况：

A. 构建情况

该墓西北依山，处于较陡的坡面地势上，西北、东南两角高差较大，构建时可能经过两次平整。其一是墓室区域，墓坑周围的平整过程是挖西北而填垫东南，大致与其他墓葬构筑过程相同。其二是封埋时，大量取用的是西北一侧的土，实测西北角墓顶与山坡表层的高差近 0.7 米，但最终完成封堆时也取用东、南两侧之土，并有意识地将南侧做成阶台状。2004～2005 年清理的 4 个墓坑上口大致处在同一平面，但西坑北部实际上开口在第②层即黄黏土底部，坑底挖入风化砂层 0.17 米。开口在第②层上部的东坑，坑底北侧未深于此层，南侧已在垫土层中。根据一墓区第②层黄黏土 0.6 米的普遍厚度，以及封土外西北角与东南角实测为 0.84 米的高差，东南角挖取第②层土用于该墓南部填土的厚度，至少要有 0.4 米深度。

I M3 的南侧，取土后修筑有一个与包边石墙等长，宽 1.2～1.5 米的土台，边缘砌石包边，表面呈平整的坡面。西南角石边呈直角，西侧边北端为两层石块相叠，与墓葬西侧包石相接，总长 2 米，石块皆小。南侧边用石较大，残长 7.2 米，现仅存底层砌石。东南角超出包石外角，外缘砌石亦呈规整直角，东侧边仅存底层块石，向北伸延有 3 米。南侧边砌石二至三层，与西南角外侧缘包石未能相连。土台表面局部铺石，中间一段的表面铺石接于包石外墙（图版一〇，1）。

B. 埋葬情况

I M3 墓底共发现四个土坑，至少葬有 4 人。四坑可按实际方位编为东、中、西、北四个墓穴，前面三坑东西并列，间隔有 8～10 厘米宽未经扰动的第②层黄色黏土。东坑长 3、宽约 0.9、深 0.07～0.1米，东侧边缘不明显，坑中存有木棺炭迹，东南角残留一件陶罐。中坑长 3.5、宽 1.6、深 0.15～0.2米，坑内棺迹清晰，西部保留有棺板木炭，接近东北角处的土坑东边，立置随葬的陶罐 1 件，中部出土 2 件玉璧和 1 串串珠（图版一二，1）。从两棺并列大小有差的情形看，基本上已可判定为夫妻合葬的火葬墓，中部较大的棺中可能是男性。西坑长 3.25、宽 0.8、深 0.28 米，较中坑窄小很多。坑中葬一青年女性，仰身直肢，骨架完整，无葬具，直接置于坑内。足下有一深腹重唇陶罐。北坑位于西、中两坑之间的北部，为椭圆形小坑，内中有青年女性头骨 1 块，锁、肋骨 3 块，显然为二次迁葬。坑中随葬有铜镯 1 件，料珠 1 串 25 粒（图版一二，2）。此四坑之上的某平面可能即 1959 年发掘的"墓底"，报告介绍说还出有 4 个头骨[①]。2009 年整理过程中，我们在吉林省博物院库房中看到标记明确的一盒 I M3 墓中人骨，包括头、肢、盆、椎骨共 20 余块。这些骨骼保存尚好，均未经火烧，经吉林大学边疆考古中心朱泓、魏东、张旭先生鉴定，分属男女个体 6 人，多数已成年，只编号为 8 号者尚未成年，编号为6号者年龄约为20岁上下。综上我们认为，ⅠM3应该有多次不同形式的入葬。中、东两坑为墓主夫妻，从烧骨数量、内容和位置看，似采用二次葬的火葬，可能同时入葬。西坑和北坑分别为一次葬和二次葬，西坑从随葬陶罐形制看，可能先于火葬的另外两坑（参见第五章）。

1959年4具头骨中的2个及其肢骨，均没有火葬迹象，所出位置高于墓底较多，应该是后来的附葬。当年的那次发掘可能就终止于这4具人骨的发现，对墓底情况完全没有搞清。

C. 墓外包封情况

ⅠM3的封土平面大致呈方形，封土为黄色黏土，内中不含块石。边缘环包块石垒砌的石墙后，顶面较平高于四边，四角基本呈直角。砌筑包边石墙的石材绝大多数为玄武岩块，个别为石灰岩或山砾石，大小参差不齐，形状亦不规整。砌筑咬缝不严谨，大小石材搭配亦不完全合理，石缝用黄土填充。包石外表面不很平齐，自下而上有收分，内收并无一定之规，局部有同层石块收分不一致情况（图版九）。

北侧包石外墙长11.5米，砌石3层，高0.4～0.7米，构筑最为整齐，现只两角有些倾颓。包石外侧倚立有16块石板，自西向东作单层依次摆放排列整齐，顶部高度大致与最上层石相平，姿态稍作内倾。其根部有些埋于土中，东侧长4.7米的一段，紧贴石板根部，其外见有单层摆放的一排石块，可以有效地防止板石倾倒。这排立置石板的作用显然是阻挡北面山上来水，以减少对封土的冲刷。

西侧包石长12.5米，高度大部分在0.6～0.7米，北端长2.5米一段作三层或四层垒砌，外壁较为平整。西南角有明显的倾颓损毁，现存高度低于南侧包石顶面至少0.5米。北起4.2米以南至西南角的一大段，包边石摆放不成层，显得过于随意和杂乱无章。从平面上看，此段有明显内凹，怀疑有过二次修补。西侧包石外构筑有一条宽0.5米的排水沟，水沟为土底，两侧有砌石，东侧以土台包边石为壁，西侧另砌一排单层块石，现大部依然排列整齐（图版一〇，2）。

南侧包石全长12米，现分两段，中间3.2米的空缺为早年发掘寻找墓道造成的损毁。西段砌石五至七层，高1.2米，层层收分，上部内斜较大。东段两侧坍塌严重，现存砌石普遍为四至六层，中间一小段砌石七层，高1.3米。东南角上，斜倚着一块长1.5、宽1、厚约0.5米的大石，用以支护角部（图版一一，1）。

东侧包石和西侧一样，随地势坡度以南端砌石较高，但也倾圮严重，只底部一两层保存着完整的11.5米长度，南端上部有3米长的垮塌。东北角砌石四层，高0.5米，中段砌石五至六层，与北端保持高度一致，南端现存高度只有0.4米，塌落部分的高度至少有1～1.2米（图版一一，2）。东侧包石所用石块较大，上部内收较小，表面不整齐，南段已有较明显的外凸。包边石墙之外，散乱堆积有宽约1～2米，高度普遍超过包边石墙底下两层砌石（最高盖过第三层）大小不一的块石。石块多数不成形状，有些留有尖角，内侧石直接挤在包边石上，外缘没能理出齐边，推测为修墓废料堆积于此，用来保护石墙（图版一〇，1）。

D. 墓上建筑

ⅠM3的墓上发现有一瓦顶的土木建筑，现存留有础石、白灰地面及泥墙遗迹，出土有板瓦、筒瓦、雕砖和瓦当等遗物，总体来看，可能是一处带有四面回廊并绘有墙面壁画的方形建筑。

础石现存八块。三块位于西侧封土边缘，五块位于墓顶中部，材质皆为长方体凝灰岩自然块石，大小不一。从位置判断，中部的五块础石可能为内室的柱础，边缘三块有可能是其两廊的廊础。

中部的内室础石有五块，其中四块分占四角，构成了一个纵横间距均在 4.8 米左右的方形，将墓底所有墓坑括在其中。另一块位于北排两础之间距西北角础石 1 米处，为北墙的壁间础，形状不很规整，石板比角础稍小。四块角础中以北排两础较大，础石长 0.75、宽 0.5、厚 0.13 米，南排两础稍小，长、宽均在 0.7 米左右，厚 0.15 米。西北角础的中心偏东位置上留有炭化了的立柱根部，高 0.04、直径约 0.15 米。

封土西边的三块廊柱础石自西北角部向南沿包石内缘整齐排列，间距 1.2～1.3 米。其中第二块与中部四础的北排相齐，最南边的一块位置大致与中部四础的西排正中位置对应。三础大小匀称，形状不同，边长皆在 0.5 米上下，厚 0.1～0.12 米。东侧包边石上未见明显的础石，但东北角上和中间位置各有一块大而平整形状较规整的石材，可能既为包石墙上石材，也兼做东列廊础。两石亦为砂岩板石，角上一块平面呈三角形，现错出西北角础石较多，中间一块在西列最南础石对应位置的稍北处，大小和西列础石相仿。类似的础石在西南角也有一块，砂砾岩质，呈较规整的五边形，长 0.6、宽 0.4 米许，位置略低于其他柱础。

内室泥墙在东北角础西侧保存有长约 1.1 米的一段，东西向，正值北排础石中心线上。

墙体为黄泥筑成，仅存墙根部位，已经被大火烧酥，据此分析，该建筑是因火焚而落架残毁的。残墙厚 0.4、残高 0.1～0.15 米，内中未见拌草，两面皆光洁平整。墙的东端面正中，有一向内的方形凹槽，表面附有炭灰，边长 0.15 米，可能是墙柱之间所加立枋被焚后形成的凹槽。从墙根北侧存留的一块与墙平行的炭化木枋看，多棵立枋间可能还连有若干横枋，构成泥墙的木骨。横枋木炭现存两块，墙边前述一块木枋形状规整，东端平齐，西端保留有断茬，截面作方形，长近 1 米，燃烧充分的木炭已无大块。另一根木方炭块断续延长 2.15 米，宽、厚均不低于 0.06 米，顺包边石横置于北侧墓边。两木枋之间，分布有较多细碎炭块和红烧土块，包边石一带尤为密集，并出有许多筒瓦、板瓦碎片。筒瓦有两块完整，横向俯置于墙边炭化木枋之北，间距 0.35 米，可能随梁架一起塌落于此。

白灰地面在廊下残存三块，分布于墓顶东、北、西侧，平面呈西北角不相连接的"∩"形，四块础石中间和南面的缺损，应该是墓葬盗发以及后来发掘清理造成的破坏。三片白灰均是分层抹就的，东、西片均为两层，北片南缘可见三层，厚度在 2.5～4.2 厘米之间。东片面积最大，长 6.7、宽 1.3 米，在东排础石中线以东有较宽的分布，最宽处已接近东侧包边石。北片基本分布在础石中线之北，东西长 2.7、南北宽 2 米，西端残缺多，东端与东片基本相连，均为廊下的地面。西侧廊下没有存留白灰面，白灰面主要分布内室的西侧，即在西排础石之东，长 5.4、宽 0.6～1.2 米。现存部分南窄北宽，西起于西排两础的中心线上，东达北排"间础"中部，部分叠盖在 Ⅰ M3 墓底西坑的西北角上。

根据白灰面东、西侧两片已伸过础间中心连线，内室五块础石均置于白灰地面之上，该建筑的构筑程序，应是先全抹地面，而后安础、立柱、造墙再做屋顶。残墙下面虽然没作解剖，但东、西两侧的白灰面连绵不断，中间没有墙体厚度的足够空间，可见泥墙也做在地面之上。此外，西、北两侧的白灰面上倒塌堆积中，清理出大量的绘有朱彩和赭红彩的白灰块，有些残块的红色上还加绘着黑色，但看不出图案（图版六三）。彩绘白灰块背面大部分都粘附有黄泥墙皮，表明该建筑墙表原曾着色，或者有白灰地仗上的简单壁画，一如 Ⅰ M6 墓中的发现。

E. 建筑瓦件情况

ⅠM3 四周散布有大量的建筑构件，残瓦在东、南两面较少，西侧则延展面积较大，最远处距离墓边已达 7 米，应该是墓上建筑倒塌方向。墓周边收集的筒瓦、板瓦残片集中堆放后，体量已超出 1.2 立方米，建筑规模可见一斑。

瓦当 23 件，其中有十字纹和乳钉纹两种。

十字纹瓦当 8 件。当面圆形，正中为乳钉，环绕凸起的十字花叶纹四组，外有凸环界格一周，界格外环饰一圈扁菱形浮雕，我们理解为抽象的飞鸟图案。

ⅠM3：31，浅灰色，当面完整。直径 17.4、边轮厚 1.5、高 2 厘米（图三〇，3；图版四二，4）。

ⅠM3：25 等 5 件瓦当构图与之约略相同，边轮或有残缺，图案大多完整，颜色有灰、褐等深浅不同。直径 17.3、边轮厚 1.3、高 2 厘米（图三〇，5；图版四二，2）。

ⅠM3：27，黑褐色，瓦当亦完整。侧视边轮前缘外张明显，瓦当背面不抹平，形制较特殊。直径 17、边轮厚 1.3、高 2 厘米（图三〇，1；图三六，1，图版四二，3）。

乳钉纹瓦当 15 件。当面圆形，有边轮。主体图案为四大四小八颗乳钉等距分布于两圈图界格之间，正中有圆形乳突，边缘有九个飞鸟形浮雕。

ⅠM3：34，完整，浅灰色，胎内黄褐色，含砂较少。直径 17、边轮厚 1.5、高 2 厘米（图三〇，4；图版四三，4）。

ⅠM3：35，深灰色夹粗砂陶，当面完整，但与之相连的筒瓦身全部残缺。直径 16.3、边轮厚 1.1 厘米（图三〇，2；图三六，2，）。

ⅠM3：39、40，均为黑灰色夹细砂陶。瓦当连有残断筒瓦，筒瓦残长分别为 2 和 14 厘米，当面直径 16、边轮厚 1.4 厘米（图三〇，6；图版四一，2；图版四三，5）。

图案相同者还有ⅠM3：13、38、28、53 等件，颜色以灰色较多，多数比较完整（图版四一、四三）。

筒瓦 17 件。可分三型。

A 型 7 件。檐头筒瓦。均作头宽尾窄的梯形，瓦尾正中有一圆孔。瓦头 2 件连有乳钉纹瓦当，其余的也都保留有瓦当残去的破碴断痕。筒瓦长短不一，全长多数在 37 厘米左右。

ⅠM3：47，黑灰色夹细砂陶，内侧凹面印有布纹，瓦头连有乳钉纹瓦当。全长 36、筒瓦长 33.6、瓦当直径 16 厘米（图三一，1；图版四七，2）。

ⅠM3：15，深灰色夹细砂陶，基本完整。正面为乳钉纹瓦当。通长 37.6、当面直径 16.5、瓦厚 1.6 厘米（图三一，3；图版四七，3）。

ⅠM3：73，夹细砂黑灰陶。瓦当残存上半部分，筒瓦素面，内外皆无布纹。瓦当直径 17、瓦长 32 厘米（图三一，2；图版四七，1）。ⅠM3：51 与ⅠM3：73，相同（图三二，2；图版四九，4）。

ⅠM3：52、ⅠM3：55，瓦当均缺失。前者黑灰色，外表无纹饰，内有布纹，筒瓦长 32.6 厘米。后者红褐色，瓦胎较薄，内外无纹饰，尾部瓦钉圆孔较小，残长 34 厘米（图三二，5、4；图版四九，5）。

ⅠM3：41，夹砂灰陶，瓦当缺失，瓦唇略薄，瓦尾上有一不规则圆孔，瓦沿稍内收，表面内里均无纹饰。残长 33、唇厚 0.6 厘米（图三二，3；图版四八，5）。

B 型 2 件。无舌筒瓦。瓦胎皆夹细砂，形制不尽相同。

图三〇　ⅠM3 出土瓦当

1. ⅠM3：27　2. ⅠM3：35　3. ⅠM3：31　4. ⅠM3：34　5. ⅠM3：25　6. ⅠM3：40

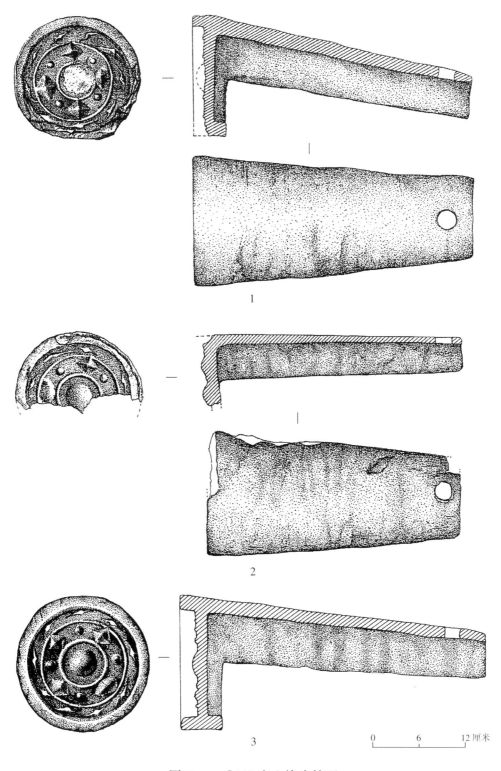

图三一 ⅠM3 出土檐头筒瓦

1. ⅠM3:47 2. ⅠM3:73 3. ⅠM3:15

ⅠM3:6，红褐色，内外均无布印迹，表面基本平整，内侧有明显凹凸。瓦长32、厚0.6~1.5厘米（图三二，1；图版四八，3）。

ⅠM3:54，黑灰色，内里印有布纹，两侧切缝断茬处皆以瓦刀做抹棱倒角。瓦长39.5、宽16、头尾厚0.6~1.2厘米不等（图三二，6；图版四九，6）。

C型8件。有舌筒瓦。瓦舌长短不一，大致可分出三种，ⅠM3:11、ⅠM3:50、ⅠM3:56等5件

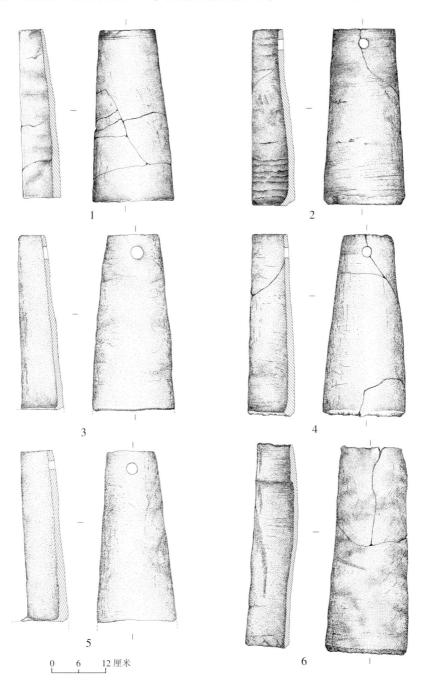

0　　6　　12厘米

图三二　ⅠM3 出土筒瓦

1. ⅠM3:6　2. ⅠM3:51　3. ⅠM3:41　4. ⅠM3:55　5. ⅠM3:52　6. ⅠM3:54

瓦舌长度均达 8 厘米。

ⅠM3：44，瓦舌较短，瓦舌和瓦身以一凸棱为标志，整体较平，瓦尾有刻意的倒角。表面无纹饰，内里印有布纹。长 42、厚 1.4 厘米（图三三，3；图版四八，6）。

ⅠM3：4，橙黄色，瓦舌稍长，边沿齐整，四边均无倒角抹棱。瓦面无纹饰，凹面有布纹。瓦长42、厚 0.8、瓦舌长 6.5 厘米（图三三，2；图版四八，1）。

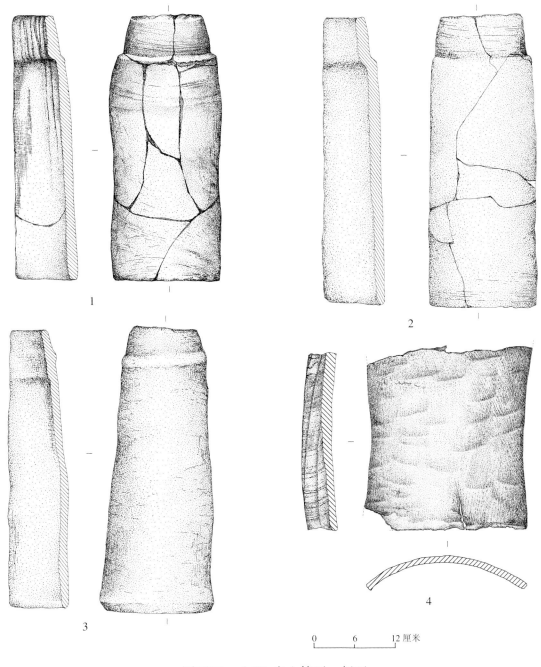

图三三　ⅠM3 出土筒瓦、板瓦

1. 筒瓦（ⅠM3：5）　　2. 筒瓦（ⅠM3：4）　　3. 筒瓦（ⅠM3：44）　　4. 板瓦（ⅠM3：33）

　　Ⅰ M3：5，土黄色，瓦身无纹饰，瓦内有布纹，边有抹棱痕迹。瓦长 38、厚 1.7、瓦舌长 5.5、舌厚 1 厘米（图三三，1；图版四八，2）。

　　Ⅰ M3：11，夹粗砂褐陶。瓦身一肩略残，凹面有布纹和衬布折皱印迹。长 41.8、瓦舌长 8、瓦头厚 1.5、弧高 5 厘米（图三四，1）。

　　Ⅰ M3：12，夹砂灰陶，瓦身素面，光滑，内里印有布纹。长 44、瓦舌长 8、舌宽 12.5 厘米（图三四，2；图版四八，4）。

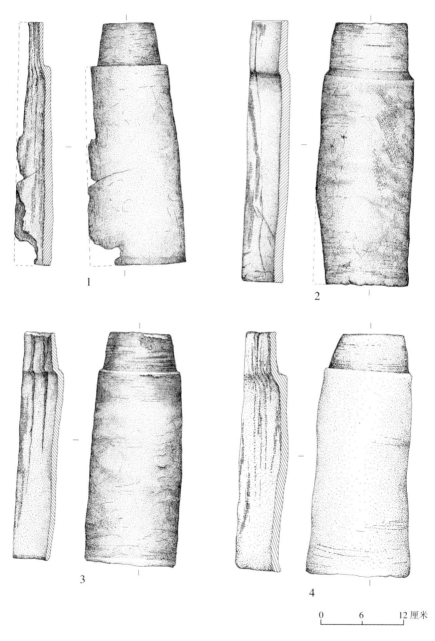

0　　　6　　　12 厘米

图三四　Ⅰ M3 出土筒瓦

1. Ⅰ M3：11　2. Ⅰ M3：12　3. Ⅰ M3：49　4. Ⅰ M3：50

ⅠM3：49，黑灰色，瓦头及两边内侧抹棱，瓦内有布纹，瓦面无纹饰且粗糙。长 39、宽 16、厚 1.2、舌厚 0.8、长 6 厘米（图三四，3，图版四九，2）。

ⅠM3：50，长舌，黑灰色，有明显瓦唇，凹面有布纹。长 40.5、宽 17.6、唇厚 0.7、唇长 8 厘米（图三四，4；图版四九，3）

板瓦完整和较完整的大块收集 5 件，均为夹砂陶，所含砂粒粗细不等。瓦形多为梯形，只 1 件呈束腰长方形。瓦身拍印绳纹，内侧皆印有布纹，并多见布纹的折皱。4 件梯形瓦的内侧布纹下均见有四至五条分隔开的木条印迹，宽度和间隔不等，应为内模印迹。

ⅠM3：14，完整，浅灰色，表面有绳纹。凹面布纹下有瓦模压出的条形凸棱两道。长 44.4、宽 23.6～29.6、弧高 5、厚 2 厘米（图三五，1；图版五二，3）。

ⅠM3：45，深灰色，表面拍印较粗绳纹，但经刮平，绳纹只在一角明显。凹面有布纹和瓦模棱条印痕四条。长 46.4、宽 27.6～28.4、弧高 5.5、厚 1.6 厘米（图三五，4；图版五三，1）。

ⅠM3：59，深灰色，基本完整，凸面拍较粗绳纹，凹面印有布纹和瓦模棱条印痕五条，宽度间距不等。切缝处瓦边内外倒角，是此类板瓦普遍做法。长 42.8、宽 27.2～24、弧高 5.2、厚 1.6 厘米（图三五，3；图版五三，2）。

ⅠM3：60，浅灰色，表面印粗绳纹，内里印有布纹和瓦模棱条，木条印痕有一处重叠。长 44.4、宽 26.4～29.6、厚 1.6、弧高 6.4 厘米（图三五，2；图版五三，2）。

ⅠM3：33，深灰色，整体长方形，首尾均残。凹面印有布纹，且留有瓦模印迹四条，印迹单条宽 3.5～5 厘米，间隔约 4 厘米，凸面拍印粗绳纹。残长 36、宽 32、弧高 5.4、厚 1.5 厘米（图三三，4；图版五二，1）。

残块中选作标本的主要考虑到凸面纹饰的不同。其中ⅠM3：标 43、36 等施细密匀称的绳纹，后者为筒瓦残块，凸面印有稀疏的细绳纹（图三七，8、10；图版四九，1）。ⅠM3：标 37、40 为相对较粗的绳纹（图三七，9、7；图版五四，5、4）。ⅠM3：标 39、28 介于二者之间（图三七，11、12；图版五二，4）。ⅠM3：标 27、29、24、23、30 等件，方格均作菱形，凸起的棱线有宽窄之分别，凹下的菱格也有大小不同（图三六，6、3、9、11、4；图版五〇，5、6；图版五四，3、8）。篮纹如ⅠM3：标 32、25 等为宽条（图三七，1～3、6；图版五四，1、4），ⅠM3：标 26、标 41 等相对细窄（图三七，4、5；图版五四，2）。

兽面砖残块 11 件。其中ⅠM3：10、20、64、65、74 和ⅠM3：77 六件残块出自墓葬弃土内，ⅠM3：2、ⅠM3：3 等四块出于墓葬北侧，最为完整的ⅠM3：1 出于北侧偏东的覆土上部。残块中有些颜色、厚度、陶质相互接近，应该是同一砖块的不同部分，依照ⅠM3：1 完整图案来拼合，已发现的 11 件残块可能为至少 6 个单砖个体。

ⅠM3：1，土黄色，基本完整。左右下三边平直，顶部呈弧状，正面为凸起的兽面形象。兽面双目圆瞪，皴鼻张口，口中以三个圆形泥饼作为门齿，左右獠牙向下，整体具有粗犷感。宽 22、高 26 厘米（图三八，1；图三九，3；图版六〇）。

ⅠM3：2 和ⅠM3：3，均为土黄色。前者保存左右直边，宽度较ⅠM3：1 略窄，口鼻部基本完整，眼部以上缺失，宽 20、残高 15、厚 3 厘米（图三八，2；图三九，1；图版六一，4）。后者余两道眉毛及眉心部分，厚度与ⅠM3：2 相同，可能同为一块（图版六一，2）。

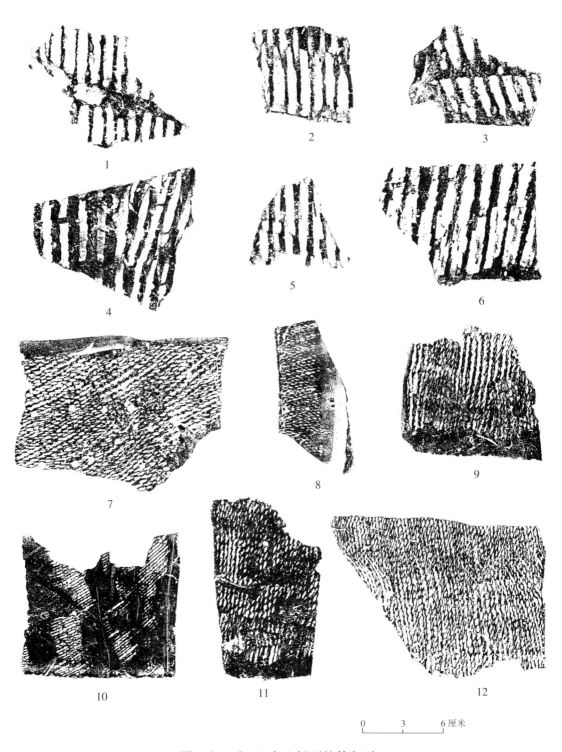

0 3 6厘米

图三七 Ⅰ M3 出土板瓦纹饰拓片

1~3、6. 粗篮纹（Ⅰ M3：标 32、Ⅰ M3：标 34、Ⅰ M3：标 35、Ⅰ M3：标 25）　4、5. 细篮纹（Ⅰ M3：标 26、标 41）
7、9. 粗绳纹（Ⅰ M3：标 40、Ⅰ M3：标 37）　8、10. 细绳纹（Ⅰ M3：标 43、Ⅰ M3：标 36）　11、12. 中粗绳纹
（Ⅰ M3：标 39、Ⅰ M3：标 28）

Ⅰ M3：20，残存左上部的大半块，与Ⅰ M3：77 鼻部残块厚度、颜色极为一致，均为泥质灰陶，可以肯定为同一块砖的残件，但未能拼接吻合。Ⅰ M3：20 残留额部以下至左须，是残块中最大的一件，残宽 15、残高 22、厚 3 厘米（图三八，3；图版六一，5）。

Ⅰ M3：65，表面灰色，内有黄色夹芯，厚度与Ⅰ M3：20、Ⅰ M3：77 同，或为一体。残块为砖之右下部分，有一段直边，可见兽面上须和右边獠牙。残长 12.6 厘米。

Ⅰ M3：74，亦为泥质灰陶，和Ⅰ M3：20 等三块颜色接近。系砖上剥落下来的残片，背面无平面，残存右边口部，只见一齿，下有直边。残长 7.2、宽 4 厘米。

Ⅰ M3：57，存右下颌部，颜色与质地均与Ⅰ M3：1 相同，唯厚度略厚（图版六一，6）。

Ⅰ M3：10，黄灰色，残存鼻以下的右半部分，残长 17 厘米，颜色比较特殊（图三九，2；图版六一，3）。

Ⅰ M3：78，夹砂灰陶，黑灰色，含砂较多，残块系左颊中部，存目及上须，仅有侧直边。背面不甚平，与Ⅰ M3：20 等件胎质、颜色有较大差异。残长 10、宽 9.5、砖厚 1.8 厘米（图版六一，1）。

F. 墓内随葬品情况

Ⅰ M3 底部四坑未经扰动，都出随葬品，计有陶罐 3 件，玉器 2 件，银环 3 件，玛瑙和料珠 56 件，各坑随葬数量不等，内容有差。墓外遗物有陶罐、提梁、瓶口及骨器各 1 件，铁钉、铁镞各 5 件，铜器 2 件。分别出自墓外和墓上建筑的北墙边。有的可能是上层附葬者的随葬品，有的可能为墓上祭祀的遗留物品。

陶器共 6 件，包括陶罐 4 件、提梁和陶瓶残口沿各 1 件。

陶罐 4 件。3 件深腹罐为随葬品，1 件双耳罐出自墓外。

Ⅰ M3：72，深腹罐，出自墓底西侧土坑人骨架脚下。素面夹砂褐陶，砂粒细并混有云母颗粒。罐为重唇侈口，深弧腹，平底，腹最大径偏上。口径 14.8、腹径 15.4、底径 8.8、高 22.4 厘米（图三八，7；图版八三，4）。

Ⅰ M3：61，深腹罐，为中坑暴露较早的一件随葬品，出土时尚立于坑边。罐为经过轮修的夹砂褐陶，器表色泽斑驳，素面，挂泥浆并抹光。重唇侈口，束颈，深弧腹，平底，腹最大径居中。口径 10.6、腹径 10.8、底径 6、高 18.8 厘米（图三八，6；图版八三，3）。

Ⅰ M3：62，深腹罐，为东侧墓坑随葬品，出自东坑外东南角部。罐为重唇侈口，深弧腹，平底，腹最大径居中。手制轮修，素面夹砂褐陶，黑褐多于棕褐色，器表挂泥浆抹光。口径 12.4、腹径 13.2、底径 6.4、高 20.4 厘米（图三八，5；图版八三，1）。

Ⅰ M3：9，出自墓外南侧覆土，已对合上下两部分，未能完全复原。夹砂灰陶，器表颜色黑灰，胎色浅灰，含砂粗细不匀。方唇，侈口，有短颈，鼓腹平底，中腹附两只对称横桥状耳。底径 20、残高约 16.5 厘米，耳长 10、宽 3、厚 0.5 厘米（图三八，4）。口沿最大残片长 6 厘米（图版八八，1）。

提梁 1 件。Ⅰ M3：32，出自墓北侧排水沟中。黑灰色，质地比较坚硬。梁为泥条拧成的椭圆拱形。长 14.5、内弧长 9 厘米（图三八，9）。

图三八　ⅠM3 出土陶罐、兽面砖

1. 兽面砖（ⅠM3：1）　2. 兽面砖（ⅠM3：2）　3. 兽面砖（ⅠM3：20）　4. 横耳罐（ⅠM3：9）　5. 深腹罐（ⅠM3：62）
6. 深腹罐（ⅠM3：61）　7. 深腹罐（ⅠM3：72）　8. 瓶口沿（ⅠM3：79）　9. 提梁（ⅠM3：32）

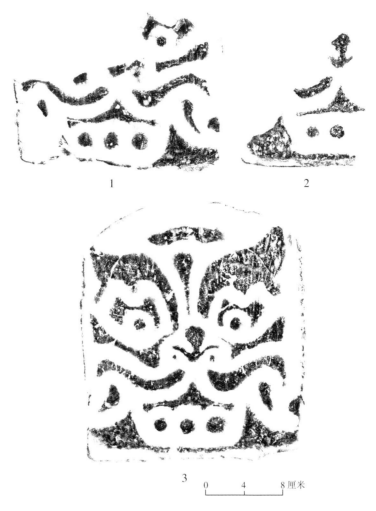

图三九 ⅠM3 出土兽面砖拓片

1. ⅠM3:2 2. ⅠM3:10 3. ⅠM3:1

瓶口沿 1 件。ⅠM3:79，亦出于墓北沟中。红褐色夹细砂陶，素面，表面磨光。残件保留有肩部以上部分，造型为小口，短颈，折肩，方唇侈口，束颈较短。口径 8、残高 5 厘米（图三八，8；图版八八，2）。

铜器出有铜饰、铜镯各 1 件。

铜饰件残片 1 件。ⅠM3:23，出自墓上建筑北墙外红烧土层上。土绿色，铜片很薄，残件已碎为三片，可连成一微弧的球面，上有九个钉眼。残长 7 厘米（图四〇，19；图版六九，1）。

铜镯 1 件。ⅠM3:68，为北坑随葬品。开口环形，外表起一棱脊，内壁较平，表面有绿色铜锈。直径 4.6、厚 0.5 厘米（图四〇，11；图版七〇，5）。

铁器多为钉类，多数出于墓上北部覆土之内，只 1 件出自甬道之南。另有 5 件铁镞出自墓西。

铁帽钉 1 件。ⅠM3:21，钉帽为圆形薄片，顶面略内凹。钉身细长，表面锈蚀，尖部弯曲。钉帽直径 2.7、长 7.5 厘米（图四〇，25；图版七八，4）。

棺钉 4 件，形制基本相同。钉身均为四棱锥形，顶部折弯成帽。

ⅠM3：19，出于墓南。黄褐色，顶部呈卷曲状。长 10.6、厚 0.5 厘米（图四〇，21；图版七八，6）。

ⅠM3：22，黄褐色，尖稍弯，钉帽扁平弯折。长 11.5、厚 0.6 厘米（图四〇，23；图版七八，3）。

ⅠM3：24，黑黄色，横截面呈长方形。长 10.3、宽 0.8 厘米（图四〇，22）。

ⅠM3：70，黑褐色，截面近方形，钉顶压扁后成帽。长 12、截面宽 0.5 厘米（图四〇，24；图版七六，4）。

铁镞 5 件。均出自墓西瓦砾层上，距墓约 3 米。五镞散作三片，相距 30～50 厘米，显然是盗墓所弃。依形制可分 A、B 两型。

A 型 1 件。ⅠM3：86，镞身为三翼形，镞尖较钝，三翼较薄，翼尾有尖，铤部已残。残长 7.5 厘米（图四〇，20；图版七三，7）。

B 型 4 件。其中 3 件镞身完整。ⅠM3：88、90，镞身细长，横截面扁方形，前出三角形镞尖，后有较长方铤。两件铤部均已残断。全长 14、铤长 1.4 厘米（图四〇，15、12；图版九一，5）。ⅠM3：87，镞身完整，方铤亦残，全长 12.6 厘米（图四〇，14；图版九一，5）。ⅠM3：89，镞身尖部已残，残长 12 厘米，尾部方铤基本完整，长 2.2 厘米（图四〇，13；图版九一，5）。

银器 3 件，皆为锈蚀的环类，分别出自东坑的中、南部。

ⅠM3：69-1，被土蚀成灰色。环以较粗银丝弯曲成闭口环。环径 2.6、银丝截面直径 0.3 厘米（图四〇，17；图版六五，6）。ⅠM3：69-2，灰白色。开口环，银丝截面为圆形。环径 2.1、截面直径 0.2 厘米（图四〇，5；图版六五，5）。ⅠM3：69-3，闭口环状，银丝截面呈椭圆形。环径 1.1、截面直径约 0.5 厘米（图四〇，9；图版六五，4）。

玉、石器饰件 62 件。包括玉环 2 件，玛瑙珠 3 件，骨珠 1 件，蚌饰 1 件以及 2 串玻砂料珠。

玉环 2 件，均为中坑随葬品，出自墓坑中部，与其北侧 31 件料珠的分布区域相距约 30 厘米。

ⅠM3：63，青白色，稍有疵，两面为平面。外径 6、内径 2.3、厚 0.3 厘米（图四〇，10；图版七九，3）。ⅠM3：66，淡绿色，圆孔有较明显磨痕，一面平，另一面凸。外径 3.7、内径 1、厚 0.5 厘米（图四〇，16；图版七九，2）。

串珠共 55 件，其中 25 件出在西坑北侧的小圆孔内，30 件为中坑随葬品。两串串珠颜色均有蓝、绿二种，珠形近同。深蓝色 29 件，似玻璃质，透光，绿色者 26 件，透光度较差，颜色深浅不同。珠子直径多数在 0.5～0.7 厘米之间，小者直径 0.3 厘米，最大者直径将近 1 厘米，珠高 0.3～0.4 厘米，中孔直径一般为 0.2～0.3 厘米。

圆坑内的多数珠子腐蚀程度较重，中坑里的保存较好。ⅠM3：17，深蓝色，圆形鼓状，有中孔，侧视呈扁片状，直径 1、厚 0.4 厘米（图四〇，2；图版八〇，7）。ⅠM3：80，25 粒珠子与前者大小颜色相同（图版八〇，8）。ⅠM3：75，浅绿色，两扁球体粘接成葫芦形，中间有孔贯通，形制特殊。孔两端稍平，疑为磨蚀所致。直径 0.7、高 0.9 厘米（图四〇，8；图版八〇，6）。

骨珠 1 件。ⅠM3：58，出自中坑，白色，鼓形，残作两半，以密质骨磨成。直径 1、孔径 0.2、高 0.3 厘米（图四〇，3；图版八〇，4）。

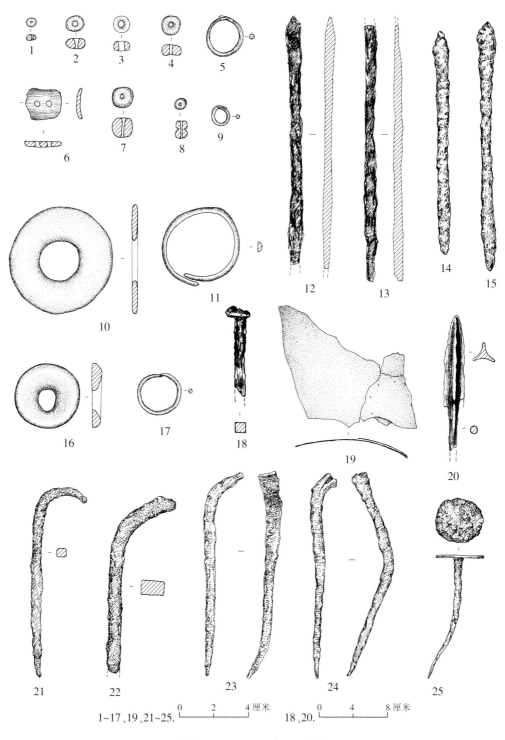

1~17、19、21~25.　　0　　2　　4厘米　　18、20.　　0　　4　　8厘米

图四〇　ⅠM3 出土遗物

1. 玛瑙珠（ⅠM3：76）　　2. 串珠（ⅠM3：17）　　3. 骨珠（ⅠM3：58）　　4. 玛瑙珠（ⅠM3：16）　　5. 耳环（ⅠM3：69－2）
6. 蚌饰（ⅠM3：71）　　7. 玛瑙珠（ⅠM3：67）　　8. 石珠（ⅠM3：75）　　9. 耳环（ⅠM3：69－3）　　10. 玉环（ⅠM3：63）
11. 铜镯（ⅠM3：68）　　12. 铁镞（ⅠM3：90）　　13. 铁镞（ⅠM3：89）　　14. 铁镞（ⅠM3：87）　　15. 铁镞（ⅠM3：88）
16. 玉环（ⅠM3：66）　　17. 耳环（ⅠM3：69－1）　　18. 铁镞（ⅠM3：91）　　19. 铜饰件（ⅠM3：23）　　20. 铁镞（ⅠM3：86）
21. 棺钉（ⅠM3：19）　　22. 棺钉（ⅠM3：24）　　23. 棺钉（ⅠM3：22）　　24. 棺钉（ⅠM3：70）　　25. 帽钉（ⅠM3：21）

玛瑙珠 3 件，出自中坑，均为圆形鼓状。Ⅰ M3：16、67 两件形体较大，前者深红色并有黑色条纹，直径 1.1、高 0.6、孔径 0.1 厘米（图四〇，4，图版八〇，2）。后者浅红色，内有黑瑕。球状两端稍平，中穿圆孔。直径 1.3、高 1.1、孔径 0.1 厘米（图四〇，7；图版八〇，3）。Ⅰ M3：76，红色，形体较小，中穿细孔。直径 0.5、高 0.4、孔径 0.05 厘米（图四〇，1；图版八〇，1）。

蚌饰 1 件。Ⅰ M3：71，出自小圆坑。白色，呈方形，穿有两孔。长 2、宽 1.7、厚 0.1 厘米（图四〇，6；图版八〇，5）。

2. 一区 73 号墓（DL Ⅰ M73）

Ⅰ M73 位于一墓区北部，东为Ⅰ M72，南为Ⅰ M68 和 M69，间隔 2～4 米不等，西侧未发现其他墓葬。该墓封土低矮，椭圆形，高约 0.25 米。边石平面分布呈长方形，南北长 4.6、东西宽 4 米。四面包边石皆为形状不太规则的长方体石块，大小有差。东、北两面均作单层平摆，有间缝但外侧基本平齐。西面只保留两块边石，位置已有明显内移，其中一块边石压在墓坑西壁之上，但西南角保存尚好。处于下坡位置的南面，与北侧高差约 0.7 米，中部保存有成片的小块包石，外缘亦很整齐。正中位置摆放有一块长 0.83、宽 0.5、厚 0.25 米顶面平整的大块玄武岩石块，周围垒砌有二至三层块石，向上呈台阶状逐渐内收（图四一；图版二九）。

四面包石中间，填土呈棕黄色，表层夹有零星红烧土块，下部的红烧土及炭块明显增多，并见有人骨碎块。距离地表约 0.4 米深度时，清理发现了两个并列的墓坑。两坑北端间隔有一段长 0.7、宽 0.1～0.2 米的黄土，南部烧土和炭渣相连成片，中间无黄土隔离。

东侧土坑长 2.1、宽 1.2 米左右，北侧存高 0.06 米，西、南大部分坑壁已经无存。坑底炭迹隐约可连成长方形边，侧坑内填土中有大量的人骨残渣，南端红烧土较多，炭迹则不及北半部明显。骨渣皆很细碎，中南部相对集中于四处，肢、肋骨与头骨混杂，难以分清个体及其部位。东南角处留有一头盖骨残块，骨片较薄，似一未成年人个体。墓底炭灰烧土层中和接近墓底处，出有 9 枚棺钉，棺钉大致呈竖向两行排列，间宽 0.8～0.9 米，可能接近东侧木棺的实际大小。棺钉范围内，东南角头骨两侧均见有夹在烧土层的小石块，疑为后来陷落墓内的原封土包石。坑内西侧发现有较多炭块，多数厚达 2 厘米，可能有棺板的残余。此棺清理过程中，于不同层面出土铜带銙 8 件，是该墓主人唯一的一组随葬品。

西侧土坑长约 2.5 米，两端稍清晰，宽约 1.1 米，中段保存较差。坑内炭迹不连片，炭块和碎骨以北部较多，依稀连向东南角部，西南半边炭块较少，骨骼碎块亦少。人骨相对集中区域为北部和东南角，肢骨和肋骨碎块均见，但头骨碎片并没有集中发现。此坑北部偏东，墓底平置一块五边形较大板石，可能是有意放置的垫棺石。此棺清理中发现 3 枚棺钉，并出有瑞兽飞鸟葡萄纹铜镜和银耳环等多件随葬品。

从全部迹象来看，Ⅰ M73 应为夫妻合葬的火葬墓，根据两坑中不同类别的随葬品，可初步判定东侧为男性，西侧为女性。而从东坑所见东南角未成年头骨分析，此墓在男女墓主人入葬之后，可能还有再次的附葬，其后葬的未成年人，葬于男性一侧耐人寻味。

Ⅰ M73 出土遗物 21 件，计有陶器口沿 1 件，铜器 9 件，棺钉 10 件，银耳环 1 件。

瓶口沿 1 件。Ⅰ M73：18，夹砂较细的黄褐陶。残片为方唇，侈口，展沿，似为甑、壶类口沿。口径 13、残高 3.5 厘米（图四二，7）。

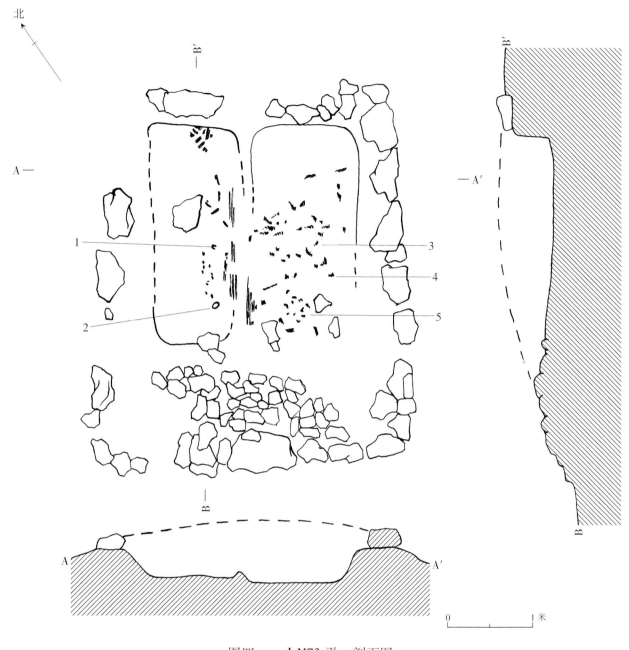

图四一　ⅠM73 平、剖面图

1. 耳环　2. 铜镜　3～5. 带銙

铜器 9 件。其中带銙 8 件，铜镜 1 件。

带銙有方形和半圆形两种，8 件均保存完整。

方形 4 件，为形状相同的两片，经铆钉固定夹住皮带。正面铜片四边均做出倒角，对应位置上，两片均开有相同的长方形镂孔，四角均留有细铆钉。ⅠM73：2－1，长 2.2、宽 2.6、厚 0.6 厘米（图四二，4；图版六七，2）。ⅠM73：2－2，长 2.3、宽 2.7 厘米（图四二，6；图版七五，8）。两件大小基本一致。ⅠM73：4，土灰色，背后片铜片上有四钉。长 2.3、宽 2.6、厚 0.5 厘米（图四二，5；图版六七，6）。

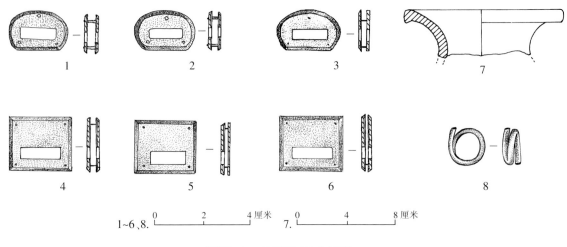

图四二　ⅠM73 出土遗物

1. 半圆形带銙（ⅠM73:5-1）　2. 半圆形带銙（ⅠM73:5-2）　3. 半圆形带銙（ⅠM73:6）　4. 方形带銙（ⅠM73:2-1）
5. 方形带銙（ⅠM73:4）　6. 方形带銙（ⅠM73:2-2）　7. 瓶口沿（ⅠM73:18）　8. 耳环（ⅠM73:1）

半圆形 4 件，形制亦同，为中间有长方形开孔的两铜片包夹皮带铆合。皮带均已无存，铆钉三颗，呈三角形分布。

ⅠM73:5-1、5-2，表面黑色，正脊两片铜片均抹棱倒角。长 2.5、宽 1.5、厚 0.6 厘米（图四二，1、2；图版六七，5）。ⅠM73:6，形制与前两件相同（图四二，3；图版六七，1）。

铜镜 1 件。ⅠM73:3，已残，存有大半块，背面浅浮雕有瑞兽、飞鸟、葡萄等图案，中间有一个蛙形兽钮，钮中间有孔。此镜铸工较精，兽作蹲伏状，展现三足，鸟作展翅飞翔状，翅羽及尾羽分明，长喙类似鹤。残镜已经火烧扭曲变形，表面锈蚀不重。直径 9.5、镜缘厚 0.8 厘米（图版六九，7）。

棺钉 10 件。5 件完整，形制基本相同。四棱锥体钉身，弯折钉帽顶端。

ⅠM73:8，为最长一件。钉身较粗厚，横截面呈长方形，宽 0.7、厚 0.5 厘米。钉尖、钉帽均保存完好，钉帽部分粘有红漆。钉长 11、帽长 1 厘米（图版七八，7）。

ⅠM73:9，完整。钉身较前件稍细，顶端砸扁后弯曲成钉帽，钉、帽分界处錾痕清晰。钉长 8.9、宽 0.7 厘米（图版七四，3）。

ⅠM73:10、11 等钉身较细，钉长 6~7.6、宽 0.4~0.7 厘米不等，钉帽长度多数不足 1 厘米（图版七八，5、2）。

银耳环 1 件。ⅠM73:1，灰白色，为截面呈半圆形的银丝螺旋弯成的弹簧状，现存二圈，直径 1.4 厘米（图四二，8；图版六五，2）。

3. 一区 85 号墓（DLⅠM85）

ⅠM85 位于一墓区北端，接近陡坡，向上再无墓葬。此墓周围有较多同类的土坑包石墓，西有ⅠM84，南有ⅠM86，间距都不足 5 米，东南的ⅠM90 相距约 10 米。

该墓封土东北高而西南低，形状不规则，中部高于外侧地表约 0.4 米，东北角有较厚的腐殖土堆积，隆起最高处达 0.6 米，但西南部已接近现在地平面。表土下有四面封土包石，石边外廓长 5.5、

图四三 ⅠM85 平、剖面图

宽4.2米，平面近似长方形，西南角已经缺失。包边石都是大小不一的圆角自然石块，石块以玄武岩为多，偶见石灰岩。石块摆放不工整，且不分层次，大抵沿封土表面排铺，由底向上逐层内收。西北角近似直角，东北角和东南角呈圆形，外缘摆放相当整齐（图四三）。

墓内填土疏松，里面夹杂有炭粒及大量烧土，呈红褐色。墓坑较浅，仅北部清晰，西北角最深处深近0.2米，南部未见墓坑边缘。墓底未见棺椁痕迹，亦未发现棺钉和其他随葬品。相对集中于西侧的碎骨，明显经火烧过，碎块以肢骨较多，椎骨仅有少量发现。由此分析，可能和ⅡM48、ⅡM106等墓相近同，都属于只下挖高坡略作平整就置棺火葬的墓例。

4. 二区39号墓（DLⅡM39）

ⅡM39位于二墓区西南部相对平坦之处，东、西有M40、M33各一座圹室墓，南面为呈三角形分布的三座土坑墓，间距均在8米之内。

　　该墓封土流失严重，高度普遍低于 0.2 米，西、北两边几乎与墓外表土相平。墓周围包边石平面呈长方形，以玄武岩块石排列，现存东、西、南三面石边较完整，北侧仅存石两块。西、南两侧各有三排石块，东、北两侧皆为单排，北侧包石以两角部缺损较多。

　　墓室位于包边石圈正中，保存完好。土坑长方形，长 2.5、宽 1.5、深 0.25 米，墓底北高南低，不甚平整。墓内填土黑灰色，夹杂有大量炭和烧土块。墓坑中部偏东，填土上压着一块较大玄武岩块，可能原位在封土上中心部位，因封土流失而沉降于此。填土下部灰层中混杂有烧碎的人骨碎块，肢、肋、头骨碎片有，但多碎小，较大的人骨碎块以南半部较多，收集的骨块鉴定为成年个体，性别无法判明。墓内随葬品出土 4 件，包括铜带銙 3 件，银耳环 1 件。西南角包石圈内侧发现铁器 3 件，均残破较甚，并经火焚，其中铁质带銙一端已经弯卷变形严重（图四四）。

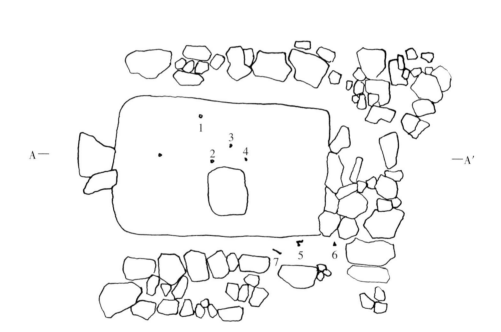

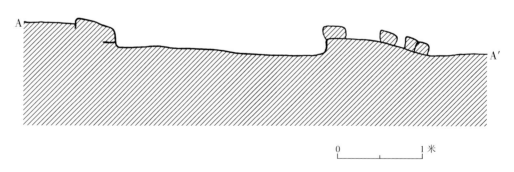

图四四　ⅡM39 平、剖面图

1、2、4. 圆形带銙　3. 银耳环　5、7. 残铁器　6. 铁带銙

铜带銙3件，均为半圆形，中心处有长方形开孔，只1件稍完整。

ⅡM39：1，前后两片未失，由铆钉连接。右半边已残，残长3.1、宽2.5、厚0.2厘米（图四五，9）。ⅡM39：4、7均只留有正面单片，长方形中心的四角有铆钉。前者铆钉尚存，后者只存钉孔。长3.2、宽2.1、厚0.2厘米（图四五，8、11；图版六六，6）。

铁器3件。ⅡM39：2、5，皆残损严重，整体形制不明。ⅡM39：6为带銙，已锈成土黑色。长方形，中有长方透孔，现存正面单片，上有四个钉孔。长3.1、宽1.8、厚0.2厘米（图四五，10）。

银环1件。ⅡM39：3，表面黑色，环径较小，开口圆形，截面为圆形。环径1.3、银丝直径约0.1厘米（图四五，12；图版七三，1）。

5. 二区48号墓（DLⅡM48）

ⅡM48位于二墓区东部偏下位置，基本处于该区的最外缘。发掘前封土直径约4.5米，呈扁平圆形，高0.3米。封土中夹杂烧土和木炭较多。

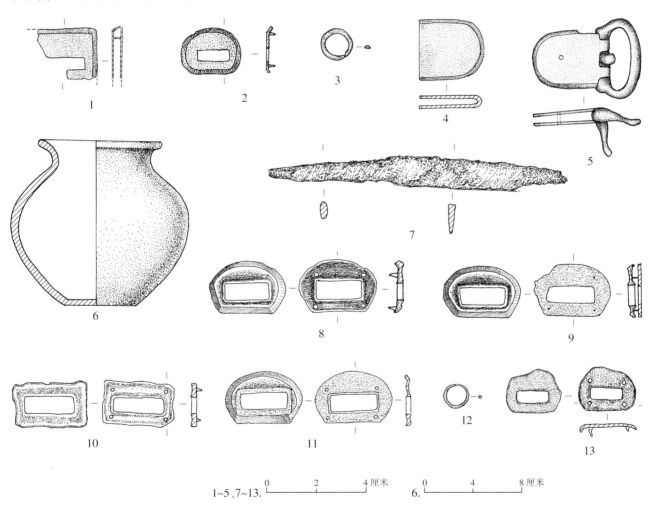

图四五　ⅡM39、94出土遗物

1. 铁带銙（ⅡM94：4）　2. 铜带銙（ⅡM94：2）　3. 耳环（ⅡM94：1）　4. 铊尾（ⅡM94：5）　5. 带扣（ⅡM94：3）　6. 鼓腹陶罐（ⅡM94：8）　7. 铁刀（ⅡM94：6）　8. 铜带銙（ⅡM39：4）　9. 铜带銙（ⅡM39：1）　10. 铁带銙（ⅡM39：6）　11. 铜带銙（ⅡM39：7）　12. 银环（ⅡM39：3）　13. 铜带銙（ⅡM94：9）

　　此墓保存较差，南半部墓坑边缘已经无存，北部可见东西相并两个浅坑，中部烧土已连成一片，先后关系未明。墓底为较细密的黄黏土。从清理后的情况看，东侧坑宽约 0.85、深 0.2 米，中部以南坑壁只保留有 0.12~0.15 米的高度。西侧坑宽度不详，深约 0.15 米，西侧发现的烧骨碎块较多，但年龄性别无法辨识。

　　墓坑外东、西、北三面各有一至二层排列整齐的玄武岩块，外圈包石均压在黄土之上，东、西两面的内侧包石与坑口黄土间隔有厚度不一的黑褐土，可能即残存的封土（图四六）。封土北部外侧包石直接压在黄土上，说明此墓在建造时有一个撤除北侧高处表土至黄土层之后挖坑埋葬的过程。

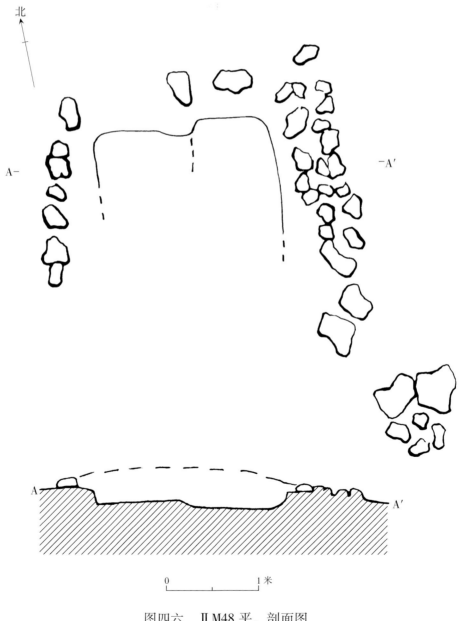

图四六　Ⅱ M48 平、剖面图

ⅡM48 共出土遗物 26 件，包括有陶罐、铜带銙、铁饰件、棺钉、铁镞、铁甲片、银耳环和料珠，品类相当丰富。

棺钉 10 件。散布于墓底四周，间距不等。皆为四棱形钉，有旁折钉帽。

ⅡM48：14，较为完整。钉尖尖锐，钉身长 6.4、宽 0.3、厚 0.4 厘米。其余 9 件长 6 ~ 8.2 厘米不等，但多为细钉，截面长、宽约为 0.3 厘米（图四七，13；图版七六，5）。ⅡM48：17 为残钉，钉身较粗，截面直径约 0.6 厘米（图四七，14）。

铁镞 1 件。出于墓底中部。ⅡM48：9，已锈蚀，镞身扁平呈菱形，尾部连有截面为方形的短铤，铤尾稍残。残长 4.5、镞身宽 1.6 厘米（图四七，8；图版七三，6）。

甲片 2 件。见于中部偏南。

ⅡM48：7，表面呈黄褐色，锈蚀严重。平面略呈椭圆形，右上角残，残片上留有三个穿孔，一个位于左上角，两个位于下部正中。残长 3.3、宽 2.5、厚 0.1 厘米（图四七，5；图版七二，6）。ⅡM48：8，残损锈蚀均重，整体为窄条形，两端皆残，未见穿孔。残长 4.1、宽 2 厘米（图四七，6）。

银环 4 件。分散于墓室北半部，ⅡM48：10 ~ 12 三件较近，ⅡM48：4 号靠近墓坑西壁，与料珠呈南北分布。4 件银环中只有 2 件完整，大小相差悬殊。

ⅡM48：10，灰白色，细丝弯成开口圆形，出土时已断为两截。银环直径 2.5、银丝直径 0.2 厘米（图四七，3）。

ⅡM48：4，个体较小，圆环开口，银丝截面为内平外凸的三角形。直径 1、银丝粗 0.4 厘米（图版六五，1）。

ⅡM48：11、ⅡM48：12，两件形制与 ⅡM48：10 同，银丝截面均呈圆形。前者完整，直径 2.8 厘米（图四七，4；图版六五，7），后者为残段，直径 2.8 厘米，银丝直径约 0.2 厘米（图四七，7）。

料珠 2 件。出于墓底西北部，形制差别较大。

ⅡM48：2，橙红色，呈中凸六棱体，横截面为正六边形，上下皆有小平面，平面中心有细孔。珠高 2.3、端面边长 0.4 厘米（图四七，1；图版八一，8）。

ⅡM48：15，浅黄略带红色，圆球形，中有圆形小孔，上下皆无平面。珠径 1、孔径 0.1、高 0.9 厘米（图四七，2；图版八一，3）。

铁饰 2 件。亦出自中部偏东，与 ⅡM48：3 带銙邻近。ⅡM48：13，锈蚀较严重。为平面半圆形的薄片，直边完整，弧边略残，沿边有个基本对称的铆钉，直边正中的一颗铆钉上连缀有一小块铁片。据此推测，该件有可能是马辔或其他宽带端头的铊尾之属。长 9.8、宽 7.6 厘米（图四七，16；图版九一，2）。2009 年夏，环境整治施工过程中，又在墓东 3 米坡上位置的表土层中，发现了另一件形制与之相同的铁带饰。我们认为二者可成一对，编入墓内遗物第 17 号。ⅡM48：18 保存更为完整，大小与之相近，长 11、宽 7.4 厘米（图四七，15；图版九一，1）。

敛口陶罐 1 件。出土于墓室南部偏西，残片散布范围不大。ⅡM48：16，完整。局部为黑灰色，夹砂灰褐陶，手制轮修，造型端正，素面。尖唇，敛口，矮颈有肩，鼓腹平底。口径 9.2、底径 7.2、高 8.6、壁厚 0.4 厘米（图四七，18；图版八六，1）。

铜带銙 4 件。皆出自中部以东，分布呈一南北向弧线，中间 ⅡM48：1、3 两件相距较近。

ⅡM48：3、5，两件个体稍小，平面亦呈半圆形，中有心形开孔。透孔及銙边，铜片亦向下弯折，

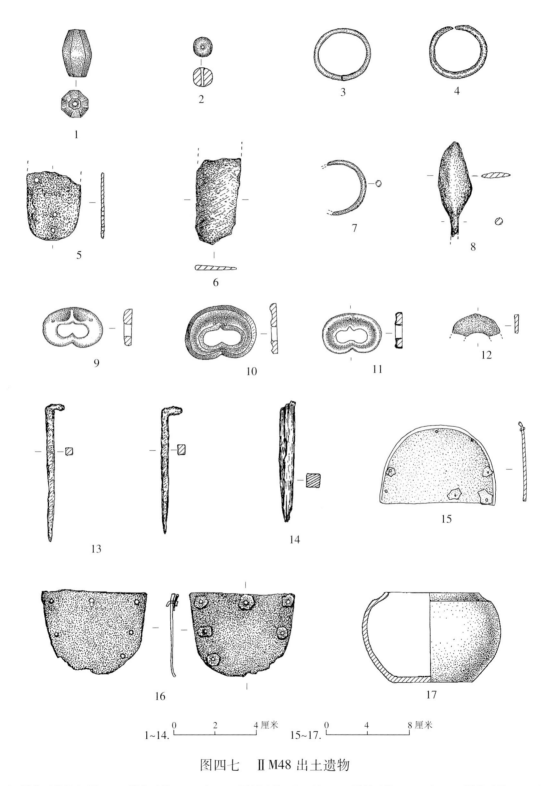

图四七　ⅡM48 出土遗物

1. 料珠（ⅡM48：2）　2. 料珠（ⅡM48：15）　3. 耳环（ⅡM48：10）　4. 耳环（ⅡM48：11）　5. 甲片（ⅡM48：7）
6. 甲片（ⅡM48：8）　7. 耳环（ⅡM48：12）　8. 铁镞（ⅡM48：9）　9. 带銙（ⅡM48：3）　10. 带銙（ⅡM48：1）
11. 带銙（ⅡM48：5）　12. 带銙（ⅡM48：6）　13. 棺钉（ⅡM48：14）　14. 棺钉（ⅡM48：17）　15. 铁饰件
（ⅡM48：18）　16. 铁饰件（ⅡM48：13）　17. 敛口陶罐（ⅡM48：16）

沿銙边有三颗铆钉用来连接固定皮带。长 2.9、宽 1.8 厘米（图四七，9、11；图版六七，8、3）。另一件Ⅱ M48∶6，为銙之下部，残存正中一段，残损甚重（图四七，12）。

Ⅱ M48∶1，个体较大，平面近平半圆形，中心处有心形开孔，仅存正面单片，铜片内外均作直角折下。中孔的下部正中尚有四颗铆钉钉帽。长 3.4、宽 2.5 厘米。中孔长 1.9 厘米（图四七，10；图版六七，7）。

6. 二区 86 号墓（DLⅡ M86）

Ⅱ M86 位于二墓区西侧中部，所处地势相对平缓，东为Ⅱ M87，西为Ⅱ M85，西北距Ⅱ M122 封土边缘 5 米许。此墓封土大体呈长方形，长 4.5、宽 4、高 0.4 米，顶面较平，只中间约略隆起。封土外侧围有玄武岩块石，现以东、北两侧保存较好。北侧为单排摆砌，石块排列紧密，且外缘比较整齐。东侧为多层石块散摆，缝隙间有多年腐殖土的淤积，个别块石露于地表。从其南部解剖来看，东侧石没有整齐的外侧边缘，石块摆放比较散乱，内侧石均高于外侧。Ⅱ M86 的土坑偏于西侧，长方形，长 3、宽 2.1 米，坑边方向 180°。西壁高 0.25、东壁高 0.12 米，西侧底部已挖破黄黏土进入大颗粒的风化沙层。坑内填土疏松，可分三层，上下两层均夹杂有红烧土块和大量炭渣，颜色明显发黑，之间隔有一层厚约 5 厘米夹沙粒的黄黏土。

从上层含炭黑土弥漫至东侧坑外的现象推测，此墓可能有过两次火葬过程。但两层均未发现随葬品，骨骼只下层发现一些碎块，大块的木炭在上下两层都很多，可能是棺椁残迹（图四八）。

7. 二区 94 号墓（DLⅡ M94）

Ⅱ M94 位于该墓区东部中间偏上位置，周围均为土坑墓。此墓封土较大，平面形状不甚规则，直径 3.5 米，西北部最高处高于墓外地表 0.27 米，南侧随坡而下，隆起较低。封土有四面包石，东、西两面内侧石叠压封土，南、北两面包石均置于墓外黄土层上，情形和Ⅱ M39 相同。从包边石块的分布看，以东、西两侧的包石散布面积较大，内侧石多至墓上，推测其包封时原已封至墓顶，现因封土流失，块石已陷落于墓坑之中。

此墓因其封土面积较大而成为首批发掘目标之一，但墓葬因水土严重流失也保存较差。表土下该墓局部已见烧结的黄土块和木炭碎渣，南侧发现一些呈泥状的骨屑。墓葬中心处有一浅坑，呈南北向长 2.2、东西宽 1.1 米的长方形，坑深 0.1~0.2 米。墓室内壁外壁都不平直，墓室上宽下窄，北部宽 2 米左右，南部宽 1.5 米左右，长 2.6、深约 0.5 米，坑底不平整，黄黏土底，局部粘有黑色炭迹，墓底中间偏北部位有两块小石，似是垫棺石。坑内填土中夹杂有大量烧土、炭块，下部见有较多烧过的人骨碎渣。墓室中部的人骨见有头骨、肋骨和盆骨，西侧近坑边处以肢骨和肋骨残块较多，但从数量上看，可能仅葬有一个个体（图四九）。

该墓出土遗物较多，墓室中南部出土带扣 1 件、带銙 3 件。东南角出铊尾 1 件。西壁下出铁刀 1 件。北壁下散布有 1 件耳环和 1 件陶罐的碎片，另外还出有 1 颗犬类动物的犬齿。

陶罐 1 件。Ⅱ M94∶8，素面，含粗砂灰褐陶，残片集中于墓穴南壁下，已经修复。重唇侈口，束颈有肩，鼓腹平底。手制，腹部为三圈，泥片套接，器表有横向修的痕迹，但接口处仍留有凸棱。口径 10、腹径 14.6、底径 6、高 13.2 厘米（图四五，6；图版八六，2）。

铊尾 1 件。Ⅱ M94∶5，对折铜片弯成，整体呈半圆形，边缘有匀称倒角。两面未见铆钉及钉孔。长 2.7、宽 2.4、厚 0.5 厘米（图四五，4；图版七五，5）。

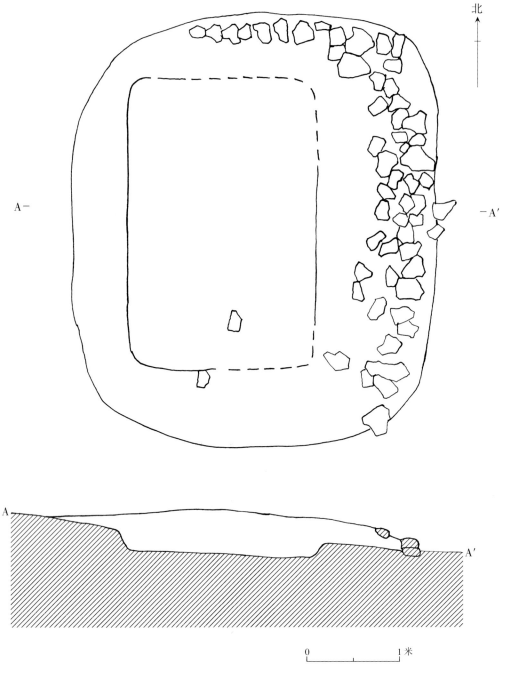

图四八　ⅡM86 平、剖面图

　　带扣 1 件。ⅡM94：3，铜质，扣环椭圆形，后有直梁，直梁上套有卡针。向后包对折铜片，可夹皮带。皮带已失，仅存固定二者的三颗铆钉。扣环长 3.1、宽 1.4 厘米，全长 4.5 厘米（图四五，5；图版六九，2）。

　　带銙 3 件。铜质 2 件、铁质 1 件。ⅡM94：2，铜质，半圆形，中有长方形开孔，两片复合而成。现存正面一片，留有四个铆钉。长 2.4、宽 1.8、厚 0.5 厘米（图四五，2）。ⅡM94：9，质地、形制均同前件，边缘锈蚀严重，已有缺残（图四五，13）。

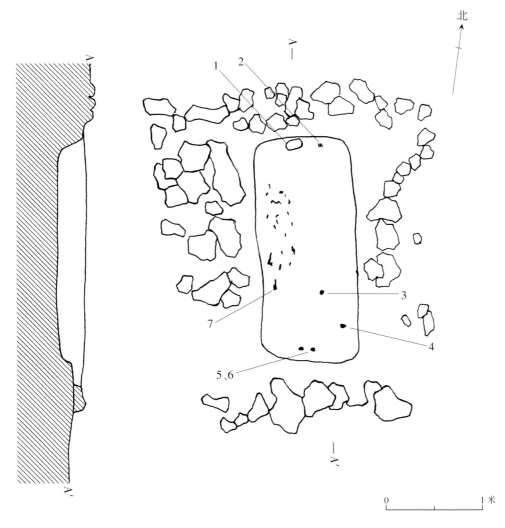

图四九 ⅡM94 平、剖面图

1. 陶罐 2. 耳环 3. 带扣 4. 铊尾、带銙 5、6. 带銙 7. 刀

ⅡM94：4，已残。铁质，平面作长方形，两片复合，中间开长方形透孔，四钉固定。长 2.5、宽 2 厘米（图四五，13；图版六六，7）。

铁刀 1 件。ⅡM94：6，直刃弧背。刀尖及柄端略残，锈蚀严重。长 12.2、宽 1.2、柄长 2 厘米（图四五，7；图版七一，6）。

银耳环 1 件。ⅡM94：1，灰白色，开口圆形，银丝横截面呈三角形，内平而外面起脊。直径 1.5 厘米（图四五，3；图版六四，12）。

8. 二区 111 号墓（DLⅡM111）

ⅡM111 位于二墓区的东北角山坡边缘，其东北坡上的ⅡM113、M114 和 M116 三墓，以及西面下坡相距约 3 米的ⅡM112，均为土坑墓。该墓封土近似椭圆形，直径约 3.5、高约 0.5 米。墓葬南侧距离 0.7~0.9 米处，散置有三块较大玄武岩石，疑为封土外的包石。

封土下发现有两个墓穴，东西并列，间距 0.2 米。两墓穴大小相近，均为长方形浅坑，方向都在

193°左右。西侧土坑长 2.4、宽 1.1、深 0.25 米，坑内填土黑褐色，墓底北侧发现有成片烧土。烧土面积不大，其上填土中含少量炭灰及烧土碎渣。坑中未见人骨，坑外西侧靠近坑边处出有一块下颌骨残块。东侧土坑长 2.25、宽 1、深约 0.3 米，内填黑褐土，坑底附近有炭灰和红烧土。中部以西的烧土灰烬层中，被烧成碎块的人骨较多，大致分成三片：北侧一片范围约 0.2 米 × 0.25 米，见有肢骨和头骨碎片，中间一片范围较小，以肋、肢骨碎块较多，最南一片范围约 0.3 米 × 0.23 米，除肢骨外还有盆骨残块。从人骨来看，年龄、性别已不可辨（图五〇）。

　　两坑内均已发现棺椁痕迹，但不见随葬品，可能有过扰动。

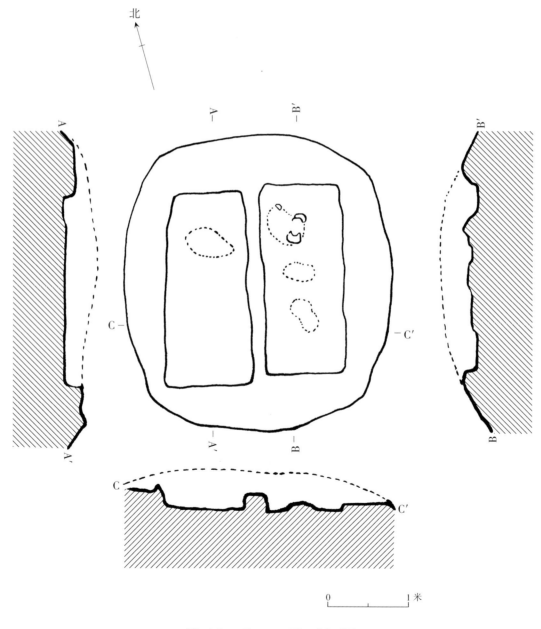

图五〇　　Ⅱ M111 平、剖面图

9. 二区 126 号墓（DL Ⅱ M126）

Ⅱ M126 位于二墓区北部，南距 1964 年发掘的 Ⅱ M5、Ⅱ M6 约 3.5 米，西侧为 Ⅱ M2，所踞地势较高，坡度较大。此墓封土呈不规则形，高约 0.35 米，封土外侧包石，包边石大小极不规则，玄武岩块居多，东南角用石较大，中部以西皆为小块碎石。从块石分布看，此墓封土外观大体呈圆角长方形，东西宽 3~3.5 米，南侧有些小块碎石，甚至已经滚落到西南角 3 米以外。南北长 4 米。现存包石以西、北两侧较多，均作直边，东北角有向外滑落的现象。北侧包石层数多达 11 层，呈逐层内收状，其最内侧的数石由于封土的流失已接近墓底。东、西侧包石也普遍倒向墓坑，有些已压在木椁之上。

包边石内为土坑，坑中原有木椁，由于包石内压的缘故，土坑边缘没能全部清理。已发掘的土坑底部有东西两片纵向炭迹，之间虽有一些小块木炭，二者却不相连属，应该是两个并置木椁或木棺的底板。其西侧椁底板木炭呈较宽的条状，厚 0.05 米左右，残留的炭条至少 5~6 条，分作三片，南北总长 2.3、东西宽约 0.8 米。东侧椁底木炭呈板状，厚约 0.03、炭迹全长 1.8、宽 0.7 米，方向 18°（图五一；图版三六）。

西侧底板炭迹的中心位置，发现有一长约 0.3 米的不规则块石，部分被压在炭条之下，推测是火葬时的垫棺石。据此石与封土包石外缘的高差推断，此墓土坑深度约 0.3 米。填土中杂有红烧土块，亦属浅坑火葬墓。

两椁中都见有碎骨，可辨有颅骨、脊椎骨、肢骨和趾骨，分布比较散乱，只有少量碎骨的焚烧痕迹不明显。

此墓已经扰动，墓内外散布有随葬的银耳环、玛瑙珠各 1 件，带饰、带銙 7 件，均已不在原位。其中耳环、珠饰出于西侧椁内，带具 4 件出自东侧椁中，3 件被扰动弃至墓东包石之外与 1 件罐口相伴。另外，墓外西南角表土之下，也发现有罐底和陶片，同出有铜环 1 件，可能也是该墓的随葬器物。

罐口沿 1 件。Ⅱ M126:14，为敛口鼓腹罐口沿，灰褐色夹砂陶。方唇，小口，口下外面有一条环行棱脊。口径 14、残高 7.5、厚 1 厘米（图五二，13；图版八九，1）。

罐底 1 件。Ⅱ M126:4，红褐色夹砂陶，手制，胎质似深腹鞲鞴罐底。底径 6.8、残高 3.8、厚 0.8 厘米（图五二，14）。

带銙 3 件，均为铜质，形制有方形和半圆形两种。

Ⅱ M126:1，系铜片对折弯成，正面铜片倒角。方形，已残缺大半，仅存一边和中央方孔的一条直边。残长 0.9、厚 0.6 厘米（图五二，8）。

Ⅱ M126:6、8 两件相同，均为两片复合的半圆形，中间开对称的方形孔。长 1.9、宽 2.6、厚 0.7 厘米，铜片上均保存有铆合两片及皮带的小钉四颗（图五二，5、6；图版六六，8）。

带饰 3 件，均不完整。

Ⅱ M126:2，铜质，为长方形带饰下部，残存两侧直边和下缘联珠花边。正面有图案两组，由平行阴线分隔：靠近上缘的一组围绕三个平行的长方形透孔，由阴刻上下相对的三角纹条带构成，靠近下缘的一组由五个同心圆和夹在圆间的三角形镂孔组成，整体凸凹有致，极富装饰效果。带饰残长 5.4、宽 4.8 厘米，背面残存条形鼻钮两个（图五二，11；图版六八，4）。

图五一　ⅡM126 平、剖面图

1、3. 带饰　2、6、8. 带銙　4. 陶罐　5. 钉　7. 玛瑙珠　9. 铊尾　10. 铜饰　11. 银耳环　12. 铜环

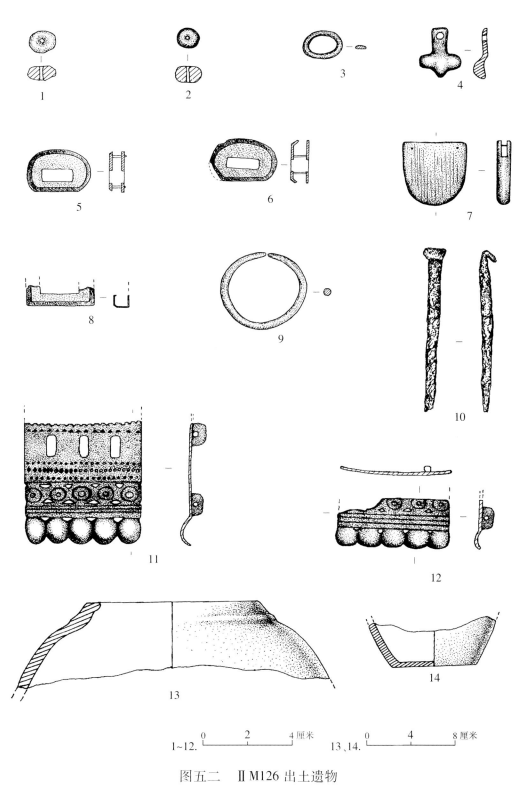

图五二　ⅡM126 出土遗物

1. 玛瑙珠（ⅡM126∶7）　　2. 玛瑙珠（ⅡM126∶13）　　3. 铜环（ⅡM126∶12）　　4. 饰件（ⅡM126∶10）　　5. 带铐（ⅡM126∶6）
6. 带铐（ⅡM126∶8）　　7. 铊尾（ⅡM126∶9）　　8. 带铐（ⅡM126∶1）　　9. 耳环（ⅡM126∶11）　　10. 棺钉（ⅡM126∶5）
11. 带饰（ⅡM126∶2）　　12. 带饰（ⅡM126∶15）　　13. 敛口罐口沿（ⅡM126∶14）　　14. 罐底（ⅡM126∶4）

ⅡM126∶3，铜质，出自墓内，为带饰的上半部，已被火烧成弯曲状。残件留有中心三个竖条孔以上的连点三角纹三排，以及由密集小圆点组成的上缘联珠花边。整体图案可以和ⅡM126∶2拼接出来。

ⅡM126∶15，铜质，出自墓东。只残存带饰下半部的小块边缘，图案、形制均同ⅡM126∶2（图五二，12）。

铊尾1件。ⅡM126∶9，为边缘倒角的半圆形，铜片对折而成，中心可夹皮带，由铆钉固定。长2.9、宽2.5、厚0.5厘米（图五二，7；图版七五，6）。

铜环1件。ⅡM126∶12，出自墓之西南与陶罐残片相近。平面椭圆形，以铜丝弯成，接缝严密无开口。外径1.7、内径1.1、厚0.2厘米（图五二，3；图版七〇，1）。

铜饰1件。ⅡM126∶10，出自墓南。整体呈十字状，前端有三个球形突起，背面有凹坑，尾部宽扁柄状，穿一圆孔。长2.3、宽1.6厘米（图五二，4；图版七五，2）。

棺钉1件。ⅡM126∶5，钉身四棱锥形，钉帽锈蚀严重。钉长7.5、宽0.5厘米（图五二，10；图版七六，1）。

银耳环1件。ⅡM126∶11，为现存椁内的随葬品之一。环以截面呈圆形的银丝弯成，接缝闭合有开口。直径3.5厘米（图五二，9）。

玛瑙珠2件，均为扁平球体，两端有平面，中心穿圆孔，形制基本相同。

ⅡM126∶7，浅红色，直径1.1、孔径0.2厘米（图五二，1；图版八一，6）。ⅡM126∶13，红色，直径1.9、孔径0.2厘米（图五二，2；图版八一，4）。

三、土坑石边墓

土坑石边墓复查确认了14座，分布于两个墓区，此类墓是土坑墓和石椁墓之间的一种形制，墓室为长方形浅坑，坑口边缘摆砌一圈单层或两层块石，入葬封土后大多还以块石包边。永吉杨屯、查里巴两墓地都曾清理过几座，因报告原称之为"石圹墓"，我们起初亦归为石构墓类。但是就要件而言，这类墓体现的还是"以身衬土"的埋葬习俗，墓室主体仍为土壁，而非石圹，依构筑特点，暂以土坑石边墓名之。

此类墓这次发掘两座，其中一座墓坑上部砌石较多。

1. 一区60号墓（DLⅠM60）

ⅠM60位于一墓区北片小墓分布区的中部，北邻M66、M67，南临M58，东有M61，相距2~5米不等，该墓上有厚0.15~0.25米不等的封土，封土下为土坑墓穴，未见封盖石。墓室平面呈长方形，南北长1.75、东西宽0.6~0.65米，系在黄土层中挖出的较深竖穴，上口东、西、南三面摆有稀疏的单层块石，局部砌石两层。墓室下部为土壁，深0.35~0.4米。黄沙铺底，底面见有黑色棺板炭迹，炭迹略呈长方形，沿东、西两边出有铁棺钉3件。炭迹上有人骨碎渣。骨渣均已朽甚，性别、年龄未能确定（图五三）。

椁室之外，南侧散布有大小不等的块石四块，可能是封土外面的包石。

此墓遗物较少，只出土棺钉3件，皆为四棱锥形钉。

ⅠM60∶1，严重锈蚀，帽扁而弯折，钉身横截面呈方形，尖部稍残。残长6厘米。另外2件亦

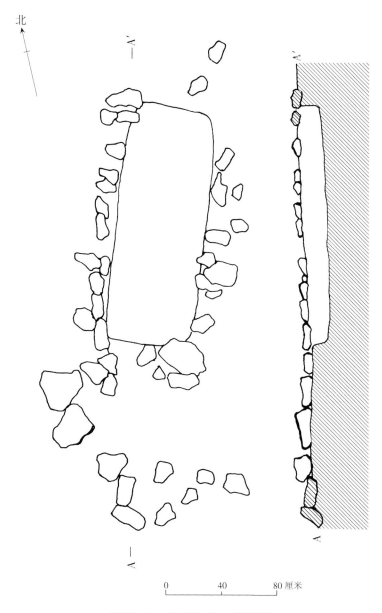

图五三　Ⅰ M60 平、剖面图

残。长 5.8～6 厘米不等（图六一，3）。

2. 一区 74 号墓（DL Ⅰ M74）

　　Ⅰ M74 位于一墓区北部，与 M72、M73、M75 相邻。该墓有平面呈椭圆形的封土，南北长 3.5、东西宽 2.3 米。封土较平，北侧高 0.3、南侧高约 0.15 米。墓穴南北长 2.7、东西宽 1.5 米，系在黄土层内挖出的长方形坑，深约 0.5 米。墓穴的南半部大都为土壁，北半部的下边为土壁，上边砌石。其中北壁砌石三层，块石方正整齐，砌筑讲究，但底层砌石只有一块，上层基本摆满整个墓边。西壁砌石两层，自北端向南砌出约 0.5 米，其余部分只在土坑边上摆出一列小块石，方向 205°。东壁北段砌石长约 1.2 米，砌石分三层，三块较大石材首尾搭接，以最高一层的砌石和北壁砌石相连。现整个墓室上口平面呈北高南低状，推测是南半边上部砌石丢失的缘故（图五四）。

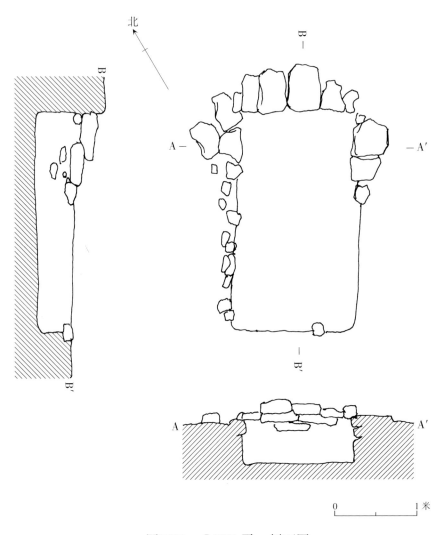

图五四　ⅠM74 平、剖面图

　　ⅠM74 的墓底平整，表面有清晰的火烧痕迹。填土中发现有许多木炭和烧土块，但未见大块人骨，亦未见遗物。

第二节　石椁（棺）墓

　　石椁（棺）墓应包括石椁和石棺两类，过去亦曾统称作石棺墓或石室墓。其构筑方法相同，都是一种先在地下挖坑，然后沿坑边四面砌石而构成的有长方形墓室但无墓道，或有象征性墓道的小型墓葬。这类墓多有盖顶，小型墓一般以大块条石排置直接封盖，形制大些的则较多采用填土中加块石的盖顶方式。

　　此类墓共发掘了 9 座，分别选在一、二墓区。其保存状况不一，封土包石情况有差。从发掘看，多数墓室中都发现有木棺、棺钉或炭迹，说明另有葬具，应称石椁墓，两座未见木质葬具迹象及棺钉者如 I M87 和 II M81，我们暂称为石棺墓。石椁墓中 I M16、I M18 两座形制较为特殊。

1. 一区 16 号墓（DL I M16）

I M16 位于一墓区中部偏南，北为 I M15，南有 I ST11，距离前者较近。

此墓是一墓区南部大墓中混杂的少数小型石椁墓之一。椁室平面呈南端略窄的长方形，长 2.5、宽 0.8 ~ 1、深 0.6 米，西壁直边方向 210°。椁室东西北三面为玄武岩自然块石砌筑，南端以立置的石板为壁。墓底平整，普遍垫了一层黄色风化岩粗砂。西侧壁用石较大，下部两层以扁平块石平摆，上面一层的六块砌石长度都超过 0.5 米，其中四块近乎方形的石材，均有一定厚度。墓室南侧立置石板之外，两侧壁又继续向南面下坡方向砌出了 0.6 米长的一段，此段两边皆砌石两层，高度低于椁室，并用单层块石收南端之边，修成了墓室之外近似"足箱"的一个区域。

墓室内的填土为黑灰土，夹杂有大粒砂及小块红烧土、木炭，十分松散。中部和北部发现有为数不多的人骨碎块，少数带有烧灼痕迹，可能是二次葬的火葬墓，但个体的数目及性别不能确定（图五五）。

墓中未发现随葬品，亦未见棺钉，炭块虽然数量较多，但分布未成条板状，是否使用木质葬具不能确定。墓上和墓周也未见可充盖石的大块板石，但封土南北两端都发现夹杂有碎小石块，表明其原有封土也采用了包石加固的流行做法。

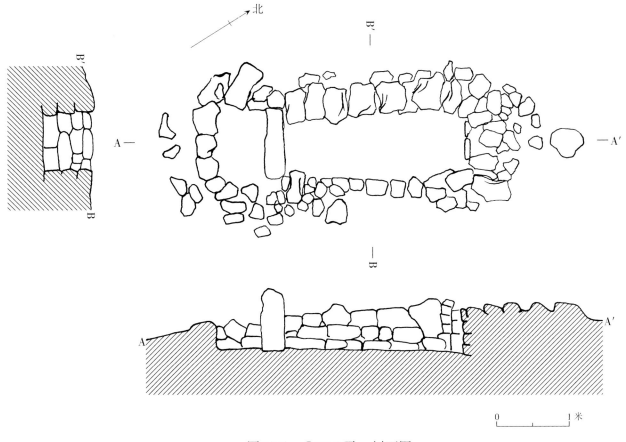

图五五　I M16 平、剖面图

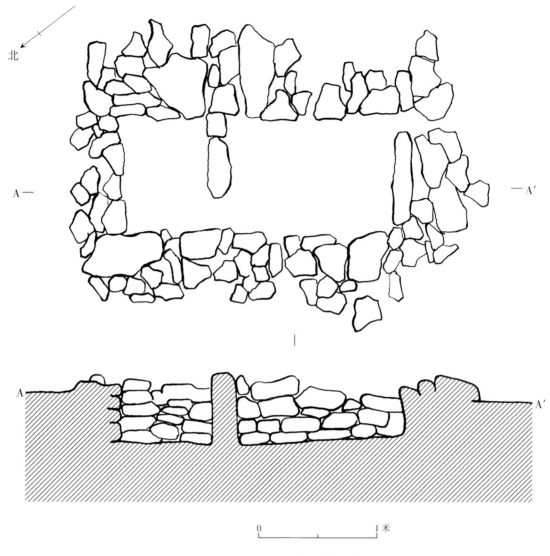

图五八　Ⅰ M18 平、剖面图

有小块碎石。南壁以一块立置板状独石为壁，石板宽 0.85、高 0.5、厚 0.15 米，底部埋于土中。椁内北部，靠东壁亦埋立着一块厚、高超过前石但宽度略窄的大石板，将椁室分隔成南北两部分。北半部长 0.75 米，填土中夹烧土，但未见人骨及随葬品。南半部长 1.35 米，发现有散乱的腐朽肢骨数块。东南角部出有 1 件小铁刀和 1 件形制、器用不明的铁器残段。

Ⅰ M18：1，器用不明，系以一根铁钉与一钩状铁器连成。钩状物一端稍扁，有两圆孔，钉穿过其中一孔。钉长 8.4、钩长 7.5 厘米（图五九，9；图版七二，3）。

Ⅰ M18：2 为铁刀，刃弧，平背，刀尖略残。通长 14.3、刀长 7.8、柄长 6.6 厘米（图五九，8；图版七一，5）。

3. 一区 24 号墓（DL Ⅰ M24）

Ⅰ M24 位于一墓区中部偏西，周围较多小型石棺墓葬，与东侧 Ⅰ M22、南侧 Ⅰ M23 等相距均不足 5 米。该墓建于缓坡上，发掘前有一椭圆丘状封土，中心高 0.25 米许。封土下有封墓盖石，盖石皆

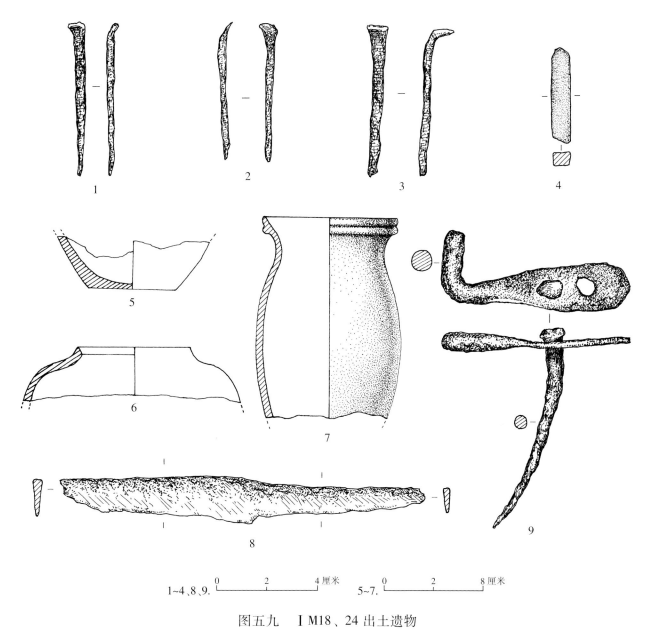

图五九　ⅠM18、24 出土遗物

1～3. 棺钉（ⅠM24:1、ⅠM24:3、ⅠM24:7）　4. 砺石（ⅠM24:2）　5. 深腹罐底（ⅠM24:5）
6. 敛口罐口沿（ⅠM24:6）　7. 深腹罐（ⅠM24:4）　8. 铁刀（ⅠM18:2）　9. 铁器（ⅠM18:1）

为玄武岩块，形状多不规整。摆放大致呈平面，南半部较为密集，现存盖石范围小于封土。

石椁平面为长方形，南北为独石砌筑，东、西两侧以块石砌筑两面层，内长 1、宽 0.5 米，形体较小，西壁方向为 216°。椁底未经刻意铺垫，黄黏土底，至墓口深 0.4 米，填土黑灰色，上部含少量炭块，填土中夹杂有小碎石块。墓北壁顶部有一盖石，疑为盗墓者盗扰所移动。封土南部见陶片数片，墓底散布棺钉 26 件及大量人骨碎块。人骨部分有烧痕，个体数量不详，采集标本中大块的只有髋骨和趾骨，可辨识为同一成年个体。

椁外北部现有一长 0.8、宽 0.6、厚 0.3 米的不规整玄武岩块，可能是移位的盖石（图六〇；图

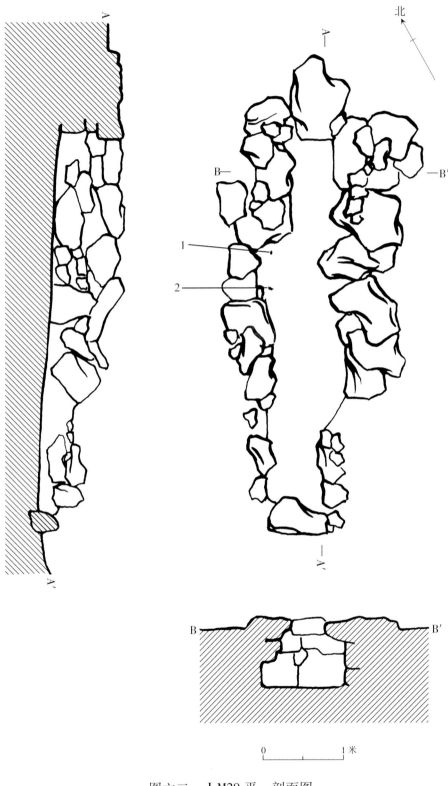

图六二　I M29 平、剖面图

1. 卡针　2. 棺钉

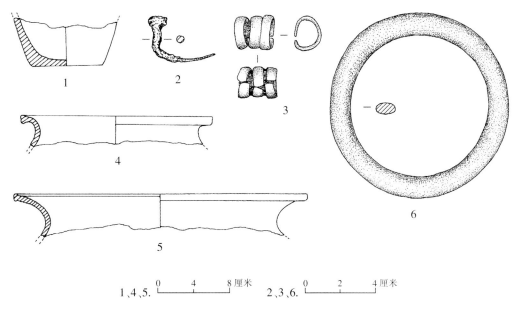

图六三　ⅠM29、87 出土遗物

1. 罐底（ⅠM29∶3）　2. 卡针（ⅠM29∶2）　3. 饰件（ⅠM87∶2）　4. 罐口沿（ⅠM29∶4）
5. 盆口沿（ⅠM29∶5）　6. 铜环（ⅠM87∶1）

罐底 1 件。ⅠM29∶3，为鼓腹罐底，红褐色，夹细砂素面，表面较光滑。底径 7、残高 4.5、厚 0.4 厘米（图六三，1）。

棺钉 1 件。ⅠM29∶1，表面深褐色，钉身呈四棱锥形，已残，钉帽尚完整。钉身长 4.5、宽、厚各约 0.4 厘米。

卡针 1 件。ⅠM29∶2，锈蚀且弯曲，上半部稍粗，头端包有较厚锈土，下半部细如钢丝。针长 4.6、直径 0.4 厘米（图六三，2）。

5. 一区 87 号墓（DLⅠM87）

ⅠM87 位于一墓区北半部的中心位置，周边有ⅠM82、M86 两座石椁墓和 M77、M87、M86 等多座土坑包石墓。此墓形制较小，墓上封土直径不足 2 米，表土下即见石椁上所封盖石。盖石共五块，其中间一块最大，为边长 0.75 ~ 0.55 厘米的板石，盖于中部，另外四块约为其一半大小的石块分别盖于北部和南部，顶面多已裸露于地表。石椁保存完整，四壁砌石。所用石料多为 0.45 米 × 0.4 米大型石块，间或用小石填补空隙，整体结构简洁紧凑，四面椁壁转角皆为 90° 直角。椁内长 1.3、宽 0.66、高 0.3 米，砌石两层，东壁方向 187°（图六四）。

椁内未见人骨，亦未发现木质葬具迹象，但南壁下发现铜环和带饰各 1 件。

饰件 1 件。ⅠM87∶2，为一边相连的三个开口宽环，以较薄铜片剪开两侧后分别弯成。三环均作扁圆形，直径有差，单环宽约 0.6、直径 1.7 ~ 2、全长 2.3 厘米（图六三，3；图版七五，3）。

铜环 1 件。ⅠM87∶1，表面呈灰黑色。圆形无接缝，形体较大，横截面椭圆形。外径 9、内径 7 厘米（图六三，6；图版七三，2）。

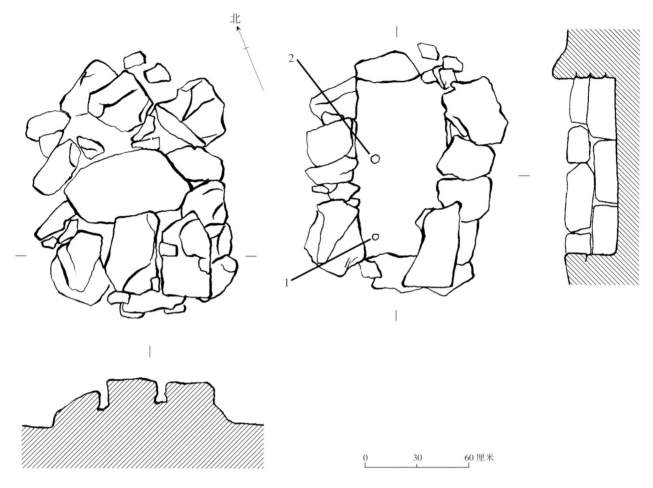

图六四　ⅠM87 盖石及椁室平、剖面图

1. 饰件　2. 铜环

6. 二区 28 号墓（DLⅡM28）

ⅡM28 位于二墓区中部南起第二排偏西位置，所处地势相对比较平坦，其东、南各有一座土坑墓，北侧有 M33、M34 两座边长 4 米左右的圹室墓，西侧 8 米范围内再无他墓。该墓由一大一小两个东、西并列相互搭边的长方形石椁组成，形制比较特殊。两椁皆以自然形状的玄武岩块砌筑，石材多为比较匀称的板状石。砌筑时压缝不严谨，转角处两壁砌石以相互抵接的情况较多，少数的几层咬缝砌筑。西侧石椁较大，椁内长 2、宽 0.85、深约 0.5 米，东壁方向 185°。四壁所用石材大小不等，砌筑较工，墓室内壁平直，西南角和北壁上部有部分块石内收，可能是挤压变形的原因。墓室填土黑灰色，墓底铺黄沙，中部出土铁镞 1 枚。

东侧椁略小，所用石材亦小，砌石仅有两层。椁内长 1.3、宽 0.5、深 0.2 米左右，填土为黑灰色，夹杂有炭块及红烧土，墓底隐约有木板炭迹。

两椁相隔约 0.4 米，方向平行，侧壁砌石相接，位置略有交错，西椁北壁超出东椁 0.5 米。椁内均未发现骨骼，椁上不见盖石。两椁共一封土，封土东高西低略呈圜丘状，高 0.1~0.4 米，西北侧边际不清，东南端外围摆砌有一圈宽约 0.8 米玄武岩碎石，平面依封土走向作外凸的弧形，弧长约 4

米。碎石排列隐约成圈者四至五层。残迹起自西椁之南 1 米处，伸延至东椁东南角外，基本布于封土下部，可能是为防止封土流失的一种措施（图六五；图版三〇）。

此墓尚存的随葬品，只有西椁中发现的 1 件铁镞。ⅡM28：1，表面锈成深褐色，镞身略呈扁平的菱形，有铤，铤的断面为方形。长 6.1、镞身宽 2.1、厚 0.2 厘米（图六一，1；图版七三，5）。

7. 二区 78 号墓（DL Ⅱ M78）

ⅡM78 位于二墓区西侧中部，南有 M57、M61 两座土坑墓，东、西、北三面皆邻石墓。该墓所处位置相对平坦，但墓上封土存留较低，最高处约 0.35 米，北侧一块盖石的边缘业已暴露于表土之上。

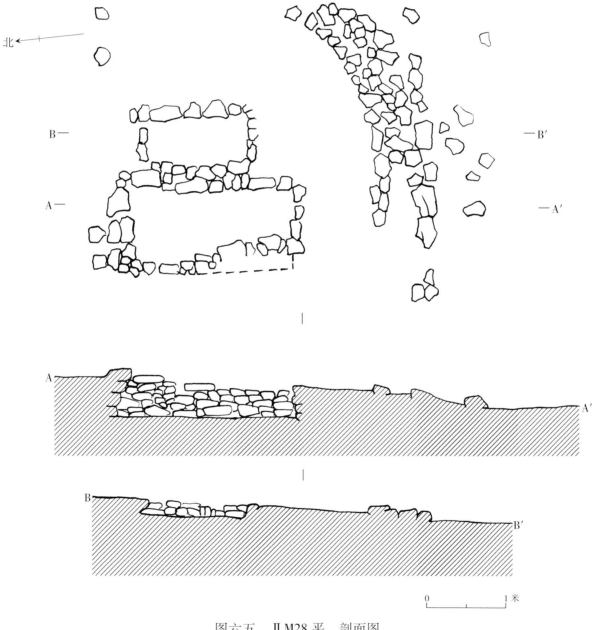

图六五　ⅡM28 平、剖面图

此墓亦为石椁墓，保存有两块盖石。一块横盖于椁室南端，为形状不规则的玄武岩条石，西端搭置在石椁边缘，条石长1.15、宽0.4米。另一块已被移至墓室北部，搁置在地面上，此石形状亦不规则，长1.4、宽0.6米，形体稍大。条石以外的东、南两侧，都发现有连片的玄武岩碎石，有的压在黄土上，有的处于腐殖土层中，可能是该墓的封土包石，因水土流失而淀积于此。

墓室长2.5、宽约1、深0.4～0.5米，长方形，形状规整，方向180°。砌筑椁室的石材皆为玄武岩块石，石材大小相差悬殊，片状石板居多，北端的中部有三块石板立置使用，其余的均为咬缝平砌（图六六）。

椁内发现有人骨碎渣和烧土炭块，并出有6枚棺钉，应该是木棺火葬，但木棺已无明显迹象。随葬品有铁带銙、铁环、铁镯共5件。

带銙2件，分别出在墓室北部的东西两边。均为铁质，形状不同。

图六六　ⅡM78 平、剖面图

1、2. 带銙　3. 铁环　4. 镯　5. 棺钉

ⅡM78：4，略呈半圆形，表面锈蚀严重。中部偏上有一条长方形细缝，应该是锈住的条形开孔。宽度已无法判定。长3.3、宽2、厚0.4厘米（图六一，3；图版七二，4）。

ⅡM78：5，方形，正面锈蚀较轻，可见四边抹棱，近边处有很窄的一条长方孔，角上仅见一颗铆钉。长3.2、宽3.1、厚0.5厘米（图六一，5；图版七二，7）。

棺钉共6件，形制相同。ⅡM78：1大部完整，出土位置靠近东壁。钉身呈四棱锥体，粗端碾扁横折为钉帽，截面为长方形。钉长6.6、宽0.3厘米（图六一，6）。

铁镯1件。ⅡM78：3，锈蚀较重。整体为圆形，残存半环，截面内平外弧。厚0.3、直径6.1厘米（图六一，4；图版七一，3）。

铁环2件，均出于中部偏西位置。一件残断无形。另一件ⅡM78：2，长方形，表面黄褐色，残损严重，约存大半，两端约呈半圆形。横截面作扁长方形（图六一，2）。

8. 二区81号墓（DLⅡM81）

ⅡM81位于二墓区的西部中间位置，是一座砌筑整齐的大型石棺墓。棺长2.5、宽1.3、深0.3～0.55米，呈南端略窄的长方形，东壁方向180°（图六七；图版三三，2）。墓外保存有封土、盖石和封土外包石等遗迹。

石棺四壁以较大玄武岩块砌筑，砌石二至三层不等，压缝严谨，上口较平齐。墓室外四周存留有较多散乱且大小不等的玄武岩块，均作外低内高的倾斜状放置，应该是封土外的包石。封土已大半流失，中心处并未高于四周，东侧包石内封土厚度不足0.2米。盖石现存两块，其中一块位于南侧墓外，长方条状，长1.4、宽0.6、厚0.35米，整体作内斜状，下部埋在淤土中。另一块位于北侧壁之上，半边探入墓室。石下与墓底之间有厚约0.18米的一层填土，未作清理。

墓底铺粗砂，较平整，表面无木棺痕迹。填土的下半部含有较多红烧土块和木炭块，但未见人骨。

遗物有先后出土的铁镯3件，均不在墓底。

ⅡM81：2、ⅡM81：3，均为已残的半环状，截面扁宽略作椭圆形，环身较薄，厚约0.2厘米，直径均大于9厘米，似为镯类饰品（图六一，7、10；图版七一，4）。

ⅡM81：1，形制同前件，但残段更小，长仅5厘米（图六一，8）。

9. 二区127号墓（DLⅡM127）

ⅡM127的位置在二墓区的西侧边缘处，东邻ⅡM123和ⅡM128两座石椁墓，间隔均在6米左右。此墓处于较陡的坡上，发掘时封土已大部分流失，只中部微微隆起，高约0.25米。其南侧坡上，有一片长、宽皆在3.5米以上的玄武岩砾石分布，可能均为封土包石，因封土过分流失而滑落。

石椁呈长方形，长1.1、宽0.5、深0.45米，长边方向155°，是两年发掘中唯一的一座呈西北—东南向者。椁室以玄武岩块砌筑，砌石三至四层，三面垒砌较规整，接近竖直，东南侧一条长边却砌成向外的斜坡，上口外展了近0.2米。此边外侧中部，发现有两块形体较大的块石，可能是移位的盖石，其中一块大的长达1米（图六八）。

该墓的填土中也有较多木炭和红烧土块，但未见人骨。墓底铺黄土，上有扁平块石三块，呈品字形分布，可能是火葬时有意放置的垫棺石。

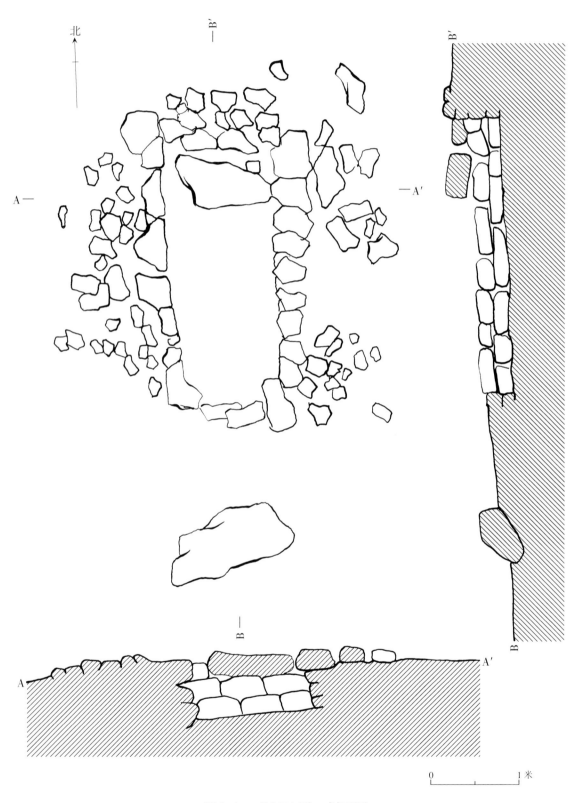

图六七　ⅡM81 平、剖面图

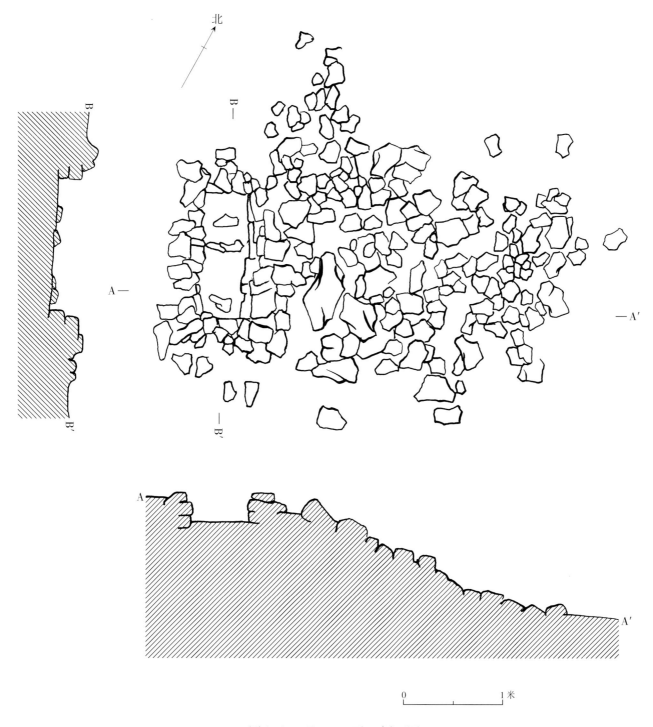

图六八　ⅡM127 平、剖面图

ⅡM127 墓室中部出土陶罐 1 件，是该墓唯一一件随葬品。

深腹罐，ⅡM127：1，夹砂褐陶，胎为黑色，表面黑褐相间。慢轮修整，素面抹光。罐为典型的"靺鞨罐"，重唇侈口，深弧腹，小平底。中腹施弦纹三条，夹饰刻划波浪纹一周，上腹原有一钮，已残去。口径9.6、腹径10.8、底径5.6、高14.4厘米（图六三，7；图版八六，5）。

第三节　圹室墓

　　圹室墓是一种建于地表或在地表挖出浅坑，以石块砌出墓室但不预先加盖顶石的墓葬，修建在地表的这类墓圹墙也有土石混筑者，通常有较宽的砌筑整齐的四面石墙和南向甬道墓门，墓形较大但墓室低矮。死者自墓口葬入，葬法以火葬、二次葬多见，使用木质棺椁，填土埋封时多数加盖块石，但盖石很少有覆盖整个墓室的情况。此类墓见于两墓区，1964 年清理较多，外部封土有包石和不包石两种。这次发掘侧重于形制和结构，只清理了扰动已很严重的 4 座，有意保留了一些相对完好的墓葬。

1. 一区 14 号墓（DLⅠM14）

　　ⅠM14 圹室墓，位于一墓区的南端，西邻ⅠM5，间隔 1 米左右，西壁南端叠压 M5 的碎瓦，情况与ⅠM15 相类似，已遭盗掘。

　　该墓保存有墓室的大部分，南壁及甬道无存。墓室长约 3、宽 1.2 米，呈条形，西壁方向 207°。整墓为玄武岩自然石块砌筑，现存的三面均构筑有宽度在 1 米以上的圹墙，外廓东西宽 4.2、南北残长 6.4 米，砌石两层，高 0.2 ~ 0.3 米，内壁砌石三至四层，高 0.5 ~ 0.6 米。内外两道墙的转角多近直角，但外廓的北壁今呈斜线，东北角似有较大缺损。内外墙之间填单层块石，混以黄土，表面不很整齐。填石除西南角部几块石材长度达到 0.5 ~ 0.6 米，其余的都是长约 0.3 米的碎石，形状均不规则（图六九；图版二三，1）。

　　ⅠM14 的盗掘扰动比较彻底，圹室内填土自上至下均见有细碎的烧土和炭渣，人骨未见大块，数量很少，全部加在一起也不够一块正常肢骨长度。除了分散于墓室内外的 44 件棺钉，墓内填土中还先后发现有散布在不同深度和位置的铁镞、铁饰、鎏金带饰和玛瑙珠等 4 件遗物，显然也都不是原位。

　　铁镞 1 件。ⅠM14：5，镞身呈三棱锥形，镞尖较锐，圆铤有关，锈蚀较重。全长 5.4、铤长 2.5 厘米（图七〇，3）。

　　铁饰 1 件。ⅠM14：4，灰褐色，锈蚀严重。残件呈长方形片状，上有四个长方形开孔和若干分布不规则圆形小孔，中部一方孔内尚穿附着铁钉。残长 8.5、残宽 6.3、残厚 0.1 厘米（图七〇，4；图版七二，8）。

　　铜带饰 1 件。ⅠM14：2，铜质鎏金，已残。残件呈长方形，正面边缘倒角抹棱，中内有一较大的长方形开孔，从背面有残留钉孔来看，应是两片复合使用。饰件正面有忍冬花纹装饰，并有细密的珍珠地纹，整件做工较精。长 2、残宽 1.2、厚 0.1 厘米（图七〇，2；图版六四，6）。

　　玛瑙管 1 件。ⅠM14：1，红色，圆柱形，中有细圆孔，略残。外径 1.1、内径 0.2、高 1.9 厘米（图七〇，1；图版八一，5）。

　　棺钉 44 件。均为横截面呈长方形的四棱锥体，多数已残。内中只ⅠM14：3 - 1 ~ 8 的 8 件棺钉出在墓底，其余 36 件均被扰动至墓上和东南两侧。墓底的 8 件棺钉大致分成东西两排，基本贴近墓室

北

A—

—A′

A

A′

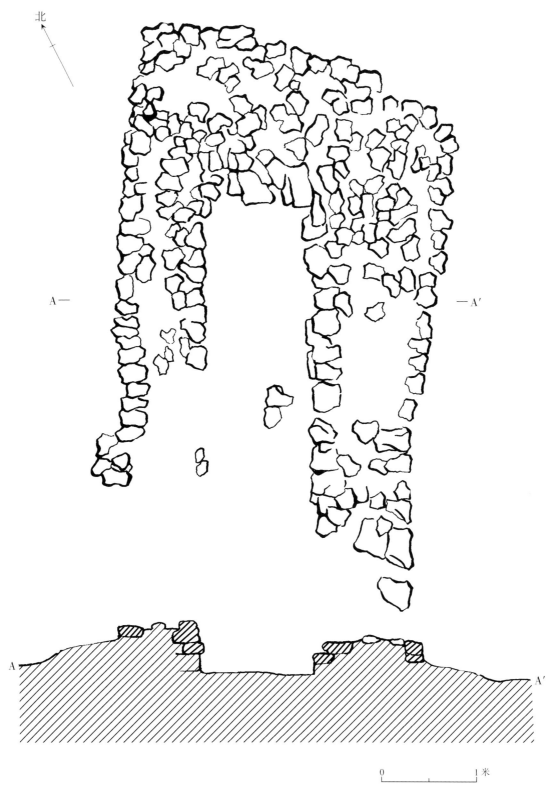

0　　　　　　1米

图六九　ⅠM14 平、剖面图

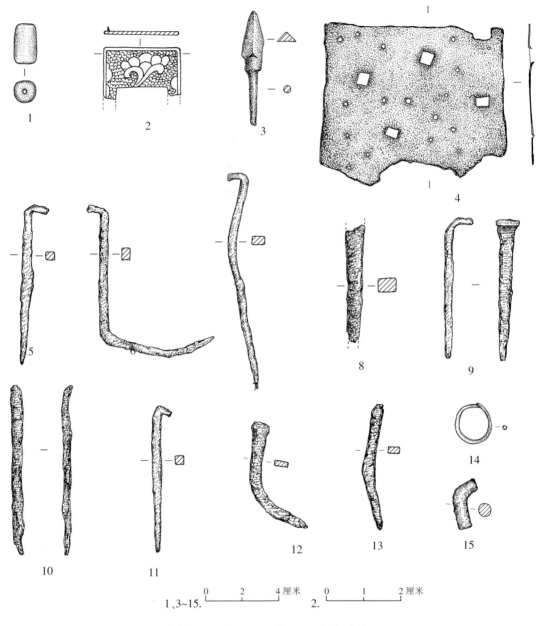

图七〇 I M14、II M82 出土遗物

1. 玛瑙管（I M14:1） 2. 鎏金带饰（I M14:2） 3. 铁镞（I M14:5） 4. 铁饰件（I M14:4） 5~13. 棺钉
（I M14:3-4、I M14:3-2、I M14:3-5、I M14:3-8、I M14:3-1、I M14:3-6、I M14:3-3、II M82:3、II M82:2）
14. 铜耳环（II M82:4） 15. 铁环（II M82:5）

侧壁。东壁下由南向北依次为 3-1~5 五钉，3-2、3 两钉距离较近，3-4、5 两钉聚在角部。
西壁下 3-6~8 三钉大致等距，间隔均在 30 厘米左右，位置相对偏北。墓上和墓外的棺钉形制
与墓内钉相同，残断者较多。其中出自墓南的 I M14:6-7 和 6-8 相对完整，长 6 厘米（图版
七七，5）。

I M14:3-1、3-3、3-4 三件，钉身较直，一端辗薄后弯向一侧作为钉帽。长 6.3~7.1、钉帽

长 0.9~1.1 厘米（图七○，9、11、5）。

ⅠM14：3－2，钉身极长，钉尖有长约 6 厘米一段向一侧弯曲。全长 13.3、钉帽长 1 厘米（图七○，6）。

ⅠM14：3－5，为次长钉，钉身长 10.2 厘米，已经弯曲，顶端弯折充作钉帽，帽长 1 厘米（图七○，7）。

ⅠM14：3－6、3－8，钉身较直，均为横截面呈长方形的四棱维体，钉帽已残。长 5.5~7.1 厘米（图七○，10、8）。

2. 一区 15 号墓（DLⅠM15）

ⅠM15 位于ⅠM3 西侧 7 米许，坐落在一墓区西缘的梁上，南有ⅠM18 和ⅠST11，北有ⅠM9，西面为向下的陡坡。此墓是在探查ⅠM3 墓外瓦片分布时发现的。发掘前地表为一中间有坑的高包。2004 年只清理了墓室，由于未见人骨和随葬品而回填，2005 年作了外部结构的发掘。

该墓为圹室墓，墓室呈长方筒形，南有与墓室同宽的甬道。构墓前有过大于墓室面积的坡度平整，中间挖有浅坑。坑深约 0.2 米。墓室沿坑修砌，石料大小不一，均为较规整的玄武岩，块石以长方和条形者居多。东、西、北三面砌石勾连咬合，砌筑严谨，内壁相当平齐。现存砌石二至四层，三面不等，西壁南段有长约 1 米的缺失。墓室长 2.36、宽 1.35 米，侧壁存高 0.42 米，顶层砌石高于坑外地表。墓底铺垫黄色粗砂，南部以一块平置的规整石板分隔出墓室和甬道。石板长 1.18 米，与墓室宽度几乎相等，甬道侧壁为墓室东、西两壁的延伸。方向 203°。

与甬道外口高度相平，两侧向东、西方向各摆砌了一段石材，构成了圹室南侧的外墙。西侧现存砌石三块，总长 1.4 米，东侧现存最外角一长、宽在 0.4~0.5 米的方形块石，距离甬道东壁约 2 米。外廓石均摆砌在平整后的黄土层上，外缘整齐，但东、西、北三面均有石材缺失，只南侧和西北角部残留块石较多。依东南和西北角石测量，ⅠM15 的外廓东西长 4.3、南北宽 4.25 米，基本为方形（图七一）。

此墓被盗彻底，墓室内已空无一物，西北角部扰动土中尚存有少量烧土和炭渣，推测亦为火葬，但人骨只有极少的碎片，只 2 块骨密质外皮似经烧过。

2004 年测绘甬道铺石厚度时，发现甬道东壁下压有一层厚约 6 厘米的瓦片。2005 年墓外廓发掘时，证实这层瓦片向东延伸较远，并且与ⅠM3 墓西散布的瓦层连片，其板瓦的质地、颜色以及所施绳纹、方格纹均与ⅠM3 墓上建筑的倒塌堆积相一致，由此确立了两墓的相对年代。

3. 一区 20 号墓（DLⅠM20）

ⅠM20 位于一墓区中部，贞惠公主墓之北，东邻ⅠM21，西邻ⅠM19，三墓并列，间距均不足 1 米。该墓所处位置在一墓区中最为平坦，但墓上封土已失，南半部亦遭破坏。

该墓是形制较为规整的一座圹室墓，以玄武岩石块垒砌，少数区段尚存两层砌石，高 0.15~0.3 米。北侧圹墙基本完好，内外侧均留有整齐边石，墙宽 1.6 米。内侧以长方形块石纵向摆砌，存石两层，底层石七块，摆放有间隙，上层石六块，排列紧密，西北角残缺一石。外侧边用条形石，横置，现存五块形体较大，其间填塞碎石，内外两石壁之间用黄土和块石混填，中部有 0.3 米的高度。西侧圹墙保存有 5 米左右的长度，墙宽 1.5 米，外缘以单层块石摆砌，大小石混用，边缘整齐。内侧边仅存一形状不规则的块石，齐边摆砌在墓室一侧。东侧圹墙存长约 4、宽 1.4 米，内外缘筑法同于北

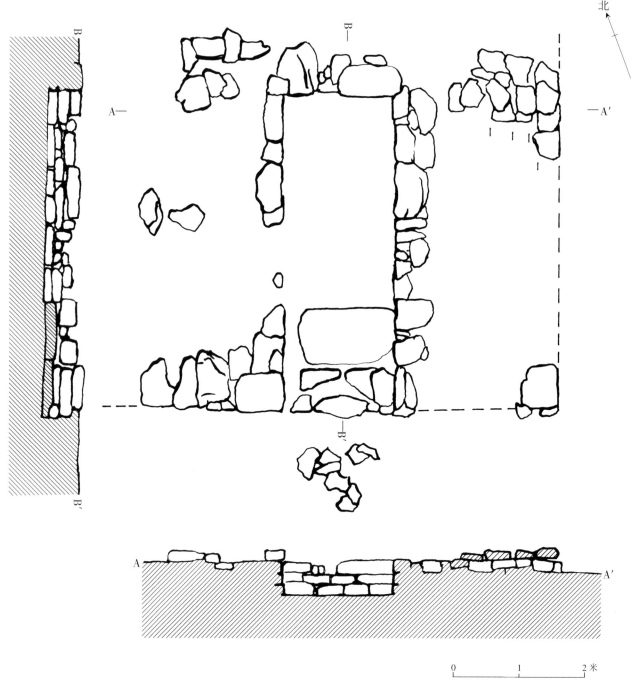

图七一　ⅠM15 平、剖面图

墙。该墙之外，清理出与现存东墙等长、宽 0.5~1.1 米的一片碎石，大致呈北端窄、中部突出的扇形分布，有可能是该墓封土表面的包石（图七二）。

　　墓室宽约 2 米，黄黏土底，没有铺砂，表面亦未见炭迹。西北角留有片状块石四块，是否为铺底石不能确认。填土厚约 0.2 米，夹杂有烧土碎块，但没见到人骨，葬具情况不明，也没有发现随葬器物。

图七二　ⅠM20 平、剖面图

据现存部分推测，ⅠM20 的墓圹外廓应与其他圹室墓相同，整体呈方形。今西侧圹墙最南边的
两块较大石材，或已接近转角。墓室亦可能呈方形，纵轴方向 202°上下，惜南墙及甬道形制已无踪
迹可循。

4. 二区 82 号墓（DLⅡM82）

ⅡM82 位于二墓区的西部，封土低平，最厚处不足 0.2 米。该墓亦为圹室墓，保存较差，西半部

已遭破坏，只东半边保存有墓室的三面圹墙。现存的圹墙皆为玄武岩块石摆砌，以单层石平铺，高约0.2米，东、北两面宽度相若，各约0.8米，南侧较宽，将近1.4米，几乎是东、北壁宽的两倍。甬道位于南壁中部，宽度不详（西壁无存），现仅存甬道之东壁，方向175°（图七三）。

此墓砌筑较为整齐，块石较大者使用在外侧，内侧小块石较多，但内外均摆砌成线。现存部分以圹室的东壁完整，长5米，北壁残长2米。南壁自甬道东壁至圹室东侧内壁长约1.4米，以甬道宽

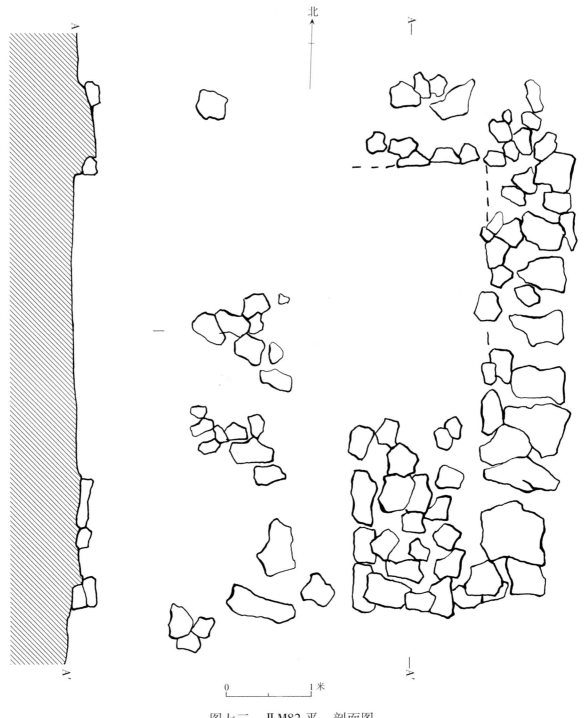

图七三　Ⅱ M82 平、剖面图

0.8 米计算，加上东西两侧圹室边壁各 0.8 米的厚度，该墓东西宽度亦在 5 米上下，接近于东壁长度，整体也呈方形。

ⅡM82 的墓底较为平整，普遍铺粗砂。但东南角和西部墓底上均留有一些小块碎石，东南角部的五块小石头高低不平，靠近中心的三块与墓底均间隔有厚 6～10 厘米的黑褐色土，没有直接落于墓底。推测是墓圹西半部遭破坏时落于墓内的建墓石材。

此墓未见大块人骨，但东壁下中部有肢骨的碎渣，并收集到 2 片成年个体的头骨碎片。结合填土中木炭的烧土块较多的情况分析，ⅡM82 的葬法可能也是二次葬的火葬，并且使用木质葬具。

ⅡM82 共出土遗物 5 件，除 1 件器底，均出于墓室之内。

器底 1 件。ⅡM82:1，出自墓上东部封土内。为鼓腹罐底，残件，保留至中腹部分。夹砂灰褐陶，表面光滑，轮制痕迹清晰，造型亦工整。底径 12、残高 16 厘米。

铜耳环 1 件。ⅡM82:4，出土于墓室西南部。铜丝弯成的闭口圆形，两端重叠搭接，截面为圆形。环径 2.3、丝粗 0.3 厘米（图七〇，14；图版七〇，2）。

棺钉 2 件。出于墓室西部，一件距离西壁 0.2 米，另一件稍靠中心，距离南壁 1.2 米。ⅡM82:2、ⅡM82:3，钉身皆为扁方四棱锥形，均已弯曲。前件钉帽未能保存，钉长 6 厘米许，横截面宽 0.6、厚 0.2 厘米。后件钉帽保留有弯折部分扁片，已残。钉长 6.3 厘米，横截面宽约 0.5、厚 0.2 厘米（图七〇，13、12；图版七六，2、3）。

铁环 1 件。ⅡM82:5，为残件，出自南部。整体形状不明，残部呈圆角折尺形，断面为圆形，可能为环。残长 2.9、残宽 1.5、截面直径 0.8 厘米（图七〇，15）。

第四节　石室墓

石室墓均分布于一区南部，数量少但规模较大，是墓群重要组成部分。本次核查认定的该类墓只有 9 座，都是因为原来报告图片不全，又对墓内外再次作了清理。

此类墓墓室四壁砌石且有盖顶、墓门及甬道，平面或长或方，建造整齐，墓主自墓门葬入。从现有材料看，墓中人骨均无火烧痕迹，说明不使用火葬葬法。其外部形制，有封土和封土外面再包石墙两种。

一、封土石墙石室墓

此类墓的墓室多建于地上，外侧多修筑有排水沟，外表石墙裸露而不加封土。此类墓葬一般先将坡地铲平夯实，修建出一个块石垒边大土台为建墓基座，然后于土台之上建造墓室。

可归于此类的墓葬共有 5 座，墓周围均散落有建筑构件，如瓦当、筒瓦、板瓦及兽面瓦等，可能都有墓上建筑。

1. 一区 1 号墓（DL Ⅰ M1）

ⅠM1 位于一墓区中部，贞惠公主墓（ⅠM2）的西北 10 米处，西侧有ⅠM17、南侧有ⅠM3 两座大型石室墓，东、北两侧多为小墓。此墓历史上曾经两次发掘，1979 年《敦化六顶山渤海墓清理发掘记》报告中将其归入方形石室墓类型之中，本次清理时墓室已经破损严重。

ⅠM1 构建于北高南低的缓坡上，构墓前经过挖高垫低且直至沙层的大面积平整，北侧所挖坑壁高达 0.8 米，中心处筑有一个高出四周边缘又用块石垒砌的基座。基座平面大致呈长方形，高出四周平整后的地表 0.2～0.5 米。基座长 12.4、宽 9.5 米，其北半部为坚硬的风化砂层，南半部为黄土，四周砌石。砌石以玄武岩石块居多，形状大小不很规则。基座北半部边缘砌石为单层石材摆放，南半部及南侧边砌石因地势关系都有多层砌石，块石亦较北段为大。西南角呈直角，角石呈长、宽各约 2 米的方形，显得十分巨大，但仅剩单层，上部砌石已失。东南角在距离南端约 3 米处，有一个向东突出了 1～1.5 米的扩大部分，俯视呈圆角。砌石多摆作向内的逐层收分状，最多可见砌石五层，较其他三个转角明显宽大。基座南侧边缘长约 10.7 米，包边砌石普遍为二至三层，其 0.5 米的砌石高度抵消平整后的自然高差，保证了基座顶面的平整。

墓室建于基座偏后部位，选用形状相对规则的玄武岩自然石块，砌筑有内外两重石墙。内墙亦即墓室四壁，外墙则为墓葬轮廓，两墙中间用块石与黄土填充紧密坚实，由以构成墓葬主体。内外墙之间部分，我们称为墓墙，厚度四面不等，其中北墙宽 1.5、南墙宽 1.7、西墙宽 1.8、东墙宽 2 米，墙壁表面砌筑整齐，石材均勾压咬合，缝隙用黄泥灌注。从解剖情况看，墓墙外壁的底层石材略高于基座边缘砌石顶面，而内壁及墓底则低于基座边缘 0.25～0.35 米，可知该墓建造时只于基座中间墓室处挖有浅坑，整体高于地表（图版四，1）。

墓室南北长 2.9～3、东西宽 2.8～2.9 米，平面近乎方形。从外壁现存高度推断，墓室的高度应不低于 1.4 米，但现存的东、西、北三壁砌石普遍只有一至二层，残高均不足 0.5 米。墓底铺垫了厚 1～2 厘米的沙土，压实后平坦坚实，局部存有零星斑驳的白灰面，联系墓角石缝中残存的白灰块，我们相信此墓建完时墓内是普遍抹有白灰的。墓室的南壁今存转角处的两块独石，其上砌石已失，西侧石材较大，自转角向东延伸 0.7、厚 0.4 米，东侧块石较小，石材仅西出 0.5 米，两石之间为墓门。墓门外有甬道，甬道长 1.7、宽 1.6 米，方向 205°，两壁砌石。甬道西侧壁则砌石已经无存，仅见两端的转角，东侧壁保留有一至二层块石，残高 0.2～0.4 米。甬道南端两侧的角石皆为方形，附近散乱留有封门石十数块，最大的一块位于中间，长 1.1、宽 0.7、厚 0.3 米，呈不规则的板状。其东的一块稍小，平齐的一面朝向甬道中间，另端斜搭在甬道东壁之上。此外在墓室内、外各发现一块平整光滑的大块板石，形状较为规整，可能原为封盖墓顶的盖石。墓内一块横置于墓室南侧中部，长 2、宽约 1、厚 0.3 米，整体作扁平的五边形。墓外另一块稍小，斜置于甬道东壁之前约 2 米处，石板厚 0.26、长 1.3、宽 0.8 米，略呈平行四边形（图七四；图版七）。

墓墙外壁四面均保存较好，其北壁距基座北边 1.7 米，东、西壁距基座石边各约 1.5 米，唯南壁距基座边缘较远，于墓门南侧形成一个宽 4.5、长约 10 米的平台。外廓使用的块石并不十分规则，厚度参差不齐，大小差别悬殊，石材长度以 0.2～0.4 米者较多，大者也有长达 0.8～1.05 米的巨石，但四角均选择大块方形规整石材，和邻石咬缝勾连。砌筑较为工整的当属东、北两壁，石材多依层勾缝砌筑，现存砌石四到七层不等，高 0.9～1.3 米（图版四，2；图版五）。东壁长 6.8 米，壁面平

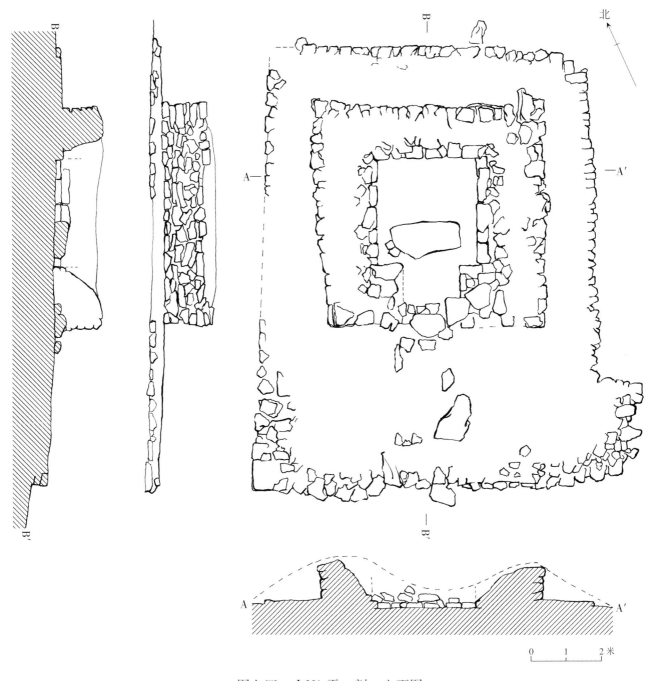

图七四　ⅠM1 平、剖、立面图

直，拐角清晰，中部稍有缺损，南壁被墓门分作两段，东段长 2.9 米，石材缺失较多，西段长 2 米，可见整齐清晰的六层砌石。北壁长 6.7 米，存高 0.7 ~ 1.1 米，砌石四至六层，大块石材较多，西北角和中段石材均有缺失。由于南墙西段过短，全长与北墙相差 0.7 米，使得长 6.9 米的西墙外壁无法砌成直线。此墙存高 0.9 ~ 1.1 米，外壁北部 2.5 米长的一段，由于西北角为直角的缘故与东壁平行，只上部略向外倾，由此向南墙体弯曲内收，与西南角接成钝角。另外，此墙用石参差，砌筑并不分层，有些大块石材竟然斜置而不平摆，与其他三面的整齐考究相比，显得杂乱和不相匹配（图版四，2）。

ⅠM1 墓外包裹有一大土堆，上面长有乔木（图版六），故 1979 年报告以之为封土。这次发掘时，由于一件随葬的大器残片集中出于东侧，便为收集残片修复该器而进行了覆土的大范围清理，意外地发现了墓室外壁的东墙和东北转角，于是以对应探沟找到西侧外墙。清理外墙四面的覆土时我们注意到，东、西、南三面覆土较花，杂有瓦片和白灰碎块，北侧的覆土较纯，下部为黄土和含砂黄土，很少遗物，与上半部的黄土中间普遍夹有一层黑土，局部呈南低北高的倾斜状，并且越是靠近平整场地所挖的坑边处，黑土越厚。而从清理发现的遗物数量和位置看，东南两侧下部陶、瓦片的数量多于覆土上部，东南角外发现的十数片大块板瓦，也都凸面向下排铺在生土面上，瓦垅多呈西北—东南走向，一部分板瓦叠压基座边石。由此推测，ⅠM1 墓墙之外，原本不加封土，墓葬外墙应该是暴露于地上的。以前所谓的封土，在墓北侧主要为冲刷淤积，另外的三面除了自然淤积，应该还有墓上建筑倒塌和墓葬盗发后的弃土堆积。

ⅠM1 已经盗掘，两次清理墓室内未见遗物，墓周覆土中出有较多瓦件和陶片，瓦件中有板瓦、筒瓦、瓦当和兽面花纹砖，但均为残块，较完整的共收集 12 件。陶片多出于墓葬的东侧，包括 1 件器耳残片，此外还发现有银耳环、铁镞和棺钉各 1 件。陶器只修复了香熏 1 件。

瓦当多出自墓东和墓南。当面均有高浮雕模印纹饰，纹饰有十字和乳钉纹两种。

十字纹瓦当 1 件。ⅠM1:1，泥质灰陶，有边轮。当面有浮雕式图案，中间为一个较大的凸起乳钉，其外一圈凸起的界格，界格内有四个花叶状十字纹，界格外散布有一圈展翅飞鸟形象的单体纹饰八个。直径 17.5 厘米（图七五，3；图版四六，5）。

乳钉纹瓦当 3 件。ⅠM1:3，夹砂灰陶，含云母和少量砂粒，边轮稍有残缺。当面有双环界格，界格间为四大四小八颗乳钉，正中有圆形乳突，外环有九个似飞鸟的浮雕造型。直径 16.5 厘米（图七五，1；图版四六，6）。

ⅠM1:4，深灰色，半边已残，外环飞鸟浮雕尚存四个，内环亦为大小相间的八颗乳钉。直径 16.3、边轮厚 1.1 厘米。ⅠM1:2，仅余三分之一，乳钉和外环纹饰均已残缺（图版四六，3、4）。

筒瓦残块发现 8 件，残存瓦舌部分的 3 件。2 件出自墓东，1 件出自南侧，形制基本相同。

ⅠM1:11，出自墓南，残块较大，红褐色，含砂较粗，凸面光滑无纹饰，凹面粗糙有布纹。残长 1.5、舌长 7、宽 6.5、厚 1 厘米。

ⅠM1:12、ⅠM1:13，仅存瓦舌及舌前一小部分（图七五，4、8；图版五一，7）。

板瓦残片较多，瓦胎夹细砂，瓦色以灰、褐为主，厚 1.8～2 厘米不等。凹面印有布纹，凸面多施中粗绳纹（图版五一，3、5、6）。

砖 1 件。ⅠM1:14，深灰色夹细砂陶，长方形，残存约五分之一，出自南侧甬道外 4 米处。砖宽 14、厚 5、残长 16 厘米（图七五，10）。

兽面砖 1 件。ⅠM1:7，出自墓外西南部，残片黑灰色。兽面图案为模制，高浮雕式，残块较小仅存胡须及下眼眶部分（图七五，5）。

陶器 4 件。计有香熏 1 件，罐类扳耳 1 件，深腹罐口沿 2 件。

香熏 1 件。ⅠM1:8，褐色夹粗砂陶。圆唇小敛口，无颈，鼓腹，平底，整体呈椭圆形，腹部有五排间距不规则的圆孔。口径 11、腹径 66.6、底径 18、高 69、壁厚 1.8 厘米（图七五，9；图版八二）。

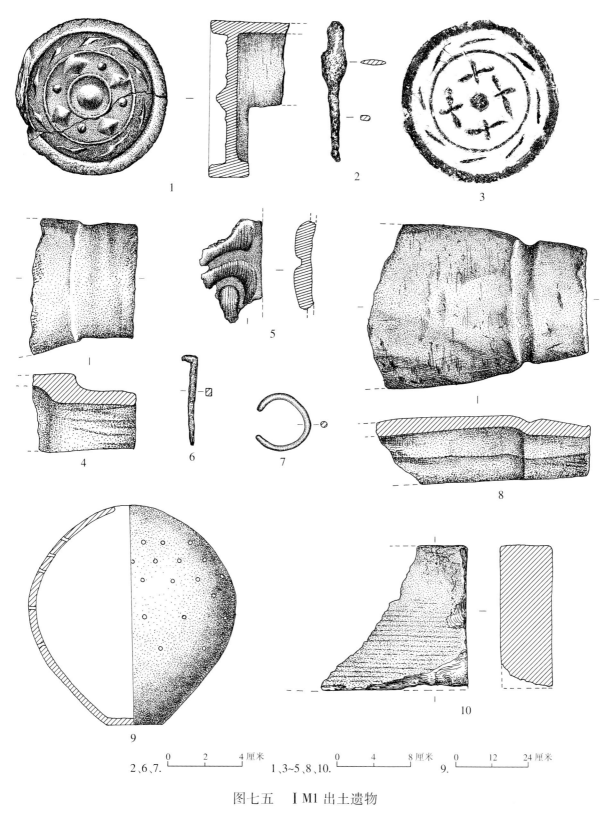

图七五　ⅠM1 出土遗物

1. 瓦当（ⅠM1：3）　2. 铁镞（ⅠM1：9）　3. 瓦当（ⅠM1：1）　4. 筒瓦（ⅠM1：12）　5. 兽面砖（ⅠM1：7）
6. 棺钉（ⅠM1：6）　7. 银耳环（ⅠM1：5）　8. 筒瓦（ⅠM1：13）　9. 熏（ⅠM1：8）　10. 砖（ⅠM1：14）

口沿 2 件。ⅠM1：16，灰褐色夹砂陶，手制，经慢轮修整，器壁较均匀。残片作盘口，口下有一道凸棱。口径约 14 厘米。ⅠM1：15，黑褐色夹粗砂陶，侈口重唇，下唇外凸较明显。口径 18、壁厚 0.5 厘米。

扳耳 1 件。ⅠM1：10，黄褐色泥质陶，表面磨光。扳耳上面平，下面微凹，俯视呈梯形。耳长 4、耳宽 5~10、厚 1 厘米。

铁器 2 件。棺钉 1 件，铁镞 1 件。

棺钉 1 件。ⅠM1：6，已锈蚀，钉身呈四棱锥体，钉长 4.4、宽 0.4 厘米。顶部弯折，成为与钉身连为一体的钉帽，帽长约 0.7 厘米（图七五，6；图版七四，1）。

铁镞 1 件。ⅠM1：9，已锈蚀成黄褐色。镞身略呈扁平的菱形，镞尖不甚锋锐，尾有短铤，铤部略残。残长 7.5 厘米（图七五，2；图版七三，8）。

银耳环 1 件。ⅠM1：5，器形较大，圆形，灰白色，不规则开口。外径 3.1、内径 2.7 厘米（图七五，7；图版六五，8）。

2. 一区 4 号墓（DLⅠM4）

ⅠM4 位于ⅠM2（贞惠公主墓）南 13 米，西北隔ⅠST4 与ⅠM3 相邻。该墓曾经发掘，材料在《敦化六顶山渤海墓清理发掘记》中有详细介绍。2004 年对墓室作了再次发掘，随即回填，2005 年开始清理该墓的外部，但由于工期等原因，该墓外围过大的土堆不及转运，西、北、东面未能全部揭露，只清理至墓本体的外墙，墓北侧的排水沟也未及发掘（图版一三）。直到 2009 年墓葬本体保护工程开始后，才将剩余部分清理完毕，结果发现环ⅠM4 的东、北、西三面，构筑有一整套排水设施，并且在北侧排水沟中部清理出一条穿过墓墙伸入墓内的暗沟。这次发现让我们可据以将 1959 年和此次绘制的墓葬平面图套合成一体图，从而对该墓整体结构有了更多的了解。

ⅠM4 亦为砌筑有内外墓墙的方形石室墓，形制结构和建造方法与ⅠM1、ⅠM5 等墓相近，该墓构筑于一墓区下部北高南低的斜坡上，南北高差较大。筑墓前采用挖高垫低的方法，修建有一较大土台，土台南北长 12、东西宽 13 米。北部下挖约 1 米，南部垫层厚达 0.4 米余，表面仍有 5°的南北高差。从土台西侧偏南的一条解剖沟的剖面看，南部垫土是以厚 3~6 厘米不等的黄土与黑土间隔铺垫，土质较紧密，似经夯砸，总数达十余层之多。

土台边缘用较为规则的凝灰岩块石包边，局部夹杂数块玄武岩块。包石因后世人为扰动原因而略显零乱，但依旧能看出营造时的模样。和ⅠM3、ⅠM5 南侧做法相同，ⅠM4 的土台南侧也向南延伸出两层边缘包石的土台，中间用杂土填平、压实。第一层土台宽 2.4 米，长度与中央大土台宽度相同，南侧边缘呈中间内凹而两角向南伸出的弧形。其外缘用厚度多在 0.1~0.15 米的单层石块垒砌，顶面高度较中央土台南边砌石低了 0.3 米。第二层土台亦以单层块石砌边，台宽 1.5 米，东西与第一台等长。边缘砌石的东西两侧均和第一层台的石边相连，南侧与第一层台之包石平行而呈弧形，外缘高度较第一层又低 0.2 米。

在这两层土台的正中央，还筑有一个东西宽 2.7、南北长 2.8 米平面近似方形的石台，高度与第一层土台相平。此台西、南、东三面都用凝灰岩块石垒砌得较规整，北侧与大土台边缘相接。内部以块石随意摆放，缝隙之间填充小石块及黑土，表面较为平整。其作用可能与墓祭有关。

墓室建于土台偏后部位，筑有内外两道石墙。

外墙东西长 7、南北长 7.2 米，平面略呈方形，四角均作圆角。北墙距土台北侧边缘 1~1.1 米，东墙距土台东侧边缘 2.5~3 米，西墙距土台西侧边缘 2~2.7 米，位置基本居中。四面外墙均以较为规则的大小不等的凝灰岩块垒砌，普遍保存有六至八层的垒砌块石。各层块石厚度 0.2~0.3 米不等，长度也相差较大，大者多超出 0.4 米，小者仅 0.15 米，选材不很严格。外墙砌筑比较草率，错缝不规矩，层与层界限也不清晰，砌石向上稍作内收，但表面尚属平齐。现存的外墙以西侧保存最为完好，存高约 1.1 米，唯南墙中段有较多缺失（图版一四）。

墓室在《敦化六顶山渤海墓清理发掘记》中记载平面作方形，"南北长 3.5 公尺，东西宽 3.2 公尺，残高 1.04 公尺，方向为南偏西 20°"。根据报告所附平、剖面图，当时四壁有存石二至五层，南壁正中有外伸 1.6、残高 1 米的甬道。但这次发掘时，存石已经很少。

另据报告记述，ⅠM4 墓底当时"铺有一层约 1.5 公分的柞木炭，几乎遍及全室，木炭内夹杂有腐朽的人骨"。此次清理时，"遍及全室"的木炭层未见，但炭块却有一些发现。报告中提到并被认为是有意而为的一条向墓外排水的通道，也在这次清理见到，得到证实。

关于这条排水通道，报告中有如下描述："在墓底生土中，筑有一条石槽，石槽起自墓室北壁，贯穿墓室中央及甬道，直至墓道中段，全长 3 公尺，宽 50~60 公分，深 40 公分……石槽北高南低，倾斜约 10°。"2004 年作墓室发掘时，发现该排水道北部已遭破坏，仅存一道沟槽，但自墓室中部以南，两侧立排的小块石板还有断续保留，整体结构依然清晰。然而，对于此沟作用的理解，我们认为它不仅用于墓内潜水的排水，更为主要的作用是，可以把北侧高处所来之水直接引至墓南，有效地保持北侧墓墙和墓内的干燥。

ⅠM4 四周，建造有一套从东、西、北三面包围墓葬土台并汇集至墓南的排水沟，保存基本完整。

北侧排水沟平面呈"T"字形，两端连接东西两条排水沟，正中有一条略窄水沟向南穿过北侧墓墙，与墓室中间一条通向墓外的排水沟相连接。其南壁借助土台北侧边石，北壁用规则石块作单层垒砌，沟宽 0.3~0.35、深 0.17、长 13 米。沟底断续铺石板，上面用 17 块大石板排铺封盖，最大一块长 1.1、宽 0.7、厚 0.15 米。大盖石之间的空隙皆用小石块及黄泥堵严，但北侧壁砌石却不很连贯。此沟正中有一条略窄水沟向南穿过北侧墓壁双墙，与墓室中的排水沟相连接，并一直向南延伸。经解剖测量，北侧排水沟的沟底两边高，中间低，高差约 0.12~0.15 米，通向墓内的暗沟是此沟的主要出水之处（图版一五）。

自墓室中向南延伸的中央水沟，在从一、二层土台之下穿过之后继续向南至 12.8 米处，与转折而来的西侧排水沟交汇，又继续南行 4 米至石台ⅠST7 的北边而止。构筑方法与王承礼先生描述的大体一致：沟壁用半埋立石接缝排砌，生土底，沟上铺连续石板为盖。

东侧排水沟宽 0.35、深 0.3~0.4 米，北高南低，底铺石板。侧壁一面借助土台东侧边石，一面用石块垒砌二或三层至与对边相同高度。此沟一直向南延伸，全长达 23 米，超过墓南第二层土台边缘包石之后，改用两侧立石做沟壁。东沟也用石板封盖，今北半部盖石已无存，南半部局段保存有盖石，多为小石板。

西侧排水沟构筑和东沟基本相同。但其北部借土台边缘包石为一侧壁的北段，由于土层的冻融和挤压，致使西侧沟壁内移或内倾变形，局部宽度只有 0.1~0.2 米，这一段盖石也无存。超出南侧第二层土台西南角时，排水沟的南段不再向南延伸，而是呈120°折向东南，与从墓室延伸出来的中沟汇合。折向东南这一段长7.5米，侧壁也是用半埋的立石板排砌建成，上面铺盖石板。但是由于常年冻融，两侧沟边立石连同盖石已整体向西南侧倾，局部已见两块立石相互叠压的水沟阻断现象，一些盖石向西南移出立石已达0.2米。合流后向南延伸3.8米，这一段水沟保存得较好，沟宽0.4、深0.3米，盖石大小较均匀，一般在0.5米×0.4米×0.1米左右。其南端出水口外未发现渗水坑，也没有规则的明水道，可能采用了山坡的自然排水（图七六）。

此墓遗物较多，2004～2005年在墓室扰土及周围覆土中清理出玛瑙管、带饰、铁镞及棺钉多件，2009年在墓周围先后清理出绞胎碗残片、陶盅、兽面砖和罐口沿残片，并出铜饰、银镯等遗物。

ⅠM4周边也发现有筒瓦和板瓦残片，但数量很少，似不足以覆盖一座墓上建筑。筒瓦均残碎较甚，大片很少，残片中瓦头部分均未见有瓦舌。

板瓦均为夹砂灰陶，颜色有深浅不同，纹饰只见有绳纹（图版五一，1、2、4）。ⅠM4∶标9的凹面上印有清晰的布纹和瓦模木条痕迹（图版五一，8）。

瓦当1件。ⅠM4∶2，乳钉纹瓦当，黑灰色夹砂陶，有边轮。瓦当正面有圆圈双界格，内格正中为一大乳钉，格外环绕四大四小八颗乳钉，等距相间排列。外格散布有九个不等距飞鸟纹浮雕。直径16.5、边轮厚1.4厘米（图七七，10、11；图版四四，4）。

兽面砖1件。ⅠM4∶4，系2009年于排水沟西北转角处发现。泥质灰陶，火候较高，残块为顶部正中兽面额部，图案构图与ⅠM3、ⅠM5所出同类器物相同。残长13、残宽10.5、厚1.6厘米（图七七，1；图版六二，3）。

陶盅1件。ⅠM4∶6，手制夹沙黄褐陶。出于东侧排水沟中。圆唇，直口，平底，内壁较直，外壁略有弧鼓。形体较小，直径10、高6.5厘米（图七七，8）。

杯口沿1件。ⅠM4∶7，出自墓南第一层台上，残片至下腹，圆唇撇口，上腹直，下腹斜，折腹处有一道凸棱，棱上有两条细弦纹。泥质褐陶胎，表面施赭、黄色两色釉，赭釉呈曲折丝形与黄釉相混杂，俗称"绞胎"。口径约7、残高4厘米（图七七，2；图版九〇，2）。

盆口沿1件。ⅠM4∶10，出自墓东水沟内。夹砂黄褐陶，残片较小，斜方唇，宽折沿。残长8厘米（图七七，3）。

棋子1件。ⅠM4∶8，黄褐夹细砂，平面呈圆形，边缘较光滑，上下两面皆平，中央无孔。直径3、厚1.3厘米，此件亦出自东侧排水沟中，形制似为棋子（图七七，6）。

铜镯1件。ⅠM4∶5，出于墓西排水沟上。圆形，已断为两截，锻制，接口咬合紧密，横截面为圆形。截面直径0.25、环径6厘米（图七七，4；图版七〇，7）。

铜饰1件。ⅠM4∶9，出自墓西覆土中。饰件有喇叭口形底座，空心内有一横梁可供系缀。座上连较粗实心短柄，柄端为一中空的圆球，似为铃类。球部和座边均有残损。座直径3、球直径1、柄直径0.6、通高3厘米（图七七，5；图版六九，3）。

银镯1件。ⅠM4∶3，出于墓内。圆形开口，系银丝屈曲而成，横截面呈圆形。外径5.5、内径4.7、横截面直径0.4厘米（图七七，7）。

鎏金泡饰1件。ⅠM4∶1，亦出于墓内。铜质，俯视圆形，侧视为上弧下平的球面，中空。内侧鎏金已失。直径2.5、厚0.1厘米（图七七，9；图版六四，1）。

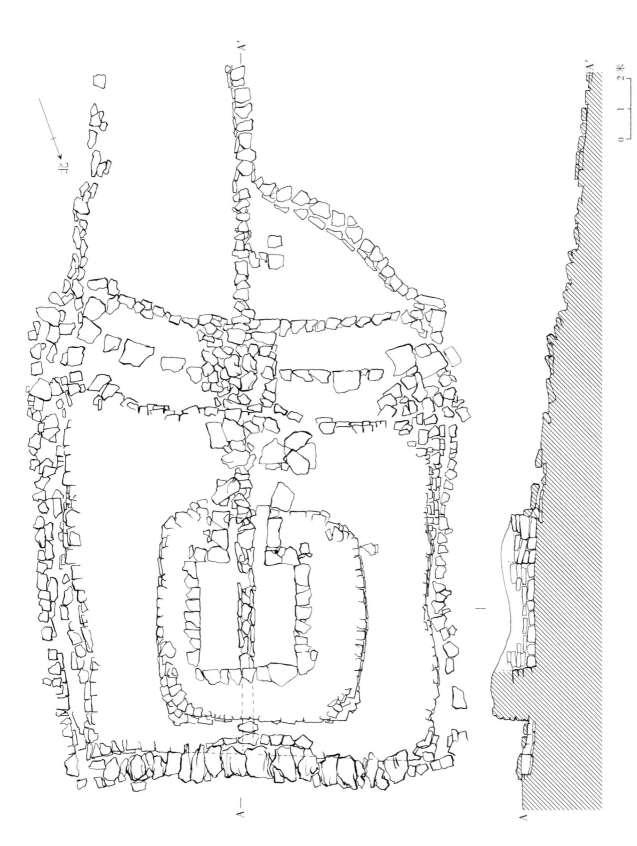

图七六 ⅠM4 平、剖面图

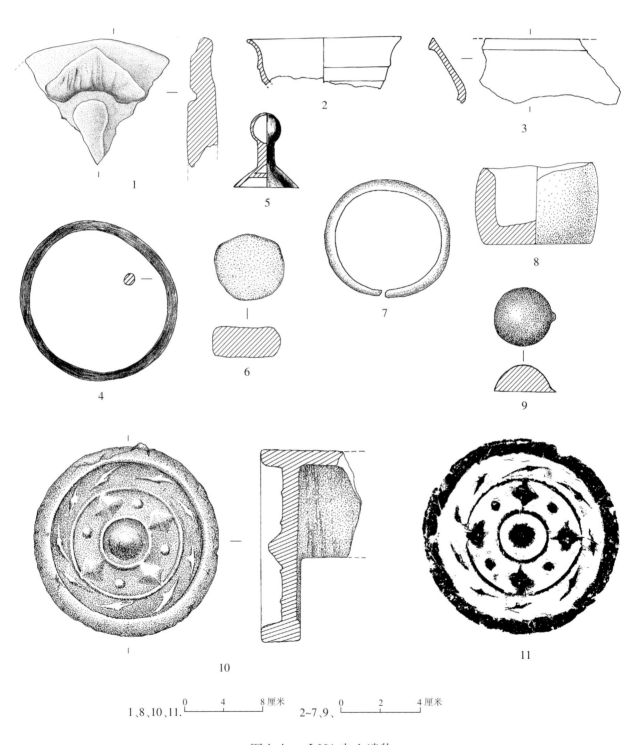

图七七　ⅠM4 出土遗物

1. 兽面砖（ⅠM4：4）　2. 杯口沿（ⅠM4：7）　3. 盆口沿（ⅠM4：10）　4. 铜镯（ⅠM4：5）　5. 铜饰（ⅠM4：9）
6. 棋子（ⅠM4：8）　7. 银镯（ⅠM4：3）　8. 陶盅（ⅠM4：6）　9. 鎏金泡饰（ⅠM4：1）　10、11. 瓦当（ⅠM4：2）

3. 一区5号墓（DLⅠM5）

ⅠM5位于一墓区南端，北距ⅠM4边石42米，东与ⅠM14相连，西北有ⅠM13，南侧再无其他墓葬。

该墓建于坡下平缓之处，构筑前于西、北高处略向下挖，与东、南大致抄平，其范围大于墓室。和ⅠM1不同的是，M5只下挖至表土之下的黄土层，而于中部留有较高生土台作为墓葬基座。土台南北长9.5、东西宽9.3米，中间建墓，边缘用单层平摆的块石围砌四边。包边石材皆为未经加工的玄武岩块，小块者较多，现以南、北、西三面保存较好，石块摆砌紧密连贯，外缘基本整齐成线，整体呈圆角方形，东侧北段包边石材缺失较多，东南角已残（图版一六、一七）。土台的西、北两侧则高于周围平整后地表，东、南侧为生土斜坡，西侧边石之外，有一段与之基本平行的砌法相同的单层石壁遗迹，与基座包石组构成为一条宽0.4~0.6米与墓等长的浅沟，应该出于墓周排水的考虑。另外，和ⅠM1不同的是，M5基座南侧连接着两个简单修筑的黄土平台。两台均与基座同宽，同样包砌边石，表面平整为顺坡阶梯状。靠上的第一台南北长2米，包石只西南角保存完好，转角处有一块石材压在第二台的西侧边石之上。偏下的第二台南北长3米，西、南两边包边石未缺，西侧为单层块石摆砌，按走向可与基座西边相接，南侧中部砌石二至三层，西南角摆成斜向（图版一八，1）。

ⅠM5墓室亦建于基座偏后位置，但系就台起建，没有下挖，墓底稍高于墓周，构筑与ⅠM1小有差异。墓葬主体同样采用内外双墙中填土石的做法，墓墙宽厚，距离基座边石甚近，南侧两角筑有倚墙石堆（图版一九）。

墓墙外廓东西长8、南北长7.75米，外壁距基座边石最远的南侧面亦不足1米。所用石材皆为玄武岩块，使用黄土胶泥，现存砌石形状、大小不一，自下而上随地势逐层垒砌并渐次内收。四面墙厚2.2~3.2、存高1.2~2米，外壁砌筑整齐，转角皆呈直角。墓墙南侧两角之外，各有一个用黄土石块堆砌的条形垛子倚住墓墙。西南角的垛子俯视作长条形，做法是先紧贴外墙面向上垒砌一排十多层大石块，外用块石和黄土堆筑，并逐渐降低高度，最后用三块大石叠垒作为外侧边缘。其高度为0.7~1.5米，侧视外低内高呈梯形，仅只倚住西墙的下部。东南角的垛子直接倚在角上，构筑方法与西南角大致相同，但所存石材的个体稍小，垒砌较乱，黄土占比较大。两垛与墓墙界线分明，石材间不相咬合，普遍隔有一层黄土，说明二者分建不是一体。从西南角垛子压住基座阻塞半边水沟的情况分析，均可能是为加固墓墙于后来增建的（图七八）。

墓室平面作长方形，南北长2.8、东西宽1.7米，三面以墓墙内壁为边，南面西侧稍出转角，旁立一大块条石，与东侧紧贴内壁的立置石条相对应构成墓门，间宽1米（图版一八，2）。门两边的条石大小相若，均为板状，宽0.5~0.6、厚0.2米，下部埋于土中，墓底以上高约1米。墓门以南连有甬道，甬道长2、宽1.5米，其西壁较墓室西壁内收一列砌石，东壁与墓室东壁相平齐，可能为二者连砌，方向195°（图版二〇、二一）。此墓1959年发掘时保存稍好，墓室高约1.2米，尚存部分盖石，报告中记载"墓顶由东西两壁之上起叠涩两重，其上用大石板盖顶"。现今叠涩顶与大石板皆已不存，墓室和甬道均只保留三至五层砌石，残高不足0.8米。墓底铺垫黄土，夯砸坚实，垫层厚0.1~0.12米，表面平坦，西侧隐约可见黑色木质葬具痕迹。

墓内及外侧四周覆土中都发现大量残瓦，有些筒、板瓦及陶器残片甚至出自排水沟及外墙底部，表明该墓应和ⅠM1一样，外墙也是裸露而不加封土的。从瓦件数量及其分布来看，ⅠM5墓上也曾有过建筑，但其倒塌的时间可能要早于该墓的盗发时间。

北

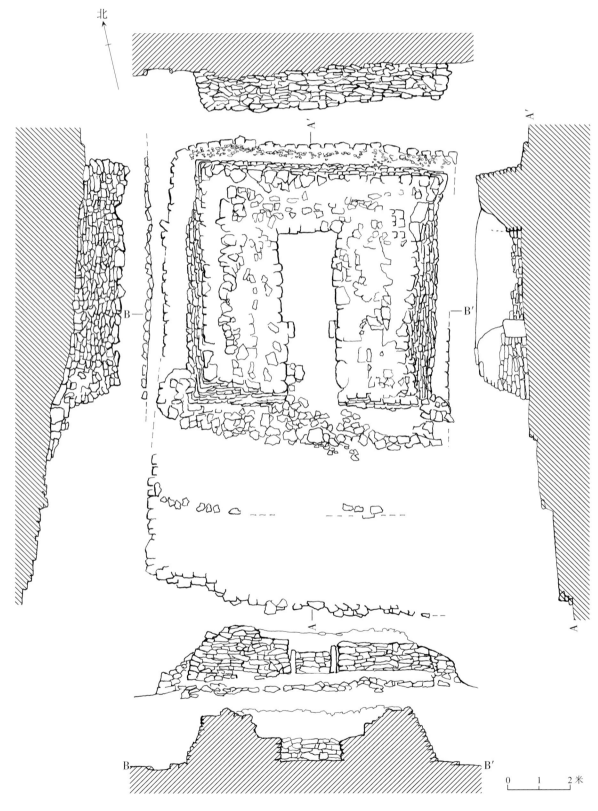

图七八　ⅠM5 平、剖、立面图

0　1　2米

1959 年发掘时，此墓曾出土有人骨和马骨，随葬品见有金环、铁环、陶盂、鎏金铜器等。这次清理墓内未见遗物，但东南部弃土中也发现有马的下颌骨及牙齿多件，墓周围出有铜镯、铁钉、鎏金铜带銙，陶器种类增加了罐、盆、瓮、壶和三彩器，瓦件发现较多，除了瓦当，还有兽面砖。其板瓦凸面普遍有拍印纹，纹饰以绳纹较多，有些条形篮纹和菱形方格纹瓦未见于ⅠM1 周边。杏叶十字纹瓦当亦不见于其他墓上。

瓦当 10 件，多数饰乳钉纹，2 件饰杏叶十字纹。

杏叶十字纹瓦当 2 件。瓦当为圆形，中心无乳突，只有一圈凸起圆圈，圈外对称分布有四组十字花纹，横枝两端加饰杏叶形花瓣。

ⅠM5∶9，出于墓上东南部覆土中。米黄色，陶质坚硬。背面为剥离面，边轮已残，残有一组完整的杏叶十字纹。直径 15、厚 0.7 厘米（图七九，5；图八〇，6；图版四六，1）。ⅠM5∶15，亦为土黄色，出自墓东排水沟上。瓦当边轮缺失，正面仅存四分之一，直径约 15 厘米，构图同前件（图七九，6；图版四六，2）。

乳钉纹瓦当 8 件。分别出自东、北、西三面墓墙之外，均为夹细砂泥质陶。图案与ⅠM1、M3 同类瓦当相同：当心有圆形乳突，外围有九个飞鸟浮雕，中间圆形双界格内饰四大四小八颗乳钉。

ⅠM5∶26，黄褐色，含砂较细。当面完整，边轮仅左侧缺一小段。直径 16.8、边轮厚 1.2、高 2 厘米（图七九，4；图版四五，6）。

ⅠM5∶10，浅灰色，筒瓦部分残去，正面边轮左上部分有脱模时带起的泥条。直径 16.5、边轮厚 1.4、高 1.8 厘米（图八〇，9；图版四五，5）。

ⅠM5∶17，红褐色，含砂大小不均，含云母。瓦当残留上半部。边轮厚 1.5、直径 16.8 厘米（图版四五，1）。

ⅠM5∶13，深灰色，当面完整但形制较小。直径 16.3、边轮厚 1.1 厘米（图七九，2）。ⅠM5∶16，亦为深灰色，边轮宽厚，但花纹不甚清晰（图版四五，4）。

ⅠM5∶11，浅灰色，筒瓦缺失，边轮亦残，仅当面完整。直径 16.5、边轮厚 1.4、高 1.8 厘米（图七九，1）。ⅠM5∶12，亦为浅灰色。当面完整，花纹清晰，大小同前件（图版四五，3）。

筒瓦，完整者 1 件。ⅠM5∶27，出自墓外西南角，夹细砂红褐陶。素面无瓦舌，凹面有布纹，布纹折皱重叠印痕明显。长 43、厚 1.5 厘米（图七九，7；图版五五，7）。

板瓦，残片甚多，主要散布于北、东两侧，有些直接出在排水沟上。瓦色以灰色为主，也有一些黄褐、红褐者。瓦胎夹细砂泥质陶居多，少量加粗砂，厚度基本相近。瓦面普遍施纹，纹饰以绳纹为多见，其次为菱格纹和宽篮纹，绳纹有粗细之别，如ⅠM5∶标 30、标 13，绳纹较粗（图八〇，5；图版五五，4、5），ⅠM5∶标 15、标 5，绳纹细密（图八〇，1；图版五五，1）。ⅠM5∶标 2、标 3 和标 17，所施绳纹介于二者之间（图八〇，4；图版五〇，1；图版五五，3）。ⅠM5∶标 29 和标 1 的纹饰为篮纹（图八〇，3；图版五五，6）。

板瓦可做形制标本的较大残片只有 2 件。

ⅠM5∶66，黑灰色，残存一角。瓦胎陶土夹砂粗细不均，薄胎，瓦身凹面拍整齐篮纹，残块尚存两条直边，角上用刀切割成抹角长方形。残长 18、残宽 15、厚 2 厘米（图七九，8；图八〇，8）。

ⅠM5∶65，青灰色，夹砂较细。瓦身残存三面直边，凹面印布纹，凸面有细绳纹和陶拍痕迹。残长 35 厘米（图版五五，2）。

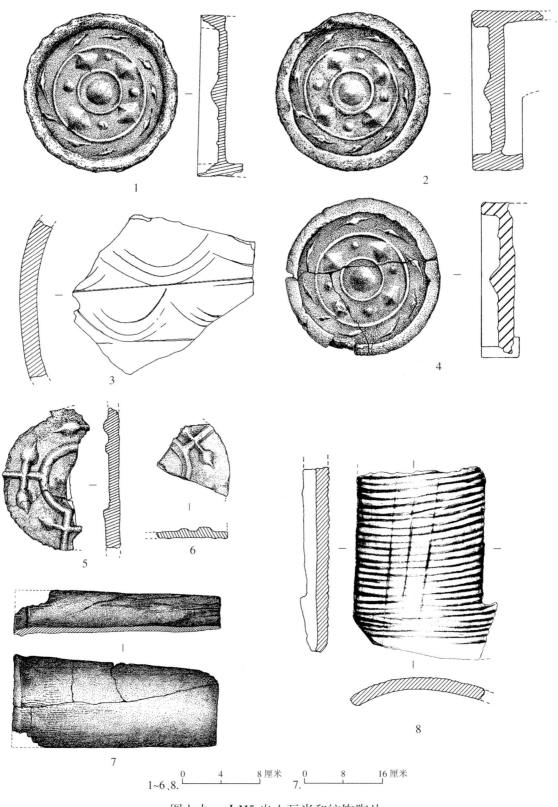

0　　4　　8厘米　　　0　　8　　16厘米
1~6、8. ⌐————————⌐　　7. ⌐————————⌐

图七九　ⅠM5 出土瓦当和纹饰陶片

1. 乳钉纹瓦当（ⅠM5：11）　2. 乳钉纹瓦当（ⅠM5：13）　3. 纹饰器腹（ⅠM5：49）　4. 乳钉纹瓦当（ⅠM5：26）
5. 十字纹瓦当（ⅠM5：9）　6. 十字纹瓦当（ⅠM5：15）　7. 筒瓦（ⅠM5：27）　8. 篮纹板瓦（ⅠM5：66）

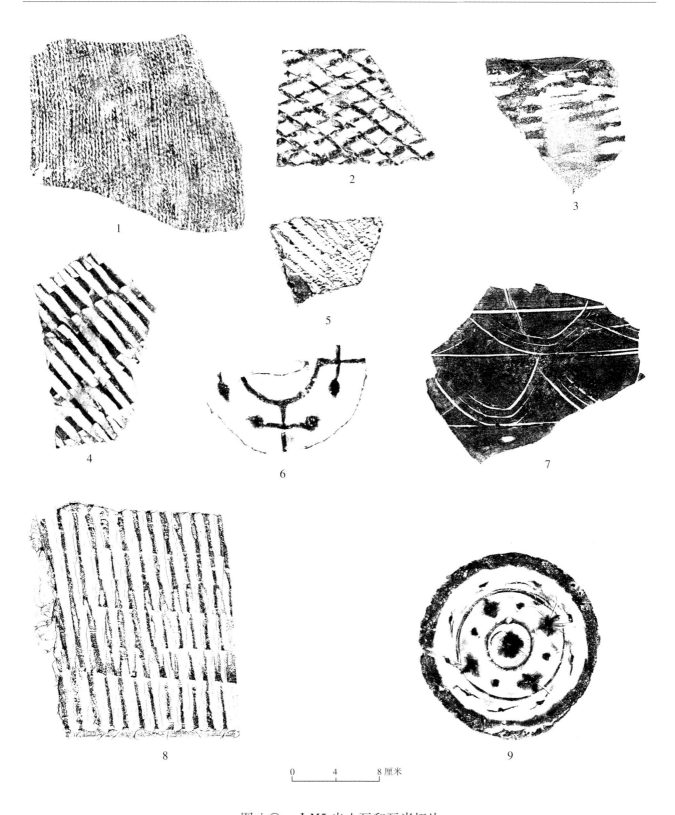

图八〇　Ⅰ M5 出土瓦和瓦当拓片

1、5. 中绳纹（Ⅰ M5：标 15、Ⅰ M5：标 30）　2. 方格纹（Ⅰ M5：标 10）　3. 粗篮纹（Ⅰ M5：标 29）　4. 绳纹（Ⅰ M5：标 2）
6. 瓦当（Ⅰ M5：9）　7. 纹饰陶片（Ⅰ M5：49）　8. 宽篮纹（Ⅰ M5：66）　9. 瓦当（Ⅰ M5：10）

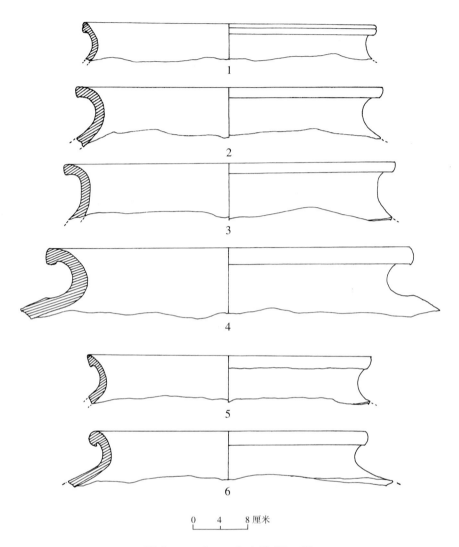

图八二　ⅠM5 出土陶器口沿

1、5. 侈口瓮口沿（ⅠM5：58、ⅠM5：67）　2、4、6. 卷沿瓮口沿（ⅠM5：35、ⅠM5：57、
ⅠM5：36）　3. 直颈瓮口沿（ⅠM5：34）

壁厚 0.5 厘米（图八三，9；图版八七，6）。

深腹罐口沿 1 件。

ⅠM5：59 为夹砂红褐陶，口径 14 厘米。重唇侈口，上下唇间略有浅凹（图八三，1）。

器底 7 件。其中直径约 10 厘米者 2 件，直径大于 15 厘米者 4 件，可能分别为深腹和鼓腹两类罐底，另外 1 件似为捏制的小杯。

ⅠM5：52、53 和 ⅠM5：30，均为灰褐色，夹细砂陶，表面光滑。器底较大，底径为 16 厘米。应为鼓腹罐底（图八一，2）。ⅠM5：68，泥质灰陶，稍含细砂，底径 19 厘米。腹连接处内腹形成台底，亦可能为鼓腹罐底（图八三，6）。

ⅠM5：51、61，两件均为灰褐色夹粗砂陶，表面打磨光滑。底径均在 14 厘米上下，大致为深腹罐底（图八一，1）。

器耳 3 件。均为扳耳。

ⅠM5：37，深灰色夹细砂陶。扳耳外侧残，俯视呈长方形。残宽 5.5 厘米。

ⅠM5：31，灰褐陶，夹砂较细。扳耳俯视呈梯形，相连的器腹残片于扳耳之上有两道弦纹。长 9、宽 3.5、厚 1 厘米（图八一，13）。

ⅠM5：62，浅灰色。扳耳完整，俯视半圆形。长 7、宽 2.5、厚 0.5 厘米（图八一，12）。

在墓周围还收集到一些陶器残片，内中 1 件为三彩器，余皆深腹鞨鞨罐和器壁较厚的瓮类器腹部。其中ⅠM5：33－1、33－2 两片从质、色、厚度看，可能与ⅠM5：33 同为一器，此器形体较大，腹部直径大于 60 厘米。ⅠM5：33－2 为下腹残片，刻划有一个"末"字（图八三，8）。ⅠM5：49 中腹最大径处饰有三道横线，并夹有两道水波纹带（图八〇，7；图七九，3）。小罐如ⅠM5：32 为夹砂红褐陶，亦为中腹残片，两道弦纹下刻有单线条水波纹（图八三，10）。三彩器残片ⅠM5：63，为灰褐胎，单面釉。残片较小略有弧曲，残存有圆形和心形透孔各一，可能为熏炉器盖残件（图八三，11；图版九〇，3）。

铜器 7 件。均已被扰动扬弃于墓外西、北两侧，内中 1 件带扣和 2 件鎏金带饰皆出在西侧排水沟内。

带饰 1 件。ⅠM5：6，为常见的长方形带饰残片，表面已呈黑色。残件为带饰右下角残存下缘两个联珠形凸起，并保留有部分平行弦纹及一个同心圆纹饰。残长 2.5、宽 2、厚 0.1 厘米（图八一，10）。

铜镯 1 件。ⅠM5：2，深绿色，开口圆形，铜丝截面呈三角形，外表面中间起脊。直径 4.3、厚 0.5 厘米（图版七〇，4）。

铊尾 1 件。ⅠM5：19，残。表面灰黑色。残器呈五边形，中空，为铜片对折成形，尾部中间相连。残长 1.5、残宽 1.2、厚 0.4 厘米（图八一，9；图版七五，1）。

鎏金带扣 1 件。ⅠM5：7，表面鎏金。前部为椭圆形带圈及活动卡针，后部为平面呈五边形的对折铜片，上有三钉固定。从卡针与对折铜片缝隙中，可见露于外部的铜片内还有一块较窄铜片从两侧夹住搭扣。长 4.3、宽 2.4、厚 0.8 厘米（图八一，11；图版六四，2）。

鎏金带饰 3 件。ⅠM5：4，长条形扁片，通体鎏金，正面有菱形浅浮雕纹饰，中心有一圆突。背面有两残钉。长 2.2、宽 1.2、厚 0.4 厘米（图八一，8；图版六四，13）。ⅠM5：5，长方形片状，表面饰凸起的花草纹饰。通体鎏金，上下分两排有六个钉孔，现存三钉。长 3.2、宽 2.5、厚 0.3 厘米（图八一，6；图版六四，3）。ⅠM5：20，表面鎏金，截面内平外凸，椭圆形环，无接缝。外径 3.5、内径 2.8、厚 0.4 厘米（图版六四，5）。

铁钉 4 件。分别出自墓室内淤积土的不同深度，其中：

泡钉 1 件。ⅠM5：8，黄褐色，钉帽为正面凸起的泡状，凹面中部有钉，钉尖弯曲并已锈蚀。直径 2.1、钉长 1 厘米（图八一，5）。

棺钉 3 件。长短不一，均为四棱锥形，截面为方形。

ⅠM5：1，钉尖已残，无明显钉帽，钉身沾有木纹。钉长 6、厚 0.7 厘米（图八一，3）。

ⅠM5：18，黑褐色，钉尖残，钉帽弯曲折成直角，钉身沾有朽木纹。残长 6.6、宽 0.7、帽长 1.3 厘米（图八一，4；图版七四，2）。

ⅠM5：25，黄褐色，钉身呈四棱锥形，钉帽作弧形向一面弯曲。长 9.2、宽 0.5 厘米（图版七四，5）。

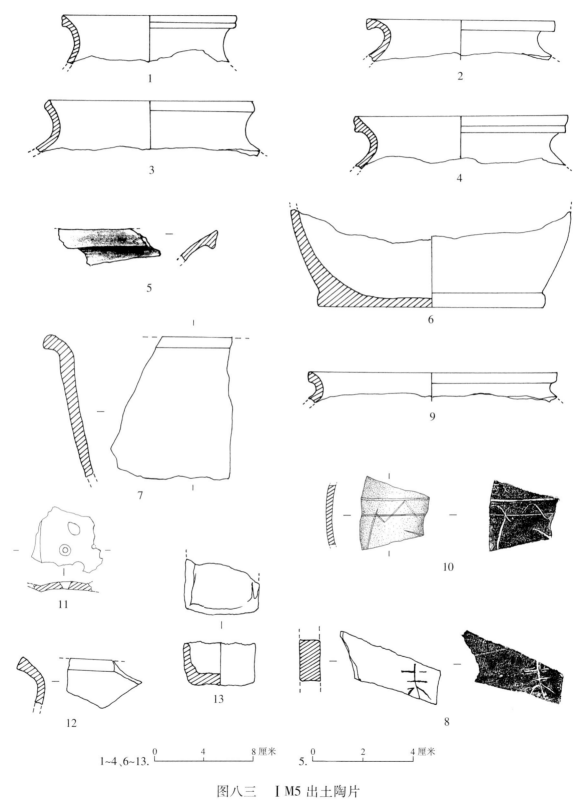

图八三　ⅠM5 出土陶片

1、4. 深腹罐口沿（ⅠM5：59、ⅠM5：39）　　2、3、9. 鼓腹罐口沿（ⅠM5：50、ⅠM5：60、ⅠM5：64）　　5、7、12. 盆口沿
（ⅠM5：38、ⅠM5：48、ⅠM5：55）　　6. 罐底（ⅠM5：68）　　8. 器腹（ⅠM5：33－2）　　10. 器腹（ⅠM5：32）　　11. 三彩片
（ⅠM5：63）　　13. 小杯（ⅠM5：42）

4. 一区 7 号墓（DL Ⅰ M7）

Ⅰ M7 位于一墓区中部的偏西位置，和西侧的 Ⅰ M8，东侧的 Ⅰ M17、Ⅰ M1 并列成排，与左右邻墓的间距均不足两米。此墓的构筑方法，同于 Ⅰ M1 和 Ⅰ M7，都属于内外石壁的厚墙石室墓，规模略小于 Ⅰ M1。

外墙平面呈方形，顶面边长约 6.5 米，四面石壁皆以玄武岩块石砌筑。由于该墓建在 Ⅰ M8 所踞山丘的东坡，东西、南北皆有较大的高差，为保持墓墙顶面的平整，采取了势低高砌，势高低垒的做法，以东、南两侧的石墙砌筑较高。现存部分四角高 0.3～0.7 米，砌石二至三层，东边和北边都还有三至六层砌石，最高处保留有约 1.1 米的高度。从砌法看，西、南两侧较直，东、北两边则有程度不同的自下而上的逐层收分，外表面参差不齐（图八四）。

内墙构成了墓室四壁，采用较规整的长方体石材砌筑，表面平整陡直，俯视方正规矩。墓室居中，筑于黄土层上，长方形，南北长 3、东西宽 2.4 米，南壁中部有一条细长的甬道，方向 205°。现存四壁高度不一，保存最好的东北角砌石五层，高 1.3 米。墓底为黄土底，修整较平，表面抹白灰，西南角的墓壁上也留有斑驳的白灰面。墓室南半部散布有六块较大石板，靠中部的两块厚度均在 0.4 米以上，青灰色，与四壁砌石不类，应该是塌落墓内的盖顶石。另外四块亦较墓壁砌石为大，但相对中间两块为薄，还不能完全排除其自侧壁上塌落的可能。

甬道稍偏于墓室东侧，长 2.5、宽约 1 米，侧壁砌石，但今已颓圮严重。甬道内口两侧，紧贴墓室南壁各有一块立置石板，形成中间的墓门。西侧立石宽 0.7、高 1.1、厚 0.3 米，东侧石稍小。两石皆系玄武岩，颜色与盖顶石同。甬道内先后发现三块石板，内低外高地斜置于甬道中。靠内侧的石长 0.6、宽 0.4、厚 0.15 米，一角伸入墓室。最外面的一块，长 0.95、宽 0.75、厚 0.35 米。中间一块长 1.1、宽 1、厚 0.2 米，与甬道等宽。此三石厚度均薄于墓室中塌落的盖石。但由于此墓经过盗发和两次发掘，所以它们究竟是被掀出的盖石，还是原位的封门石，很难判定。

墓室侧壁与外墙石壁之间为杂有风化岩砂粒的黄土，十分坚硬，由以构成了宽度不一的四面墓墙。北墙宽 1.5 米，西墙宽 1.7～2 米，南墙宽 2 米，东墙宽 2.5 米，上部都混有块石。墓墙的内侧，已被发掘或盗墓者挖破，形成超出墓口较多的一个大坑，北侧和东侧坑边各发现一块盖顶石板。北侧的呈半圆形，长、宽都在 0.9 米上下，向上的一面中央留有大片白灰迹。东侧的一块长方形，长 1.05、宽 0.7 米，顶面因长期暴露于外，已呈灰色。

与 Ⅰ M5 的情况相似，Ⅰ M7 的南侧也有一个以土石混筑的 1.5 米宽，与外墙等长的条形平台，其外也有一个踏步式的小台。外侧的小台位于墓道中轴线上，由六块大小石材构成，台面大致呈长方形，长 18、宽 1、高 0.25 米，三边都较整齐。内侧的条形大台边缘砌石两层，高 0.46 米，今西南角上保留单层，东南角砌石无存。台顶只清理了两角和墓道外侧，显示呈一个平面。中间有意保留未作发掘的两段，东段为掺砂黄黏土，与墓墙内填土无异，西段为黑褐土，夹杂许多大小不一的石块，可能是发掘翻出的弃土（图版二五，1、2）。

Ⅰ M7 周围也发现了较多板瓦和筒瓦残片（图版五六，3、4、7、8），并出土有瓦当残块，表明该墓亦曾有过墓上建筑，故上述大小二层台或为上达该建筑的阶梯步道。但内侧与墓等宽的大台，根据已清理的其他墓葬情况判断，也应兼具保护相对单薄墓室外墙的防颓作用。

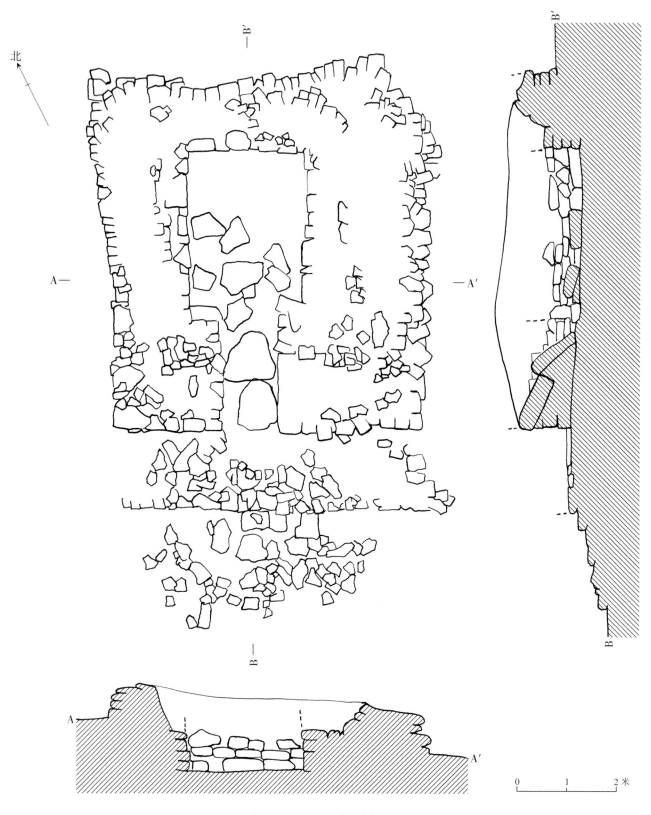

图八四　ⅠM7 平、剖面图

　　此墓的葬式和随葬品，1979 年的报告中都没有述及清楚。然而在吉林省博物院库房内，却保管有登记清楚的ⅠM7 出土的成年女性颅骨 1 具，以及 1 块可与之连接的上颌骨，人骨均没有烧灼痕迹。2005 年再次清理时，墓内除了人骨碎渣，在东南部几块盖石之间，还清理出棺钉 3 件，可知原有棺椁。遗物只在墓外的扰动弃土中发现铜带銙和陶罐口沿各 1 件。

　　口沿 1 件。ⅠM7：5，出自墓室南侧。黑褐色夹砂陶。侈口，重唇，下唇外凸明显，有似一凸起的棱线，棱上有戳点纹饰。口径 8.5、残高 4.5、厚 0.2 厘米（图八五，2）。

　　带銙 1 件。ⅠM7：1，完整，出于墓上扰土层中。平面为半圆形，有上下两片，上片中心开长方孔，与下片用三钉铆合。长 2.5、宽 1.6、厚 0.2 厘米（图八五，1；图版六六，5）。

　　棺钉 3 件，均为顶部旁折为帽的四棱锥形钉。

　　ⅠM7：2，钉身较长，截面为长方形。钉帽已残。长 11.6、厚 0.5 厘米（图八五，4）。

　　ⅠM7：3，旁折的钉帽扁而长。钉长 11、宽 0.5、帽长 2.4 厘米（图八五，5；图版七四，4）。

　　ⅠM7：4，锈蚀较重。钉帽弧折。全长 11.9 厘米（图八五，3）。

5. 一区 17 号墓（DLⅠM17）

　　ⅠM17 在以往发掘报告和 1997 年物探的分布图中均未标注为墓，位于一墓区大型墓分布区最后一排的ⅠM1 和ⅠM7 之间。

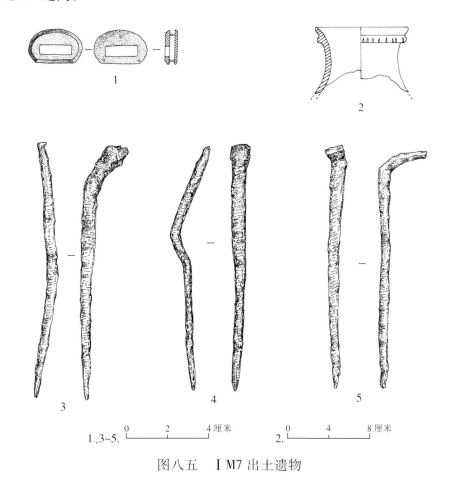

图八五　ⅠM7 出土遗物

1. 带銙（ⅠM7：1）　2. 深腹罐口沿（ⅠM7：5）　3. 棺钉（ⅠM7：4）　4. 棺钉（ⅠM7：2）　5. 棺钉（ⅠM7：3）

此墓发掘前显现为一个中间有坑的小土包，2005年在坑内探查到上口已遭破坏的墓室。因为有了ⅠM5和M7、M9等墓的发掘经验，遂于墓室清理的同时，采取了从上往下逐层剥离表土和淤积土的方法，很快发现该墓形制与ⅠM1、M5等都有些不同。

ⅠM17有三道自内向外砌筑整齐的石墙。内墙和中墙较高，其间为黄土、粗砂和小块玄武岩石混合土，构成了平面呈"∩"形的墓葬主体，中间为直筒形长方墓室。外墙较矮，包裹着与中墙之间夹零星块石的黄土，形成一圈环主体修筑的护台，南侧的护台表面填有较多块石（图八六）。

内墙作为墓室侧壁，只砌筑了东、西、北三面。留有六至七层砌石，存高1～1.1米，玄武岩自然块石砌筑，石材不很规整，表面基本平整。北壁宽1.3米，长方体块石居多，东西壁长3.1～3.2米，均以大小石材混砌。东壁墙面陡直，方向214°，与甬道直接相连，西侧壁上口有较大内收，墙面在距离南端1米处有一稍凸出的向内转角，应该是墓室和甬道的分界。甬道的北段见有十余块散石，南端留有条形块石堆砌的封门石五层，高0.8米，与护台连为一体。条形石居多，最上层的块石内缘大致与墓室侧壁的终端相齐，下面四层封石则均已伸入甬道。

以西壁南部稍凸出的转角为界，墓室长2、宽1.3米，甬道长1.2、宽1.3米，二者底部相平，均铺垫有一层含粗砂的黄黏土。墓底表面局部呈黑灰色，接近墓底的填土下部发现一些红烧土块，但未见被烧灼过的人骨。墓室中部，有两块立置的石板，一块靠近东壁，一块立于中央，宽、厚及石质均相一致，应是人为断开的一块盖石。落于墓内后，断面朝下，但暴露部分未见凿錾痕迹。两石连接，长达2.1米，封盖此墓绰绰有余。中间立石板东侧，墓底出有一个基本完整的人头骨和3块肢骨碎块，均似未经火烧，骨骼鉴定为成年女性（参见附录）。南侧发现1件漆盒，盒底平置于墓底（图版二五，1、3）。

中墙亦即墓葬主体的外侧石墙，砌筑亦很整齐。北壁长3.5、东壁和西壁长4.5～4.6米，玄武岩砌筑，分层不很严谨。东西两壁基本陡直，北侧壁向上有近0.3米的收分。其与墓室侧壁之间即墓墙的厚度，东西两侧较为一致，均在1.1米上下，北侧稍厚，底部达1.5米左右。其北侧两角呈圆角，南侧两角皆作直角。墓墙南端亦包石壁，包石外再立板石加固，构筑极具匠心。西侧墙端的立石上半部已残断，残石厚0.24、宽0.7、高0.8米，下半部为墓外护石所掩。西侧立石，厚0.12～0.2、宽0.97米，暴露高度0.6米，保存完整，下半部亦掩压在南侧护台之下。

中墙在发现之初，一度参照ⅠM5误认作墓体的外墙，原拟一路向下清理至起建层表，寻找墓周设施，但东、西、北三面却相继发现了第三道墙。此后的清理中，也对中墙底石作了区段探查，发现此墙起筑于黄土层上，三面所开的五段探沟中显示，中墙底层石的水平高度大体接近，较内墙和外缘第三道墙的底石分别高出0.25～0.4米。据此认定该墓建造时亦曾经过地表平整的程序，并挖有深约0.3米的墓穴，中墙自平整后的台面向上垒砌，墓室侧壁沿墓穴坑边于墓底起筑，外墙则起建于平台边缘之外。中、外墙之间，根据构筑方式和二者顶部高差，确认为墓外的四面护台。

护台外侧的第三道石墙东西宽5.5～6米，南北长7～7.5米，亦为玄武岩块石砌筑，四面略有不齐。台宽四面相差不多，东西两侧均在1～1.1米之间，南北两面为1.2～1.5米，以南侧稍宽。台面解剖前，稍呈内高外低的坡状，南侧台填夹了较多的块石。石墙构筑比较整齐，转角接近直角，平面基本呈长方形，只东南、东北两角略有外展内收。墙体均较陡直，存高0.5～0.8米，保存最好的西南角达1.1米，只东南角倾颓较重。从清理结果看，该护墙的西北角与中墙西北角建于同一平面，其余三个角的底层石高度皆低于此角很多，并互有高差。如南侧立面图所示，西侧两角的高差近0.6米，

北

图八六　Ⅰ M17 平、剖面图

砌石相差二至三层，但西侧两角的高差却不到0.3米。若西北角建于墓口平台，则其他三个转角应该都在平台外侧稍加修整的坡上。

该墓出土遗物较多，铜、铁、漆器均有发现。遗物多数出自墓内，钉类有些出在南侧墓底，但可能均非原位。

铜器4件，包括带饰、耳环和饰件。分述如下。

带饰1件。ⅠM17:1，出自西南部距墓顶0.15米的扰土层内。深绿色。通体呈长方形，上端已残，下端为三个圆形相连形成的联珠边缘。边珠上有同心圆形凹槽，联珠间各有一组对称的椭圆形镂孔，两镂孔间填凹线三角。带饰正面不等距刻有三组平行弦线。近中部的两组均为三弦线，其间有两个竖条镂孔。靠上缘的一组为双弦线组之间刻有不等距的竖向短线。背面有四个呈两两相对称的鼻钮。长5.9、宽4.4、厚0.1厘米（图八七，17；图版六八，1）。

耳环1件。ⅠM17:7，出于立置大石板的南侧，接近甬道内口。浅绿色，圆铜丝螺旋，残存两圆。直径2厘米（图八七，1；图版七〇，3）。

饰件2件。ⅠM17:6，出于墓室东北角，高于墓底较多。整体呈头粗尾细的圆锥状，粗端锈蚀严重，黄色带绿锈，细端残断呈钩状，可能原为一椭圆扁环。残长6.4厘米（图八七，15；图版六九，5）。ⅠM17:2，出自墓室中立石西北，距离墓底7厘米。饰件为已被压扁的圆形泡状，锈作黑褐色。泡形边缘一侧内卷，圆心中间有小孔，出土时泡内中空部夹有朽木。直径5、厚0.1、孔径0.1厘米（图八七，14；图版六九，4）。

铁器29件，皆为钉类。其中棺钉18件，泡钉11件。棺钉中有13件出自墓内，泡钉中有包金、包银和素钉三种，大多数出自墓上和墓周扰土层内。

包银钉5件。ⅠM17:9、ⅠM17:10，钉帽凸面包银，钉身呈四棱锥体。钉帽圆形，内凹，直径1.8、钉长2.4厘米（图八七，4、3；图版六六，4）。ⅠM17:11，钉帽上凸下平，钉身较短，横截面圆形。钉帽所包银片较薄，边缘内折，包裹钉帽约2毫米（图八七，10）。

包金钉5件。形制与包银钉同，唯钉帽包以极薄的金皮。ⅠM17:12，钉帽圆形，凸面包金片较薄，钉帽凹面有钉，钉身呈四棱锥形，钉帽直径1.8、钉长1.9厘米（图八七，5；图版六六，2）。ⅠM17:15，出于墓内北部。钉尖锈蚀残断，存留钉身上连有一块木片，厚约0.4厘米（图八七，7）。ⅠM17:13、14钉身基本完整，钉尖较短（图八七，6、9；图版六六，1）。ⅠM17:16，钉尖已残，钉身上粘连有一块木板的残块（图八七，8）

素钉1件。ⅠM17:3，锈作黄褐色。钉帽凹面呈灰白色，可能曾经镀银。钉身呈圆锥状，长1.9、钉帽直径1.8厘米（图八七，2）。

棺钉18件。钉身多呈四棱锥状，顶端压扁后旁折的钉帽，形制大同小异，唯编号为ⅠM17:5的6件出自墓室南部的钉端顶不折，径以粗端为帽。

ⅠM17:4共7件，出自墓内，分散于各处，3件贴于墓底，可能也非为原位。其中ⅠM17:4-1长4厘米，钉帽呈直角弯折，保存尚好（图八七，12）。ⅠM17:4-2等钉长5~7厘米，钉帽或已残缺（图八七，13；图版七七，2）。

ⅠM17:5-2，钉身粗厚，截面呈方形，钉尖尖利。长7、宽、厚0.7~1厘米（图八七，11）。ⅠM17:5-3、5-1等与之略同，只长短略有差别（图八七，16；图版七七，1）。

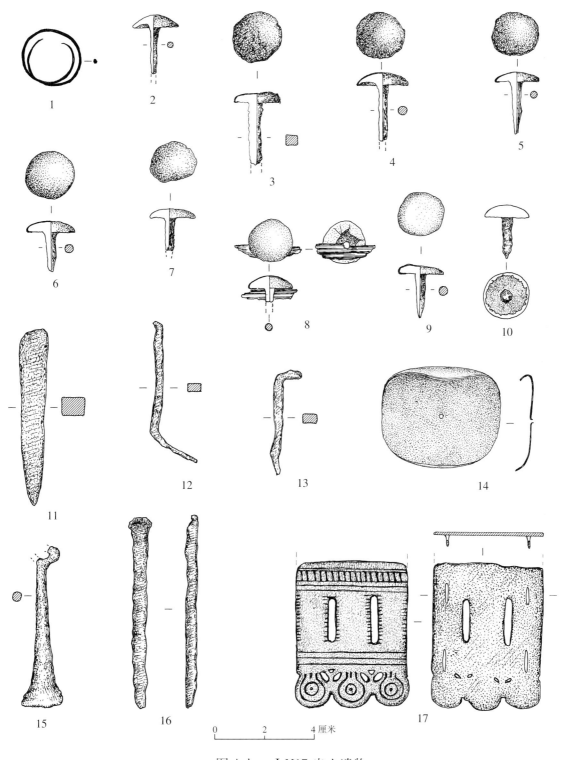

图八七 ⅠM17 出土遗物

1. 耳环（ⅠM17:7） 2. 素钉（ⅠM17:3） 3. 包银泡钉（ⅠM17:10） 4. 包银泡钉（ⅠM17:9） 5. 包金泡钉（ⅠM17:12）
6. 包金泡钉（ⅠM17:13） 7. 包金泡钉（ⅠM17:15） 8. 包金泡钉（ⅠM17:16） 9. 包金泡钉（ⅠM17:14） 10. 包银泡钉
（ⅠM17:11） 11. 铁钉（ⅠM17:5-2） 12. 铁钉（ⅠM17:4-1） 13. 铁钉（ⅠM17:4-2） 14. 铜饰件（ⅠM17:2）
15. 铜饰件（ⅠM17:6） 16. 铁钉（ⅠM17:5-1） 17. 带饰（ⅠM17:1）

漆器 1 件。Ⅰ M17∶8，系盒奁之类器物的残底，出自墓内立置石板南侧。平面呈圆形，周边微上翘。表面髹黑漆，器胎作层状，疑为树皮。直径 18、厚 1.2 厘米。此件糟朽已甚，胎内穿布有灌木细根，没能提取完整。

Ⅰ M17 周围亦出有残瓦，为防止和 Ⅰ M7 等邻墓混淆，我们只收集了其南侧中部的瓦件作为该墓标本。

二、石室封土墓

石室封土墓共 4 座，1 座保存尚完好。此类墓墓室均属半地上式，墓门外都发现有斜坡墓道，其中一区 6 号墓墓室构筑较深，封土外面包石，并修筑有弧形的排水沟。

这类墓的周围或封土上发现有瓦，但很少发现瓦当，未见兽面砖，瓦片完整者数量亦少，可能有简单性地"冢上做屋"。

1. 一区 2 号墓（DL Ⅰ M2）

Ⅰ M2 亦即贞惠公主墓，于 1949 年 8 月被发现，同年 9 月，延边大学历史科进行过清理与培封，1959 年吉林省博物馆与东北师范大学历史系又对其进行了第二次清理，1964 年中朝联合考古队清理了甬道前的墓道。该墓位于一墓区中央，东距 Ⅰ M6 约 30 米，南为 Ⅰ M4，西隔 Ⅰ ST2 和 Ⅰ ST4 与 Ⅰ M3 相望。

1959 年的清理结果，王承礼先生在《敦化六顶山渤海墓清理发掘记》中有过详细描述，确认该墓是建于地下约 2 米，方向为南偏西 24°的方形石室墓。墓室南北长 2.8 ~ 2.94、东西宽 2.66 ~ 2.84、高 2.68 米，墓壁表面涂抹厚约 1 厘米的白垩土。墓顶用十三块大石板作抹角叠涩藻井，抹角石及盖顶石表面都涂抹白垩土，大部分已经剥落。墓底用长方形素面砖铺地，砖作东西向错缝平铺。墓底部东北角地面有一半圆形小穴，半径约 0.7 米，北部深入北壁之下，穴内积满潜水，认定为深水坑。墓室地面有木炭、人骨碎片及铁钉等，断定是棺椁的残迹。甬道修于墓室南壁中央，左右两壁为六层长方形石块平砌而成，顶部用三块长方形巨石平列覆盖。

1964 年墓道的清理情况，在《敦化六顶山渤海墓清理发掘记》和《六顶山与渤海镇》两次报告中都有介绍：墓道长 11、宽 2.45 米，中段和南段的底部，用大小、形状不同的石块铺砌，北段未发现石块。中段石块上，有一层共七十余块铺砖，自南而北分为十排，南面四排砖系直铺，北面的六排砖为横铺。

2004 ~ 2005 年的工作主要是对 Ⅰ M2 封土结构的探查，为此作了墓顶西北部分约四分之一面积的局部解剖。将墓上所覆的五花土撤去后，下部发现有环绕在封土外层的包石，上部则暴露出原来较纯净的黄色封土，随即沿外围清理出外表的一周包石。包石由不规则的玄武岩石块组成，自底部开始向上不规则堆砌，依上小下大圆丘形封土形状，逐层内收，直到封土的中部，向上不再封石。从平面看，封土外包石近乎圆形，底层直径实测约 12 米，上层直径约 8 米，距地表高度为 1.5 ~ 1.8 米（图版八）。

在封土的西南侧，暴露有甬道外口及三块斜置的形状不规则的大石板，石板之间杂有小块玄武岩及黄色粗砂土，高度均低于墓门，可能均为被移动后的封门石材。北侧和东侧发现有八块较大块石，长、宽皆在 0.8 ~ 1.1 米上下，最小的一块厚约 0.3 米，与 Ⅰ M2 有何关系不详。

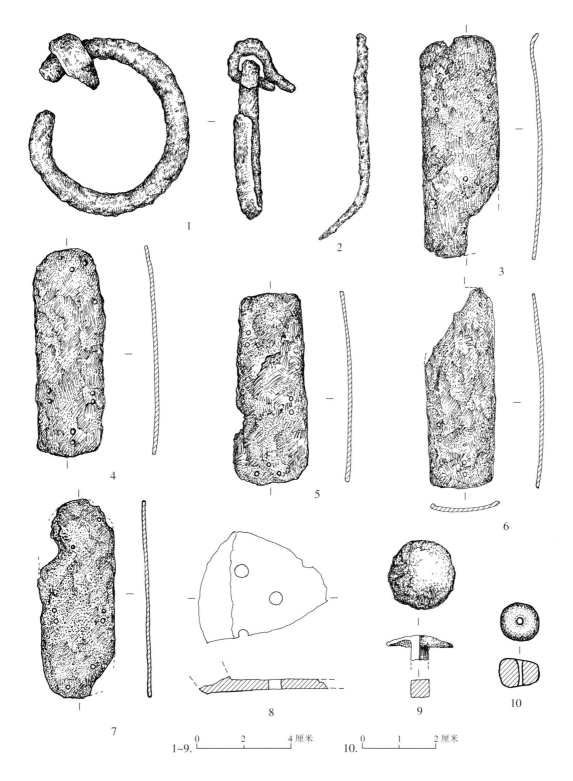

图八八 ⅠM2 出土遗物

1. 棺环（ⅠM2：11） 2. 棺钉（ⅠM2：3） 3. 甲片（ⅠM2：6） 4. 甲片（ⅠM2：8） 5. 甲片（ⅠM2：7） 6. 甲片（ⅠM2：9） 7. 甲片（ⅠM2：5） 8. 三彩器底（ⅠM2：10） 9. 泡钉（ⅠM2：2） 10. 玛瑙珠（ⅠM2：1）

在ⅠM2的外围清理过程中，先后发现了一些零散遗物，内中多半应为墓内的随葬品，但这些遗物到底是历史上盗墓的遗弃还是1949年清理所弃，已无法确定。

遗物大多出自墓葬南和西南部，南侧发现泡钉和玛瑙珠各1件，西南侧的覆土内出土了2件甲片，其西南距离不到3米处的表土下，清理出4件铁甲片和1件铁棺环。另于东南覆土中发现十数片器壁厚达2厘米的夹粗砂黑皮褐陶片，因口底缺失而无法复原，从残片弧度推算，其腹部直径应超过60厘米，是一体型很大的罐类容器。还有1件三彩器底出于已经发掘的"墓道"上的表土层中。

泡钉1件。ⅠM2:2，钉帽呈球面凸起，表面鎏金，背面凹入，正中接一钉，钉身呈四棱锥状，钉尖弯曲。钉帽直径3.2、钉长1厘米（图八八，9；图版六六，3）。

玛瑙珠1件。ⅠM2:1，浅红色，两面略平，扁球形，一侧较薄，中心有小孔，表面有横纹瑕疵。直径1.1、孔径0.2、高0.6～0.8厘米（图八八，10；图版八一，1）。

棺钉1件。ⅠM2:3，钉身四棱锥状，尖部已弯曲，顶部钉帽部分亦残。残长9厘米（图八八，2；图版七七，4）。

甲片共6件。其中出自墓葬西南方距墓较远的4件，按形制大小可分三型。A、B两型均可与墓南出土的4、5号甲片分别对应，可知系属同一副甲。

A型2件。长9.4厘米，下部稍宽。ⅠM2:6，基本完整。上下边缘弧形，侧边较直，下缘翘起。上缘一孔，下缘三孔，中央一孔，侧缘有两两相近的双孔四组（图八八，3；图版九一，4）。ⅠM2:4，上半部已残，下缘及穿孔情况同前件（图版九一，3）。

B型2件。长8厘米，亦作上窄下宽的梯形。ⅠM2:7，完整，只一侧边缘稍残，甲片上宽2.5、下宽3厘米。穿孔位置数目亦同A型（图版九一，3）。ⅠM2:5，上缘残一角，下缘穿孔锈蚀后被堵死（图八八，7、5；图版九一，4）。

C型2件。长8.7厘米，上下宽度相仿呈条形。ⅠM2:8，完整，宽2.7厘米，顶底边缘皆弧，侧边直，穿孔同A、B两型，下缘亦有翘起。ⅠM2:9，下部一半残缺（图八八，4、6；图版九一，3）。

三彩器底1件。ⅠM2:10，高岭土灰白胎，内壁无釉，底面残存黄、绿两彩，以绿色较多。残件为微凹平底，底厚0.5、直径约7厘米。轮制痕迹明显，残底大小已过圆心，存留三孔。其中一孔在圆心，两孔近边缘，按孔距测算，原件边缘约有六孔，器用不明（图八八，8；图版九〇，4）。

棺环1件。ⅠM2:11，出自该墓西南两组甲片之间，距墓门约6米。环为圆形，稍有残缺。锻制，截面呈方形，环上有一套钉，可同棺椁固定，现两个钉尖均残断。环径约7.5厘米，截面长、宽各约0.6厘米（图八八，1；图版七三，3）。

2. 一区6号墓（DLⅠM6）

ⅠM6位于一、二墓区之间山梁西坡下的一个缓台上，东侧濒临陡坡，是一墓区中部的东端，除了东北11米处的ⅠM96，附近再无其他墓葬。

自《敦化六顶山渤海墓清理发掘记》报告发表以来，很长一段时间ⅠM6被认为是"珍陵"的所在。ⅠM6的形制结构在该报告已有描述，与我们这次所见大致不差。但是由于这次发掘是依原坑向下清理的，而原来的发掘坑实际上大于墓室，故我们的清理区域亦超出墓室石壁外缘0.1～0.4米，有幸在剖面上得到了几条关键性的地层线，丰富了关于此墓建造上的一些认识。谨作如下补充。

墓室为长方筒形，甬道长 4.6、宽 1.8 米，与墓室基本同宽，两侧内收。墓向 212°。

墓室三面砌石，石材多规整的玄武岩块，亦有部分凝灰岩，未见人为加工痕迹。三壁残存有二至四层砌石，东北角石下有两层灰色砖，侧壁最高点距墓底 0.75 米。砖作丁、横咬缝摆放，可能即原报告中的铺地砖。

上层砖面和石壁内侧均残存有 2~4 厘米厚的白灰层，墓室中出土有朱彩白灰块，可证原来墓底铺砖，并有壁画。

墓室外有长约 1 米的土壁甬道，外连斜坡墓道，墓道斜长 4 米，通达墓外地表。甬道及墓道下部发现有十二块大小不一的块石，最大者长宽约 0.7、厚 0.4 米，应该是封门石。

东侧壁剖面除表土外可分四层。其中，第二层为含粗砂黄土，厚 0.7~1 米，应是墓上封土。第三层黑褐土仅见于甬道和墓道之间，厚 0.11 米，可能是当时的表土。第四层浅黄土和第五层风化粗砂层，亦即一墓区的第二层和第三层（生土）。依此剖面，Ⅰ M6 建造时墓穴的深度 1.4~1.5 米，所覆封土表层距墓底高达 2.5 米，应含墓顶部分，但封土分布范围未及墓道外口（图八九；图版二二，1）。

Ⅰ M6 的墓上封土，此次作了边缘发掘，同时作了解剖，并据解剖沟对东半部作了边缘清理。现知其平面大致为圆形，周边置有间距不等的块石封固。封土直径约 15 米，不应是原来所记的 22 米。东侧近山坡处沿封土边缘挖有一道上宽 1 米的弧底排水沟，由南北两侧通向洼处。水沟两侧，密集地摆砌有残砖、断瓦及石块作为护坡，现东侧水沟护坡残毁较重，有些瓦片已被冲至沟底。

用做护坡的残瓦凸面纹饰见有方格纹和绳纹，绳纹者较多，未见篮纹。Ⅰ M6，墓上扰动弃土中共出土遗物 5 件。

铜带锊 1 件。Ⅰ M6：2，黑黄色，锈蚀严重。薄铜片制作，原来对折的上下两片中仅存上片，边缘已残。残件为半圆形，中间有长方形透孔，边缘残存一颗铆钉。残长 2、残宽 2.4、厚 0.3 厘米（图九○，4）。

银耳环 1 件。Ⅰ M6：1，已锈蚀成黑灰色，耳环开口圆形。直径 2.1、银丝直径 0.3 厘米（图九○，3；图版六五，3）。

泡形饰 1 件。Ⅰ M6：4，圆形弧面呈半球状，球面鎏金，残损严重。直径 4.2 厘米（图九○，5；图版六四，9）。

壁画残块 2 块。分别出自墓室内及墓上，均为壁画地仗。Ⅰ M6：5，白灰已酥，表面较平。残块上绘有深褐彩和朱彩，整体图案不明。残长 5 厘米。

3. 一区 8 号墓（DL Ⅰ M8）

Ⅰ M8 位于一墓区南部大型墓葬分布区最后一排的西端，构筑在一小山丘的东坡上。东邻 Ⅰ M7，南邻 Ⅰ M9，距离 M7 较近，两墓封土相连，但与 Ⅰ M9 有近 8 米的间隔，并有 Ⅰ M16 夹在其中。

Ⅰ M8 为石室封土墓，封土为黄黏土，取自本区的第二层，可能即为墓室和场地平整之土。发掘前墓上封土与山丘连成一体，中部有过去发掘形成的深坑。揭去表土后，东侧存有封土表面的三层包石，南侧亦有三至四层封土包石，两片虽不相接，但其下黄土却能连成弧线，可知原封土平面应呈圆形。

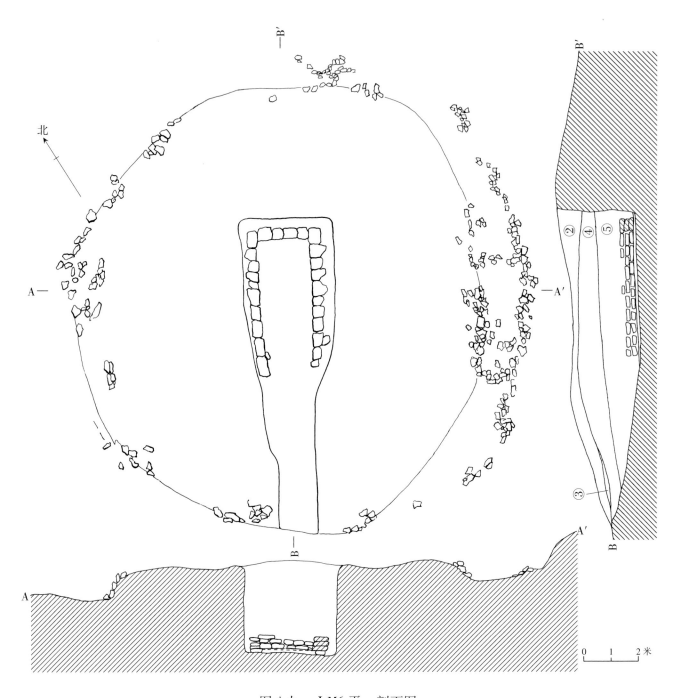

图八九　ⅠM6 平、剖面图

　　墓葬东北角，封土下发现一个用两层大块玄武岩块石垒砌的直角转角，转角下为风化砂层，内充外包的均为黄黏土。转角高 0.35～0.4 米，北边长 0.84 米，砌石存下层两块，上层四块，西端抵于黄土层上。东侧边露石三至四块，以南压于封土之下，隐长未作解剖发掘，但肯定未达东南角部。鉴于此墓东西有较大高差，但东南角未见包角措置，我们认为ⅠM8 建造时曾据实际地形相当认真地修整了墓口的方形平台，东南角因黄土伸延较远，而无需包角，只对地势最低的东北角作了垒石填充的补缺，使造墓平台的顶部整齐划一。

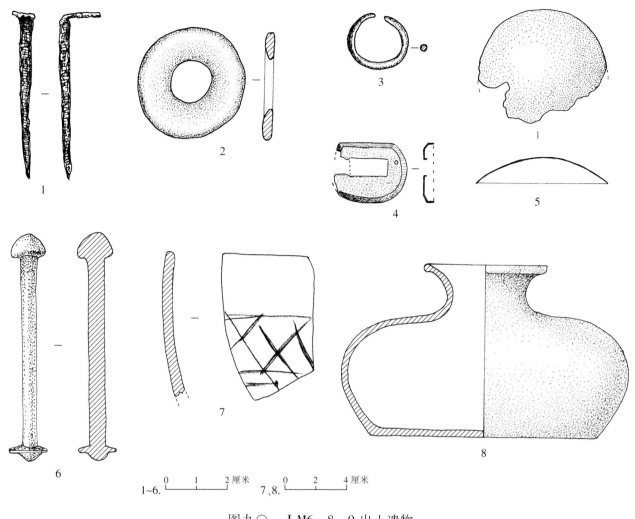

图九〇　ⅠM6、8、9 出土遗物

1. 棺钉（ⅠM8：2）　2. 玉环（ⅠM8：1）　3. 银耳环（ⅠM6：1）　4. 带銙（ⅠM6：2）　5. 鎏金饰件（ⅠM6：4）

6. 铆钉（ⅠM9：1）　7. 罐口沿（ⅠM8：5）　8. 陶罐（ⅠM8：3）

　　ⅠM8 墓室平面作长方形，长 2.9、宽 1.2、存高 1 米，筑于封土中央。墓室方向 210°，东、西、北三面皆以玄武岩自然面块石砌筑，南侧不砌石，呈敞开式，甬道填塞后以封门石为壁。构筑墓室的石材以扁平板状者居多，砌石现存二至六层不等。勾缝不严谨，缝间填黄土和小石，墓室南端有长约 1 米的一段用大块石封堵，区别出甬道和墓室。封门石亦多板状石材，摆砌整齐。在其东南外角的解剖中，发现了构筑墓室时所挖墓穴土坑的南边，封门石块多抵坑边，最上一层有的伸到坑外，但据封土包石的分布，封门石均被包在封土之内。

　　墓室底部挖至风化岩砂层，表面有厚 2~3 厘米的黄土垫层，因早年发掘比较彻底，四面均已到边，垫层北部已被挖破，暴露出大粒砂，墓室中已无遗物。墓外东北角处有一块长 0.9、宽 0.7、厚 0.3 米的长方形块石，较该墓所有石材均大出很多，可能是被掀出扬弃的盖石之一（图九一；图版二二，2）。

　　ⅠM8 所出遗物较少，扰土中只见有玉环和棺钉各 1 件，但 2009 年墓区环境整治期间，在墓东 4 米一带发现了 3 件罐类器的残片，现已修复 1 件。从位置上看，邻近再无他墓，很可能是 M8 的随葬

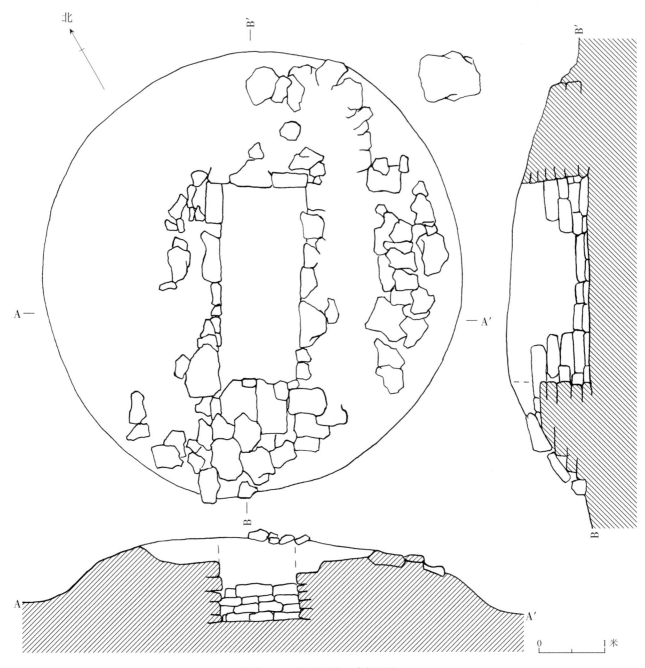

北

图九一　Ⅰ M8 平、剖面图

器物。一并分述如下。

　　棺钉1件。Ⅰ M8:2，钉身呈四棱锥形，截面为长方形，钉尖较锋锐，钉帽呈横弯的片状。钉长5.5、钉帽长1、宽0.4~0.8厘米（图九〇，1）。

　　玉环1件。Ⅰ M8:1，浅绿色，有白瑕。圆形较规整，中孔有磨痕。截面呈扁椭圆形。直径3.6、孔径1.1、厚0.3厘米（图九〇，2；图版七九，1）。

　　陶罐1件。Ⅰ M8:3，泥质灰陶，薄且匀。罐为小口，侈口展沿，广肩，扁鼓腹，大平底。口径8、底径15、高11厘米（图九〇，8；图版八六，4）。

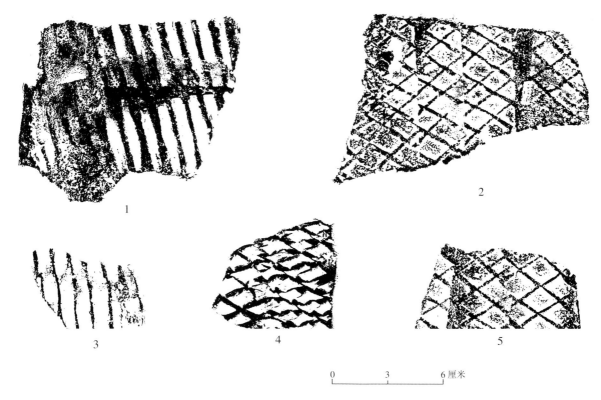

图九二　ⅠM8 出土板瓦拓片

1、3. 宽篮纹（ⅠM8：标2、ⅠM8：标3）　2、5. 大方格纹（ⅠM8：标1、ⅠM8：标4）　4. 小方格纹（ⅠM8：标8）

罐口沿2件。ⅠM8：4，夹砂黑褐陶，重唇侈口，有短颈，似为鼓腹罐类之口沿。ⅠM8：5，泥质灰陶，轮制，器壁较薄。罐作方唇直口，中腹有细弦纹两条，其间刻菱形网格，网格下有戳点纹一个。残片高9.4厘米（图九〇，7）。

器腹若干，1件泥质黄褐陶器腹径较大，整体形制不明。此外，该墓周边还发掘到板瓦残片8片。瓦片大小不一，厚薄有差，颜色有黑灰、灰、灰褐和红褐四种，后者占多数。瓦胎均夹细砂，内侧有布纹，凸面以方格纹和篮纹较多，绳纹瓦片只发现1件（图九二；图版五六，2、5、6）。

4. 一区9号墓（DLⅠM9）

ⅠM9位于ⅠM8南侧的一条山脊上，是一墓区位置最西的一座石室墓。此墓建造方式与ⅠM8大致相同，但因其所处地势较平，没有修筑石砌的包角。该墓封土高约1米，平面近椭圆形，南北长8、东西宽7.5米，下部边缘环包小块玄武岩，包边石残存一至六层，局部有些缺失。

墓室建于深1.2米的墓穴中，南侧中部有墓门和长1.5、宽1.2米的土壁甬道，方向210°。甬道的北段自墓门向外长约2米的一段，用大小石材混杂封堵，以外填土。甬道两侧不见砌石，仅上口摆单层石两列，作为象征性标示。墓室以玄武岩块构筑，北窄南宽，略呈梯形。砌筑比较草率，其石材大小相差悬殊，横竖向使用者皆有，摆砌亦不规整成排，石材之间多有空缺，表面参差不平。墓室上口因原来发掘坑过大，已有较多破坏，现四面石壁存高均未超过封门石高度，只保存有0.5~0.6米的高度。北壁砌筑较直，东西宽1.2米，砌石大致呈七层，与东壁咬缝接成直角。东壁长2米，全砌稍齐整，大小石材相混，最高处存石七层，与南壁亦作直角相接。西壁砌石五至七层，南端明显向外斜出。南壁只两端砌石六至七层，每层一至二块，中间留出宽 1 米的墓门。墓门用大石分五至六层封堵，石材厚度多达 0.15 米以上，最大一石长 0.7、宽 0.46、厚 0.2 米，使用上多数以齐边朝向墓外，但内侧缝隙间均以小块石材补砌成平面。

　　I M9 墓底为风化砂，较为平整，但据西南角部尚存的一小片黄黏土铺垫层推测，原来整个墓底甚至包括甬道都铺垫了此层为底。墓底未见烧灼痕迹，亦未发现残存的人骨及随葬品。但在墓外东侧封土边缘，出有 1 件铜铆钉并收集到灰陶板瓦残片 4 片，其中 1 件印有粗篮纹，3 件凸面均拍印绳纹（图九三；图版五七，1~4）。

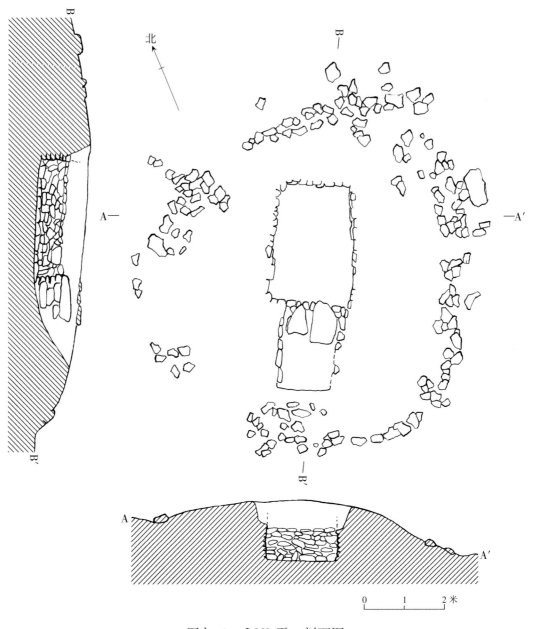

图九三　I M9 平、剖面图

铆钉 1 件。ⅠM9：1，铜质。出自墓东扰土层中。钉身圆柱形，钉帽菌形，全长 7.4 厘米。末端套一圆形垫片，二者铆合严密。钉身直径 0.5、钉帽直径 0.8 厘米（图九〇，6；图版六九，6）。

注　释

① 王承礼：《敦化六顶山渤海墓葬清理发掘记》，《社会科学战线》1979 年第 3 期。

第四章　附属设施遗迹

核定墓葬的表土揭露过程中，在两墓区都发现了一些石筑的非墓遗迹，包括有石台和房址，用石及建造技法与墓葬构筑相近，显为同时期遗迹。因一区墓葬等级及墓主人身份相对较高，而这些遗迹多半构筑于一墓区下部，有序地坐落在大型墓葬之间，故很可能属于墓群的附属设施。以下将其作为与埋葬相关的墓群组成部分逐一介绍。

第一节　房　址

房址共发现两座，南北并列，均位于一墓区下部东侧靠近山根处。由于自然或人为破坏的缘故，两座房址均只剩下灶、炕和烟囱根部遗迹，础石和外墙轮廓未能发现。从炕和烟道走向看，两房址均为东西方向，烟囱均构于北侧，但灶的位置显然东西相悖，整体不成院落，应该是先后分建的两排。

1. 一区 1 号房址（DL I F1）

I F1 位于一墓区东南部，东傍一、二墓区之间山梁，南距 I M10 约计 17 米，北侧与 I F2 距离 3 米。房址建于山脚下的西侧缓坡上，地势北高南低，地面自然坡度约为 10°。现存的遗迹有灶址、烟囱基座和一道平面呈折尺形的三折双烟道土炕残迹，整体南北长 7、东西宽 6.25 米。

房址墙体已经无存，门道不详，方向若依烟道中段基本呈东西方向，西端稍偏向北。从残迹观察，其在建造之时，对山坡作过平整处理，今表土以下为黄砂土层，整体平坦坡度很小，可能即为原来地面。

灶址位于室内南部，现有残破灶台和灶坑。灶坑形状不规则，直径约 1.1、深 0.25 米，坑底已成橙黄色的烧土，其上留有木炭和灰烬。灶台为石砌，损毁严重，东、南、北三面残存有部分石材，唯西面石块无存，可能是入柴口的位置。灶周块石多不规则，北侧有石三块，一字形连排紧密，位置接近灶坑西端，南侧存石十余块，东端砌筑三层，与炕墙南端相接。东侧四石连成弧形，或即炕、灶之间的隔墙，现存块石大小较为均匀，中间二石边缘相叠，南北两侧各有一处 0.2 米宽的空隙，疑是两条烟道的进烟口。灶坑中发现有陶片若干，其中包括口沿 2 件。

烟道位于房址北部，平面呈折尺形，大致可分中段、南折段和北折段。中段保存最好，呈东西方向，长 6.25 米，现存南北两侧炕墙，内宽 1 米。南侧炕墙以单层玄武岩块石连续摆砌，砌石下部埋在黄砂土层中 0.2 米，中间有 1 米长的一段残缺。北侧炕墙厚约 0.4 米，砌石两排宽于南墙，内侧块石平置，外排立置半埋于地下。两炕墙的东西长度皆为 4.5 米，地面以上部分存高均在 0.2 米左右，折角处都还留有一些散落的石块，有些甚至相互叠置。推测两炕墙原建时都较现存为高，今地面上的石块堆积，应该是火炕遭人为破坏后形成的。两道炕墙接近西端处的正中，发现有两块长度约 0.35 米的条形石块，半埋于地下，将两墙的间空一分为二。联系到灶与炕之间的两个进烟口，可以认定 I F1 的火炕为双烟道，但仅保存下来其中的两块隔墙立石。实测两条烟道基本等宽，石间距均在 0.3 米上下。南侧烟道内发现了少量的木炭灰屑。

南折段接于中段东端，基本呈南北方向，保存有内外（西东）两面炕墙，烟道内发现有零散的炭屑碎块，隔墙无存。外（东）墙南北长约 3.25 米，内（西）墙南北长 1.25 米，两墙间内宽约 1.2 米，略宽于中段，南折段内外两条炕墙，亦为玄武岩自然石块摆砌，墙石大小基本相同，都垒砌在地表以下的黄沙土层上。其外墙南端呈弧形与灶台南墙相接，平面作半圆形，北端接于中段烟道的北墙东端，拐角处呈直角。内墙长 1 米，北端接于中段烟道的南墙东端，折角作直角，南端与灶坑东侧墙相接。

北折段长 3.75 米，大致呈南北方向，内外两条炕墙均有残缺，东西宽约 1.2 米，亦未保有烟道的隔墙。东墙存石九块，分作两段，北侧五块，南侧四块，石材为单层块石连续摆放，与中段北侧炕墙的西端作斜向相接，其间有两处总长 1.6 米的缺失。西墙断作三节，南端接于中段南墙西端，仅五块石材尚在原位，两侧有较多散石，北端的四块石材作单层连摆，两块较小的石材折砌向东，可能为其终端。折角以南 1.3 米处，埋立有一长 0.3、宽 0.25 米左右的大块石材，和它相对处是东侧炕墙尚保留完好的五块砌石。这样，由东墙五石、西墙一块大石和折角的四块石材，共同构成了房址西北角部的一个大致为 1.6 米 × 1.5 米的空间，可能是烟囱所在（图九四）。

清理期间，曾于烟囱基座内侧及灶台之南，沿着中段炕墙方向寻找过墙基和础石，没有任何发现。房址中出土口沿 2 件。其中 I F1∶1，为瓮口沿，灰褐色夹细砂陶，斜方唇，侈口，卷沿，口径大于 40 厘米（图一〇三，9）。I F1∶2，鼓腹罐口沿，夹细砂褐陶，方唇，侈口，卷沿不大。残片较小，口径不详（图一〇三，5）。

2. 一区 2 号房址（DL I F2）

I F2 位于 I F1 以北 3 米处，与 I F1 呈南北纵向排列，北有 I ST6、西有 I ST10 两座石台，东靠一、二墓区之间的山脊。地势北高南低，地面自然坡度是 11°。从其保留的残迹来看，房屋亦建于黄沙土层上，建造前地面也经过了坡地平整，但也未见人为铺设的屋内地面。

I F2 保留下来的遗迹有灶坑、烟囱基座和平面呈折尺形的石砌火炕烟道残迹，整体东西长 6.85、南北宽 5.3 米（图九五）。

灶址位于房址的西南部，方向与 I F1 相反，灶台损毁严重，仅存一直径约 1.6 米的椭圆形灶坑。灶坑深 0.3 米，坑内发现木炭、陶罐残片和红烧土硬底。灶台除北端俗称"喉咙眼"即进烟口处三块石头外，其他部分均已无存。现存的三块石头大小相似但均不规则，石块摆放呈弧形，偏东的两块长 0.35、宽 0.3 米左右，西侧一块稍小，三石间留有 0.1～0.25 米的间距，形成灶与炕体烟道之间的"喉咙眼"。

火炕为三折的双烟道式，建于黄沙土层上，东北部有一石砌的烟囱基座。现存的内外炕墙和两条烟道间的隔墙以立砌者多于平置者，筑法和 I F1 有所不同。I F2 选用的石材均属未作加工的玄

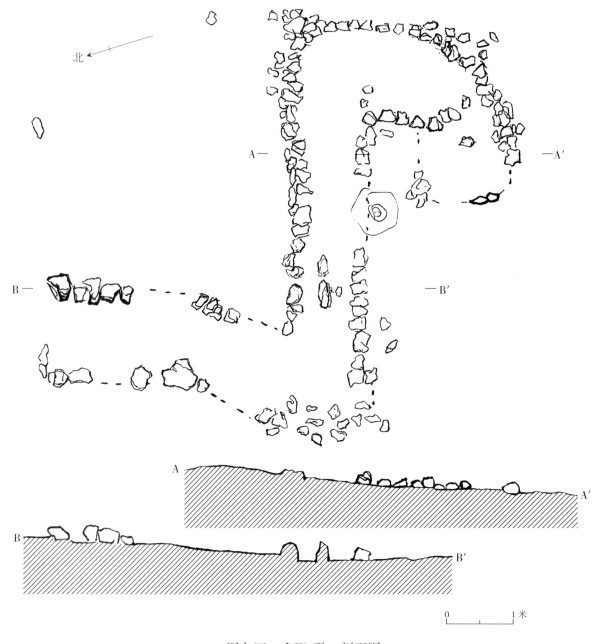

图九四　ⅠF1 平、剖面图

武岩自然石块，多数高、宽可达 0.4 米以上，厚 0.1～0.15 米。块石立置于浅沟内，下部埋入黄沙土层中 0.15～0.2 米。炕墙全长约 10 米，南折段与灶相接，北折段接于烟囱基座，大部保存较好。中段长 6.5 米，内外墙均有一些残缺。内墙仅存西侧四块石材，向东已有大段缺失，外墙只中间残毁较重，东西两侧均保存有 1.7～1.9 米长一段未曾完全垮塌。两墙间宽 0.9 米，中间有一隔墙，把火炕道分出南北两条大致等宽的并行烟道。隔墙现有八块厚 0.1～0.15 米的块石尚埋立于原位，在南侧烟道向南转弯处，发现有较多的灰烬和碎木炭。南折段的西侧外墙长 2、宽约 0.25 米，较东侧内墙稍宽，由很多较小的石块组成。此段的大部分石块都未在浅基槽中，怀疑是外墙倒塌后形成的宽度，

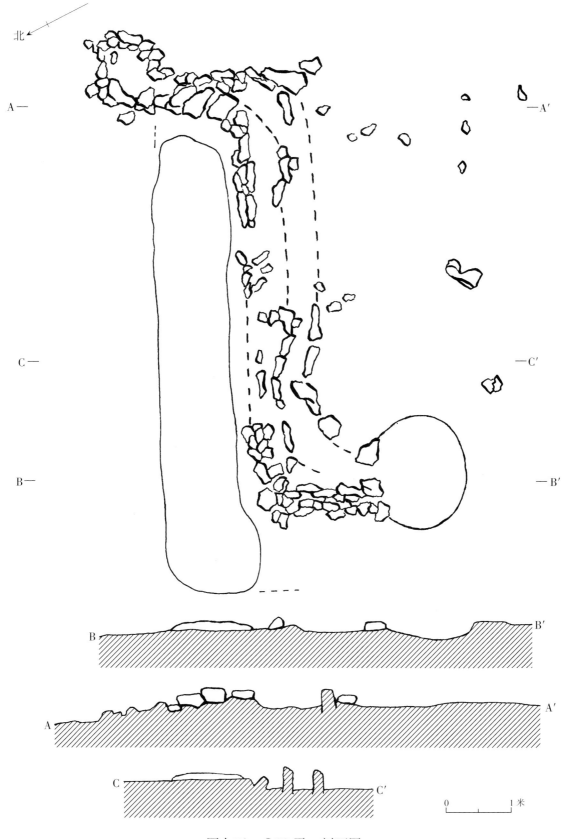

图九五　ⅠF2 平、剖面图

内外墙之间未见烟道隔墙。

北折段方向207°，长1.15米，大致呈南北向，保存基本完好。此段现存东西两墙，均以小块石砌筑，墙厚约0.2米，间宽0.3米，北端连着一个不规则石块堆砌的圆形，直径1.1米，应即烟囱所在。又此段炕墙南部，发现有三块板石横盖在内外墙之上。三石大小相同近，长0.4、宽0.25米左右，排列紧凑，总长近1米，最北面的一块距离烟囱座子尚有约0.15米的空缺，可能有一块盖石缺失。解剖后发现横盖的板石下面再无烟道隔墙立石，可知两条烟道在此前已合并为一股。另据其底部和上盖皆呈南低北高，我们以为这一段已不是炕，应即俗称的"烟囱脖子"。

在ⅠF2的"烟囱座子"与中段北侧炕墙之间，有一片土质细腻且纯的黄土，覆盖在黄沙土层上，分布面积为长6.5、宽1.1米，厚0.1米左右，东端与烟囱座子相连，西端长出烟道，可能是该房址北墙倒塌后的遗迹（图九五）。

ⅠF2共出土遗物2件。

口沿1件。ⅠF2：2，重唇，侈口，下唇外凸明显，侧视呈一道凸棱。红褐色夹细砂陶。似为瓶类器口沿。口径16、残高5、厚1.3厘米（图一〇三，6）。

器底1件。ⅠF2：1，灰褐色，夹砂较细。形体硕大，直径大于40厘米，厚重，壁厚达2.5厘米，应该是瓮类器底（图一〇三，4）。

第二节　石　台

石台遗迹共发现12座，多位于墓区下方中间位置。一墓区11座，散布于中南部ⅠM1～ⅠM10等大型墓葬之间（自东北向西南顺序编为DLⅠST1～ⅠST11，见图二）。

12座石台皆构建在表土下的黄土层上，平面大致呈长方形或方形，系以大小不等的单层玄武岩自然石块平铺而成，有些以数层较大石材对缝摆砌地势较低的南侧边缘。就规模而言，12座石台均可与大型石室墓葬相匹，但从形制和构筑精细程度看，它既非残墓铺底石，也绝非墓葬底座或基础，更不会是筑墓石材的剩余料堆，另外，清理中根据多数石台留有陶器，如罐类及其残片，以及出土的铜环、铁钉、饰品，甚至瓦件，我们认为，石台很可能是待葬的停灵处所，铜环、饰品及完整陶罐，显示该台可能曾有应时的献祭，铁钉和瓦件表明该台可能曾构筑过遮蔽棺椁的简易建筑。

1. 二区1号石台（DLⅡST1）

ⅡST1位于二墓区南部中央，西邻ⅡM16。此台构建于墓区下部缓坡之上，表面坡度不足3°，较为平坦。石台系以单层石块摆砌，块石规格较小，鲜有大块。大块石多集中于东南角部，现存的八块排列作圆角。石台保存较完整，仅西边和西侧两角遭受破坏。东边缺损不多，部分石块向外稍有移位，南边存长3米，东南角保存较好。现存石块分布范围南北长7.5、东西宽4.2米，大致分布呈南北纵向长方形，南北均已到边，南侧边方向252°。

此台形制同于一墓区5、6、8号诸台，构筑上并无其他特点，亦未出遗物。但是作为二墓区目前仅见的一座石台，显示出两区在构成和葬俗方面很大程度上的一致性（图九六）。

北 ←—＋——

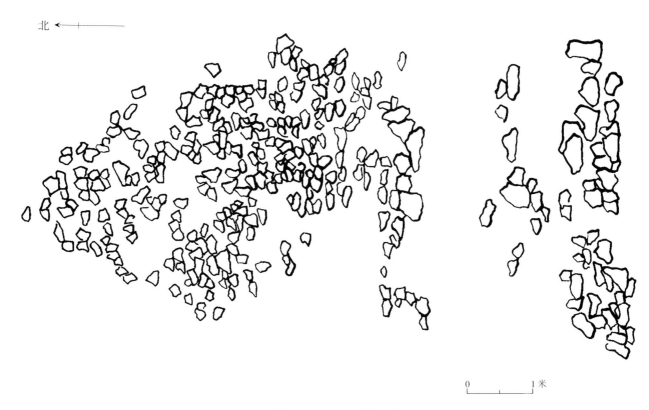

0 ———— 1 米

图九六　ⅡST1 平面图

2. 一区 1 号石台（DLⅠST1）

ⅠST1 位于一墓区东侧，周围有ⅠM6 等 4 座墓葬，距离最近的约 11 米。

此台仅存东半部，为 12 座台基中保存最差的一座。其所在的山坡地势北高南低，约有 20°的自然坡度，受常年山水冲刷的影响，西侧早年就已被冲出沟壑。后来虽然逐渐淤平，但实际上此台只保存有东部的一半，现存部分表面石块所剩不多，西南角石砌台边移位严重。

ⅠST1 构建于黄土层上，只东南角的部分台边保存稍完整。由于地势南北高差较大，为使台面平整，南侧边以较大石块垒砌了三层，边石内填充黄土与北部尽量相平。块石主要为玄武岩质，并有一些花岗岩和凝灰岩块石，砌筑上以第一、二层用石较大，第三层混有一些较小石材。南壁残长约 3.5、高 0.5 米，自东南角向西长 1.9 米的一段基本保持原状，垒砌比较整齐，方向 205°。底层石高 0.2 米，摆在黄土层上，现有七块尚在原位，第八、九两块稍向南侧侈出。第二层砌石比第一层往北内收 0.3～0.35 米，高约 0.2 米，现有四块垒砌比较整齐，基本没有移动。其中第二、三块石材较小，为使石块摆砌平整，底部垫有小石块和板瓦残片。第三层砌石只存两块，东西并列，总宽约 1 米，较第二层也有 0.35 米左右的收分。摆在东南角上的第三层砌石，大致呈三角形，长 0.75、宽 0.6、厚 0.15 米，另一块与之相差悬殊。南侧石边之外，自东南角向西 3～6 米的一段，散布有长 3、宽 2.3 米的一片乱石，可能是受山水冲击影响往南滑落的台上石头。依此迹象，ⅠST1 的南侧边长度至少为 6 米，但西侧因破坏非常严重，石边位置已无法断定。

ⅠST1 的东侧边缘不很清楚，北半部块石已有大量缺失，砌石只见于东南角上，其余均为单层摆放。角部砌石严重倾圮，仅存底层砌石两块，总长约 1 米，北侧石材较大，两石之外散落着较多大小块石，可能来自台上，除了山水冲击因素也可能有人为搬动的原因。南距角部 1.8 米处有一块大型石材，长宽各约 0.5、厚 0.12 米，下部没于黄土，边缘与东南角底层石边相齐，但表面高度却和第二层砌石相当。其南有一小石，高度略低，其北 2.8 米处有一稍大块石，压在黄土层上。以角部底层砌石的东缘为基准，上述四石边缘与之大致呈直线，应即石台东边。结合角部大量散石考虑，其东侧边在角部并未强求与南侧边一致作逐层收分，外缘可能三层相齐。从现存六块边石高度推测，台东边石的摆砌是依坡就势，只在南端低处砌筑了最底层的第三层石，现仅存底层砌石两块，第二层向北有至少 2 米的延伸，第三层或与西北角贯通。

北侧边亦损毁严重，现存块石仅在东北角残留六七块，其中两块较大石材外缘呈直线，可能即为石台北边。北侧石块作单层摆放，表面仍高于南侧。从现存三边看，此台大致呈长方形，东西长约 6 米，南北宽 5 米许，东西向略长（图九七）。

石台表面普遍覆盖有一层黑色腐殖土，自东向西逐渐加厚，西侧早年冲沟内腐殖土层厚达 0.4 米。腐殖土下的石台表面，出土了大量的板瓦残片和陶器残片，板瓦残片主要集中在台地的中部以西和台南散石中，陶片多散落在西侧沟内。

ⅠST1 共出土遗物 29 件，其中陶盘以及 3 件盆、罐口沿，1 件桥状横耳和 2 件器底，2 件鎏金泡钉，出自东半部台子表面，可以认定为台表遗物。其他罐、盆等大多数陶片和 1 件残瓦当，均出自台子西部，有些陶片出土位置甚至低于ⅠST1 东部平面，有可能是冲沟中后来逐渐淤积的遗物。这部分遗物共有 20 件，因无法排除或认定其与ⅠST1 的关联，显然不能全部算作采集品，例如编号ⅠM1∶29 的泡钉与台表ⅠST1∶1、2 两件泡钉形制完全相同；出自西部较低位置的瓦当残块，也不能证明为坡上其他墓葬遗物的易位。故我们将其暂定为 1 号台的遗物，编号采取了与台表遗物分编的做法，自 11 号开始编号，以示区别。

陶盘 1 件。ⅠST1∶3，黑灰色夹砂陶，表面磨光。方唇敞口，斜腹大平底。此盘仅据约九分之一残片修复。口径 30.8、底径 25.5、高 5.6 厘米（图九八，4）。

桥状横耳 1 件。ⅠST1∶7，灰褐陶，夹细砂，表面磨光。长 8.9、宽 3.3、耳厚 0.6 厘米（图九八，3）。

瓶口沿 3 件。

ⅠST1∶24，灰褐色，夹砂较细。方唇，展沿，唇边凸起有棱。口径约 12 厘米（图九九，14）。

ⅠST1∶15，黑褐色夹细砂陶，残片较大。重唇，侈口，展沿，束颈，弧肩。口径 10、厚 1 厘米（图九九，7；图版八九，5）。

ⅠST1∶23，黑褐色，表面较粗糙。重唇，侈口。口径 15、残高 8 厘米（图九九，12）。

器底 5 件。均为平底，直径有大小不同。

ⅠST1∶8，夹砂灰褐色，表面磨光。底径 25 厘米（图九八，5）。

ⅠST1∶9，黄褐色夹细砂陶。底径 18 厘米（图九八，6）。

ⅠST1∶13，夹砂褐陶，素面，抹光。底径 25 厘米。以上 3 件，底径无超过 25 厘米，相对较大，可能为鼓腹罐或盆底（图九八，7）。直径较小的 2 件，ⅠST1∶21，夹粗砂黑褐陶（图九八，2），ⅠST1∶28，红褐色夹细砂陶，底径均在 12 厘米上下，表面打磨不光滑，应该是深腹罐的器底（图九八，1）。

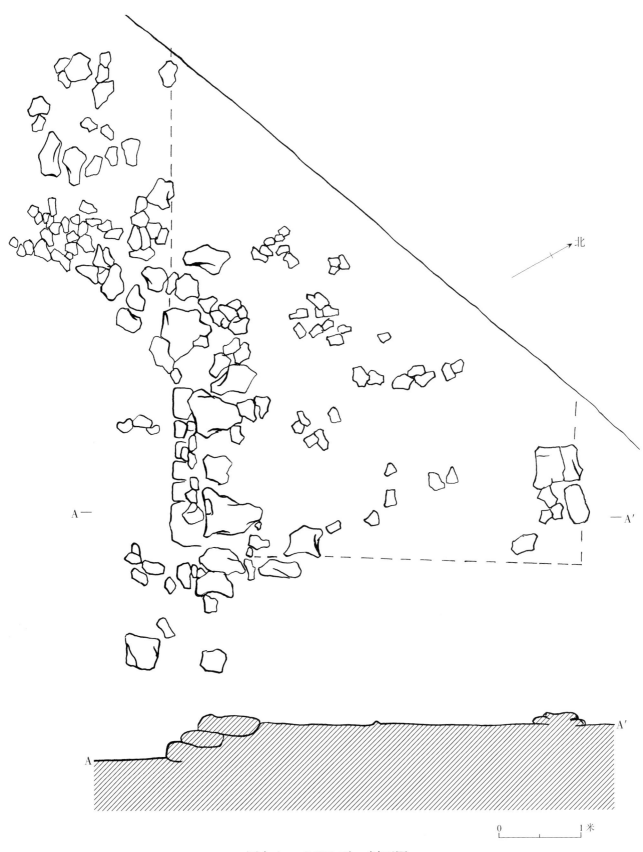

图九七　I ST1 平、剖面图

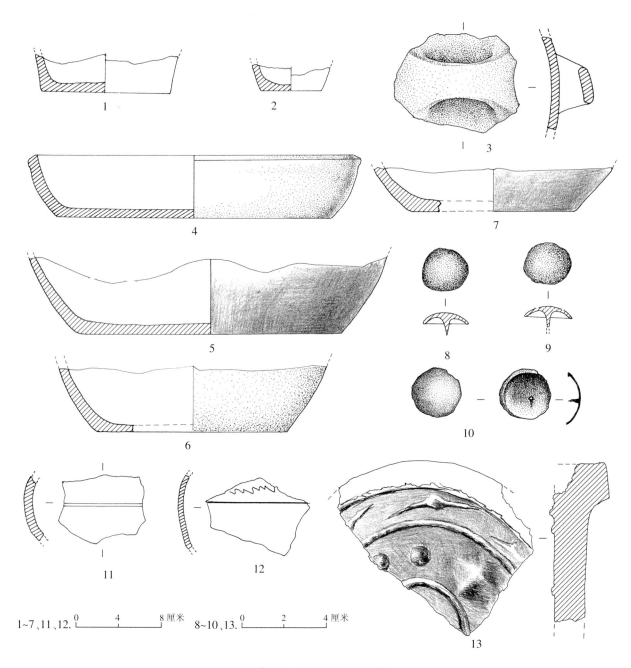

图九八　ⅠST1 出土遗物

1. 罐底（ⅠST1∶28）　　2. 罐底（ⅠST1∶21）　　3. 桥状耳（ⅠST1∶7）　　4. 陶盘（ⅠST1∶3）　　5. 罐底（ⅠST1∶8）
6. 罐底（ⅠST1∶9）　　7. 罐底（ⅠST1∶13）　　8. 鎏金泡钉（ⅠST1∶29）　　9. 鎏金泡钉（ⅠST1∶2）　　10. 鎏金泡钉
（ⅠST1∶1）　　11. 器腹（ⅠST1∶19）　　12. 器腹（ⅠST1∶25）　　13. 瓦当（ⅠST1∶27）

口沿 12 件。按形制可分出鼓腹罐、深腹罐和盆类口沿三种。

鼓腹罐口沿 2 件。

ⅠST1∶18，灰褐色，夹砂较细，含沙较少。罐为侈口，方唇，卷沿，器形工整，经过慢轮修整。口径 18、壁厚 0.5 厘米（图九九，5）。

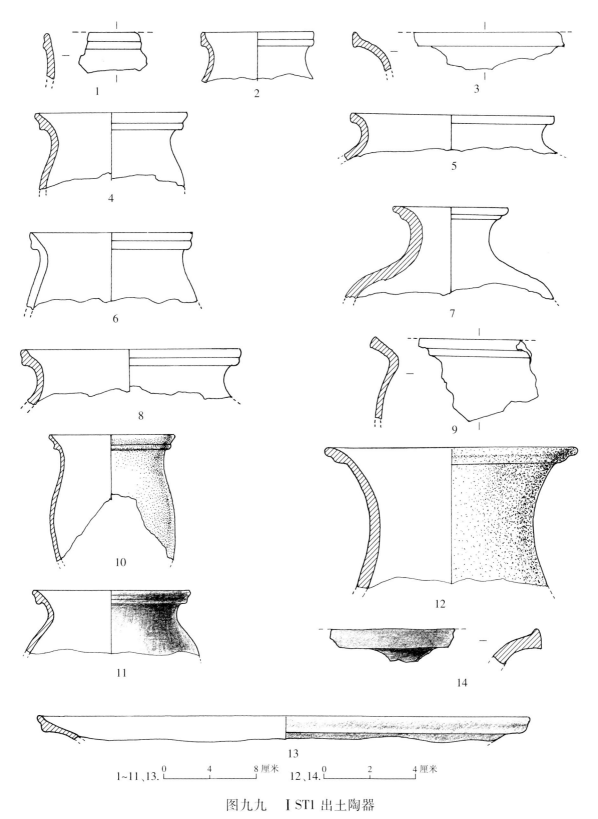

图九九 ⅠST1 出土陶器

1. 深腹罐口沿（ⅠST1：5） 2. 深腹罐口沿（ⅠST1：22） 3. 盆口沿（ⅠST1：4） 4. 深腹罐口沿（ⅠST1：20） 5. 鼓腹罐口沿（ⅠST1：18） 6. 深腹罐口沿（ⅠST1：17） 7. 瓶口沿（ⅠST1：15） 8. 鼓腹罐口沿（ⅠST1：6） 9. 盆口沿（ⅠST1：12） 10. 深腹罐口沿（ⅠST1：11） 11. 深腹罐口沿（ⅠST1：26） 12. 瓶口沿（ⅠST1：23） 13. 盆口沿（ⅠST1：16） 14. 瓶口沿（ⅠST1：24）

ⅠST1∶6，灰褐色，夹砂较细，重唇，侈口，口沿内侧有一圈凹痕。口径约19、厚0.5厘米（图九九，8；图版八九，3）。

深腹罐口沿6件。均为夹粗砂陶，壁厚0.5～0.6厘米。

ⅠST1∶26，黑褐色，重唇，侈口，腹部较鼓。口径23厘米（图九九，11）。ⅠST1∶20，红褐色，重唇，侈口，残片碎小，口径约13厘米（图九九，4）。ⅠST1∶17，黄褐色，夹砂较细，重唇，侈口，颈以下较直，外弧很小。口径14、残高6厘米（图九九，6）。ⅠST1∶5，红褐色，夹粗砂，重唇，侈口。口径12、厚0.5厘米许（图九九，1）。ⅠST1∶11，黄褐色，夹砂较细，重唇，侈口，颈以下较直，外弧很小，腹部以下残。口径11、残高11厘米（图九九，10）。ⅠST1∶22，红褐色，夹砂较细，重唇，侈口，颈以下较直，外弧很小。口径10、残高4厘米（图九九，2）。

盆口沿4件。多数为夹细砂陶，器壁厚0.5～0.7厘米。

ⅠST1∶16，黑褐色夹细砂陶。方唇，斜展沿，唇面有一较浅凹槽。口径43、厚0.5厘米（图九九，13）。

ⅠST1∶12，泥质黑褐陶，略含细砂。方唇，直口，斜折沿。残片较大，可见上腹弧曲。口径45、残高8.9厘米（图九九，9；图版八九，4）。

ⅠST1∶4，残片仅为沿部，展沿，灰褐陶夹细砂。口径39、厚0.5厘米（图九九，3）。

此外还发现有一些带纹饰的陶器腹片，如：ⅠST1∶19上有两条弦纹，ⅠST1∶25有水波纹和弦纹（图九八，11、12；图一一三，7、9）。

瓦当1件。ⅠST1∶27，乳钉纹瓦当残块。黑褐色，夹砂陶，残块仅失中部大乳钉，边缘图案仍存（图九八，13）。

泡钉3件。表面皆有鎏金。

ⅠST1∶1，完整，铜质鎏金，钉帽圆泡形，上凸下凹，凹面中心连有一颗圆锥形短有钉。钉帽直径2.4、钉长1厘米（图九八，10）。

ⅠST1∶2和ⅠST1∶29，钉帽凸面鎏金已部分脱落，凹面钉身长度皆不到1厘米，钉尖残断均未伸出铜泡边缘连线之外（图九八，9、8；图版六四，7、8）。

3. 一区3号台（DLⅠST3）

ⅠST3位于一墓区的M1和M3两座墓之间，北边距ⅠM1约3米，南边距ⅠM3约1米，东邻ⅠST2，相距约4米，是一墓区最北端的一座石台。

该台保存较好，整体作长方形，南北长9.3、东西宽7.5米，西北高东南低，台表有6°左右的坡度。从发掘情况看，3号台铺设前经过了地面的简单平整，北半部表土全部除去，已露黄土，石台建于此层之上。石台北半部只用单层石块铺砌，南半部则以多层块石铺摆。石块均系玄武岩自然石块，大小不一，铺砌密集均匀。

石台的西侧边紧邻山脚，四面边缘保存较为完好，只西北角略有缺失。其北侧边为大小不齐的单层石块铺摆，边缘不甚整齐。东西两侧边石均作南厚北薄，但东侧未见砌筑整齐的台边，北部有大约6米长的一段石块呈斜向内收。和其他石台做法相异的是，ⅠST3因为紧靠山丘，为防止山丘东坡冲刷下来的泥土覆盖台上，西侧边缘之外用了大量块石砌筑了山丘东侧的护坡，对其山脚进行加固。

砌筑最好的是南侧边，台边构筑相当整齐。南侧整个台边均为多层块石勾缝垒砌，高0.4～0.6米，自中部向西不等距地竖立有四块玄武岩大块石板，斜靠在台边砌石上。石板小者高 0.6、宽 0.4、厚 0.15 米，大者高 1.1、宽 0.4、厚 0.25 米，可能属于为增加台边牢固性而设置的护台石。台边东半部石材较大，砌石三至四层，西端石材较薄，砌石四至六层，外表面和顶面均很平整。此边方向 110°。

台边顶部中间偏东摆放有一块较大的石板，长 0.9、宽 0.7、厚 0.2 米，大致呈五边形。石台的南侧两角做法不同，东南角以多层石垒成圆角，西南角呈直角，角外向西以碎石垒砌了一道石墙，与山脚护坡连在一起。石墙延伸近 0.7 米，高度逐渐降低，最后改为单层石（图一〇〇）。

图一〇〇　ⅠST3 平、剖面及南侧立面图

此台建于黄土层上，为单层玄武岩自然块石摆砌，整体呈北高南低之势，石材大小相差较大。现存的三个台角均呈直角，四面边缘整齐，只西南角稍有缺失。块石以东部较大但缺失较多，最大石块长、宽均在 0.5 米上下，西部铺石以小块者较多，这一侧台边的绝大部分是以碎石摆铺而成的。自西向东约有 1 米宽铺砌的石块非常小而密集，多数长宽不足 0.25 米（图一○二；图版三七，1）。

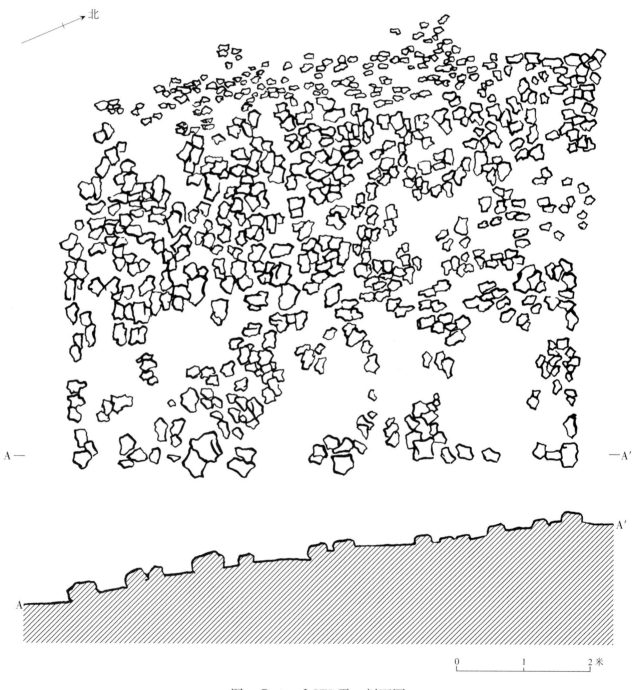

北

A ———   ——— A'

A'

A

0   1   2 米

图一○二　Ⅰ ST5 平、剖面图

　　台上淤积着一层厚 0.2～0.25 米的腐殖土，其中心部位的腐殖土层下部，发现有十数片板瓦残片，台表及石缝中出土了 4 件瓦当和其他一些遗物。石台东南部出土铁刀、耳环各 1 件，南侧石边石缝中间还出土铁矛 1 件。距东边 3 米、南边 2.55 米处出土铁镯、铜镯、银镯各 1 件，其北约 0.5 米处出土了完整的陶罐 3 件，稍南还清理出玛瑙珠 1 件。分述如下。

　　瓦片 12 件。均为夹砂陶，灰色和灰褐色为主，2 片为黄褐色。瓦片无大块，均为板瓦，凹面有布纹，凸面拍印中粗绳纹和细绳纹。ⅠST5：标 1，残片较大，上饰斜向细密绳纹（图版五九，3）。

　　瓦当 4 件。

　　乳钉纹瓦当 3 件。当面主体纹饰与ⅠM3、M5 所出相同，亦为大小八颗乳钉，内外圆形界格，正中有圆形乳突，外缘有飞鸟浮雕的常见构图。

　　ⅠST5：10，完整。陶土含细砂，灰色，背面橘黄色。周边有较高边轮，边轮内侧倒成圆角。直径 16.6、边轮高 1.2、厚 1.8 厘米（图一〇三，7；图版四四，5）。

　　ⅠST5：11、12，当面只残余一半，主体图案与ⅠST5：10 相同，边轮高、厚亦相近似，但ⅠST5：12 直径稍小，约为 16 厘米（图一〇四，8；图版四四，1）。

　　十字纹瓦当 1 件。ⅠST5：13，深灰色，已残，仅存中间乳钉及一组完整十字形花叶。直径 17、边轮厚 2.3 厘米（图一〇三，8）。

　　陶罐 3 件。

　　ⅠST5：7，夹砂褐陶，素面，表面光滑但颜色斑驳不一。重唇侈口，深弧腹，平底，最大腹径偏下。口径 11.2、腹径 12、底径 5.6、高 20.6 厘米（图一〇三，2；图版八五，4）。

　　ⅠST5：8，夹砂褐陶，素面，表面颜色褐黑较杂，手制，轮修，重唇，侈口，深腹，平底，最大腹径居中。口径 12.8、腹径 12.6、底径 6.4、高 20.8 厘米（图一〇三，3；图版八五，3）。

　　ⅠST5：9，含细砂褐陶，素面，器表颜色斑驳，重唇侈口，深腹，平底，最大腹径居中，底相对同类罐稍大。口径 10.4、腹径 11.6、底径 6.8、高 18 厘米（图一〇三，1 图版八五，2）。

　　盆口沿 1 件。ⅠST5：17，方唇，平口，平折沿，灰褐色，夹砂较细。口径约 32 厘米（图一〇五，4）。

　　壶口沿 1 件。ⅠST5：18，侈口，方唇，有较宽沿面。红褐色，夹砂较细，疑为盆、壶类器口。口径 6.5、厚 0.4 厘米（图一〇五，5）。

　　器底 1 件。ⅠST5：19，黑褐色，夹砂较细，素面。底径 6、残高 5.4、厚 0.6 厘米（图一〇五，3）。

　　铜器 2 件。

　　铊尾 1 件。ⅠST5：2，略残。系铜片对折而成，平面呈半圆形，直边两角各有一颗铆钉。长 2.8、宽 2.4、厚 0.4 厘米（图一〇四，1；图版七五，4）。

　　铜镯 1 件。ⅠST5：1，已残，残存半个圆形。器表黑灰色，有互相连接的波浪状凸起，内侧较平，横截面呈球面。直径约为 6 厘米（图一〇四，7；图版七〇，8）。

　　铁器 5 件。

　　带饰 2 件。ⅠST5：16，完整，但锈蚀甚重。饰件为两侧边平直，上下缘作起伏联珠的长方形，中部有平行分布的竖向长方条形透孔三个，背钮已残。纹饰能看清的只有镂孔上下侧的各两排三角点纹，下半部八个镂孔已大半锈死。长 6.1、宽 4.6、厚 0.3 厘米（图一〇四，6；图版六八，2）。

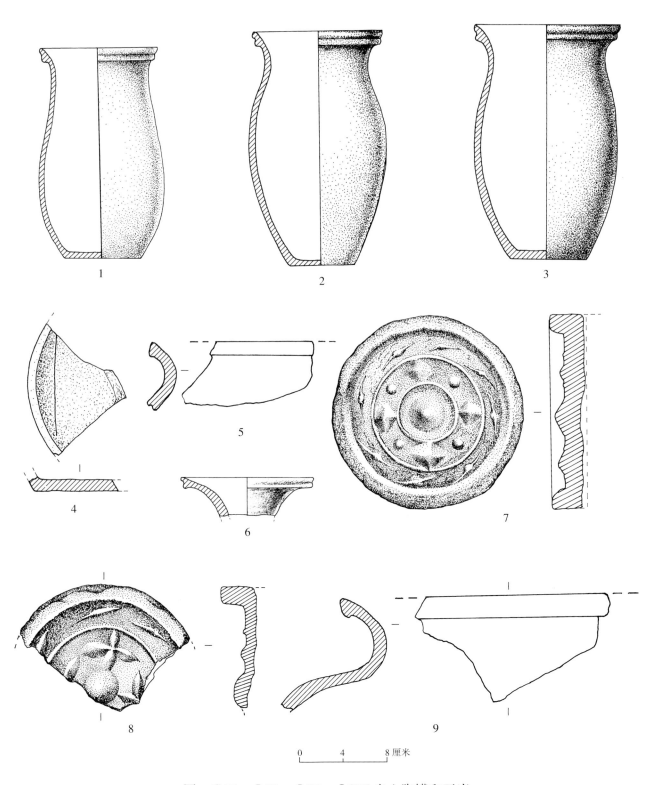

图一〇三　ⅠF1、ⅠF2、ⅠST5 出土陶罐和瓦当

1. 深腹陶罐（ⅠST5：9）　2. 深腹陶罐（ⅠST5：7）　3. 深腹陶罐（ⅠST5：8）　4. 器底（ⅠF2：1）　5. 鼓腹罐口沿（ⅠF1：2）
6. 瓶口沿（ⅠF2：2）　7. 瓦当（ⅠST5：10）　8. 瓦当（ⅠST5：13）　9. 瓮口沿（ⅠF1：1）

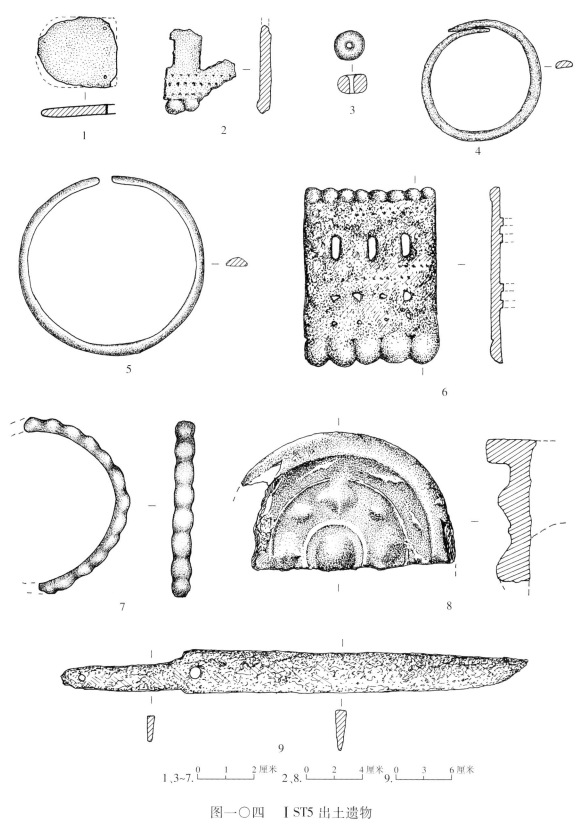

图一〇四　ⅠST5 出土遗物

1. 铊尾（ⅠST5∶2）　　2. 带饰（ⅠST5∶4）　　3. 玛瑙珠（ⅠST5∶6）　　4. 手镯（ⅠST5∶3）　　5. 手镯（ⅠST5∶5）

6. 带饰（ⅠST5∶16）　　7. 手镯（ⅠST5∶1）　　8. 瓦当（ⅠST5∶12）　　9. 铁刀（ⅠST5∶14）

ⅠST5：4，只残存右下角联珠和一侧直边。残长2厘米（图一〇四，2）。类似饰件以往称之为牌饰，现在已知为带饰。

铁刀1件。ⅠST5：14，背直，刃弧，柄部有两孔，出土时刀身已稍弯曲。全长49.2、柄长12.3、刀身宽4.2厘米（图一〇四，9；图版七一，7）。

铁矛1件。ⅠST5：15，矛身近柳叶形，两面弧鼓无脊。尾部连有较长銎库，库尾呈燕尾状，两侧面各有双孔，似为固定矛柄而制。全长22、矛长10.4、銎径11，厘米（图一〇五，1；图版九一，6）。

铁镯1件。ⅠST5：3，锈蚀成红褐色，以截面半圆形粗丝弯成圆形，接口两端重叠。直径4.1、厚0.4厘米（图一〇四，4；图版七一，2）。

银镯1件。ⅠST5：5，表面黑灰色，开口圆形，截面呈三角形。内径5.8、外径6.5厘米（图一〇四，5）。

玛瑙珠1件。ⅠST5：6，红色球体，形状不规则。直径1、孔径0.2厘米（图一〇四，3；图版八一，2）。

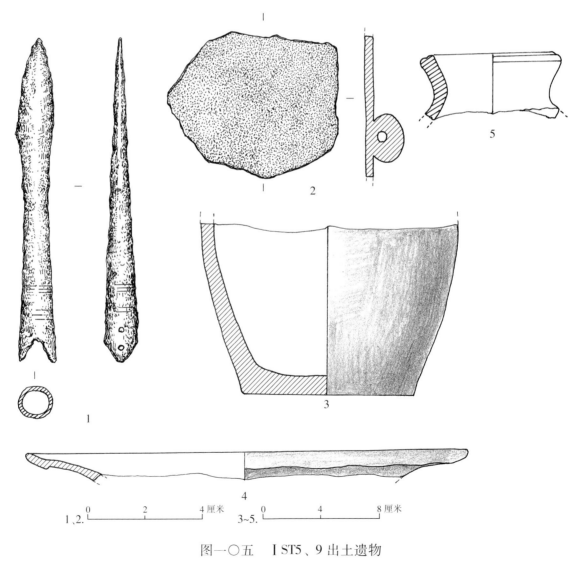

图一〇五　ⅠST5、9 出土遗物

1. 铁矛（ⅠST5：15）　2. 饰件（ⅠST9：1）　3. 器底（ⅠST5：19）　4. 盆口沿（ⅠST5：17）　5. 壶口沿（ⅠST5：18）

6. 一区 6 号台（DL I ST6）

I ST6 位于一墓区的东南，I ST1 与 I F2 之间一个斜坡上，东北部距 I ST1 约 15 米，南部距 I F2 约 16 米。

此台是保存较差的一座，四角中仅存一角，边缘皆已残缺。西北角完整，现存四块形体不大的玄武岩块石，外缘摆铺呈直角。北侧边留有七块大小石材，与西北角断断续续连成一条直线，残长近 6 米。西侧边缺失较多，但边缘犹存，其外缘有四块石材首尾相连，与西北角石构成石台的西侧边，方向 200°。东部现存的四块块石长约 0.3、宽约 0.25 米，大小基本相同，以不等间距排列成与西侧边平行的南北向直线，可能为东侧台边。南侧石边全部缺失，仅西南部保留有十数块小石相对集中连片。根据现存三边，可知该台东西宽约 7 米，南北长不低于 9.5 米，平面为南北向略长的长方形。

I ST6 构建于黄土层上，亦为单层玄武岩块石铺砌，中部保存较好，块石分布较为密集。由于石台所处地势有约计 10°的自然坡度，现存石台表面南北两端也有近 1 米的高差，平整度显然不及其余诸台（图一〇六）。

此台只出有 1 件夹砂褐陶器腹片和 1 块青砖残块。

7. 一区 7 号台（DL I ST7）

I ST7 位于一墓区 5、6、8、10 号四台之间，与 6 号台相距 12 米，间隔稍远，但与另外三台的距离都不超过 3 米，其西侧边和 8 号石台的东侧边直线距离仅有 1 米，几乎相连。北侧有 I M4 一座大型石室墓。

7 号台所用的石材较小，边长大于 0.5 米的块石基本不见，石材的质地有玄武岩和花岗岩两种，前者为绝大多数。石台大致呈长方形，南北长 10.7、东西宽 8 米，地势北高南低，高差 0.7 米。整体保存较好，四面边缘尚属连贯，轮廓基本清晰，只四角略有残缺。西侧靠近两角处分别有长 3.5 米和 2 米的一段残损严重，中段缺石较少，边缘尤为齐整，方向 201°。东侧的北段有近 2.5 米的一段石块缺失较多，南侧基本完整，从现状看，东南角摆成圆角，西南角可能为直角。北侧边石保存较差，西北角处有大量缺损，东北角的北侧多出一小堆六七块石头，未解是何用意（图一〇七）。

此台面积较大，占地近百平方米，台表未见任何遗物。中心部位经解剖，石台建于淤积黑土层上，可能是构筑较晚的一座石台。淤土下即为生土，但解剖区域的生土表面有 4 条南北向的不规则浅沟（图版三八）。

8. 一区 8 号台（DL I ST8）

I ST8 位于 I M5 以北 13 米处，西南距 9 号台 1 米，北距 5 号台 6 米许，地势西北高于东南。

此台保存较好，四边基本整齐，中间缺失不多。石台建于黄土层上，为玄武岩和少量的花岗岩自然石块单层铺设，整体呈南北长 7、东西宽 6.2 米的长方形。块石大小不一，四周铺设密集，中心略显稀疏，角部均摆作直角，形制十分规矩。四面边缘基本整齐，西侧台边方向 139°，东侧边的南角块石稍缺（图一〇八；图版三九）。

台表未见遗物。

9. 一区 9 号台（DL I ST9）

I ST9 位于一墓区南部，附近有二墓二台。其南有 I M5，距离约 6 米，西南有 I M13，相距仅 1 米左右。东北与 8 号台间距 1 米，东侧与 10 号台有大约 6 米的间隔。

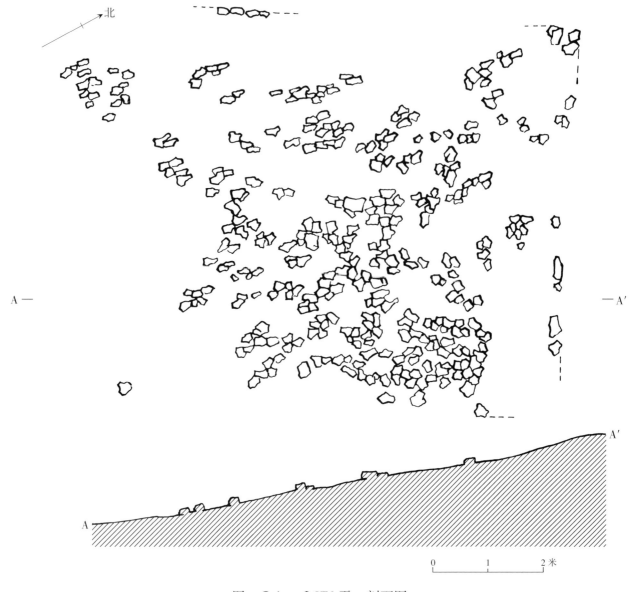

图一〇六　ⅠST6 平、剖面图

　　9 号台保存好于其他各台，石台铺设前地面经过人为的铲平，然后以大小不等的自然石块单层铺
砌在黄土层上。石块大部分系玄武岩，也有少量的花岗岩。铺砌以四周比较密集，大小石块混杂在
一起。整个石台南北长 6、东西宽 5.8 米，近乎方形。中心部位石块较为稀少，发掘前已有凹失，怀
疑是早年被盗墓者误认为墓葬，并作了误掘形成的（图一〇九；图版三七，2）。

　　石台的四边保存完整，东侧边方向 195°。台内东北角距东边 2.5、北边 2.1 米处，出土残铁器 1
件，已残锈较甚，似为饰件。ⅠST9：1，表面黑色，平面圆形，现残作椭圆形，背面有一捉手，中间
穿小孔。残长 4.7 厘米（图一〇五，2；图版七二，5）。

10. 一区 10 号台（DLⅠST10）

　　ⅠST10 是一墓区中最南部的一个石台，处于ⅠM14 和 7 号台之间，西北距 8 号台仅 1.6 米，西

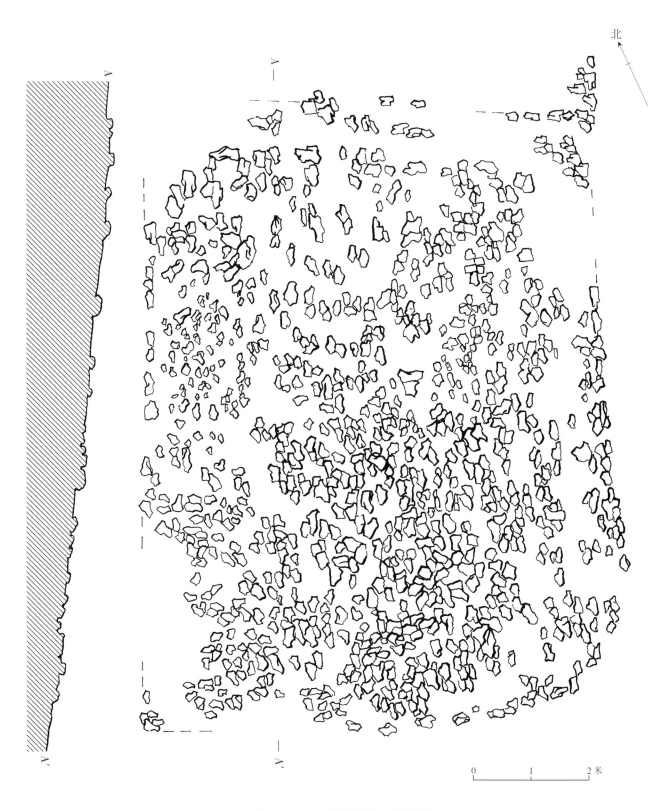

图一〇七 I ST7 平、剖面图

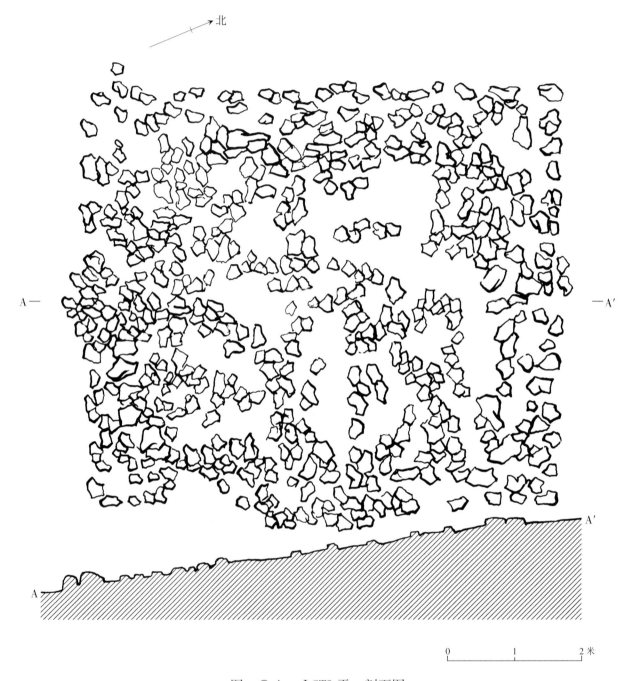

图一〇八　ⅠST8 平、剖面图

距 9 号台约 7 米，西南为ⅠM5，相距约 4 米。

石台南北长 8.3、东西宽 7.5 米，四边保存完整，呈长方形。石台用玄武岩（有少部分是花岗岩）单层块石铺设，建于黄土层上。此台用大块石精心摆砌了四边，块石齐面朝外，摆放特别整齐，台内则以小块石头填充。现存的石台以北侧铺石较为密集，南半部分布不均匀，块石缺失较多。依照东侧石边，石台方向为 204°（图一一〇；图版四〇）。

此台亦未发现遗物。

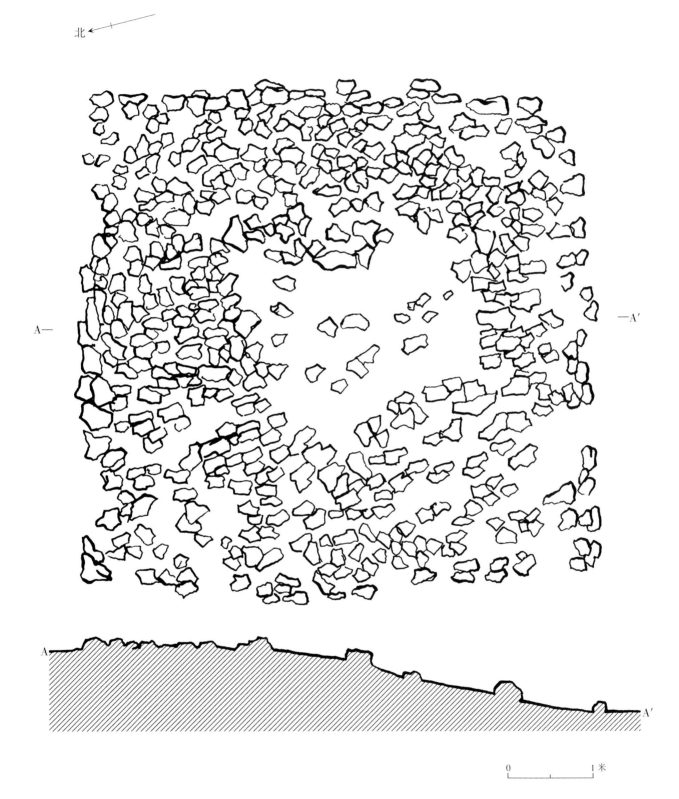

图一○九 I ST9 平、剖面图

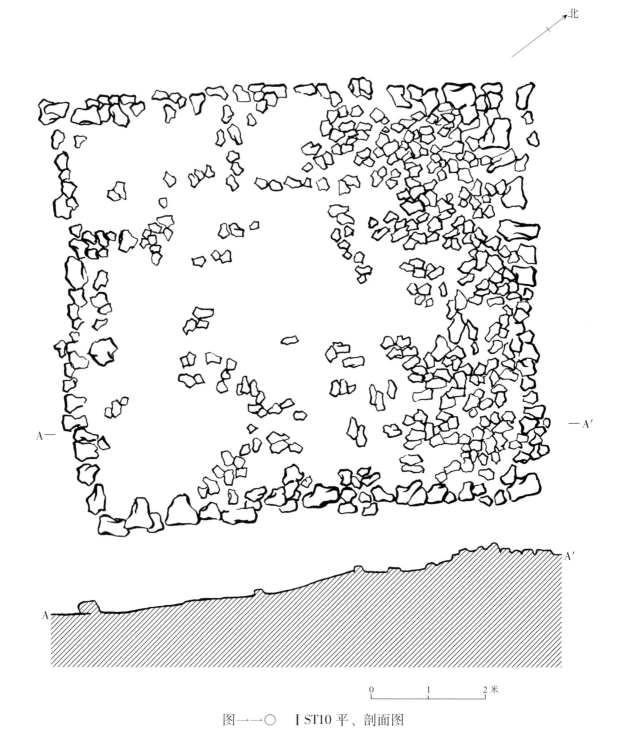

图一一〇　ⅠST10 平、剖面图

11. 一区 11 号台（DLⅠST11）

　　ⅠST11 位于一墓区的最西端，北部距ⅠM16 约 6 米，西南距ⅠST5 约 2.5 米，处于一墓区西部的山脊上，地势东北高而西南低。

　　此台形制较为特殊，构筑有内外两道石墙，西、南侧还加筑了一个长条形低台，整体似经两次或三次扩建，最终形成了一个边长 7.4～7.5 米的方形。

内墙东西长4.6、南北宽4.2米，以大块板状玄武岩块石摆成，平面呈四角均作直角的长方形。此墙为曲尺形，摆砌整齐严谨，石材齐边向外，内填稍小块石，间或掺杂大块构成石台中心区域，其表面稍有向西南的倾斜。

外墙作"U"形环包于中心台的东、西、南三面，间宽各约1.4米，构成石台外围。外墙以间断大石夹碎石摆成，西南角残缺严重，东南角排砌有六块玄武岩大块板石，其用意可能不全是为了加固地势较低的东南角，应该也有用大块石增加高度，使台面更趋平整的考虑。此墙保存较差，东南两边块石均有缺损，东北角已不完整，西南角基本无存。但从南侧现存边缘看，以小块石材堆砌的边缘也相当齐整，砌石二至三层，高度与角上大块石始终保持一致。依砌有间断大石的外墙轮廓，ⅠST11的第一次扩建后应该是一个长宽7.2米的方形石台，方向据内墙西侧边为205°，朝向西南。还应提到的是，南侧边上距离东南角2.5米和4.5米处，各摆砌着一块顶面平整的较大石板，长宽均在0.5米上下。两石间距1.5米，正值内外两道南墙中心，并且与内墙上两块平整石材相对应。联系到此台出土的瓦件和铁钉，它们也可能是台上某建筑的门侧础石。

台南的续建部分宽1.8米，内填小块石，石边以东南两侧基本完整，西侧仅存三块石头，位置稍向外侈出。南侧边完整，台边砌筑整齐，石块的大小也较为均匀，只东南角稍缺。东南角部呈八字形摆置有两块宽约0.3米的大块板石，有可能是移位的边石。西南角部的石块缺失较多，大范围地暴露着斜坡状的黄土层表。南侧中央偏东，存有三块相连的板石，大者长、宽均超过0.4米，很像登台的一步台阶。

续建后的石台整体东西长7.5、南北长7.4米许。普遍高出地表约0.2米。最高处为内台北半部，高出南半部和东西两侧近0.4米，最外层的续台构筑后形成了中部较平，南部最低的三级阶梯状，台表南北向的水平高差可达2.5米，但其东西横向的各段相对较平（图一一一）。

台上淤土清理中，于内墙的东南角处和墙外中部各出土铁钉1枚，外墙东南角部出土铁镢1件，南侧外墙中段石缝内出土玛瑙管1件。石台中、北部发现有瓦当残件和板瓦的碎片，台上及台东还获得一些陶片。

ⅠST11出土板瓦、瓦当、陶器、棺钉、铁镢、玛瑙珠等22件遗物。

板瓦残片10件。均为夹细砂陶，颜色有红褐、灰褐和黑灰等多种。凸面拍印绳纹、方格纹者较多（图版五九，1、2、5、6），拍篮纹者2件（图一一三）。

其中ⅠST11：标2饰细密篮纹（图版五九，4）。ⅠST11：标9，瓦胎黑色，残块较小，仅存宽条篮纹四道（图一一三，5）。

瓦当1件。ⅠST11：4，黑灰色，主题图案乳钉纹，残块仅存瓦当的六分之一，直径约16、边轮厚1.4厘米。

陶器残片共7件。

口沿4件。均为红褐色，重唇侈口，应为深腹罐口沿。

ⅠST11：6、10、12三件，口径8～12厘米不等，重唇之下唇内缩于上唇唇面较多（图一一二，5、4、2），与ⅠST11：11上下唇唇面基本平齐的形制有所差异。保存有较大上腹的ⅠST11：6、10也与ⅠST11：11的上腹外弧较鼓有所区别（图一一二，3）。

器底1件。ⅠST11：8，黄褐色，夹砂较细，手制，底、壁均很薄，平底。底径6.1、厚0.3厘米。应为深腹罐底（图一一二，6）。

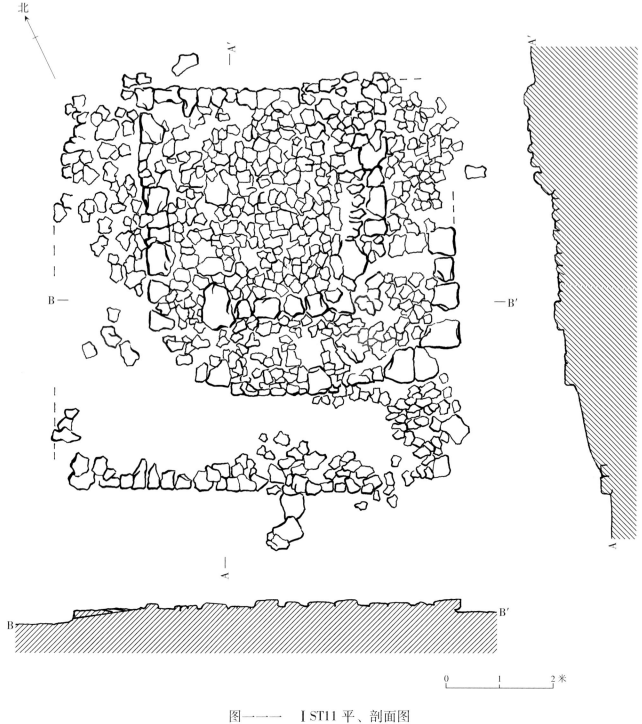

图一一一　ⅠST11 平、剖面图

器腹 2 件。

ⅠST11：9，黑褐色，夹砂较细。残厚 0.3 厘米，亦为深腹罐类。

ⅠST11：13，灰褐色，夹砂较粗。壁、底胎约厚 2 厘米，显然是瓮类较大器形的残片。

棺钉 2 件。形制完全不同。

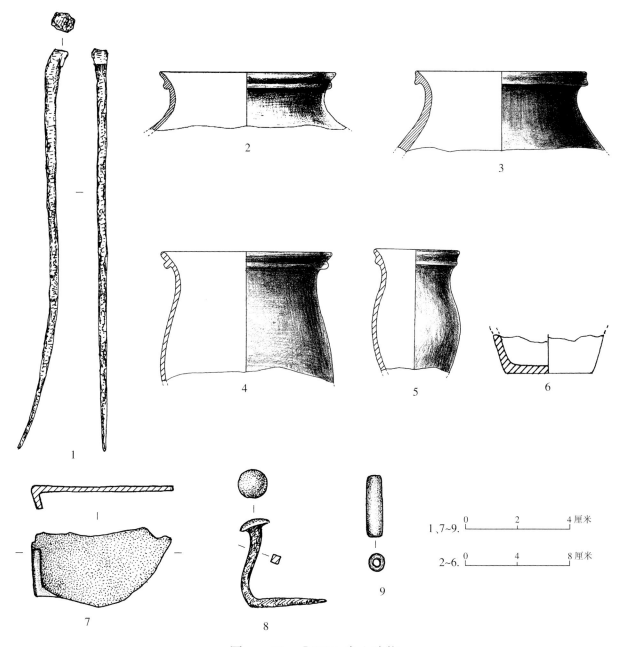

图一一二　ⅠST11 出土遗物

1. 铁钉（ⅠST11：5）　　2. 深腹罐口沿（ⅠST11：12）　　3. 深腹罐口沿（ⅠST11：11）　　4. 深腹罐口沿（ⅠST11：10）　　5. 深腹
罐口沿（ⅠST11：6）　　6. 罐底（ⅠST11：8）　　7. 铁镢残片（ⅠST11：3）　　8. 铁钉（ⅠST11：2）　　9. 玛瑙管（ⅠST11：1）

　　ⅠST11：2，截面作方形，为圆形钉帽的四棱锥形钉。出土时钉身下半部已向一侧直角弯曲。长
6.3、帽径 1 厘米（图一一二，8）。

　　ⅠST11：5，是一枚长达 27 厘米的大铁钉，黄黑色，略有弯曲。钉身截面为方形，顶端稍弯呈方
形钉帽。长 27、宽 0.9 厘米（图一一二，1；图版七八，1）。

　　铁镢 1 件。ⅠST11：3，系残件。残片为銎口部分，残存的一面镢身呈半圆形，只保留有互呈直
角的正面和一个侧面。残长 4.6、残宽 2.2、壁厚 0.3 厘米（图一一二，7；图版七二，1）。

　　玛瑙管 1 件。ⅠST11：1，红色，玛瑙制成环形柱体，中心有纵穿的细孔。两端面不规则，外径 0.5、内径 0.3、残长 2.1 厘米（图一一二，9；图版八一，7）。

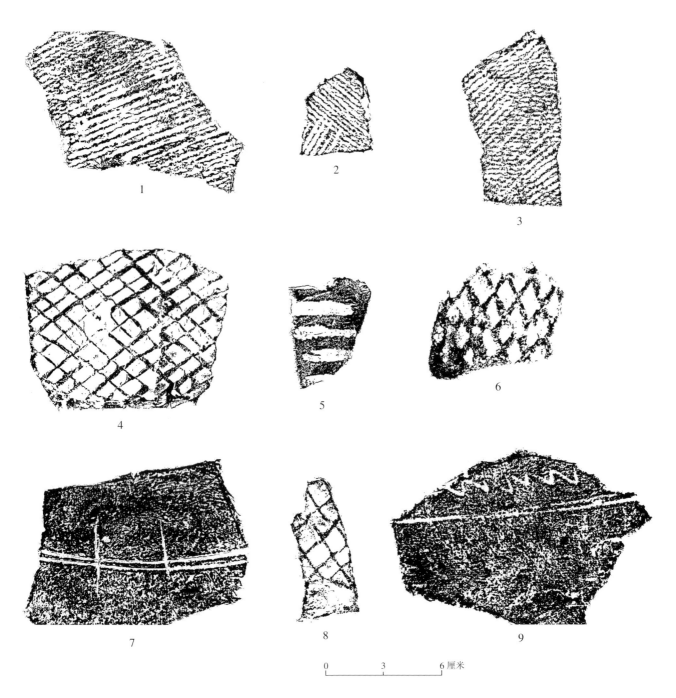

0　　　　3　　　　6 厘米

图一一三　ⅠST11、ⅠST1 出土瓦片拓片

1~3. 绳纹（ⅠST11：标 11、ⅠST11：标 7、ⅠST11：标 5）　4、8. 小方格纹（ⅠST11：标 10、ⅠST11：标 6）
5. 宽篮纹（ⅠST11：标 4）　6. ⅠST11：12 方格纹　7、9. 纹饰陶片（ⅠST1：19、ⅠST1：25）

第五章　墓群相关问题探讨

经过 1959 年和 1964 年两次发掘，关于六顶山墓群的年代、性质已经相对清楚，2004～2005 年复查又有了很多新的发现。总括多年来的调查和此次发掘，我们对该墓群的认识整合如下。

第一节　遗物综述

截至 2009 年，在墓葬复查及发掘中，共出土和采获的遗物计 600 余件，大致可分为陶器、瓦件、金属器和玉石玻璃器四个品类。其中玉石玻璃器主要为环、管、珠等小件饰物，金属器最多的是带具和带饰，并有相当数量的镯、环及饰件，几乎所有品类，都见于以往发掘的渤海墓地中。如牌饰即属已知渤海或靺鞨人常见器物之一，其他如方形、半圆形的双片复合带銙，半圆形铊尾，以及用对折铜片固定游环的带扣等，普遍见于永吉查里巴①、安图东清②、宁安虹鳟鱼场③等年代相近的渤海墓地。其形制特征，与年代略有差异的永吉杨屯④、榆树老河深⑤和龙北大⑥等地同类遗物也相近同。铁器中的刀、环、钉类和甲片，以及金银饰品亦见于上述几处墓地，但镞类中ⅠM3 出土的 A、B 两型长身和三翼形镞，在东清、北大及虹鳟鱼场墓地均没有发现，相同的器形只见于杨屯、老河深、查里巴等第二松花江沿线的渤海墓葬，反映出彼此文化关系和渊源的亲疏。稍具断代意义的是ⅠM73 出土的半块祥禽瑞兽葡萄纹镜，这种构图的铜镜在中原大致出现于唐初武则天时期，流行于盛唐。从 M73 铜镜的质料做工看，此件得自于中原无疑。遗物中还有 1 件绞胎杯口和 3 件三彩器残片，三彩器根据北京大学文博学院科技考古试验室的检测研究，很大可能是来自中原，绞胎杯为中原黄冶窑产品也无疑问，其与铜镜都是渤海与大唐紧密联系的写照（参见附录一）。

六顶山的瓦件特征鲜明，兽面纹雕砖粗犷豪放，乳钉纹、十字纹瓦当构图简洁，板瓦所印绳纹、篮纹、方格纹变化多样，但传承却有些复杂。其板瓦上的绳纹、方格纹和蓝纹三种纹样，在 5 世纪前后高句丽的瓦件上都可以见到，方格纹和绳纹在夫余文化中也有发现。所异者是，六顶山的方格纹网细而格宽，与高句丽国内城、丸都城，以至于将军坟陵祀遗址板瓦上的小方格纹⑦颇有差距，同时也和夫余遗存如东团山、南城子等地出土的网格作坡面棱脊的方格纹有所不同。从目前材料看，这里发现较多的乳钉纹、十字纹瓦当，篮纹、方格纹板瓦，以及颇富装饰效果的兽面花纹雕砖，在年代稍晚的和龙西古城⑧、珲春八连城⑨及和龙北大⑩、龙海墓地⑪建筑址中，并没有得到延续，应该是只流行一时并独具特色的装饰和构件。兽面砖通常用于斜脊下的装饰，北魏时期中原已经使用，唐时仍很流行。ⅠM3：1 砖上的兽面，与汉魏洛阳城一号房址出土的雕砖在造型和兽面形象上都很相近，传承自中原无疑[12]。十字花纹瓦当以往材料中比较少见，高句丽时期遗址中出土的目前仅见于丹东凤凰山城[13]，构图上二者有较大差异。乳钉纹瓦当和高句丽的联珠纹瓦当有着几分相似，集安东台子[14]、珲春温德赫部城[15]、丹东瑷河尖古城[16]、抚顺高尔山城[17]都曾出土联珠纹瓦当，但其联珠多作当面的外圈装饰，联珠小而密集，与六顶山四大四小的疏朗图案有所不同。东台子发现的一件构图有形似飞鸟的浮雕，外圈加饰的联珠亦较稀疏，和六顶山出土的最为相近，但乳钉却不及高句丽晚期抚顺高尔山城所出者形似。应该说，六顶山在建筑构件方面汲取了多种营养，并且吸纳了中原文化的一些因素，但得自高句丽方面的影响也十分明显。

六顶山的陶器以夹细砂褐陶为主，这次发掘到的器类有瓮、罐、盆、甑、壶、瓶、盘、杯八种。深腹罐多夹粗砂，只少数几件带桥状横耳的鼓腹罐为含砂较少的泥质陶。其中鞨鞨罐、细颈瓶等多数器形在前述几处墓群或墓地都可见到，具有典型的渤海陶器特征，但Ⅰ M3、Ⅰ M56等墓出土的带有横桥耳或横扳耳的鼓腹罐，却很少见于东清、北大、虹鳟鱼场等图们江、牡丹江流域的渤海墓地。和Ⅰ M3那种铁镞所显现的分布情形一样，这类罐在二松江中游杨屯、查里巴、老河深墓地也有较多发现，表现出与粟末鞨鞨的较多一致和对夫余文化的某些继承。

陶器已修复的仅14件，包括残片可作型式划分者有以下几类。

罐类残片和修复的数量最多，有侈口和敛口两类，侈口罐中又可分为深腹、鼓腹和广腹三个亚类。

深腹罐　沿唇未缺者22件，依重唇唇沿的纵、横向差距分四式（图一一四），序列首尾业经舒兰珠山遗址的层位关系证实[18]。

Ⅰ式　上唇长，下唇有较大内缩。6件，出自五个单位，其中Ⅰ M3:72已修复，Ⅰ M53:1残片较小，Ⅰ ST1和Ⅰ ST11各有1件修复大半，Ⅰ M7:5下唇部刻有不等距竖向短线。

Ⅱ式　上下唇缘宽度有差，下唇仍有内缩。5件中Ⅰ M3和Ⅰ ST5所出3件已修复，另2件分别出于Ⅰ ST1和Ⅰ ST11。

Ⅲ式　上下唇紧凑，唇缘平齐。6件，分见于Ⅰ M5、Ⅰ M24、Ⅰ M53、Ⅱ M42和Ⅰ ST1五个单位，Ⅰ区采集的1件颈下有戳点和刻划水波纹。

Ⅳ式　重唇消失，变作圆唇。2件，均已修复，分出于Ⅰ M56和Ⅱ M127。

鼓腹罐　残片亦多，依口部可分两型（图一一七）。

A型　圆唇或方唇侈口，分三式，变化同于瓮类。

Ⅰ式　圆唇或方唇侈口，略有弧曲束颈。3件，其中Ⅱ M94:8已修复，Ⅰ F1Ⅰ:2、M5:60为残片（图版八七，3）。

Ⅱ式　束颈明显。3件残口沿，分别出自Ⅰ ST、Ⅰ M5和Ⅱ M29三个单位。

Ⅲ式　束颈较直，明显加高。2件，分出于Ⅰ M13和Ⅰ M10。

B型　重唇侈口，比照深腹罐变化可分二式。

Ⅰ式　上唇较长，竖直若浅盘口。2件，分见于Ⅰ ST1和Ⅰ M53两个单位。

Ⅱ式　上下唇相近，唇面有清晰凹槽。2件，均出自Ⅰ M5墓南表土下。

广腹罐　2件，分别出于Ⅰ M7和Ⅱ M74。前者平肩，口部近同Ⅲ式瓶。后者圆肩，口残，但腹部有三组弦纹，做法与Ⅱ M5、Ⅱ M6（原编号M205、206）瓶罐腹部弦纹相一致。因为Ⅱ M5同出的Ⅱ式深腹罐早于Ⅲ式瓶，似可为据分出二式，Ⅰ式圆肩，Ⅱ式平肩（图一一六）。

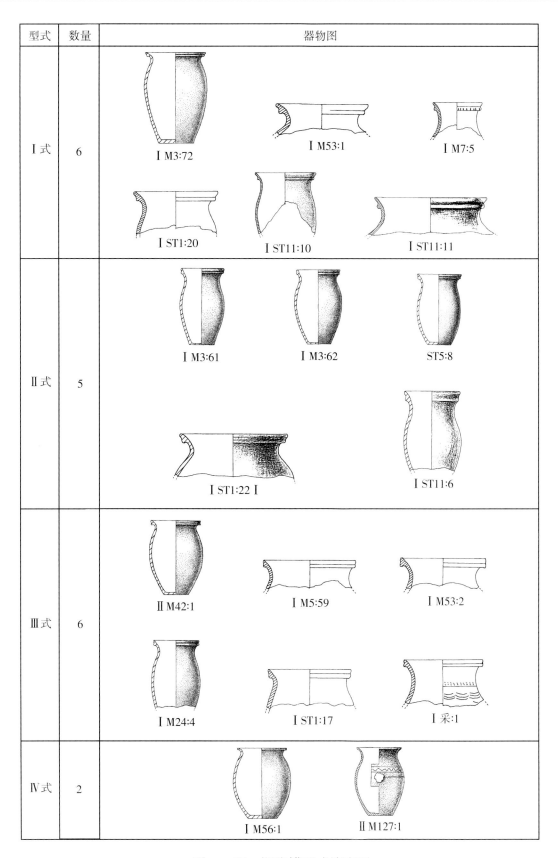

图一一四　深腹罐型式演变图

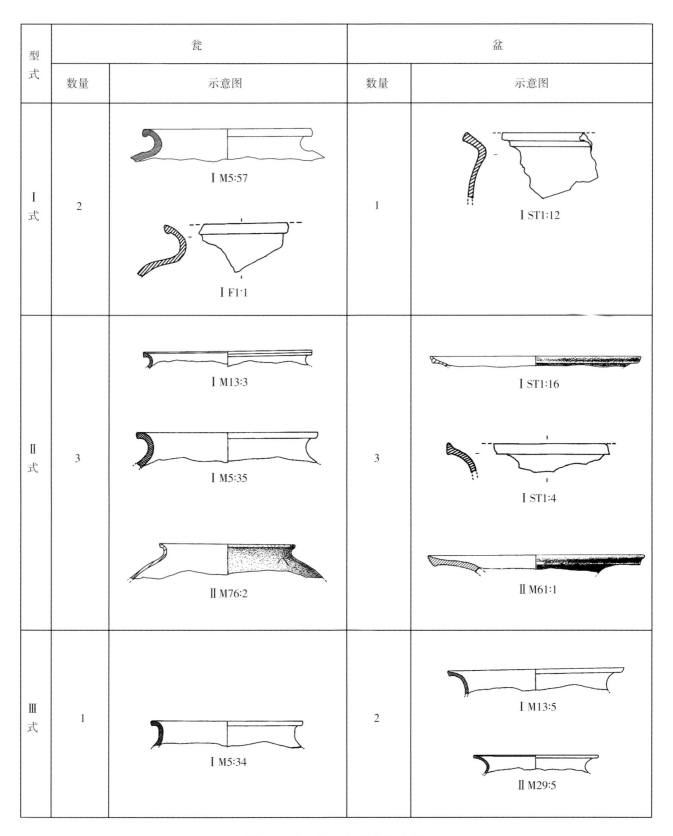

型式	瓮			盆		
	数量	示意图		数量	示意图	
I 式	2	I M5:57　　I F1:1		1	I ST1:12	
II 式	3	I M13:3　　I M5:35　　II M76:2		3	I ST1:16　　I ST1:4　　II M61:1	
III 式	1	I M5:34		2	I M13:5　　II M29:5	

图一一五　瓮、盆型式演变图

型式	敛口罐			广腹罐	
	数量	示意图		数量	示意图
Ⅰ式	1	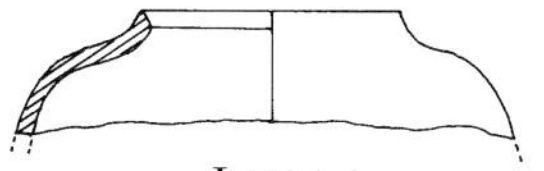 Ⅰ M24:6		1	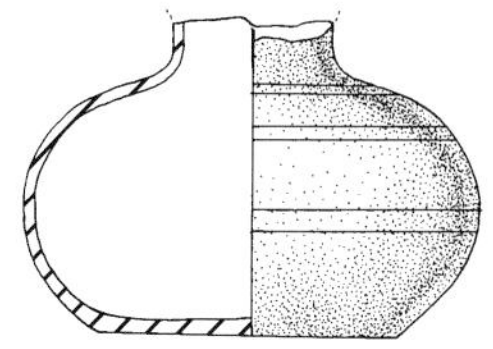 Ⅱ M74:1
Ⅱ式	2	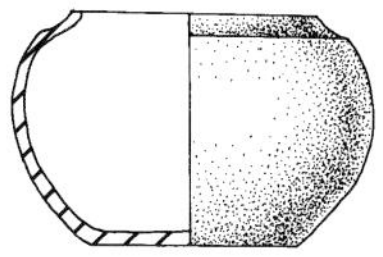 Ⅱ M48:16 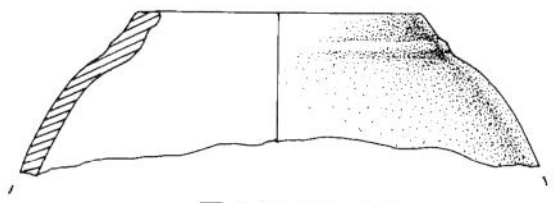　　Ⅱ M126:14		1	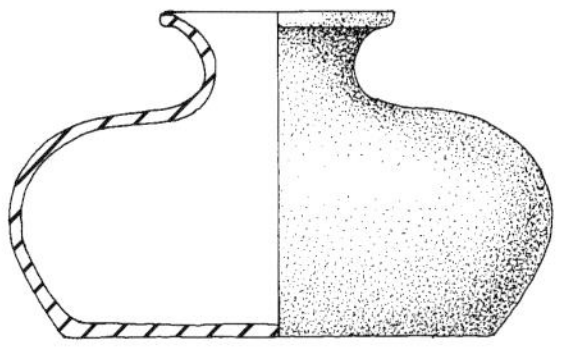 Ⅰ M8:3

图一一六　敛口罐、广腹罐型式演变图

敛口罐　3件，可分二式。其中Ⅰ式的Ⅰ M24：6为矮直口，形制与1964年出土的Ⅰ M104：02相同，可能早于Ⅱ式的Ⅱ M126和Ⅱ M48的内斜口。以往研究中，乔梁、刘晓东二位均以较长的内斜敛口排序在后[19]，可为之证。

瓮　口沿8件，出自三个单位，其中6件出于Ⅰ M5墓南表土，应非全为墓内随葬器，有些可能为后人墓祭的遗留物。依颈部可分为三式（图一一五）。

Ⅰ式　侈口，唇沿稍外卷。3件，均为Ⅰ M5墓南较远处出土。

Ⅱ式　侈口，大卷沿。4件。2件出自Ⅰ M5墓南；另外2件分出于Ⅱ M76和Ⅰ M13。

Ⅲ式　宽卷沿，束颈较高。仅Ⅰ M5南侧发现1件。

和A型鼓腹罐一样，瓮类的序列首尾也缺乏层位关系佐证。已有的间接证据是，Ⅰ M13、14为形制相同的圹室墓，后者建在Ⅰ M5倒塌堆积上，而Ⅰ M13未出M5所出的Ⅰ式瓮和Ⅰ式A型鼓腹罐的口沿。

盆　口沿7件，可分三式。依Ⅱ M29和Ⅱ M5（原编M205）中盆罐共生关系并参照瓮类序列，知Ⅰ式早于Ⅲ式（图一一五）。

Ⅰ式　方唇折沿。1件，Ⅰ ST1：12，残存上腹，形同Ⅱ M5中1964年发掘品。

Ⅱ式　斜方唇宽展沿。3件，分出于Ⅱ M61和Ⅰ ST1，均只残存沿部。

Ⅲ式　方唇或斜方唇曲展沿。3件，Ⅰ M13和Ⅱ M29两片残块稍大，Ⅰ ST11：14仅存展沿部分。

壶　口沿4件。依口部可分两型，可能为式的关系，序列早晚不能确定（图一一八）。

A型　短颈。2件。Ⅰ ST5：18，唇面有一凹线，Ⅰ采：1曲颈稍长（图版八八，5）。

B型　长颈。2件。Ⅰ M62：1，曲颈圆肩（图版八八，6），Ⅰ M57：2颈部较直。

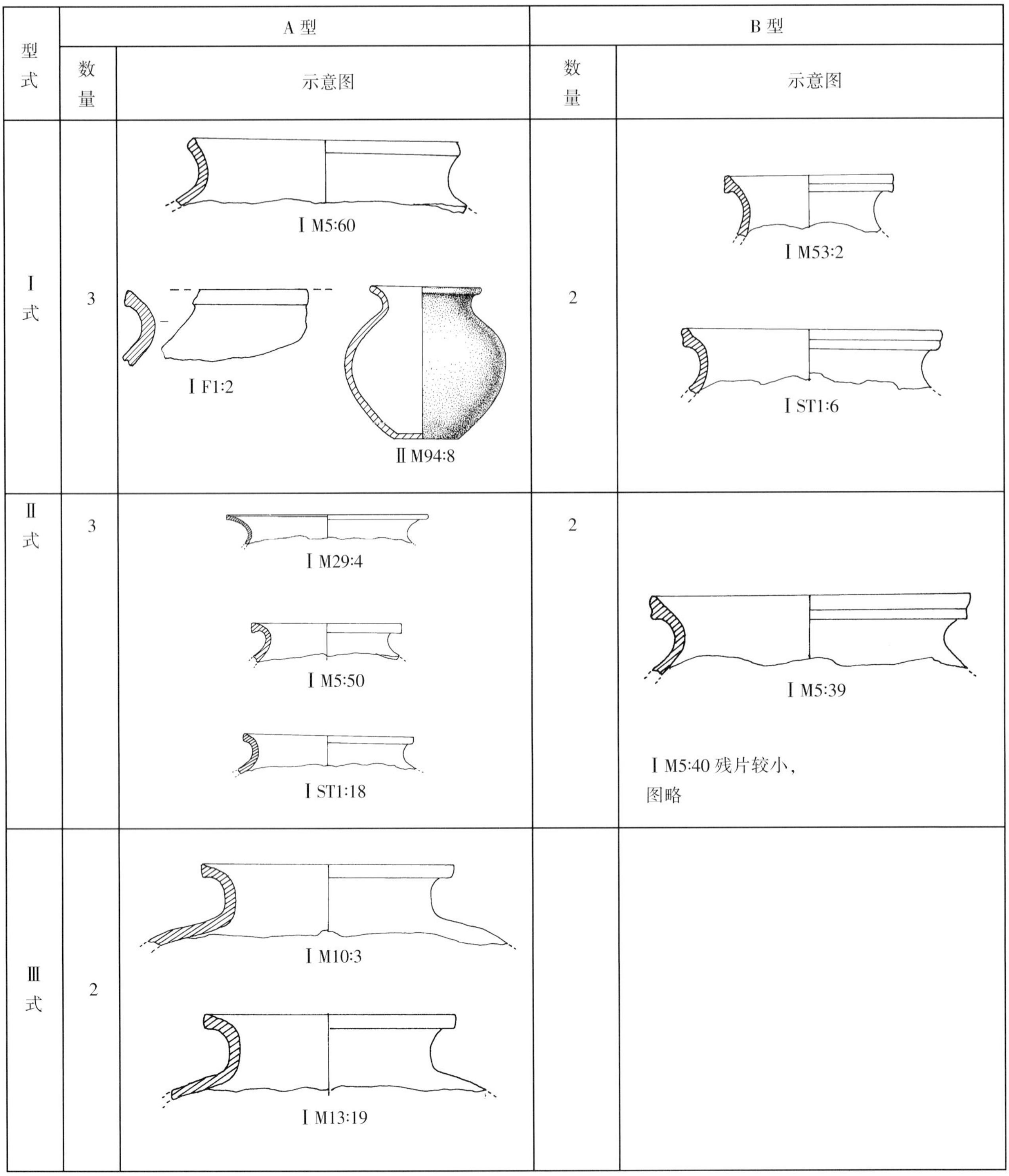

型式	A 型			B 型	
	数量	示意图		数量	示意图
Ⅰ式	3	ⅠM5:60　ⅠF1:2　ⅡM94:8		2	ⅠM53:2　ⅠST1:6
Ⅱ式	3	ⅠM29:4　ⅠM5:50　ⅠST1:18		2	ⅠM5:39　ⅠM5:40残片较小，图略
Ⅲ式	2	ⅠM10:3　ⅠM13:19			

图一一七　鼓腹罐型式演变图

瓶　口沿5件，皆未见于六顶山的以往发掘，暂分三型（图一一八）。

A 型　重唇展沿。2件，均出自ⅠST1，颈部长短可能有式的差别，但首尾不能断定，暂不分式。

B 型　方唇斜展沿。2件，不分式。

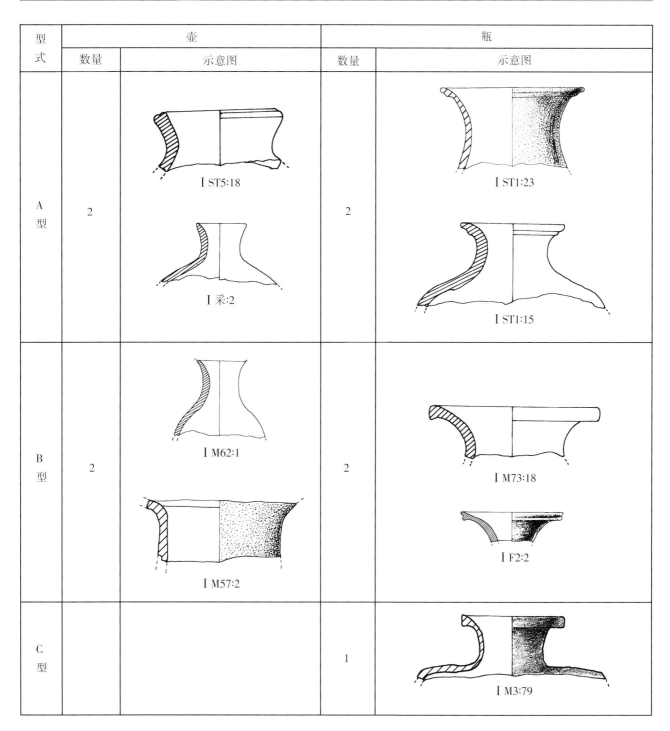

型式	壶		瓶	
	数量	示意图	数量	示意图
A型	2	Ⅰ ST5:18 Ⅰ 采:2	2	Ⅰ ST1:23 Ⅰ ST1:15
B型	2	Ⅰ M62:1 Ⅰ M57:2	2	Ⅰ M73:18 Ⅰ F2:2
C型			1	Ⅰ M3:79

图一一八　壶、瓶型式演变图

　　C 型　方唇折沿。1 件。Ⅰ M3：79，颈部较高残留有平肩，与虹鳟鱼场 1 件残器肩部相似。

　　以上排序显示出六顶山古墓群有一个较长的时间跨度，各类墓均有早晚不同。序列中以盆、罐、瓮较为清楚，但由于各墓或只出土 1 件，或只有一种器形，陶器总量不足，共生和可比的同类器物很少，目前尚难据以作出墓群分期，更不能将各墓一一定位。但从总体看，Ⅰ ST1 和 Ⅰ ST11 构筑可能较早，并且都有一个较长的使用时间。

第二节　墓葬形制特征及其序列

六顶山墓群的四类墓中，以土坑墓数量最多，石椁墓次之，而圹室墓和石室墓两类合计，也仅占墓群总数的 13%，可见前两种形制是墓群中的主流。

目前统计，土坑墓已可占到墓群总数的 60% 以上，其在二墓区的数量甚至超过 70%（图），这在本次复查之初是根本没有想到的。这类墓葬普遍有封土，封土外表有包石和不包石两种，从保存稍好的墓葬看，包石墓的封土较未包石墓普遍为高，包石有效地防止了封土的过多流失。根据封土包石的留存现状，可知原封土形状有方有圆，包石部位多数只在下部加包成排或圈的二至三层石块，但也有些墓如 I M73 加护到顶或接近顶部。以往发掘的 II M9、M10（原 M209 和 M210），以及本次清理的 II M111、II M112 等均为只封护了封土南侧的土坑包石墓，而非特例的石室墓[20]。

迄今为止，六顶山的土坑墓已经发掘了 14 座，总体来看，这类墓大小有差，单、双墓穴者都有，墓穴均为长方形浅坑，使用木质棺、椁，并普遍采用火葬。从绝大多数墓穴中见到的烧土、炭块，以及一些墓葬底部发现的垫棺石判断，其火葬普遍在墓穴中进行，封土则是在木椁焚烧将尽时即加填埋的，故其中常杂有烧结的土块和炭块。但是，像 I M60、II M25 一类在土坑上口摆砌一道石边的墓葬，则是本次复查在六顶山墓群的一个新发现，这类墓以往只在第二松花江流域的榆树老河深、永吉杨屯曾经见到，而牡丹江乃至图们江流域则很少见。就形制而言，它介于土坑墓和石棺墓之间，I M74 上部砌石，下部土壁的情形是最好的说明，以往有研究认为此类墓是渤海土坑墓向石室墓演变的中间形式[21]，很有见地，但其定名，由于此类墓的墓室大部分为土壁，称为土坑石边墓更为合理。

石椁（棺）墓依据 2005 年的核定统计，两区共有 45 座，约占总数的 19%，数量上一墓区较二墓区略多。此类墓已经发掘了 13 座，其中本次清理的 I M24、II M78、II M82 三座出有棺钉，I M29、II M28 等墓中发现有如炭块、底板炭迹等木质葬具的残迹，I M55、II M127 两墓除填土中的烧土炭渣外，还发现墓底摆放着排列有序的垫棺石。种种迹象表明大部分这类墓葬的石砌墓室中，另有木棺之类葬具盛装人骨，可称石椁，但也有一些未见木质葬具痕迹者，或仍应称"石棺"。六顶山的石椁平面多呈长方形，不设墓门，四壁均以平面向内的块石砌筑整齐，角部抵接或连砌，形状普遍规整，入葬后封土，部分加盖石，已发掘者约半数有火葬迹象。小石椁的盖石多横担于两侧壁上，较大的墓椁则用块石与土混封，相比较而言，以块石杂土混封者火葬者所占比例较大，从墓上情况看，此类墓绝大多数都在封土外加护了包石。

值得注意的是，本次发掘的石椁（棺）墓中，I M16、I M18 和 I M29 三座形制较为特殊。I M16、I M18 都在规整石椁中立置一板石，将椁室分隔成局部可以连通的两部分。虽然 I M18 的人骨残块多出自面积较大的南半部，I M16 较小部分为土壁，仅在上口砌石，但因两墓均未见随葬品，其面积较小的部分还不能认定为专门放置随葬品的足箱或头箱，有待进一步研究。I M29

椁室狭长，南端石壁之外有一段用单层小石块摆砌的向南延长，似为象征性甬道，和Ⅰ M16 的南壁有相通之处。类似的墓例以往在其他墓地没有发现，尚不能纳入渤海石椁墓的整体演变序列之中，但由于以上三墓均处于墓区边缘地带，目前我们倾向认为此类墓在本墓群中属于晚出的特例形制。

圹室墓现存 26 座，占墓群总数的 11% 强。此类墓的半数集中于二墓区中部及中部以西区域，占据了该墓区较好位置，一墓区的 13 座也相对集中在中部，少数插花于坡下石室墓间的空地，位置亦较土坑墓为好。这类墓的大多数已经发掘或已被盗掘，此次复查中有意保留了相对完好 4 座未作清理。从发掘情况看，此类墓多数构于平整后的地表之上，有的向下挖有浅坑，沿坑壁砌石。此类墓平面也有方形和长方形两种，南壁上都辟甬道，甬道两侧或一侧立石板是其明显特征[22]。方形圹室四壁多以土和小块石混筑，少数用石材垒砌二至三层。圹室深度一般在 0.3 ~ 0.5 米之间，个别墓底铺石。长方形圹室多以块石砌筑四壁，深于方形墓室但亦多不足 0.6 米，墓底均不铺石。

石室墓至 2005 年发掘认定的只有 9 座，约占墓群总数的 4%。9 座石室墓中只Ⅰ M2 保存完好，早年塌落的一块盖顶石业已归位加固。其余各墓大多仍残存有不低于 0.8 米的墓室内、外石壁高度，Ⅰ M1、Ⅰ M7 等 4 座墓发现有被移弃的盖石；Ⅰ M6 有砖铺地面，Ⅰ M5 有砌筑考究的墓门、甬道；Ⅰ M8、Ⅰ M9 的墓门封石尚存；Ⅰ M4 外围发现了包括贯通于墓室正中水沟的一整套排水设施。

第三章中我们以墓外封土的不同对墓葬作了分亚类介绍，此外不容忽视的是，在墓室形状和结构上 9 座石室墓也有较大差异。如：按墓室的形状有方形和长方两种，按构建方式有建于地下的如Ⅰ M6，建于地上的如Ⅰ M1、Ⅰ M7、Ⅰ M4、Ⅰ M5 以及半地上半地下的如Ⅰ M2、Ⅰ M8、Ⅰ M9 等各种不同。借鉴以往研究，从渤海石室墓自地上转于地下这一总体趋势来看，我们认为墓室形状的差别可据以分型，而墓室构建深度应作为式的标准。如此可排成Ⅰ式地上，Ⅱ式半地上，Ⅲ式地下的次序，从而显示其形制的变化和早晚序列。六顶山墓群中的 A 型方形墓室，可排定Ⅰ式有Ⅰ M1、Ⅰ M7 和Ⅰ M4，Ⅱ式的仅有Ⅰ M2 贞惠公主墓一例。B 型的长方形墓可排出Ⅰ式如Ⅰ M5，Ⅱ式的Ⅰ M8、Ⅰ M9，Ⅲ式也仅有Ⅰ M6 一例。

相对而言，石室墓中的 A 型墓大多占据中心位置，B 型墓则普遍分布于边缘地带，A 型应早于 B 型。因为一般来说，一个墓地的形成若无事先的规划，先葬者总是可以占据到中间或坡上的开阔地点，而后葬者只好逐渐向外向下开散，最终只能构筑在边缘陡坡地带。六顶山墓群各类墓都有相互杂错，纵向横向皆不成排的现象，分布不够有序，可能就是缺乏统一规划的缘故。如果把圹室墓也按墓室形状分成两型，则现知方形墓室的 A 型多数都构建于墓区中上部较好的位置，而长方形墓室的 B 型墓，普遍分布在墓区边缘，两个墓区情况相同。其序列和石室墓一样，同样应该是 A 型早于 B 型。

土坑墓也有这种情况，从封土的包石和不包石看，分布在二区东片偏上的土坑墓封土并不包石，而自Ⅱ M111、Ⅱ M112 向下诸墓间或已有包石；西片较多土坑石边墓的区域中，有石边和无石边两种土坑墓，绝大多数加护了包石，石棺墓中包石的也多半分布于边缘。如果说封土加包石是造墓经验的积累，土坑石边墓为土坑墓的晚出形制，则这一序列已得到分布上的验证。而若上节所排陶器序列不误，据深腹罐可知土坑包石墓ⅠM3、ⅠM53早于石椁墓ⅠM24、ⅠM42和ⅡM127，石室墓以ⅠM7年代较早；据敛口罐可知相对位于墓区中心的ⅠM24石棺墓早于位于边缘的土坑包石墓；据盆、瓮可知插花于大墓之间的ⅠM13晚于邻近的ⅠM5的年代，但可能早于偏在墓区一隅的土坑墓ⅠM10，均与上述序列不悖。此外，作为B型圹室墓和中间立石板的石椁墓属晚出形制的证明，还可补充的层位关系，有长方形墓室的ⅠM14及特例石棺ⅠM15，分别叠压在位置相对偏上或居中的ⅠM3、ⅠM5墓上建筑的倒塌堆积上。

如此看来，以往关于二墓区早于一墓区的认识恐不能一概而论。在墓群整体年代标尺有待确认的情况下，根据二墓区墓葬形制、密度，以及一区上部的土坑墓封土大多包石，形制和分布特点同于二区西部这一实际状况，我们同意一墓区北片墓葬普遍晚于二区中心区域甚至西侧墓葬的说法，但一区南片大墓是否都晚于二区墓葬年代尚需斟酌。因为从深腹罐的序列可知，ⅠM7的年代不晚，ⅠM3也与ⅡM5相接近。

第三节　葬俗和葬法

在本次复查中，属于首次发掘的墓葬计26座，多数为土坑墓类，包括石椁和圹室墓，共有20座发现有火烧后的人骨，说明在六顶山火葬的葬法占据主导地位。属于再清理的ⅠM3，除了火葬的两棺之外还发现仰身直肢的一次葬一例，二次迁葬一例（这三种葬法也见于1964年发掘的20座墓中），说明该墓群葬法的复杂。总括历次发掘积累的近30座墓的埋葬情况，已能就六顶山墓群各主要墓类的埋葬形式作出归纳，并就葬俗提出一些看法。

石室墓中的人骨在1959年发掘时已经扰动过，报告称ⅠM1、ⅠM2、ⅠM4、ⅠM5四墓均见有人骨，另于石棺墓ⅠM12及圹室墓ⅠM11发现了头骨和肢骨，但对葬法均未细述。2009年整理期间，我们在吉林省博物院库房中找到的其中部分人骨[23]，已经吉林大学魏东等作了鉴定（参见附录）。这批骨骼保存尚好，头、肢骨多数完整，且均未经火焚，可以认定为一次葬或二次迁葬，而绝非火葬。

石椁（棺）墓到目前共发掘了13座，发现人骨的共5座，其中ⅠM12仅存一头骨，报告中未说有火烧情况，应为二次葬。ⅡM3（原号M203）报告认为属双人侧身屈肢葬，但据所附平面图，二人肢骨皆不全，颅顶向上，与侧身体位不合，可能亦属二次葬。本次发掘的ⅠM16、ⅠM24、ⅡM78等3座见到烧灼碎骨，另有ⅠM18、ⅠM29、ⅡM28、ⅡM81和ⅡM127等5座墓发现了木炭烧土的火葬迹象，总体上此类墓似以火葬者居多。

土坑墓先后共清理了18座，11座发现火烧碎骨，包括其他已核定但未发掘的，土坑墓几乎大都使用火葬，很少例外。其火葬如第三章中所述是在墓穴中进行的，人骨焚烧较为彻底。本次发掘的墓葬中，绝大多数的墓中人骨均呈碎小的渣块，头、肢、肋骨相混杂，很多墓葬碎骨位置相对集中成片，并非尸体的自然体位，显示的是一种二次葬的火葬。同时，我们也注意到有些墓葬如ⅡM94烧骨的数量很少，根本不足一个人体，似乎表明其入棺（椁）焚烧的可能仅仅是墓主人的部分骨骸。

土坑墓一次葬的火葬甚少，1964 年发掘的ⅠM9、ⅠM14 两墓，均发现有似仰身直肢体位的人骨放置在经过焚烧的木质葬具之中，属于个例。

圹室墓的火葬也很普遍，已发掘的这类墓如附表二中所列，约有近七成墓葬中发现有经过火烧的棺椁，半数以上墓中发现有烧碎的人骨渣块。其葬法与土坑墓基本相同，火葬的过程也是在墓室中进行的，火焰将熄时即填土封埋。

不火葬的圹室墓以往也有发现，如 1959 年发掘的ⅠM11，墓中出有头骨 2 具，1964 年发掘的ⅠM101 出有 5 个头骨，报告中均未称其为火葬。此外还有ⅠM102、ⅠM105、ⅡM13、ⅡM15 四墓人骨葬具未见焚烧痕迹，报告归之于二次迁葬之中。据此统计，已发掘墓中有近三分之一的圹室墓采用二次葬而不使用火葬。

值得注意的是，1964 年发掘的火葬圹室墓中，还有同一墓中多次进行火葬和火葬之后又以"并骨"迁葬形式进行的他人二次合葬。如ⅡM5，墓内发现有间隔 14～25 厘米的两层棺椁木炭，下层木炭上面出有人骨和陶罐，上层木炭层上葬有包括一名幼儿在内的 3 个人骨个体，骨骸多已烧成粉末状。ⅡM6 两具火葬木椁的西侧，还有一堆未经火烧人骨，其中包括 3 个头骨和肢肋骨。ⅡM11 在墓底葬具炭灰层上，见有 6 个头骨分在四角，有的头骨附近散有零散的肢骨。

类似的情况在土坑墓中也有发现，如ⅠM3 在火葬的中、东两椁之上，1959 年发掘时还清理出头骨 4 具和一对成年男女已不完全的肢骨。ⅡM84 封土南侧的探沟中见到间隔有 5～8 厘米含沙黄黏土的两层炭渣烧土，上层炭灰已弥漫出底部土坑之外，达到封土包石的边缘。但相比较而言，土坑墓的合葬还是以双坑并棺火葬为多见，如ⅠM3、ⅡM111、ⅡM126 等。

作为血缘或亲缘关系的一种表现形式，不论是同墓中的多次火葬，还是二次迁葬与火葬的合葬，六顶山的这种合葬（或称附葬）从社会发展的角度看，应该是以家庭为单位的。印证于史书记载，则六顶山的火葬、二次葬俗具有葬鞨鞨人传统，而"附葬"式的合葬可能来自沃沮的影响。文献中《北史》记契丹人"其俗与鞨鞨同，好为寇盗。父母死而悲哭者，以为不壮。但以其尸置于山树上，经三年后，乃收其骨而获焚之"[24]，说明鞨鞨使用火葬。《三国志·东夷传》中记沃沮人有"新死者皆假埋之，才使覆形，皮肉尽，乃取骨置椁中，举家皆共一椁"的习俗[25]。考古材料中，属于黑水鞨鞨的萝北团结墓地[26]，属于粟末鞨鞨的榆树老河深、永吉杨屯墓地都有大量的火葬，共性比较明显，但二次葬的合葬却很少见。多人的一次葬合葬，多人的一次葬与二次葬的合葬，在被认定为沃沮人墓地的延吉金谷墓地[27]发掘到 12 座。其墓为土坑石椁或木椁，最多的一墓葬有 11 人，成为史书中"举家皆共一椁"的生动写照。高句丽年代较早的积石墓使用火葬，但晚期封土墓中却大都不使用火葬，普遍采用的是一次葬和一次与二次葬的合葬[28]。

有关渤海葬俗的实证，本次发掘有两个重要收获值得重视。一是停灵和祭祀之台，二是"冢上做屋"。与大量二次火葬、迁葬互相辅承，2004～2005 年的发掘中，在两墓区都发现了用平铺碎石构筑的"石台"遗迹。其作用我们以为是暂厝棺椁的停灵台，死者棺敛后置于台上，而后只取骨骸安葬。如第四章中所述，石台均以单层石块平铺，但处于坡度较大地段的ⅠST1、ⅠST3、ⅠST11 等，地势较低的南侧边缘均以较大石材对缝摆砌工整，最多砌筑有六层块石，表明建造者也有令其表面尽量平坦的愿望。有些石台上发现有陶器和铜、铁器如镯、环、刀、矛等遗物，有些台上发现钉和瓦件，显示了台上可能有过的简易建筑和应时祭奠。但是这些石台表面都没有焚烧迹象，也说明土坑和圹室墓的火葬，实施地点不在台上而在墓内。

作为葬俗之一，渤海的"冢上做屋"在这次发掘得到了验证，ⅠM3墓上建筑的发现是一大收获，让我们切实看到了渤海人的冢上之屋。该建筑为泥墙瓦顶方形木构架建筑，四面有回廊。回廊和室内抹白灰地面，墙上作壁画，檐头用十字花纹和乳钉纹瓦当，脊头用兽面纹砖装饰，可以富丽堂皇来形容。大致相同的墓上建筑，在六顶山大型墓葬中，可能还有一墓区的ⅠM1、ⅠM4和ⅠM5。这几座墓葬周边出有同样的瓦当和兽面砖，与ⅠM3在结构上的共同点是都有整齐的砌石外墙，墓顶易于封成平顶或略凸起的弧顶，适合回廊式屋宇的构建。

"冢上做屋"的另一种形式，有ⅠM2（贞惠墓）ⅠM8、ⅠM9等石室封土墓、ⅠM16、ⅠM19等圹室封土墓，以及ⅡM9、ⅡM10（原号M209、M210）等土坑封土墓，这类墓加封土后均为圆顶，不适合前述回廊式建筑。从发掘情况看，这些墓周边板瓦出土较多，但均无兽面砖，筒瓦和瓦当亦很少见。推测其板瓦可能铺了封土之上，ⅡM9、ⅡM10东南侧发现的连片碎瓦，报告推测为墓顶盖瓦的滑落。和ⅠM3墓上建筑相比，这种盖瓦者可称作"冢上做屋"的另类形制。比它更为简单的还有ⅡM8（原号M208）封土中夹杂碎瓦，以及本次发掘的ⅠM68、ⅡM61封土置几片残板瓦，ⅡM45墓上置瓦当残块，应该只是作为象征，聊具冢上做屋之意。

与停灵石台相关的遗迹，还有在一墓区入口的东边发现了两处房址遗迹，如此构成了墓区的一个完整内容，只房址的用途究竟是伴灵者还是墓区守护人的居所，尚不能确定，有待进一步研究。

第四节　墓群的年代、性质

六顶山墓群埋葬有渤海第三代王大钦茂次女贞惠公主，并有一些形制较大，随葬器物相对丰富、品级较高的墓葬，这在以往两次发掘报告中都有显现。因此，关于墓群为渤海王室贵族墓地的认识，已为学术界所接受，并且在诸多研究成果中得到肯定，只是在年代上对墓群的所处时段尚有早期、前期的不同界定。

2004～2009年的工作中，虽然没能获得文字资料依据，但复查掌握了墓群在类型和分布上的大量信息，发掘获得了包括随葬品和建筑构件等丰富遗物。总括二者，仍然支持以上观点，所获新的认识有以下两点：

1. 关于墓群性质

由于贞惠公主墓志和一批石室大墓的发现，六顶山墓群自发现之日起便被认定为王室贵族墓地，从这次ⅠM1、ⅠM3、ⅠM5等墓大量精美随葬品来看，这一认识不误。另据复查核实结果，六顶山墓群中的大型墓并不仅限于石室墓，土坑墓和圹室墓中，也都有规模可与之相匹的大型墓。这其中包括有大量贵族已属无疑，但含有多少王室贵族还有待证实，目前所知还是仅只贞惠公主一例。

至于墓群中的王陵，本次复查和发掘没有新的突破，以往研究中关于ⅠM6和ⅡM6两座大墓为"珍陵"的看法，似乎还不宜定论，尚需进一步研究。正如一些研究者所论，ⅠM6的年代较贞惠墓要晚，尽管出有涂朱狮耳，不会是珍陵，而ⅡM6虽然规模大、年代早，但作为王陵，没有相应的陵区甚至没有足够大的墓域，如此夹杂在中小墓葬之中，也很令人疑惑。除此而外，现存墓葬中规模堪与以上两墓相匹且年代相近或早于贞惠墓者，圹室墓还有二区的ⅡM5、ⅡM7和ⅡM11等墓，石室墓有一区的ⅠM1和ⅠM5两墓，土坑墓只有ⅠM3一座。但是这些墓葬或因出土遗物品级不够，或因与其他小墓杂处，或因位置与贞惠墓志中"陪葬于珍陵之西原"的不符，目前均难以定为珍陵，是否为其他王陵尚需进一步研究。

综上我们认为六顶山墓群是一处以靺鞨为主包括有王室、贵族和平民的多民族公共墓地，因为中小型墓葬毕竟占据着多数，而王墓或王陵的认定还有待更多的工作。

2. 关于墓群年代

在依陶器建立渤海墓葬年代标尺的研究成果中，对墓地间大致的相对序列比较一致的看法，是把第二松花江流域年代下限为隋或唐初的榆树老河深、永吉杨屯作为渤海建国前粟末靺鞨人的墓地，将和龙北大、海林二道河子[29]等墓地作为渤海中期后半或晚期遗存。和杨屯、老河深相比较，六顶山的陶器群中少了长颈鼓腹罐，多了瓶、壶和盆类，深腹罐口下的花边更多地简化成重唇的形制，说明二者间年代有一定差距。和二道河子、北大等墓地相比，彼此虽器类接近，但器形上差异较大，如瓶类六顶山盘口较浅，北大盘口较深，二道河子M4的1件颈部加有棱线；深腹罐六顶山以重唇口沿较多，圆唇者目前只ⅡM127发现1件，而在其余两地圆唇的都多；盆类北大墓地有的加有矮圈足，其斜腹形制与上京及团结上层渤海晚期盆已很接近，故六顶山墓群年代显然应早。

与六顶山年代接近属于渤海早、中期的较大墓地，如永吉查里巴、安图东清、宁安虹鳟鱼场等，陶器群与六顶山既有共性，也有差别。如深腹罐类，查里巴仍保留有较多的口下花边，虹鳟鱼场花边沿见于其一期，东清少见，六顶山这次仅ⅠM7出残口1件。鼓腹罐类，六顶山完整器形只1件，残片多为矮束颈，同于东清而不及虹鳟鱼场束颈者较多。瓶类，六顶山1964年出土的2件与查里巴互有异同，但这次出土的ⅠM13：5方唇有肩，ⅠF2：2重唇平展不作盘口，与虹鳟鱼场M2024的1件有几分相似，而查里巴、东清均未见到。壶类，六顶山多侈口，和东清一样肩不明显，而虹鳟鱼场多数肩部较凸且口以平展沿为多，与Ⅰ区采集到的1件束颈侈口壶差异较大。结合墓葬形制（六顶山、查里巴均以土坑墓占据多数，而东清和虹鳟鱼场则以石构墓葬占绝大多数，土坑墓仅东清发现一例），并充分考虑各墓地的年代跨度，我们认为六顶山墓群的年代上限晚于永吉查里巴墓地上限，下限早于宁安虹鳟鱼场墓地的三期下限，跨度涵盖了东清。

目前，查里巴墓地年代多被研究者排定在渤海早期，虹鳟鱼场三期的年代报告认为在渤海中期，但也有研究者据M2241出土的方形素面铜镜认为，其主体应该是渤海中后期的墓葬[30]。如此可将六顶山墓地的年代推定在公元8世纪前半至8世纪后期。但依前文石室墓的排序，入葬于公元780年的贞惠公主，墓葬为方形半地下式，年代应晚于方形地上的ⅠM1、ⅠM4和ⅠM7，早于半地下的长方形石室墓ⅠM8和ⅠM9。如果贞惠墓与最早的地上长方形墓ⅠM5的年代相接近，处于墓区边缘的长方形地下墓室ⅠM6、ⅠM8、ⅠM9，年代可能会晚到公元8世纪末或9世纪初，已有的证据是ⅠM7出有Ⅰ式花边状下唇的深腹罐，而ⅠM8的广腹罐从形制看应该晚于虹鳟鱼场M2064甚至和龙北大M7两墓出土的同类罐。

注释

① 吉林省文物考古研究所：《吉林永吉查里巴渤海墓地》，《文物》1995年第9期。

② 延边博物馆等：《吉林东清渤海墓葬清理简报》，《渤海墓葬研究》，吉林人民出版社，2000年。

③ 黑龙江省文物考古研究所：《宁安虹鳟鱼场》，文物出版社，2009年。

④ 吉林省文物工作队等：《吉林永吉杨屯遗址第三次发掘》，《考古学集刊》第7期。

⑤ 吉林省文物考古研究所：《榆树老河深》，文物出版社，1987年。

⑥ 延边博物馆等：《和龙北大渤海墓葬清理简报》，《东北考古与历史》第一辑。

⑦ a. 吉林省文物考古研究所：《国内城》、《丸都山城》，文物出版社，2004年。b. 吉林省文物考古研究所：《吉林集安将军坟西南建筑址发掘简报》，《北方文物》2009年第4期。

⑧ 吉林省文物考古研究所：《西古城》，文物出版社，2008年。

⑨ 吉林省文物考古研究所等：《吉林珲春市八连城内城建筑基址的发掘》，《考古》2009年第6期。

⑩ 延边博物馆等：《和龙北大渤海墓葬清理简报》，《东北考古与历史》第一辑。

⑪ 吉林省文物考古研究所等：《吉林和龙市龙海渤海王室墓葬发掘简报》，《考古》2009年第6期。

⑫ 中国社会科学院考古研究所洛阳考古工作队：《汉魏洛阳城一号房址和出土的瓦文》，《考古》1973年第4期。

⑬ 丹东凤凰山城所出十字纹瓦当系十字加莲瓣，参见国家文物局主编，辽宁省文化厅编制：《中国文物地图集·辽宁分册》，西安地图出版社，2009年。

⑭ 吉林省文物考古研究所等：《集安出土高句丽文物集粹》，科学出版社，2010年。

⑮ 叆河尖古城出有莲花、叶脉等多种瓦当，联珠纹为重环联珠。参见《中国文物地图集·辽宁分册》，西安地图出版社，2009年。

⑯ 延边博物馆：《延边文物简编》，延边人民出版社，1988年。

⑰ 高尔山城一种瓦当有双重联珠，内层八个联珠较大，见《中国文物地图集·辽宁分册》，西安地图出版社，2009年。

⑱ 吉林省文物考工作队：《吉林舒兰黄鱼圈珠山遗址发掘简报》，《考古》1985年第4期。

⑲ 乔梁：《靺鞨陶器分期初探》，《北方文物》1964年第2期。刘晓东：《渤海文化研究》，黑龙江人民出版社，2006年。

⑳ 李蜀蕾：《渤海墓葬类型演变再探讨》，载《北方文物》2000年第1期。

㉑ 榆树老河深M22，杨屯大海猛M22均属此类，报告中称为石圹墓。刘晓东先生将其归入有椁墓中石椁墓类，魏存成先生仍有石圹、石棺（石椁）的分指。分见于《榆树老河深》，文物出版社，1987年；吉林省文物工作队、吉林市博物馆、永吉县文化局：《吉林永吉杨屯遗址第三次发掘》，《考古学集刊》第7集，1991年；刘晓东：《渤海文化研究》，黑龙江人民出版社，2006年；魏存成：《渤海考古》，文物出版社，2008年。

㉒ 中国社会科学院考古研究所：《六顶山与渤海镇》，中国大百科全书出版社，1997年。

㉓ 王承礼：《敦化六顶山渤海墓清理发掘记》中，报告该墓出土头骨四具，肢骨为吉林省博物院藏品，人骨上有M3的编号。

㉔《北史·卷九十四·契丹传》，中华书局，1974年。

㉕《三国志·卷三十·东夷传》，中华书局，1959年。

㉖ 黑龙江文物考古所:《黑龙江萝北县团结墓葬发掘》,《考古》1989 年第 8 期。

㉗ 延边博物馆:《延边文物简编》,延边人民出版社,1988 年。

㉘ 公元 6～7 世纪,高句丽使用封土石室墓。在集安一带,这类墓以往五批大规模发掘材料中,发现有一次葬和二次迁葬,辽宁的沈阳石台子山城、抚顺施家墓地以多人一次与二次合葬为主,均未见火葬。参见 a. 吉林省文物考古研究所、集安市文物保管所:《集安洞沟古墓群禹山墓区集锡公路墓葬发掘》,《吉林集安高句丽墓葬报告集》,科学出版社,2009 年;b. 沈阳市文物考古研究所:《2004 年度沈阳市石台子山城高句丽墓葬发掘简报》,《北方文物》2006 年第 2 期;c. 辽宁省文物考古研究所、抚顺市博物馆:《辽宁抚顺市施家墓地发掘简报》,《考古》2007 年第 10 期。

㉙ 黑龙江省文物考古研究所:《黑龙江海林二道河子渤海墓葬》,《北方文物》1987 年第 1 期。

㉚ 魏存成:《渤海考古》,文物出版社,2008 年。

结　语

　　2004 年开始的这次复查是六顶山墓群发现以来最为全面细致的一次调查，通过逐墓的核实确认，目前掌握的墓葬数量、分布状况、形制特征及保存状况已经比较翔实。土坑、石椁、圹室和石室四类墓的划分基本涵盖了现存的 235 座墓葬，统计数据表明，石室和圹室墓所占比重较小，大量存在的是有各种变化形式的土坑墓类。

　　发掘工作是在核实基础上进行的，目的性和针对性较强，有意识地保留下一批埋藏较好的墓葬，也为将来进一步研究预留了空间。本次发掘的收获主要体现在以下几方面：

　　一、析出一类圹室墓，甄别出 2 座土坑墓。发现了 5 座石室墓的石砌外墙及保存下来的排水设施，对石室墓的构建情况有了更为清楚的认知。

　　二、认识并区分出土坑墓的墓口摆石和封土外包石，明确了土坑墓和石构墓的界定依据，对土坑墓的形式特征有了一进步的了解。

　　三、发现了 I M3 墓上建筑遗迹，让世人认识了渤海人的"冢上做屋"，并得以区分其做屋的多种形式。石台和房址的清理，不仅让我们更全面地了解到渤海大型墓地的构成，印证了虹鳟鱼场墓地同类设施的作用，同时也为渤海葬俗的研究提供了新的资料。

　　四、获得了一批包括三彩壶、绞胎杯、牌饰带具、刀甲箭头、日用陶器在内的随葬遗物及建筑瓦件，对渤海的文化内涵有了更多的认知。陶器显示的早晚变化有助于墓葬演变序列的研究，为墓群的断代和定位提供了佐证。

　　依据这些，我们把六顶山墓群断限在公元 8 世纪，是渤海在立国至政权稳固初具规模这一时段的大型墓地之一。墓葬大致顺山势自上而下先后构建，边缘墓葬较晚，整体格局为土坑墓在东，圹室和石椁墓在西，石室墓另辟在一墓区南部，后期各类墓有所杂错。

　　从墓葬形制排序看，一墓区上部的中小墓年代上晚于二墓区，大致与二墓区西部的墓葬同时或稍晚。从墓葬规模和随葬品看，除了贞惠公主墓，墓群内还包含了大量的渤海贵族墓葬，但同时也是各部族的公共墓地。

　　四种不同的墓葬形式和遗物中的多种文化因素相印证，显示出渤海建国之初的国民构成，为渤海政权是以粟末靺鞨为主体，吸收了土著靺鞨及高句丽遗民所创建这一认识提供了证据支持。

附表一

墓葬形制统计表

类型		一墓区			二墓区			总计	占墓群百分比
		墓号	合计	占墓区百分比	墓号	合计	占墓区百分比		
土坑墓	土坑封土	M110、M68、M79	3	2.9	M8、M14、M19、M24、M27、M29、M30、M32、M37、M38、M49、M50、M51、M56、M57、M58、M61、M71、M72、M73、M74、M75、M76、M83、M84、M87、M96、M97、M98、M105、M106、M107、M108、M109、M110、M113、M114、M116、M117、M118、M119、M120、M121、M122、M125、M130	47	36.2	50	21.3
	土坑石边	M41、M42、M43、M45、M60、M74、M77	7	6.7	M23、M25、M26、M45、M52、M53、M54	7	5.4	14	6
	土坑包石	M3、M22、M26、M27、M30、M33、M34、M35、M39、M40、M44、M46、M47、M49、M51、M52、M53、M54、M56、M57、M62、M64、M66、M67、M69、M70、M71、M72、M73、M75、M76、M78、M80、M81、M82、M83、M85、M88、M89、M90、M93、M94、M95、M96、M97、M98、M99、M100	48	45.7	M9、M10、M16、M18、M20、M21、M22、M31、M34、M35、M36、M39、M46、M47、M48、M59、M60、M62、M66、M68、M69、M70、M79、M80、M85、M86、M89、M90、M92、M93、M94、M95、M99、M100、M101、M102、M103、M104、M111、M112、M115、M123、M126	43	33.1	91	38.7

续附表一

类型		一墓区 墓号	合计	占墓区百分比	二墓区 墓号	合计	占墓区百分比	总计	占墓群百分比
石椁（棺）墓	石椁封土	M12、M16、M18、M21、M23、M24、M25、M29、M36、M37、M48、M59、M61、M63、M84、M86、M91、M92、M103、M104	20	19	M3、M17、M41、M55、M64、M65、M67、M88	8	6.2	28	11.9
	封土包石	M38、M50、M55、M65、M87	5	4.8	M28、M33、M44、M63、M77、M78、M81、M91、M124、M127、M128、M129	12	9.2	17	7.2
圹室墓	圹室封土	M14、M15、M31、M32、M58、M101、M102、M105	8	7.6	M4、M5、M6、M7、M11、M12、M13、M15、M42、M82	10	7.7	18	7.7
	封土包石	M11、M13、M19、M20、M28	5	4.8	M1、M2、M40	3	2.3	8	3.4
石室墓	石室封土	M2、M6、M7、M8、M9	5	4.8				5	2.1
	封土包石	M1、M4、M5、M17	4	3.8				4	1.7

附表二

六顶山墓群历年发掘墓葬一览表

墓号	类型	结构大小（南北×东西±高）	葬法	随葬品及遗物	备注
I M1	石室石墙封土墓	方形墓室，3×2.9–1.4（存高）米。四壁抹白灰，甬道居南壁中部，残存东侧壁。墓内存盖顶残石多块。	1959年发现头骨2个。葬法不详。	2004年出土十字纹瓦当1、乳钉纹瓦当3、兽面砖1、筒瓦8、砖1、香熏1、口沿2、扳耳1、棺钉1、铁镞1、银耳环1。	墓内1949、1959年各有一次清理。2004年再次清理。
I M2	石室封土墓	方形墓室，2.94×2.84–2.68米。四壁砌石抹白灰，甬道在南壁中部，保存较好，抹角叠涩顶，用石13块。墓底铺砖，外有圆丘形封土，高1.5米。	未详。	1949年甬道中出"贞惠公主墓志"1方。石狮1对，鎏金泡钉4。2005年出土泡钉1、玛瑙珠1，2009年出棺钉1、甲片6、三彩器底1、棺环1	1949、1959年两次清理。1964年发掘墓道。2005年发掘墓外，2009年复查墓室。
I M3	土坑包石墓	墓底有四坑：东、中、西三坑并列，北坑位于南、中两坑之间的北部。中坑3.1×1.6米为最大。墓外包石砌筑整齐。南侧有两个与墓等宽的护台，墓上有方形回廊建筑。	1959年出头骨4个、肢体2个个体。二次葬（?）2004～2005年中，东二坑有棺，西坑女性单人火葬，西坑女性二次一次葬。北坑二次葬。女性头骨1个	2004年出土十字纹瓦当8、乳钉纹瓦当15、筒瓦17、板瓦5、兽面砖残块11、I、II式深腹罐2、拆状横耳罐残片3、铜镯1、铁帽钉1、银器1、铜饰1、铁镞4、铁钉1、棺钉1、骨珠1、玛瑙珠3、银器3、玉环2、骨珠1、壁画残块15、串珠2串55粒、蚌饰3、陶片有提梁1、C型瓶口沿1	1959年发掘时著录为长方形石室墓。2004～2005年复查定为土坑包石墓。
I M4	石室石墙封土墓	方形墓室，3.5×3.2–1.04（存高）米。墓内中部有排水沟经过甬道外伸与墓周水沟汇合。墓底有厚1.5厘米木炭。甬道位于南壁中部。	未详。	1959年出土玉璧1。2004年出土乳钉纹瓦当1、乳钉纹瓦当8。2009年出土兽面瓦当2、筒瓦1、兽面砖残片1、银镯1、铜饰1、铜镯1、绞脂杯口沿1、棋子1、陶器残片中有金耳	1949、1959年两次清理。2004年发掘丁墓室，四壁砌石已失。2009年发掘排水沟。
I M5	石室石墙封土墓	长方形墓室，2.8×1.7–1.2（存高）米。原存叠涩顶两重，甬道位于南侧，两侧立石板以示与墓等宽。甬道位于南壁中部。	未详。1959年发掘时曾出土人骨和马骨。	1959年出土金、铁、鎏金铜环、杏叶铜饰，陶盂等。2004年出土乳钉纹瓦当8、杏叶十字瓦当2、筒瓦1、兽面砖残块6、三彩陶壶1、板瓦2、兽面砖耳3、铜辂饰1、铜辂尾1、棺钉1、陶器座1、小杯1、铜镯1、鎏金带饰1、器耳3、铜带饰3、泡钉1、陶带扣1、鎏金带饰1、I、II式深腹罐口沿5、III式深腹罐口沿7、A型I、II式及B型III式敛口沿7、III式盆口沿4、斜腹、折沿盆口沿3、器底7	1949、1959年两次清理墓室。2004年再发掘时墓顶已无存。

续附表二

墓号	类型	结构大小（南北×东西×高）	葬法	随葬品及遗物	备注
ⅠM6	石室封土墓	长方形墓室，4.6×1.8－0.98（存高）米。四壁抹白灰，甬道在南侧，侧室未砌石。铺地砖。	未详。	1959年发现着色白灰块，涂朱狮耳。花纹砖和陶片若干。2004年出土铜带銙1，银耳环1，鎏金泡形饰1，壁画残块2	1949、1959年曾两次清理墓室。2004年再发掘。
ⅠM7	石室石墙封土墓	长方形墓室，3×2.4－1.3米。侧壁抹白灰，甬道稍偏于东部，两侧立石板。墓中散布盖顶石6块。	未详。	铜带銙1，棺钉3，Ⅰ式深腹罐口沿1	1949、1959年曾两次清理墓室。2004年再次清理。
ⅠM8	石室封土墓	长方形墓室，2.9×1.2－1（存高）米。东西北三面砌石，南为甬道与墓等宽。墓底垫黄黄黏土，盖石仅余1块。	未详。	玉环1，棺钉1，Ⅱ式广腹罐1，罐口沿2	1949、1959年曾两次清理墓室。2004年再次清理。
ⅠM9	石室封土墓	长方形墓室，2×1.2－0.6（存高）米。甬道侧壁未砌石，较墓门略窄，上口摆单层石。封土高约1米。	未详。	1959年出土长颈瓶1。2009年出土铜铆钉1	1949、1960年曾两次清理墓室。
ⅠM10	土坑包石墓	未见任何石砌墓室迹象，墓底有红烧土和木棺炭迹。	未详。	瓿底2，腹部残片3，器底1，AⅢ式鼓腹罐口沿1，深腹罐口沿1	1959年清理报告为方形石室墓。
ⅠM11	扩室包石墓	长方形墓室，2.4×2.1－0.5米。甬道位于两侧，宽约0.7米，东壁立石板，现已倾倒。	1959年发现头骨2个。	无	1959年清理后，未做回填，东、南壁损坏。
ⅠM12	石椁封土墓	长方形椁室，2.2×0.8－0.73米。单排石砌5层，6块石板封盖。封土圆丘形。	1959年发现头骨1个。	无	1959年发掘。

续附表二

墓号	类型	结构大小（南北×东西±高）	葬法	随葬品及遗物	备注
I M14	扩室封土墓	长条形墓室，3×1.2－0.6米。侧壁砌石。黄黏土底，南侧及甬道保存不完整。	火葬，烧骨较少，有木炭，棺钉。	铁镞1，铁饰1，铜带饰1，玛瑙管1，棺钉44	已被扰动。
I M15	扩室封土墓	长方形墓室，2.36×1.35－0.42米。墓底铺黄沙，外有近圆形封土，直径约5米。	火葬，人骨经烧，有大量烧土，木炭。	无	
I M16	石椁封土墓	长方形墓室，2.5×1－0.6米。三面砌石，南立石板为壁。石板南修筑有略浅的"足箱"，封土2.5×1.8－0.4米。	北侧有烧土，南部有朽木。	封土中有板瓦残片19	封土中心有坑，曾经被盗。
I M17	石室石端封土墓	长方形墓室，3.2×1.3－1.1米。甬道与墓室同宽，墓门处一侧主石板。	头骨1个，有木棺痕迹及棺钉。	铜耳环1，铜带饰1，铜饰件2，银耳环1，包金钉5，素钉1，棺钉18，漆器1	
I M18	石椁封土墓	长方形墓室，2.3×0.9－0.7米。南壁为置板石。北部有立石将椁室分隔成两部分，封土高0.5米。	火葬，烧骨，木炭较多。	小铁刀1，不明铁器1	
I M20	扩室包石墓	方形墓室，2×2－0.3米。南壁残缺。	火葬，有烧土，炭块。	无	
I M24	石椁封土墓	长方形墓室，1×0.5－0.4米。侧壁砌石两层，黄黏土底。	火葬，数目不详。	I式敛口罐1，III式深腹罐1，深腹罐底1，棺钉26，砺石1	
I M29	石椁封土墓	长方形墓室，4×1.05－0.6米。东壁南段内收较大，黄砂底，封土无存。	未详。	AII式鼓腹罐口沿2，III式盆口沿1，鼓腹罐底1，棺钉1，铁卡针1	
I M60	土坑石边墓	长方形墓室，1.75×0.65－0.4米。四面土壁，仅上口砌石一层，封土高0.25米。	火葬，有人骨碎块、木棺炭迹。	棺钉3	

续附表二

墓号	类型	结构大小（南北×东西±高）	葬法	随葬品及遗物	备注
Ⅰ M73	土坑包石墓	长方形双穴同封，封土 4.6×4＋0.25 米。平面长方形，四边有砌石。土坑边缘已烧酥垮，深 0.06 米许。	火葬、左右双棺，各葬 1 人。附葬未成年 1 人。	B 型瓶口沿 1，铜带銙 8，铜镜 1，棺钉 10，银耳环 1	
Ⅰ M74	土坑石边墓	封土平面呈椭圆形，3.5×2.3＋0.3 米。长方形墓坑，2.7×1.5－0.8 米，墓底平整，表面有清晰的火烧痕迹。	有木炭和烧土块。	无	
Ⅰ M85	土坑包石墓	封土平面呈长方形，5.5×4.2＋0.6 米。四边砌石，墓底无土坑，填土中有大量烧土、木炭。	火葬，人数不详。	无	
Ⅰ M87	石椁包石墓	长方形石椁，1.3×0.66 米。石椁上封盖石 5 块。	椁内未见人骨。	铜饰件 1，铜环 1	
Ⅰ M101	扩室封土墓	长方形扩室，2.94×1.32－0.28 米。甬道位于南壁西部，四壁砌石工整，黄沙土底，棺木已朽，下有 5 块垫棺石。	二次葬 5 人，其中 3 个未成年人头骨。	铜带銙 5，带扣 1，耳环 1，铁带銙 1，陶片 47，棺钉 20	1964 年发掘，原编号为 M101。
Ⅰ M102	扩室封土墓	长方形扩室，3.02×1.66－0.56 米。南壁残缺，葬具无痕迹。	二次葬 10 人，头、肢骨集中在一角，部分肢骨出自墓外。	陶碟 1，铜带扣 1，带銙 7，铁带銙 6，铊尾 1，棺钉 1	1964 年发掘，原编号为 M102。
Ⅰ M103	石椁封土墓	长方形石椁，1.18×0.54－0.28 米。四壁砌石，西壁已倾颓。封土高 0.2 米。	未详。	无	1964 年发掘，原编号为 M103。

续附表二

墓号	类型	结构大小（南北×东西±高）	葬法	随葬品及遗物	备注
I M104	石椁封土墓	长方形椁室，1.2×0.62－0.58米。四壁砌石3～5层，墓底顺摆3块垫棺石。封土高0.2米。	未详。	I式敛口罐1，直腹罐1，残片若干。	1964年发掘，原编号为M104。
I M105	圹室封土墓	长方形墓室，2.64×1.46－0.86米。三面砌石，东壁排立石板，甬道位于南壁东部，顶部存盖石1块，墓内塌落4块。	头骨4个，西北角二人为迁葬，东部二人有棺，肢骨散乱。	铜指环、耳环各1，棺钉17	1964年发掘，原编号为M105。
II M1	圹室包石墓	长方形墓室，2.44×1.62－0.4米。石圹西侧较完整，东北不全。甬道位于西南角1.25×0.9 封土约高0.65米。	火葬，单人？木质桦皮底。	盘口陶瓶1，碗1，盘1，铜镯2，铜片1，墓室内有板瓦残片1	1964年发掘，原编号为M201。
II M2	圹室包石墓	已残，西侧较完整。墓底铺石，残存部分约3.6×2.2－0.4米。	火葬，头骨成碎片，棺成炭屑。	III式深腹罐1，料珠2	1964年发掘，原编号为M202。
II M3	石椁封土墓	长方形墓室，2.55×0.7－0.85米。四壁连砌，无甬道。	双人二次葬，葬具无痕迹。	铜镯2，鎏金耳坠2，陶片若干	1964年发掘，原编号为M203。
II M4	圹室封土墓	已残，四壁无存。墓室铺底石，残存面积2.8×2.4米。	火葬，人数不详。葬具已烧成炭。	深腹残罐1，料珠、铜镯、铜带钤1，铊尾1，铜环1，银环2，铁镦1，玛瑙珠2	1964年发掘，原编号为M204。
II M5	圹室封土墓	近方形铲形墓室，2.85×2.65－0.5米。夹石夹土混砌四壁，封土圆丘形，直径6，高0.7米。	火葬，3人（1人为幼儿），木棺，尸身成炭。	陶瓶2，I、II、III式深腹罐各1，铜环2，料珠3，封土有I式双耳盆1	1964年发掘，原编号为M205。
II M6	圹室封土墓	梯形墓室，2.7×2.4～2.7－0.5米。四壁用夹石三层砌筑，甬道位于南壁中部，墓底铺小石，封土圆丘形，直径6，高0.6米。	双人火葬，二次葬3人，双棺，均成炭。	残深腹罐1，I式敛腹罐1，铜镯3，耳环1，带扣1，带钤铜铁各1，铃11，镞4，珠70，棺钉东1西12	1964年发掘，原编号为M206。

续附表二

墓号	类型	结构大小（南北×东西±高）	葬法	随葬品及遗物	备注
ⅡM7	圹室封土墓	长方铲形墓室，3.4×2.8＋0.6米。甬道在南壁中部左右皆立石板，黄沙铺底。封土8.6×8＋0.9米。	火葬，股骨个齿各1，有烧土，棺成灰屑。	敞口罐1，铜镯2，铜扣1，铁环1，陶片若干	1964年发掘，原编号为M207。
ⅡM8	土坑封土墓	长方形墓坑，3×1.5－0.4米。封土内瓦片较多。	火葬，人数不详，有烧土灰屑。	封土中有铜镯1，板瓦3，乳钉纹瓦当1，墓内出陶片若干	1964年发掘，原编号为M208。
ⅡM9	土坑包石墓	长方形，3.07×2.36－0.9米。墓坑南壁以块石叠砌，四角置石板。封土西北高于东南，有较多覆瓦。	火葬，双棺各1人，东侧有二次葬，头骨5个，棺骨成炭。	圆腹罐1，铜带銙2，小铁刀1，棺钉20，陶片若干。封土中有筒瓦2，板瓦18较完整	1964年发掘，原编号为M209。
ⅡM10	土坑包石墓	近方形土坑，2.36×2.24－0.6米。封土与M9封土连片，南有碎瓦，墓坑南侧亦有弧形排列块石。	火葬，人数不详，有烧土，炭屑。	铜指环1，带銙11，玛瑙珠4，铁带銙1	1964年发掘，原编号为M210。
ⅡM11	圹室封土墓	长方铲形墓室，2.8×2.2－0.6米。甬道在南壁中部。墓底铺小石块，直径6.2，高0.8米。封土呈圆丘形。	火葬，头骨6个，棺椁条状木炭多条。	深腹罐1，铜带銙6，铜环1，金环1，铁带銙1，棺钉2，残器1，玛瑙珠4，玉珠1	1964年发掘，原编号为M211。
ⅡM12	圹室封土墓	南部被M11打破。墓室近方形。墓底铺石，范围2.6×2.3－0.3米。封土椭圆形，与M11封土连片。	火葬，人骨无存，墓内炭条10条。		1964年发掘，原编号为M212。
ⅡM13	圹室封土墓	长方形墓室，3.2×2.9－0.5米。底铺黄沙，甬道位于南壁中部，封土6.8×6.8＋0.6米。墓底有垫棺石两块共6块。	火葬，人骨已朽，东、西双棺皆已成炭。	棺钉20，银耳环1，陶片少许	1964年发掘，原编号为M213。

续附表二

墓 号	类 型	结构大小（南北×东西±高）	葬 法	随葬品及遗物	备 注
II M14	土坑封土墓	长方形土坑，2.5×1.64－0.35 米。封土直径约 7，高 0.65 米。	火葬，有头骨，股骨碎块，棺椁炭和炭灰。	陶片若干，棺钉 7	1964 年发掘，原编号为 M214。
II M15	圹室封土墓	长方形圹形墓室，2.8×2.5－0.6 米。甬道位于南壁中部，左右立石板，墓中有盖顶石数块，封土呈长方形，7.5×6.3＋0.6 米。	人骨散乱，部分为二次迁葬。头骨 2 个。	残深腹罐 1，陶片若干，铜铊尾 2，带鐍 2、铜 3、铁镞及残器各 1，玛瑙珠、管共 3	1964 年发掘，原编号为 M215。
II M28	石椁包石墓	长方形双椁并连，东椁 1.3×0.5－0.2 米，西椁 2×0.85－0.5 米。皆为壁砌石。封土圆丘形，直径约 4 米。南侧留有一段封土包石。	东椁火葬，西椁无棺痕，均未见人骨。	铁镞 1	
II M39	土坑包石墓	长方形土坑，2.5×1.5－0.25 米。封土低平，墓上封土普遍低于 0.2 米，西、北两边几与墓外表土相平。包边石平面呈长方形。	火葬，现存有木炭、烧土。	铜带鐍 3，铁带鐍 1，残铁器 2，银环 1	
II M48	土坑包石墓	长方形墓坑两个，东西并列，平面大致呈矩形，深 0.15～0.2 米，南半部均已无存。	火葬，现存有木炭，人头骨、颈骨、脊椎骨、股骨和趾骨的残块。	棺钉 10，铁镦 1，甲片 2，银环 4，料珠 2，铁饰 2，陶罐 1，铜带鐍 4	
II M74	土坑封土墓	长方形墓坑，2.5×1.4－0.25 米。上有封土 4.2×3.3＋0.5 米。	火葬，个体不详，圆木木椁残。	银耳环 1，I 式广腹罐 1	
II M78	石椁包石墓	长方形椁室，2.5×1－0.5 米。四壁砌石，椁上存横置的盖石 1 块，封土高 0.35 米，北侧包封土的碎石尚存。	火葬，墓内有较多烧土和人骨残块。	铁带鐍 2，铁环 2，铁蠋 1，棺钉 6	

续附表二

墓号	类型	结构大小（南北×东西±高）	葬法	随葬品及遗物	备注
ⅡM81	石椁包石墓	长方形椁室，2.5×1.3-0.5米。上存块石2块，底铺粗砂，东侧封土外包石，东侧封土存厚0.2米。	火葬，烧土、木炭较多，但未见人骨。	铁镯3	
ⅡM82	圹室封土墓	已残，仅保存东侧扩墙，甬道位于南壁中部，墓室大小未知，封土大半已失，存高不足0.2米。	火葬，人骨碎小，个体数不详。	铜耳环1、铁环1、棺钉2、罐底1	
ⅡM86	土坑包石墓	长方形土坑，3×2.1-0.25米。土长方形4.5×4+0.4米。东、北两侧包石尚存。	多次火葬，人数不详。	无	
ⅡM94	土坑包石墓	长方形土坑，2.2×1.1-0.2米。黄黏土墓底。封土直径3.5，高0.27米。包石四面尚存，东、西两侧大致包至墓顶。	火葬，人骨多在中部，可能仅为1人。	I式鼓腹罐1、铜带銙2、铜铊尾1、铁带銙1、带扣1、铁刀1、银耳环1、犬齿1	
ⅡM106	土坑封土墓	长方形土坑，3.3×？-0.06米。坑底有两排六组垫棺石。封土略呈椭圆形，长4.7，高0.25米。	二次葬的火葬。	无	
ⅡM111	土坑包石墓	双坑同封，西坑2.4×1.1-0.25米，东坑2.25×1-0.3米。封土直径3.5，高0.5米。	火葬，西坑人下颌骨出自坑外。	无	
ⅡM126	土坑包石墓	双木椁同封，东椁1.8×0.7米，西椁2.3×0.8米。封土4×3.5+0.35米。包石以西、北两侧保存较好。	火葬，人数不详。	银耳环1、玛瑙珠2、铜带銙3、带饰3、铊尾1、铜环1、铜饰件1、棺钉1、II式敛口罐口沿1、罐底1	
ⅡM127	石椁包石墓	长方形椁室，1.1×0.5-0.45米。四面砌石3～4层，底铺黄土，中部三块垫棺石"品"字形分布。	火葬，有较多烧土、炭块，但未见人骨。	IV式深腹罐1	

附表三

六顶山墓群未发掘墓葬遗物一览表

墓　号	类　型	结构大小	葬　法	随葬品及遗物	备　注
ⅠM13	圹室包石墓	外郭长方形，长7.5、宽5.5米，边缘整齐，只南侧有石材缺失。墓室中间现存盖石数块。表面观察圹室长3、宽2米许。	未详。	AⅢ式鼓腹罐口沿1、Ⅱ式瓮口沿1、Ⅲ式盆口沿1、敛口罐口沿2、器底1、器腹13	
ⅠM19	圹室封土墓	封土南高北低平面作椭圆形，墓室长方形，南北长2、东西宽0.8米。墓内偏北竖立一块板石，将墓室分隔为两部分。	火葬。	铁带饰1、筒瓦1	
ⅠM21	石椁墓	椁室平面近椭圆形，长约1米，用石较小，为0.15×0.1米大小。南壁只砌石两块。	未详。	铁钉1、铁环1	
ⅠM26	土坑包石墓	包石为玄武岩块石，摆放1～2层，外郭东西宽3、南北长4.8米。墓内有大量红烧土和零星陶片。	火葬。	铁钉1	
ⅠM28	圹室包石墓	封土呈椭圆形，高0.2米，南部有一条石边角裸露在地表。圹室东壁保存最好，长3.5米，宽度不详。南壁中部有一立石，或为甬道东壁。墓外南、北侧有一些小的封土包石。分布有长3.5、宽1.5米的范围。	未详。	铁甲片1、铁钉1、筒瓦1、器耳1	
ⅠM30	土坑封土墓	封土长3.5、宽2米，北侧最高处高出周围地表0.28米，不包石边。墓室情况不明。	火葬。	器底1	
ⅠM39	土坑包石墓	包边块石分布成矩形，长约4.5米，中间有炭块、烧土。墓室未再清理。	火葬。	器底1	

续附表三

墓　号	类　型	结构大小	葬　法	随葬品及遗物	备　注
ⅠM41	土坑石边墓	石圈呈长方形，单排石材摆砌，南北长 3.2，东西宽 1.1 米。北部横置一盖石，长 1.1 米，压在墓室土坑之上。	火葬。	铁钉 1	
ⅠM53	土坑包石墓	包边石材分布呈椭圆形，长 3 米许。墓室已遭破坏，木炭、烧土散布范围较大。		Ⅰ、Ⅲ式深腹罐口沿各 1，ＢⅠ式鼓腹罐口沿 1，器底 1，器腹 2	
ⅠM56	土坑包石墓	封土平面近似圆形，高 0.25 米。包边石围成长方形，长 3.5，东西宽 3 米，石块排列松散，墓室情况未详。	火葬。	Ⅳ式深腹罐口沿 1，双耳罐口沿 1	
ⅠM57	土坑包石墓	封土呈圆丘状，北部略高，高约 0.25 米。烧土炭块分布略近长方形，应即墓室。	火葬。	Ｂ型壶颈 1，桥状横耳 1，铜带钩 2	
ⅠM58	扩室封土墓	墓室呈长方形，南北长 2.8，东西宽 1.2 米，四壁以较大块石砌筑，平面内外均砌有直边。	火葬。	陶多孔器 1，铁钉 2	
ⅠM62	土坑包石墓	墓上封土呈圆形，高 0.3 米。包边石块少而零乱，分布呈直径约 2.5 米的圆形。	火葬。	Ｂ型壶口沿 1	
ⅠM66	土坑包石墓	包边石块散布，呈不规则形状，南北向长 4.7 米，封土表面发现有小块烧土和木炭碎块。	火葬。	铜环 1，钉 1	
ⅠM68	土坑封土墓	墓上封土呈椭圆丘形，直径 2～3 米，中间高 0.2 米，外围未包石块。墓室长方形，长约 2 米。	未详。	板瓦 1	
ⅠM75	土坑包石墓	包边石块散布成长方形。南北向长 3.5 米，封土表面发现有小块烧土和木炭碎块。	火葬。	银环 1	

续附表三

墓号	类型	结构大小	葬法	随葬品及遗物	备注
Ⅰ M79	土坑封土墓	封土直径大约3米，北部高约0.15米，南部已无封土，发现有红烧土及少量木炭。	火葬。	器底1，器腹5，钉6	
Ⅱ M42	圹室封土墓	墓上有低矮封土，封土近椭圆状，北侧高0.2米。墓室平面呈矩形，南北长5，东西宽近4.6米。	火葬。	Ⅲ式深腹罐1	
Ⅱ M44	封土石棺墓	石椁长方形，南北长1.5，东西宽0.8米，侧壁以25×14厘米左右的石材砌筑。	未详。	金环1	
Ⅱ M45	土坑石边墓	封土平面呈椭圆形，南北长4，东西宽2.5米。墓室口所砌石圈整体作长方形。墓口下未再清理。	火葬。	乳钉纹瓦当1	
Ⅱ M61	土坑封土墓	封土圆丘状，表土下即暴露木炭、烧土。墓室未作清理。	火葬。	Ⅱ式盆口沿1，器腹2，横桥状器耳1，板瓦1	
Ⅱ M72	土坑封土墓	封土直径约3米，土坑长约2米。	火葬。	银镯1	
Ⅱ M74	土坑封土墓	封土平面呈椭圆形，南北长4，东西宽2.5米。	火葬。	银环1，陶罐1	
Ⅱ M76	土坑封土墓	封土平面呈椭圆形，南北长约5米。墓室现状不明。	火葬。	Ⅱ式瓮口沿1，铁铃1	
Ⅱ M77	石椁包石墓	石椁以大块石材砌筑，平面呈长方形，南北长2.8，东西宽1.3米。	未详。	铁钉12	
Ⅱ M84	土坑封土墓	封土直径约3.2米，表土下即暴露烧土，烧土呈长方形，长2，宽1米。	火葬。	钉2	
Ⅱ M97	土坑封土墓	封土平面呈椭圆形，南北长4.5，东西宽2.5米。土坑大小不明，有木炭、烧土。	火葬。	铁镯1	
Ⅱ M130	土坑封土墓	封土长3.5，宽2米，北侧最高，不包石边。墓室大小不明，有木炭、烧土。	火葬。	铜带饰1	

附表四

六顶山墓群附属遗迹一览表

遗迹名称	结构大小	出土遗物	备 注
ⅠST1	此台大致呈长方形。东西长约6、南北宽5米。构建于黄土层上，东南角台边保存稍完整。南侧垒砌3层，边石内填充黄土与北部尽量相平。北侧边损毁严重，石材只在东北角残留六七块。	乳钉纹瓦当1，泡钉3，陶盘1，桥状横耳1，器底5，Ⅰ、Ⅱ、Ⅲ式深腹罐口沿，AⅡ式鼓腹罐口沿，BⅠ式鼓腹罐口沿，Ⅰ、Ⅱ式盆口沿，A型瓶口沿，共计15	
ⅠST2	东北两侧边缘残破，块石分布范围东西长8.5、南北宽5.5米，平面作横向长方形。单层块石铺砌，表面平整。西北角存一大石，东侧边尚较齐整，南段和角部块石缺失较多。	无	
ⅠST3	整体作南北长9.3、东西宽7.5米的长方形，西侧边紧邻山脚，四面边缘保存较为完好，只西北角略有缺失。砌筑最好的是南侧边，台边构筑相当整齐。	无	
ⅠST4	东西向长方形，东西长9.5、南北宽6.5米，单层玄武岩块石构筑，石块铺砌于黄土层上。东边和东南角保存基本完好，边缘宽出2号台近1米。	无	
ⅠST5	南北向长方形，南北长7.5、东西宽6米。建于黄土层上，为单层玄武岩自然块石摆砌。现存三个台角均呈直角，四面边缘整齐。块石以东部较大但缺失较多。	乳钉纹瓦当3，十字纹瓦当1，Ⅱ式深腹罐3，A型壶口沿1，Ⅱ式盆口沿1，器底1，铜铊尾1，铜镯1，铁带饰2，铁刀1，铁矛1，铁镯1，银镯1，玛瑙珠1	
ⅠST6	长方形，南北长约9.5、东西宽约7米，边缘皆已残缺。西北角现存4块玄武岩块石，外缘摆铺呈直角。北侧边留有7块大小石材，与西北角断断续续连成一条直线，残长近6米。	器腹残片1，青砖残块1	
ⅠST7	南北长10.7、东西宽8米的长方形。四面边缘尚属连贯，轮廓基本清晰，只四角略有残缺。南侧基本完整，从现状看，东南角摆成圆角，西南角可能为直角。北侧边石保存较差，西北角处有大量缺损。	无	

遗迹名称	结构大小	出土遗物	备 注
ⅠST8	保存较好，四边基本整齐，中间缺失不多。整体呈南北长7、东西宽6.2米的长方形。块石大小不一，四周铺设密集，中心略显稀疏，角部均摆作直角，形制十分规矩。四面边缘基本整齐。	无	
ⅠST9	铺砌以四周比较密集，大小石块混杂在一起。整个石台南北长6、东西宽5.8米，近乎方形。中心部位石块较为稀少，四边保存完整。	铁饰件1	
ⅠST10	长方形。南北长8.3、东西宽7.5米，四边用大块石精心摆砌，保存基本完整。台内以单层小块石铺设，有少部分花岗岩块。现存的石台南半部分布不均匀，块石缺失较多。	无	
ⅠST11	此台有内外两道石墙，内墙范围东西长4.6、南北宽4.2米，外围呈边长7.4~7.5米的方形，似经两次或三次扩建。外墙作"U"形环包于中心台的东西南三面，间宽各约1.4米。其南续建有宽1.8米，内填小块石，边缘砌石整齐的一步台阶。	板瓦残片10，乳钉纹瓦当1，棺钉2，铁镞1，玛瑙管1，陶器残片有Ⅰ、Ⅱ式深腹罐口沿4，器腹2，器底1	
ⅡST1	平面呈南北长7.5、东西宽4.2米的纵向长方形，以单层石块摆砌，大块石在东南角部排列作圆角。石台东边缺损不多，南边存长3米，仅西边和西侧两角遭受破坏。	无	
ⅠF1	现存灶址、烟囱基座和一道平面呈折尺形的三折双烟道土炕残迹，整体南北长7、东西宽6.25米。房址墙体已经无存，门道不详。烟道位于房址北部，平面呈折尺形，大致可分中段、南折段和北折段。中段呈东西向，保存最好。	Ⅰ式瓮口沿1，AⅠ式鼓腹罐口沿1	
ⅠF2	建于黄沙土层上，遗迹有灶坑、烟囱基座和平面呈折尺形的石砌火炕烟道残迹，整体东西长6.85、南北宽5.3米。灶址位于房址的西南部，灶台损毁严重，仅存一直径1.6米左右椭圆形的灶坑。坑内发现木炭、陶罐残片和红烧土硬底。	B型瓶口沿1，器底1	

附录一

敦化六顶山渤海墓清理发掘记

王承礼

　　唐代渤海，是粟末靺鞨人，于公元 698 年到公元 926 年，在祖国东北包括今苏联沿海州的广大地区建立的地方封建政权，共二百二十九年。唐王朝在粟末靺鞨人居住地牡丹江流域置忽汗州，设忽汗州都督府，以其首领为都督，封渤海郡王，历史上称为渤海王国[①]。

　　渤海史是我们伟大祖国以汉族为主体的多民族史册中的重要篇章。在祖国的东北保存有丰富的渤海文物，吉林省敦化县六顶山渤海古墓群是渤海重要的文化遗存。

　　敦化六顶山渤海墓群，很早以前即为当地群众所发现。伪满时期，曾被盗掘，以致一部分墓葬遭到破坏。一九四九年八月，敦化县启东中学与延边大学历史科师生，清理了九座墓葬，并修复了贞惠公主墓墓室顶部。一九五三年及一九五七年，吉林省文物管理委员会、吉林省博物馆曾先后两次进行了调查。一九五九年八月，吉林省博物馆邀请吉林师大历史系又进行了第二次清理发掘。此次发掘，除对以前清理过的墓葬做进一步的清理外，又新发掘了两座。一九六三年和六四年又进行部分清理。现将历年来清理的材料综合整理，一并发表，以供研究。

一、地理环境和墓葬分布

　　敦化县位于吉林省东部，长白山的北坡，是省内海拔较高的地区，县城敦化镇坐落在长（春）图（们）铁路线上，群山环抱。发源于长白山脉牡丹岭的牡丹江，自南而北流经此地，形成一个比较开阔的冲积盆地。六顶山位于敦化镇南约十华里处（图 1）。

　　六顶山呈东西走向，标高 603 公尺，六座小山峰起伏相连，当地群众称之为六顶山。

　　六顶山从最高峰向东南伸出一个山岔，在山岔东西两侧构成两个向阳的山坳。西山坳呈三角形，比较狭窄，东山坳呈凹字形，地势比较开阔。渤海墓葬便分布在这两个山坳之中。为了便于工作，我们将墓群划分为两个墓区。位于西山坳的编为第一墓区；位于东山坳的编为第二墓区（图 2）。

　　第一墓区有墓葬三十余座，从山麓一直分布到山腰，均为封土墓。部分墓葬外形保存良好，封堆很高，有的则十分低平，几乎与地面平齐。本区的墓葬大致可分为前后两部分，前部分规模一般较大，集中分布在山坳中部；后部分大多规模较小，零散分布在山坳后部直至山腰。一九四九年及一九五九年两次发掘的墓葬，都是这一墓区的。

　　第二墓区有墓葬五十余座，封土墓。封堆大多低平，略微高出地面，其中少数墓葬的墓石已部分

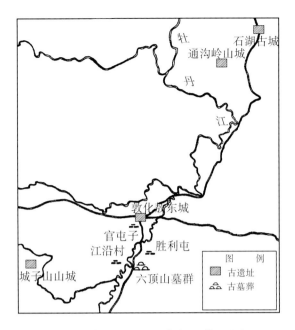

图1　敦化六顶山渤海墓位置图

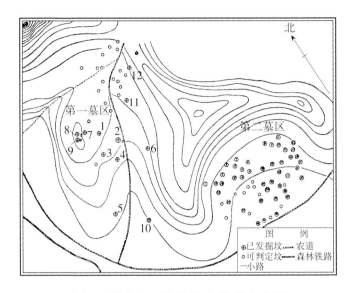

图2　敦化六顶山渤海古墓群分布图

外露，仔细辨认尚能看出圆丘状的封土轮廓。本区的墓葬分布比较密集，墓与墓之间的距离，近者相距仅2~3公尺左右。有的墓葬范围较大，最大的封土直径达17公尺。

二、墓葬形制

一九四九年及一九五九年两次共清理墓葬十一座，按其形制可分为石室墓和石棺墓两类，以石室墓为多，石棺墓仅一座。

（一）石室墓

总共清理十座。这一形制的墓葬规模都比较大，均有封土覆盖，其中最大的一座现存封土直径达22公尺。墓室皆修于地面之下，作方形或长方形，以长方形玄武岩和熔岩石块砌筑，一般长、宽各在2.5~3.5公尺之间。均为南向，方向为南偏西15~30°，并在墓室南壁设置甬道。墓室四壁以长40~50、厚15~25公分的不规则石块逐层平砌而成，壁面比较平齐，大多数墓的四壁均涂抹厚约2公分的白垩土，大部分已剥落。甬道修于南壁中央，石砌两壁，上以大石板盖顶，一般长2公尺左右，甬道外口以大石块封堵。甬道外接墓道。部分墓底铺抹白垩土，厚2公分，个别墓葬用长方形素面砖铺地。墓顶部分，除ⅠM2及ⅠM5保存尚好外，其余各墓均已坍塌，其结构已无法确知。

石室墓按墓室形状的不同，可分为方形石室墓和长方形石室墓两种，下面分别予以说明。

方形石室墓

共六座，编号为ⅠM1、ⅠM2、ⅠM4、ⅠM9、ⅠM10、ⅠM11。以ⅠM2（贞惠公主墓）保存最

完好，ⅠM4底部结构比较特殊，其余各墓顶部均坍塌，仅存墓室下半部。

ⅠM2亦即贞惠公主墓。在此墓甬道内发现贞惠公主墓碑（图版1）。

ⅠM2位于第一墓区的中央，地面起有圆丘状封堆。一九四九年延边大学历史科曾进行过培封。现存封堆高出地面约1.5公尺。一九五九年再进行清理时，曾在封堆内出土板瓦残片甚多。

墓室修于地下，深约2公尺，方形，方向为南偏西24°，南北长2.8~2.94公尺，东西宽2.66~2.84公尺，高2.68公尺。四壁以大小不等的熔岩和玄武岩石块逐层平砌而成，石块大者长105公分，厚30公分，一般长40~50公分，厚15~20公分，大小石块相间错列，共砌八—九层。墓壁高1.68公尺。四壁自下而上逐层微向内收，因此壁面稍作内倾，表面涂抹白垩土，厚约1公分，现在白垩土绝大部分已经剥落，仅存痕迹。墓底用长方形素面砖铺地。砖作东西向错缝平铺。墓底部东北角地面有一半圆形小穴。半径约70公分，北部深入北壁之下，穴内积满潜水。墓室地面有木炭、人骨碎片及铁钉等，应是棺椁的残迹。

墓顶作抹角叠涩藻井，从墓室四壁以上用十三块大石板抹角叠砌。第一层抹角石为四块，错角平砌于墓室四隅之上，两块抹角石之间则平砌一长方形石块，仰视呈八角形。第二层以四块石板，错角叠砌于第一层抹角石之上，仰视呈正方形。第三层又以四块石板，错角叠砌于第二层抹角石之上，仰视呈方形。第三层抹角石之上用一块大石板盖顶。墓顶抹角石及盖顶石表面都涂抹白垩土，大部分也已剥落（图3）。

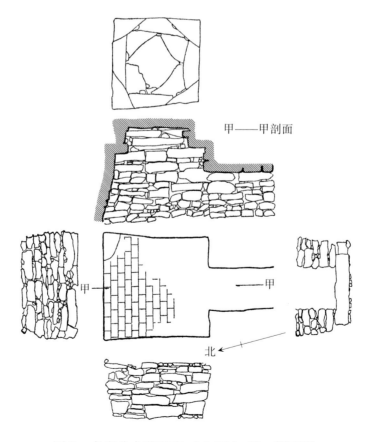

图3 贞惠公主墓墓室（ⅠM2）平、剖面图

甬道修于墓室南壁中央，长 1.74 公尺，宽 1.10 公尺，高 1.40 公尺。甬道左右两壁为长方形石块平砌而成，凡六层，顶部用三块长方形巨石平列覆盖。有许多大小不等的石块堆积在甬道中，其中有较大的石板 4 块，应当是用以封堵墓门的。甬道内出土的随葬品，有墓碑一方，石狮两尊，以及鎏金圆帽铜钉等。

甬道前为墓道。墓道长 11 公尺，宽 2.45 公尺，方向南偏西 24°。顺山坡逐渐倾斜，北端高，南端低。底部的中段和南段，用大小、形状不同的石块铺砌，北段未发现石块。中段，在石块之上，有砖一层。砖有青灰色和红褐色两种，长方形，长约 36 公分，宽约 17 公分，厚 5~6 公分。共七十余块，自南而北分作十排，南面四排砖系直铺，北面的六排砖为横铺。墓道的南段和北段没有发现砖（图 4）。

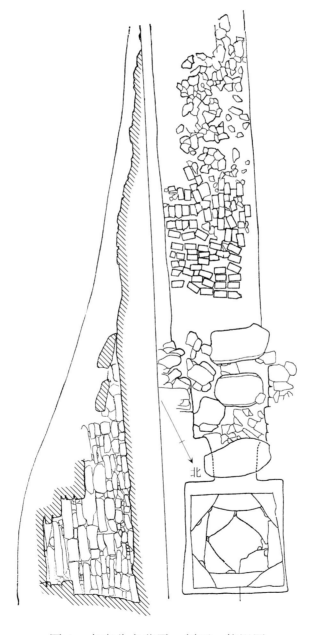

图 4　贞惠公主墓平、剖面、仰视图

墓Ⅰ M4，位于贞惠公主墓正前方，已遭严重破坏，仅墓室底部保存尚好。

墓室作方形，南北长 3.5 公尺，东西宽 3.2 公尺，残高 1.04 公尺。方向为南偏西20°。值得注意的是墓底的结构及墓道。

墓底铺有一层厚约 1.5 公尺的柞木炭，几乎遍及全室。木炭内夹杂有腐朽的人骨。木炭以下为原生土。在墓底生土中，筑有一条石槽。石槽起自墓室北壁，贯穿墓室中央及甬道，直至墓道中段，全长 8 公尺，宽 50～60 公分，深 40 公分。石槽以形状不规则的石板铺底，两壁用长形石条立砌，槽内平铺一层石板，然后用长方形石板横向覆盖作顶，顶石上又铺盖一屋灰褐色绳纹瓦。瓦之上铺木炭。盖瓦的目的应是防止木炭或沙土渗入石槽。石槽北高南低，倾斜约10°，北端顶石距墓底约 16 公分，南端顶石距墓道底约 43 公分。从石槽的结构、位置以及北高南低的情况判断，其用途是排水沟，以便保持墓室干燥（图5）。

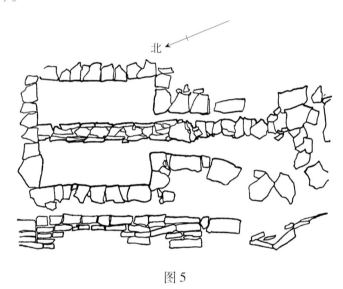

图 5

甬道修于墓室南壁中央，长 1.6 公尺，宽 1.3 公尺，残高 1 公尺，用玄武岩石块砌筑。底部也铺一层木炭。

墓道作"人"字形，挖于生土中，依顺山坡，北高南低，略有倾斜。全长 4.7 公尺，宽 1.3 公尺，北端深 1.6 公尺，南端与地表平。墓道自甬道口向南伸延至 2.9 公尺处，向两侧作八字形分为两道，各长 1.8 公尺。墓道底部平整，两壁稍加修治，比较整齐。

长方形石室墓

共五座，编号为Ⅰ M3、Ⅰ M5、Ⅰ M6、Ⅰ M7、Ⅰ M8。Ⅰ M5 保存较好，其余各墓均已坍塌。这一种形制的墓葬，规模一般较方形石室墓小，修治也比较简单。

墓Ⅰ M5，位于第一墓区的南端，封堆略高于地面。墓室修于地下，作长方形，南北长 3 公尺，东西宽 2 公尺，高 1.25 公尺[②]。方向为南偏西20°。墓室四壁用长方形熔岩石块平砌，东西两壁自下而上逐层内收，壁面倾斜；南北两壁垂直。墓底修治平整。甬道修于南壁中央，已经坍塌，宽 68 公分，长、高不详。墓顶由东西两壁之上起叠涩两重，其上用大石板盖顶。墓内人骨架已朽。随葬品有金环、铁环、鎏金铜饰、陶盂、马骨等。

Ⅰ M6，位于贞惠公主墓之东，相距约 30 公尺。封土范围较大，直径达 22 公尺。墓室已遭破坏，仅存墓底部分之墓壁，作长方形，长 4.55 公尺，宽 1.69 公尺，残高 0.88 公尺。墓室周壁以修治工整的石块垒砌。清理时，在墓室的淤土内发现涂朱的残石狮耳、壁画碎片、花纹砖和陶片等，十分值得重视。

（二）石棺墓

仅一座，编号为 Ⅰ M12。位于第一墓区的北部。石棺作长方形，南北长 2.2 公尺，东西宽 0.8 公尺，深 0.73 公尺。方向为南偏西 24°。修治十分简单，先在地面挖出一个长方形浅穴，然后于穴内以形状不规整的熔岩石块垒砌棺室。四壁垒砌石块约有五层，石块平面内向，以求壁面整齐。穴坑底部平整，以作棺底。顶部用六块石板覆盖。其上覆盖封土，呈圆丘状，微有隆起。人骨架已朽，仅存头骨一具，位于石棺北部，距北壁 30 公分处，葬式不明，不见任何随葬品（图 6）。

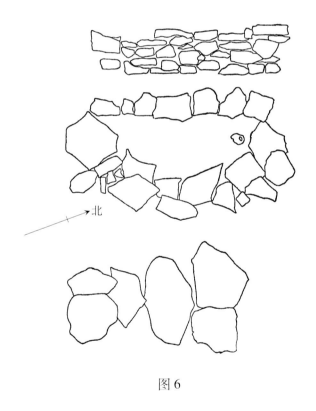

图 6

（三）葬　具

在清理发掘过程中，各墓均未发现明确的葬具，但在石室墓内发现铁钉，前后共出百余枚，以墓 Ⅰ M7 为最多，而且排列有序，呈一长方形，大部分铁钉上还附有腐朽的木渣。据此判断，应是棺椁的痕迹。不少墓的墓室有木炭，人骨架或夹在木炭之中，或与木炭混杂在一起，这种现象一方面说明用木炭防潮，同时也说明有火葬。在石棺墓内，未见葬具的痕迹。

（四）人骨及兽骨

人骨架多已朽烂，有的仅存头骨，有的仅存肢骨，无一完整者。墓Ⅰ M1出土头骨两具，墓Ⅰ M3，出土头骨四具，墓Ⅰ M11，出土头骨两具。这种现象说明存在着合葬的习俗。大部分人骨架，出土时都聚集于一处，是原状还是后期扰乱所致，由于墓葬均已遭到严重破坏，难以判定。此外，墓室内常常出土兽骨，如墓Ⅰ M5发现马骨多具，其他墓出牛、狗等骨骼，多和人骨散乱在一起，这是一个比较特别的现象。

三、遗　物

出土遗物数量不多，仅有百余件，可分为石刻、砖瓦、陶器、装饰品等几类。

（一）石刻类

1. 贞惠公主墓碑。墓Ⅰ M2甬道内出土，作圭形，石材为花岗岩。出土时已破裂为七块。经修复，通高90、宽49、厚29公分。正面镌刻碑文，碑文周边阴刻蔓草纹，碑首阴刻浅线卷云纹。碑文共二十一行，汉字阴刻，楷书真字。第一行八字，第二行四十字，第三行三十八字，第四行四十字，第五行四十一字，第六行至第九行每行各四十字。第十行三十九字，第十一行四十字，第十二行三十九字，第十三行四十字，第十四行三十八字，第十五行至第二十行每行各三十二字，末行十字，总计七百二十五字。其中二百三十四字已斑驳模糊，难以辨认，余四百九十一字尚清晰可识。

碑文如左。

据碑文记载，此碑立于宝历七年十一月廿□日，死者为大兴宝历孝感□□□法大王之第二女，死于宝历四年夏四月十四日乙未，谥号贞惠公主，宝历七年冬十一月廿四日甲申陪葬于珍陵之西原。

大兴宝历孝感□□□法大王即渤海第三代王大钦茂，大兴、宝历是大钦茂前后使用的两

贞惠公主墓碣并序

个年号，贞惠公主即大钦茂的次女。立碑的宝历七年，为公元780年，即唐德宗建中元年[3]。

上述记载不仅告诉我们墓主人的身份及墓葬的绝对年代，为渤海遗物的断代提供了可靠的根据，同时也使我们得以判明，敦化六顶山渤海墓群是渤海前期王室和贵族的茔地。

2. 石狮 2 尊。均出土于贞惠公主墓甬道内，花岗岩雕成。

其一，通高 64 公分，作蹲坐状，昂首眦目，张口卷舌，前肢伸直，撑立于胸前，后肢屈曲，蹲踞于石座之上，颈有卷鬣，造型浑健有力（图版 2）。

其二，通高 60 公分，造型姿态与前者相近，唯形体略小，口半张，雕琢稍逊（图 7）。

3. 残石狮耳（右耳）墓 I M6 出土。花岗岩雕造，形制与贞惠公主墓出土石狮耳部相同，耳内涂以朱色。

图 7　贞惠公主墓出土石狮

（二）砖瓦类

1. 瓦当，共 3 件，均已残。灰色圆形，周边起廓，纹饰突起，花纹有两种：

I. 乳丁纹瓦当 2 件。花纹分内外两圈，外圈为菱形乳丁，内圈由四个圆形乳丁和四个方形乳丁相间排列组成（图版 3）。

II. 十字花瓣纹瓦当 1 件。花纹作十字形，共四朵，对称排列，两片花瓣较长，两片花瓣较短（图 8）。

2. 筒瓦均已残破，有灰黑色和红褐色两种。瓦呈半圆，长 41、宽 16 公分。一端有榫头，素面，内有布纹。

3. 板瓦，有红褐色，土黄色、灰色及灰黑色等几种。形制较大，长 44、宽 30 公分。表面或素面，或饰以粗绳文、细绳纹、斜方格纹、篮纹等，内面均有布纹。火候低，颇粗糙（图 9）。

筒瓦、板瓦多出土封土中，但因封土均已扰乱，所以，放置原状不甚清楚。

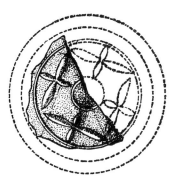

图 8　十字纹瓦当

4. 素面砖，墓 I M2、I M4、I M7 均有出土。长方形，素面，呈青灰色或土黄色，以青灰色为多。形制较大，长 37、宽 18、厚 6 公分。质地粗松，一般火候不高，多铺于墓底，甬道及墓道。

图 9　板瓦

5. 琉璃片，2 件。均已残，釉色深绿，似为鸱吻的残片。

6. 涂色白灰片仅得小块残片，出于墓 I M6。为白灰皮，有的表面绘以黑线纹，线纹之间涂有朱红和青灰色（图 10）；有的只涂红色。

图 10　涂色白灰片

7. 雕刻白灰片 3 件。均已残破，花纹均作忍冬纹。技法有两种：一种花纹为阴刻（图版 4）；另一种为浮雕（图版 5）。

（三）陶器类

1. 长颈瓶，1 件。墓 I M9 出土。通高 28.9 公分。圆唇，口沿外侈，长颈，圆腹平底。肩至腹中部饰有四组弦文，每组三道，轮制，呈深灰色，造型优美（图版 6，图 11-1）。

2. 盂，1 件。墓 I M5 出土。尖唇上折，沿面内凹，圆腹圜底，下附圈足。圈足已残。素面磨光，无纹饰。轮制，呈灰色（图 11-2）。

3. 口沿残片。圆唇，口沿外侈，圆腹，腹以下残。腹部饰一桥状横耳，表面磨光，呈灰黑色。

4. 器底。斜腹平底，胎较厚，素面，呈红褐色。

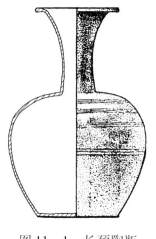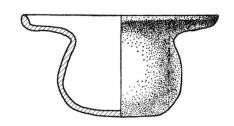

图 11-1　长颈陶瓶　　　　　　　　　图 11-2　陶盂

（四）装饰品类

1. 金环 1 件。墓 I M5 出土。呈圆形，用粗 0.2 公分的黄金丝做成。

2. 玉璧 1 件。墓 I M4 出土。圆形，已残去三分之一，直径 11.5、孔径 4.7、厚 0.3 公分。青玉制成，通体光洁青莹（图版 7）。

3. 鎏金带环 1 件。墓 I M5 出土。已残。长 2.8、宽 0.8 公分。环体正面圆鼓，内面平齐，一端圆转，表面鎏金。

（五）　其他类

1. 鎏金铜饰 1 件。墓 I M5 出土。残长 8.2、宽 6.3 公分。形如杏叶，正面铸繁缛的纹饰，中央有花卉一朵，四面衬以花叶，花和叶的轮廓线及花脉突起，花瓣及叶面下凹。花蒂有一小圆孔。叶梗作方环状，已残。背面平素。铜质，表面鎏金，制作精致（图版 8）。应是马具饰件。

2. 鎏金铜圆钉 4 件。出土于墓 I M2 甬道口。头如圆帽，钉脚作方锥形。圆帽表面鎏金。从出土位置看，可能是墓门上的装饰（图 11 - 3）。

3. 铁环 2 件。一件出于墓 I M9。直径 6.9 公分。环体断面作方形，铁环衔接在弯作双股的穿钉上，可以游动。穿钉钉脚已残，仅存接于铁环的部分。可能是钉于木棺上的提手（图 11 - 4）。另一种形制较小，直径 2.7 公分。用粗约 0.3 公分的铁丝做成。

4. 铁棺钉，出土百余枚。多已锈蚀残断，长 3～9 公分，上端作弯头，体呈方锥形（图 11 - 5）。

5. 铁带扣，1 件。扣圈略成方形，横断面作圆形，扣搭横于扣圈的中部（图 11 - 6）。

6. 铁片，仅存残片 3 块。锈蚀严重，厚 0.5 公分，稍有弧度，似为容器腹部之残片。

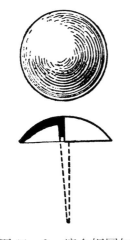

图 11 - 3　鎏金铜圆钉

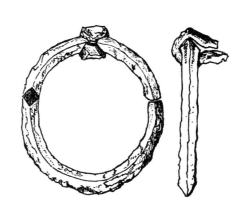

图 11 - 4　铁环

图 11 - 5　铁棺钉

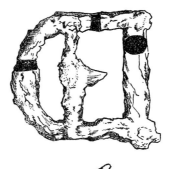

图 11 - 6　铁带扣

图版 1　贞惠公主墓碑拓片

图版 2　贞惠公主墓出土石狮

图版 3　乳丁纹瓦当

图版 4　阴刻白灰片

图版 5　浮雕白灰片

图版 6　长颈陶瓶

图版 7　玉　璧

图版 8　鎏金铜杏叶

四、结　语

敦化六顶山渤海墓的清理发掘，为我国渤海史的研究，提供了重要的实物资料，是渤海考古工作的重要收获，尽管材料不够完备，但也是弥足珍贵的。现在仅就目前的材料，提出几点初步意见，供研究讨论。

（一）六顶山墓群是渤海前期王室和贵族的茔地。

唐代渤海，过去由于史料缺乏，许多问题不够清楚。敦化六顶山贞惠公主墓中出土的渤海第一个石刻文字——贞惠公主墓碑，证实和解决了渤海史上的一些问题。根据碑文的研究[4]，得以确知贞惠公主是渤海第三代文王大钦茂（738～793年）的第二女，死于777年（唐代宗大历十二年，渤海大钦茂宝历四年），公元780年（唐德宗建中元年渤海大钦茂宝历七年）陪葬于珍陵之西原。大兴宝历孝感□□□法大王是渤海第三代王文王大钦茂的尊号，大兴、宝历则是大钦茂用过的两个年号。珍陵是谁的陵墓呢？过去认为是文王大钦茂预建的陵墓，看来是值得商榷的，笔者同意王健群同志的意见，认为珍陵是第二代王武王大武艺的陵墓，贞惠公主是孙女陪葬祖父[5]，理由如下：

1. 贞惠公主埋葬的时候，大钦茂还健在，不能用"陪葬"这个词，因此，珍陵不可能是大钦茂之陵。

2. 渤海的典章制度，大都效法唐朝，丧葬之礼，也学习中原。唐代凡子女先父母而死，多陪葬于祖父的墓侧。永泰公主李仙蕙和他的哥哥李重润就是陪葬在他们祖父的陵墓乾陵的。贞惠公主的陪葬和永泰公主的情况相同，大钦茂还在，只能陪葬在大武艺的陵侧。

3. 在唐代，后辈越过祖父陪葬于先祖父墓旁的先例很少见到，揆之常情，也是祖父较曾祖父为近。因此，珍陵应当是大武艺之陵而不可能是大祚荣之陵。

贞惠公主墓碑记载，贞惠公主陪葬于珍陵之西原。哪一座墓是珍陵呢？笔者认为有可能就是6号墓（ⅠM6）。因为第一从现有墓葬的排列位置看，贞惠公主墓之东，仅有六号墓，地势也好，第二从墓葬形制和结构看，六号墓的封堆在第一墓区最高大，墓室修治也最精致规整，出土遗物有壁画片、涂朱石狮耳、花纹砖，可以想象此墓原来以花纹砖铺地，墓壁满施壁画的豪华景象，证明墓主人的身份较贞惠公主高。

六顶山第一墓区包括有珍陵和贞惠公主墓，其他墓葬和珍陵、贞惠公主的关系也应该是比较近的，所以，整个墓群应属渤海前期王室和贵族的茔地。

（二）敦化敖东城是渤海前期都城——旧国的故址。

旧国是大祚荣当年建国之地，至第三代文王大钦茂才将都城从旧国迁到上京[6]。旧国的所在地，过去学术界有几种看法，有人曾提出旧国即敦化之敖东城[7]。敖东城位于牡丹江左岸，敦化镇东郊，城呈长方形，有内外二城，城内曾出渤海瓦当、陶片等[8]。古城的形制、布局与珲春八连城（渤海东京龙原府）、和龙县西古城子古城（渤海中京显德府）相近。出土遗物和城的形制都证明敖东城是一座渤海古城。敖东城坐落在"敦化盆地"的中央，东临牡丹江，南有向西通去的陆路，北有连接上京（宁安东京城古城）的衢道，地理位置十分优越。在敖东城的周围又设置了一系列的小城堡，南有城子山山城扼守西去的陆路，北有通构岭山城控制通往上京的要道和牡丹江水路，从南北两方拱卫敖东城，无疑是敖东城的卫城⑨。以里程计，敦化县敖东城（旧国）至黑龙江省宁安县东京城（上京龙泉府）恰好是三百余里，正与《新唐书》《渤海传》记载相合⑩。六顶山渤海王室贵族的茔地距敖东城仅十华里，六顶山墓群的发现进一步肯定了敖东城即渤海旧国的故址。

（三）六顶山渤海墓出土文物，生动地反映了渤海与中原唐工朝的密切关系。

贞惠公主墓碑的出土，证明了渤海用汉字，习识中原的文化，汉文学造诣较深。文体是唐代流行的骈体文墓志体，词藻华丽。书体为工整楷书，清秀挺拔。完全是唐王朝封建文化的产物。六顶山第一墓区渤海墓是文王大钦茂具体而微地仿效唐王朝昭陵、乾陵的葬制部署的，如因山而葬、大量陪葬、设墓道、立石狮等，虽然和昭陵，乾陵等唐代封建帝王陵墓的体制和宏伟壮观的气魄难于相比，但从埋葬的礼制上，却能依稀看出渤海王族仿效唐王朝的意向。从出土文物看，石狮的造型风格和雕刻手法与昭陵、乾陵前的石狮十分相似，如果说高大雄壮浑健生动的昭陵、乾陵石狮是唐代艺术的杰作，那么形体虽小而造型雄浑的贞惠公主墓出土的石狮也不失为唐代渤海的艺术珍品。贞惠公主墓碑周围阴刻的蔓草纹、卷云纹和鎏金杏叶的纹样，陶长颈瓶、陶盂等的造型，都具有中原唐王朝的风格⑪。新旧唐书等文献中载渤海"大抵宪象中国（中原）"，六顶山出土的文物使我们对这一点增加了更深刻的理解。

（四）六顶山墓葬和出土文物，反映了渤海前期（八世纪）的社会面貌和社会发展水平。

从贞惠公主墓碑看，国内最高统治者称王，女儿称公主，凡称圣称王必空一格，对贞惠公主以孔孟之道为标准进行美化和歌颂，墓葬的形制大小也不同。这一切都说明渤海社会的阶级对立是十分尖锐的，存在着一整套以等级制为基础的封建礼制和道德规范。出土的铁器、铜器较多，证明渤海使用铁器、铜器。鎏金杏叶制作的比较精致，玉璧光润青莹，陶器造型优美，反映了渤海社会生产水平达致一定高度，这些增加了我们对渤海前期社会文化面貌的认识，增加了一部分足资断代的标准器物。但是和东京城山土的渤海文物相比较，六顶山出土的渤海文物，内容是比较贫乏的，工艺是比较粗糙的。和中原相比差距是很大的。

（五）六顶山墓群的墓葬形制和随葬陶器，还反映了渤海文化另一些值得注意的现象。

与东北许多地区古代墓葬一样，六顶山渤海墓也用石材筑造，但其中所反映的夫妻合葬、族葬、二次葬，火葬等葬俗，又具有靺鞨族的特点，尤其是火葬和金代女真人的埋葬习俗是一致的。而六顶山，敖东城出土的陶器，如敞口鼓腹罐、筒形罐，与黑龙江省绥滨同仁遗址出土的靺鞨陶器也是一脉相承的。

由于粟末靺鞨和高句丽在地理上紧密相邻，历史上曾经有过密切关系，所以六顶出的渤海墓中，也能看出高句丽文化的若干影响。六顶山的石造单室封土墓，和集安高句丽的石造单室封土墓在墓室结构上是相近的：墓室修于地下，以石砌筑，方形，抹角叠涩藻井，南壁中设甬道等。但是，若把六顶山的渤海墓和集安的高句丽石造单室封土墓作比较，无论是五盔坟4号、五号墓、冉牟墓、四神墓以及其它墓，都明显地能看到高句丽墓规模宏大，石室修治精致，壁画装饰十分华丽，而六顶山的渤海墓规模小，修治差，也就是说八世纪的六顶山渤海古墓和集安的五—七世纪的高句丽封土石室墓反映的社会发展水平相差是很大的，在六顶山就连珍陵和贞惠公主墓等，规模都很有限，这种和集安五盔坟4、5号墓的差距，绝不只是贫富之间的悬殊，而是高句丽和粟末靺鞨社会发展水平悬殊的结果，是粟末靺鞨社会发展水平落后于高句丽的反映。

由于判明了六顶山墓葬是渤海墓，由此可以肯定，过去有人认为宁安东京城三灵屯大墓及和龙县头道北大屯墓群（即八家子墓群），都是高句丽墓，显然是不正确的。

　　附记：这篇《发掘记》是十五年前的旧稿。在整理过程中，曾得到延边大学历史系、延边博物馆的热情支持。发掘是集体劳动，这篇《发掘记》是集体劳动成果的文字记录，但是有关渤海史和六顶山渤海墓及其出土文物的论断是我个人的看法，应由我个人负责，谨此说明，欢迎指正。

（本文原载《社会科学战线》1979 年第 3 期）

注　释

① 《旧唐书》卷 199 下《渤海靺鞨传》、《新唐书》卷 219《渤海传》。

② Ⅰ M5 墓室高度据吴凤协先生推算。

③④ 阎万章：《渤海贞惠公主墓碑的研究》、金毓黻：《关于"渤海贞惠公主墓碑的研究"的补充》，《考古学报》1956 年第 2 期。

⑤ 王健群：《渤海贞惠公主墓碑考证》，未刊。

⑥⑩ 《旧唐书》卷 199 下《渤海靺鞨传》："祚荣遂率其众东保桂娄的故地，据东牟山，筑城以居之。"《新唐书》卷 219《渤海传》："天宝末，钦茂徒上京，直旧国三百里忽汗河之东。"

⑦ 曹廷杰：《东三省舆地图说》，辽海丛书本。
　　金毓黻：《渤海国志长编》卷 14《地理考》、卷 19《丛考》，《辽东文献征略》卷一《敖东城》。

⑧ 王承礼：《吉林敦化牡丹江上游渤海遗址调查记》，《考古》1962 年 11 期。
　　单庆麟：《渤海旧京城址调查》，《文物》1962 年 11 期。

⑨ 王承礼：《吉林敦化牡丹江上游渤海遗址调查记》，《考古》1962 年 11 期。

⑪ 参看陕西文管会：《唐乾陵调查记》，《文物》1960 年 4 期。

附录二

六顶山渤海墓葬出土铁器金相学及工艺研究[*]

贾　莹　高秀华

摘　要： 本文对六顶山渤海早期墓葬出土的铁器进行金相结构观察，同时利用扫描电子显微镜和 X 射线能谱仪对部分铁器样品进行成分分析。检测的铁器种类包括：铁刀、铁镞、铁甲片、铁带饰、铁带銙、铁钁及铁钉。检测采取多剖面观察，包括纵向断面和横向断面以及由表面向纵深方向多层次剖析，力图全面了解铁器的材质和制作工艺。

本文所观察研究的铁器样品出自吉林省敦化县六顶山渤海早期墓葬（公元 726～784 年）。墓地出土的铁器种类包括铁钁、铁刀、铁镞、铁甲片、铁带銙、铁带饰、铁钉等。利用日本 Union 光学株式会社 Versamet－2 型金相显微镜对所选样品进行金相观察，腐蚀剂为 4% 硝酸酒精，利用 JXA－840 扫描电镜和 Oxford IS－300 能谱仪对铁器样品进行定量分析。

一、铁器样品的金相组织

通过对六顶山渤海墓葬出土的铁器进行金相观察，根据铁器所采用的工艺可分为铸造和锻造类型。

（一）铸造器物

1. 铁带饰 05DL I ST5：4
2. 铁钁 05DL I ST11：3
3. 铁带饰 04DL I M19：1

上述三件器物均为铸造成型，金相组织为渗碳体＋莱氏体基体上分布着团絮状石墨，属于麻口铁材质（图版九二，1）。

（二）铸铁块脱碳

1. 铁带銙 04DL II M78：5－1

铁带銙 04DL II M78：5－1，质地厚重，表面有斑状腐蚀剥落，斜角断口处未见分层迹象，似铸造

＊ 国家文物局文物保护和科学技术课题资金资助，课题名称：吉林省渤海时期金属冶炼及工艺研究，课题编号：2009066－11/14。

的铁块料脱碳退火后的半成品。带銙上錾出长方形孔，孔的边缘很不整齐，应是后凿出的。

纵向断面显示存在含碳量 0.8% 珠光体组织、0.4%～0.5% 铁素体 + 粒状和片状珠光体组织，局部铁素体晶粒粗大。部分铁素体区内可见少量条状或粒状氧化亚铁 - 硅酸盐夹杂物。

与多层材料锻打的断面不同，珠光体区和铁素体区没有缝隙和明显的分界线（图版九二，2）。

2. 铁带銙 04DLⅡM78：5－2

铁带銙 04DLⅡM78：5－2，质地厚重，长条形凹槽尚未凿穿，样品像是半成品，含碳量从短边 A－A 面一侧到另一侧成递减的梯度分布，高碳局部含碳量可达到 0.8%，为珠光体组织，铁素体组织区晶粒粗大。断面多数区域为含碳量 0.1%～0.7% 不等的铁素体 + 珠光体组织区（图版九二，3）。

（三）锻造器物

1. 铁刀 05DLⅡM94：6

铁刀 05DLⅡM94：6，刃部锋利，表层有斑状腐蚀剥落，刀刃纵向端面可见刀表面层折叠的迹象，铁刀表面圆形突起对应着内部两层之间的悬空之处，很可能是锻打有意识留出的变形标识，刀脊端面可见明显分层迹象（图版九三，1）。

取铁刀 05DLⅡM94：6 刃部纵向断面 B－B 面为观察面。边缘层腐蚀较为严重，内部为含碳量 0.4%～0.5% 钢回火马氏体组织（图版九三，2）。

2. 铁刀 09DLⅠ采：5

铁刀 09DLⅠ采：5，以刀尖残断的横断面 A－A 面为观察面。以右手握刀，靠近身体一侧为正面，第一次制样，表面层已经腐蚀成为矿物质，次表面层为回火马氏体组织，条状马氏体和少量细小片状马氏体。向内部及另一侧背面，为条状马氏体组织（图版九三，3）。由于整体制样，第一次制样断面尚有一些划痕，与马氏体混杂，不易分辨，故再次抛磨断面进行观察。随着抛磨次数增加，断面厚度增大。

第二次、第三次向纵深层观察，可见不同含碳量组织层。正面边缘向内依次为含碳量 0.4%～0.5% 的马氏体、铁素体 + 极细珠光体组织，中心区至背面边缘为铁素体及低碳马氏体组织（图版九四，1～4）。

3. 铁镞 09DLⅠM3：87

铁镞 09DLⅠM3：87，观察面为侧面纵向断面 B－B 面（图版九五，1）。金相照片是断面组织分布全图。左侧为铁镞前锋尖端，右侧为铁镞中间部位，由铁镞尖端向器物中部方向含碳量递减。断面表层为回火马氏体组织，靠近尖端含碳量为 0.4%～0.5%，内部为含碳量 0.2% 珠光体 + 条状马氏体回复、再结晶组织（图版九五，2、3）。

4. 铁镞 09DLⅠM3：89

铁镞前锋刃部纵向 B－B 面

铁镞边缘层已经腐蚀，抛磨面较小而且较浅，保留金属结构为回火马氏体及条状马氏体回复组织（图版九六，1）。

镞铤端横断面 A－A 面

镞铤端部横断面表层可见回火马氏体组织，中心区及抛磨较深处还可见条状马氏体回火后 α 相回复、再结晶组织、铁素体和细珠光体组织。边缘含碳量高处达 0.4% 左右，低处为 0.2%（图版九六，2、3）。

5. 铁甲片 09DL I M2：4

铁甲片 09DL I M2：4，以长边 B－B 面为观察面，表层为回火马氏体组织。向纵深内部为含碳量 0.1%～0.2% 铁素体＋珠光体组织、中心铁素体组织，二者之间可见明显的分界（图版九六，4；图版九七，1）。

6. 铁甲片 09DL I M2：9

铁甲片 09DL I M2：9，长边 B－B 面表现出含碳量相差悬殊的组织结构，不同组织层之间有明显的交界迹象。

铁甲片表层为回火马氏体组织，大量条状马氏体和少量片状马氏体。中心为铁素体组织，断面还可见含碳量 0.15% 铁素体＋珠光体组织（图版九七，2）。

7. 铁棺钉 04DL II M78：1－1

铁棺钉 04DL II M78：1－1，以纵向截面 B－B 面为观察面。铁钉表层为回火马氏体组织，内部为条状马氏体回火后回复、再结晶组织，存在含碳为 0.1%、0.2% 区域，为再结晶 α 相＋珠光体组织（图版九七，3、4）。

8. 铁钉 04DL II M78：1－2

铁钉 04DL II M78：1－2，钉身纵向截面分层之间有明显的缝隙。表层为回火马氏体，向内部为条状马氏体回火后回复、再结晶组织。有许多氧化亚铁－硅酸盐夹杂物。铁钉顶端弯折横截面显示为回火马氏体组织。

9. 铁钉 04DL II M78：1－3

铁钉 04DL II M78：1－3，以纵向 B－B 面为观察面，钉身有明显的分层折叠留下的缝隙。铁钉表层为条状马氏体组织，向纵深内部为条状马氏体回火后回复、再结晶组织，有单相硅酸盐夹杂物，数量较少。

10. 铁钉 04DL I M24：3－1

铁钉 04DL I M24：3－1，以纵向截面 B－B 面为观察面。断面可见缝隙较大的层状相叠结构。尖部腐蚀严重，次表层为回火马氏体、再向纵深内部为条状马氏体回火后回复、再结晶组织。弯折区为回火马氏体组织。

11. 铁钉 04DL I M24：3－4

铁钉 04DL I M24：3－4，以纵向截面观察，铁钉顶端弯折表层部分显示为回火马氏体组织，钉身表层为回火马氏体组织，截面较厚处，内部呈现条状马氏体回火后回复、再结晶组织及含碳量 0.1% 再结晶 α 相＋珠光体组织（图版九八，1、2）。

12. 铁钉 05DL I M17：4－2

铁钉 05DL I M17：4－2，以纵向截面 B－B 面为观察面，表层为回火马氏体组织，向纵深为含碳量 0.2%～0.6% 不等的铁素体＋细珠光体组织，隐约可见含碳量相差悬殊组织的分界（图版九八，3）。

13. 铁钉 05DL I M14：3－9

铁钉 05DL I M14：3－9，以纵向截面 B－B 面和顶端弯折部分横断面为观察面。表层均可见马氏体组织，稍向纵深抛磨，可见条状马氏体回火的回复与再结晶组织、含碳量 0.1%～0.2% 的回火马氏体＋铁素体＋珠光体组织、铁素体组织。铁素体区可见较大尺寸的长条形和不规则形状的氧化亚铁－硅酸盐夹杂（图版九九，1）。不同含碳量材料层间有明显的分界线及长条形的夹杂。

从铁钉横断面 A－A 面观察，可见不同含碳量组织呈弯曲的层状分布，层之间存在明显交界，高碳区为含碳量 0.6%～0.7% 珠光体＋铁素体组织，低碳区为铁素体组织、含碳量 0.1%～0.2% 铁素体＋珠光体组织（图版九九，2）。

14. 铁钉 05DL Ⅰ M14∶3－10

铁钉 05DL Ⅰ M14∶3－10 纵向截面 B－B 面观察，表层为回火马氏体组织，含碳量约为 0.4%。稍深层为条状马氏体回火后部分再结晶 α 相组织（图版九九，3）。

15. 铁钉 05DL Ⅰ M14∶3－11

铁钉 05DL Ⅰ M14∶3－11 以钉身纵向截面 B－B 面为观察面。表层为回火马氏体组织，向纵深内部依次可见条状马氏体回火后回复、再结晶组织、含碳量为 0.2% 左右的马氏体＋珠光体、铁素体＋珠光体、铁素体组织。铁素体区有氧化亚铁－硅酸盐夹杂物（图版九九，4）。

16. 铁钉 05DL Ⅰ M14∶3－12

铁钉 05DL Ⅰ M14∶3－12 纵向 B－B 面观察，有低碳区与高碳区层叠的迹象。表面层为回火马氏体组织，靠近钉尖，边缘含碳量达 0.7%、向纵深内部为回火马氏体＋珠光体＋α 相回复及再结晶组织，含碳量低处为 0.1%～0.2%，抛磨较深的内部为 α 相再结晶组织，断面宽处可见多层含碳量不同的组织相叠，有分界线。钉身表层为回火马氏体，向内部可见含碳量 0.1%～0.2% 回火马氏体＋细珠光体＋α 相回复及再结晶组织（图版一○○，1～4）。

17. 铁钉 05DL Ⅰ M14∶3－13

铁钉 05DL Ⅰ M14∶3－13 纵向截面 B－B 面观察，表层为回火马氏体组织，向纵深内部依次为含碳量 0.2% 铁素体＋极细珠光体组织和中心铁素体组织（图版一○一，1、2）。

18. 铁钉 05DL Ⅰ M14∶3－14

铁钉 05DL Ⅰ M14∶3－14 以纵向 B－B 面为观察面。钉身有明显的分层迹象，表层为回火马氏体组织，向纵深内部依次为条状马氏体回火后回复组织及完全再结晶组织，含碳量由表层 0.2% 向深部递减至 0.1%，中心为铁素体组织（图版一○一，3、4）。

19. 铁钉 05DL Ⅰ M14∶3－15

铁钉 05DL Ⅰ M14∶3－15 纵向截面 B－B 面表层为回火马氏体组织，向纵深内部可见含碳量 0.1%～0.2%、0.4%～0.7% 的铁素体＋珠光体组织层，层之间界线隐约可辨，存在铁素体魏氏组织（图版一○二，1、2）。

20. 铁钉 05DL Ⅰ M14∶3－16

铁钉 05DL Ⅰ M14∶3－16 以纵向 B－B 面为观察面，可见表层回火马氏体及内部的 α 相回复、再结晶组织。含碳量 0.1%～0.7%。高碳层与铁素体之间有分界线，分界线附近是含碳量由高到低的过渡区。铁素体区有不规则氧化亚铁－硅酸盐夹杂物（图版一○二，3、4；图版一○三，1）。

21. 铁钉 05DL Ⅰ M14∶3－18

铁钉 05DL Ⅰ M14∶3－18 以纵向截面 B－B 面观察，表面层为回火马氏体组织，纵深向内部可见条状马氏体 α 相回复组织、部分再结晶组织、完全再结晶组织，或者局部有少量珠光体，含碳量

0.1%，具有不同含碳量材料叠加锻打迹象（图版一〇三，2）。

22. 铁钉 05DLⅠM14：3 - 17

铁钉 05DLⅠM14：3 - 17 纵向截面 B - B 面表层为回火马氏体组织，中心为铁素体组织，有含碳量 0.1%～0.2%铁素体 + 极细珠光体、铁素体组织层，呈层叠分布（图版一〇三，3）。

23. 铁钉 05DLⅡM48：14 - 2

铁钉 05DLⅡM48：14 - 2 B - B 面观察，表层为回火马氏体组织，向内依次为条状马氏体回火后 α 相回复组织，含碳量 0.2%珠光体 + 部分再结晶 α 相组织，铁素体组织。再向纵深层断面观察，边缘显示出回火马氏体组织，中心区则为含碳量 0.2%铁素体 + 珠光体组织，二者之间有条状马氏体回火后 α 相回复组织以及再结晶程度不同的 α 相。不同含碳量区域的夹杂物都是氧化亚铁 - 硅酸盐夹杂物，0.2%铁素体 + 珠光体组织区夹杂物中圆粒状的氧化亚铁较少，铁素体区内的夹杂物则含有更多的圆粒状氧化亚铁（图版一〇四，1～4）。

二、铁器的化学成分

本文铁器样品化学成分测试所用仪器为 JXA - 840 扫描电镜和 Oxford IS - 300 能谱仪，样品采集后测试内部金属核心。铁器样品成分数据见表一。

表一　铁器样品成分

器物	检测区域	元素成分（%）			
		Fe	Si	P	S
铁镜 05DLⅠST9：1	1 区	99.62	0.38		
	2 区	99.83	0.17		
	3 区	99.77	0.23		
铁镬 05DLⅠST11：3	1 区	100.00			
	2 区	99.77		0.23	
	3 区	99.81		0.19	
	4 区	99.84		0.16	
铁带饰 04DLⅠM19：1	1 区	99.49		0.51	
	2 区	99.63		0.37	
	3 区	98.48	1.03	0.49	
	4 区	99.48	0.23	0.15	0.14
	5 区	99.37	0.63		
	6 区	98.20	1.28	0.52	
	7 区	99.19	0.15	0.67	

铸铁的几个样品的成分检测结果表明，铁镰样品只检测到含有杂质磷，3 个区中平均含磷量为 0.19%。铁镜样品 3 个区平均含硅量为 0.26%，未检测到其他杂质元素。带饰 O4DLⅠM19：1 含硅量高于其他两件器物，在器物内部分布不均，某些区含硅量明显高于其他区域。硅是除碳之外强烈促进石墨生成的元素。铁器中含硅量高，对形成麻口铸铁组织起着重要的促进作用。

三、讨　论

通过对铁器样品进行金相观察以及扫描电镜－X 射线能谱仪定量分析，对铁器的金属结构、成型及随后的热处理工艺有了更深入的了解。

1. 麻口铸铁

铁带饰 05DLⅠST5：4、铁镰 05DLⅠST11：3、带饰 04DLⅠM19：1 均为铸造成型，材质为麻口铸铁，渗碳体＋莱氏体基体上分布着球团状石墨。

根据金属学理论，硅的增加、铸件壁厚、冷却速度较慢是灰口铁和麻口铁出现的原因。冷速快，易形成白口铸铁，冷速慢，则形成灰口铸铁，冷速介于二者之间，就会形成麻口铸铁。图一说明了铸铁的成分（C＋Si 量）和壁厚（冷速）对铸铁组织类型的影响[①]。图二为碳、硅含量对铸铁组织的影响[②]。

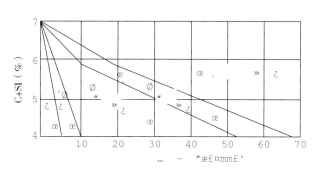

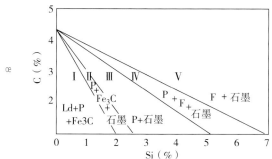

图一　铸件的壁厚（冷速）和化学成分　　　　　图二　碳硅含量对铸铁组织的影响
　　　（碳硅总量）对铸铁组织的影响　　　　　　　　　（铸件壁厚 50 毫米）

2. 铸造铁器的化学成分

依所测铁器所含杂质元素含量，铁镰样品只检测到含有杂质磷，3 个区中平均含磷量为 0.19%。铁镜样品 3 个区平均含硅量为 0.26%，未检测到其他杂质元素。带饰 O4DLⅠM19：1 含硅量高于其他两件器物。硅是除碳之外强烈促进石墨生成的元素。铁器中含硅量高，对形成麻口铸铁组织起着重要的促进作用。

3. 锻造及淬火回火

考古发掘出土的铁器表层均已经腐蚀，难免损失一些重要信息，令人感到遗憾。本文选取了发掘出土后未经过人工处理的器物作为样品，希望能够保留更多的原始信息。通过细致的工作，本次考察捕获到了一些重要的内涵。

从本文样品的金相观察得知，除了铁镢、铁带饰等铸造器物之外，铁刀、铁镞、铁甲片及铁钉各类铁器都采用不同含碳量材料叠加锻打制成，熟铁作为比较廉价而又柔软的材料构成器物柔韧的内质，而低碳钢、中碳钢视器物对于性能的要求而被用来与熟铁相叠加锻合，一般用来强化器物的表面，或者采用多层叠打的方式紧密锻焊在一起。

为保持器物完整和表层信息的完整捕获，主要对器物表面进行抛磨观察。几乎所有的锻造器物都显示出回火马氏体组织，表明所选方法得当。由于表层已经腐蚀，剩余的回火马氏体层已经相当薄，如果以中心横断面观察，很容易由于取样位置所限造成信息丢失。本次检测的器物断面多呈现中碳钢和低碳钢与熟铁相叠打的迹象，也存在局部含碳量达到高碳钢者，在这些器物中，高碳和低碳区之间存在过渡含量区，因此，如果条件允许，应将表面与横断剖面结合观察来判断材质的性质。

根据金属学对碳素钢热处理及组织性能方面的研究结果，含碳量低于0.2%的奥氏体几乎全部都形成条状马氏体，碳浓度大于1.0%的奥氏体几乎只形成片状马氏体。碳浓度0.2%~1.0%的奥氏体形成两种马氏体的混合组织，在马氏体区上部先形成条状马氏体，然后在马氏体区下部形成片状马氏体。

条状马氏体的一个重要特点，就是在形成之后立即发生不同程度的分解，称为"自回火"。条状马氏体形成温度较高，形成之后过饱和固溶的碳能够进行短距离扩散，发生偏聚或析出，即发生自回火。越是在较高温度先形成的马氏体条，自回火程度越大，在金相组织中颜色越暗。条状马氏体的自回火是一种有利现象，对于提高马氏体的强韧性，减少残余奥氏体量，防止淬火变形和开裂，都起着重要作用[3]。

含碳量较低的器物，淬火后形成大量的条状马氏体，冷却过程中会产生自回火，得到回火马氏体，从而使性能即达到高强度同时又具有很高的韧性。

六顶山出土铁器大部分区域含碳量低于0.5%，这一成分范围的铁器锻造并淬火回火后，马氏体强度和硬度会随着碳浓度升高而急剧增大。碳浓度0.2%的低碳马氏体硬度可达HRC50，抗拉强度σ_b最高可达$150 \times 10^7 N/m^2$。碳浓度0.4%，硬度可达HRC60[4]。因此，铁刀、铁镞用钢含碳量达0.4%左右，为中碳钢，淬火回火后具有高强度、高耐磨损性及耐疲劳性，铁钉即使采用含碳量0.2%低碳钢，条状马氏体的高强韧性也可以满足性能的需要。这些信息揭示出当时的工匠对于热处理对器物性能的影响有比较明确的认识。

铁钉05DLⅠM17:4-2、05DLⅠM14:3-12、05DLⅠM14:3-15、05DLⅠM14:3-16局部具有含碳量达0.7%的高碳钢组织，整个断面显示器物由含碳量呈梯度变化的碳钢和熟铁叠加锻打。从所观察截面表层腐蚀残存伪晶迹象及邻近的次表面层金相结构来看，这几件局部含碳达高碳钢的器物也经历过淬火回火过程。因此淬火回火是普遍采用的工艺。

铁器显示出的淬火组织只限于很薄的表面层，如此可以博取坚硬的表面，同时由于器物有一定的厚度，不易淬透，淬火时内外过冷度有一定的差异，导致外表和内部金属结构有很大变化，客观上有利于满足器物强韧性能的需要。由于低碳钢的条状马氏体特性，淬后回火可以由再加热器物达到，也可以利用器物淬火后自回火完成。

4. 贴钢

大铁刀09DLⅠ采:5采取了在铁刀刃部贴钢的技术，从断面上看是在正面贴钢并向背面折回，所贴钢成型后的高度，正面高于背面。贴钢方法是目前制作菜刀和剪刀仍然在使用的技术，从古代一直延续到现在。铁刀的热处理工艺也符合器物性能的需要，淬火回火产生的金属微观结构，使刀刃足够锋利并具有较高的硬度，又不失柔韧性。从腐蚀层厚度以及金属核心保存状况来看，铁刀具有良好的耐腐蚀性能，表明所采用的工艺设计对于抗腐蚀需求也是比较合理的。

5. 与其他渤海遗址铁器工艺比较

目前已经进行铁器金相学考察的渤海时期遗址包括：吉林省西古城遗址[⑤]、黑龙江省渤海上京遗址[⑥]、虹鳟鱼场墓地[⑦]，六顶山遗址的年代早于其他遗址。铁器的金相学考察揭示出该遗址具有同时期普遍使用的锻造方法成型铁器，在六顶山铁器中高碳区尚未发现类似渤海上京遗址铁器中含有明显的白口铁小块的迹象，但是有铁器高碳区含碳量可达0.7%，在利用高碳钢和熟铁叠锻这点上是一致的。西古城渤海遗址出土铁器中与熟铁相叠锻的钢材多是成分比较均匀的低碳钢，六顶山遗址铁器中也多发现同样配置。这种情况存在两种可能性：一种是原本利用低碳钢和熟铁相叠；另一种则可能是出于维持器物整体考虑，受到选择观察的断面所限，在另外的断面或沿中心剖开，也许就能发现高碳区，如同铁钉05DLⅠM14：3－9A－A面情况。利用含碳量不同碳钢和熟铁材料叠加锻打，能够获得较高的强度和较好的韧性。

六顶山遗址出土铁器锻造后普遍采用淬火回火方法对器物进行热处理，西古城出土铁器中观察到淬火工艺的应用，虹鳟鱼场墓地出土铁刀亦如此处理，渤海上京遗址一些铁器显示出锻打之后具有比较快的冷却速度迹象，因此，热处理已经是常用的技术。在六顶山遗址出土铁器中未发现西古城遗址铁器所具有的表面渗碳现象。

六顶山铁器所用熟铁材料具有较多氧化亚铁硅酸盐夹杂物，是炒钢中常见的夹杂物形式，极少数铁器熟铁材料中存在不规则形状的氧化亚铁和铁橄榄石共晶硅酸盐夹杂物。与西古城遗址铁器类似。渤海上京遗址及虹鳟鱼场墓地出土铁器中的非金属夹杂物较少而且较为简单，没有观察到这一类夹杂物，暗示着铁器原材料的获得方法可能有别。

6. 文物保护相关问题

从铁器样品断面组织来看，有的器物表层腐蚀层尚存伪晶，有的器物金属结构迹象已荡然无存，剩余的淬火回火组织层比较薄，如果出土后继续腐蚀剥落，速度会远大于处于埋藏环境之中，或者在发掘之后经过人工剥离，甚至采用打磨机打磨除锈，完全可能导致铁器表层信息的彻底丢失，从而造成对于所用技术判断失误。因此，建议考古专业和文物保护专业人员在整理、除锈处理过程中，应注意保护原有的表面层及其所蕴含的技术信息，这是保护其完整性和正确判断其加工成型及处理工艺的关键。

四、结　论

通过对六顶山渤海早期墓葬出土铁器样品进行金相定性观察和扫描电镜－X射线能谱仪定量分析，得出以下结论：

1. 铸铁件均为麻口铸铁，其形成原因在于冷却速度以及碳、硅含量与白口铸铁有别。

2. 锻造铁器利用碳钢和熟铁叠加锻打，而后淬火回火。碳钢包括低、中、高碳钢。

3. 低碳和中碳钢淬火回火后能有效地提高器物的机械性能。

致谢：本文样品承蒙中国科学院长春应用化学研究所葛辽海高级工程师利用扫描电镜－X 射线能谱仪测定铁器的成分，谨致谢意。

注　释

① 吴培英：《金属材料学（修订版）》，第 237 页，国防工业出版社，1987 年。

② 孙建忠主编《金属材料与热处理》，第 95 页，石油工业出版社，1986 年。

③ 王建安主编《金属学与热处理（热加工专业用下册）》，第 33 页，机械工业出版社，1980 年。

④ 王建安主编《金属学与热处理（热加工专业用下册）》，第 34 页，机械工业出版社，1980 年。

⑤ 贾莹：《西古城城址出土铁器的金属学研究》，吉林省文物考古研究所、延边朝鲜族自治州文化局、延边朝鲜族自治州博物馆、和龙市博物馆编著：《西古城——2000～2005 年度渤海国中京显德府故址田野考古报告》，"附录"，第 350～364 页，文物出版社，2007 年。

⑥ 贾莹等：《渤海上京城遗址出土铁器金相学与工艺探讨》，黑龙江省文物考古研究所编著：《1998～2007 年度考古发掘调查报告，渤海上京城》，第 644～651 页，文物出版社，2009 年。

⑦ 贾莹等：《宁安虹鳟鱼渤海墓地出土铁器的金相学考察》，黑龙江省文物考古研究所编著：《宁安虹鳟鱼场 1992～1995 年度渤海墓地考古发掘报告》，附录 2，第 571～577 页，文物出版社，2009 年。

附录三

六顶山渤海墓葬出土有色金属及合金性质研究[*]

贾　莹　高秀华

摘　要： 本文对敦化六顶山渤海墓葬出土的有色金属器物进行金相学研究，并利用扫描电子显微镜和 X 射线能谱仪进行定量分析，所检测的器种类包括青铜带饰、青铜带銙、包金泡钉及铜钉、鎏金带饰及银耳环。根据文献记载，渤海国的金属加工业已很发达，而且与中原地区有着广泛的文化和技术交流，本文的定性定量分析使我们对渤海国金属工艺技术的了解更加深入，也为我们对唐时期的金属技术的认识积累必要的框架数据。

本文检测研究的样品出自吉林省敦化县六顶山渤海墓葬，年代为渤海早期（公元 726～784 年）。进行成分检测和金相检测的器物包括青铜器 7 件，鎏金器 4 件，包金器 4 件，银器 2 件，包银器 3 件。检测成分的样品取自尚未进行处理的出土器物，刮除可能受到环境或切割污染表面，锈蚀产物中会含有较多的土壤成分，粗糙的含有锈蚀产物之处的成分中含有较多的铁元素，因此，表面测得的铁元素也可能来源于土壤或埋藏物的污染。

一、扫描电镜及 X 射线能谱分析

本文研究利用扫描电镜－X 射线能谱仪测定样品的化学成分，所用仪器为 JXA－840 扫描电镜和 Oxford IS－300 能谱仪，检测结果见表一至表四。

表一　包金器成分

器物	样品	选区	元素成分（%）				
			Au	Ag	Cu	Fe	Si
包金铜钉 05DL I M17：13－1	1	1 区	79.90	2.76	16.99	0.36	
		2 区	73.31	2.26	24.06	0.38	
		3 区	31.39	1.45	65.63	1.53	

＊ 国家文物局文物保护和科学技术课题资金资助，课题名称：吉林省渤海时期金属冶炼及工艺研究，课题编号：2009066－11/14。

续表一

器物	样品	选区	元素成分（%）				
			Au	Ag	Cu	Fe	Si
包金铜钉 05DLⅠM17：13－1	2	1 区	57.36		42.40	0.23	
		2 区	6.50		93.14	0.36	
		3 区			99.90	0.18	0.92
	3	1 区	80.20	2.84	16.68	0.28	
		2 区	73.43	2.09	24.18	0.30	
		3 区	6.76		89.51	1.66	2.07
包金泡钉 05DLⅠM17：12	1	1 区	78.36	4.91	16.73		
		2 区	75.36	4.91	19.73		
		3 区	72.41	4.26	23.33		
		4 区			100.00		
		5 区表面剥落区			100.00		
	2	1 区	81.22		18.78		
		2 区	80.44		19.56		
		3 区	83.30		16.70		
包金泡钉 05DLⅠST1：29	1	1 区	97.93		2.07		
		2 区	97.63		2.37		
		3 区	96.75		3.25		
包金泡钉 05DLⅠST1：2	1	表层小片 1 区	82.64	2.54	14.82		
		2 区	84.44	5.32	10.24		

表二　鎏金器成分

器物及编号	样品	选区	元素成分（%）						
			Au	Ag	Cu	Sn	Pb	Fe	其他
鎏金器 05DLⅠST1：1	1	1 区	66.47	9.75	23.78				
		2 区	84.44	5.32	10.24				
		3 区	67.59	3.84	28.57				
		4 区	71.95	4.03	24.02				
	2	1 区粗糙表面	60.82	1.93	15.42				
		2 区粗糙表面	62.12	2.36	27.88			0.80	As6.83
	3		83.22	4.54	12.24				

续表二

器物及编号	样品	选区	元素成分（%）						
			Au	Ag	Cu	Sn	Pb	Fe	其他
鎏金带饰 05DLⅠM14:2	1	1区	41.26		10.04	15.50	28.96	1.73	Si2.52
		2区光滑表面	92.82	1.66	5.52				
		3区	90.65		9.35				
		4区粗糙表面	1.16*		14.81	16.00	42.03	4.85	Si7.76；P5.61；Al5.29；Ca2.48
		5区光滑表面	92.57		7.43				
		6区花纹槽内粗糙区	60.17		12.86			2.16	Si16.15；Al5.97；Ca1.63；K1.05
鎏金带饰 05DLⅠM5:4	1	1区平滑表面	88.36	1.93	9.70				
		2区平滑表面	86.53	2.58	10.89				
	2	1区	56.86		9.31		19.98	1.71	Si4.79；P2.80；Al3.39；Ca1.14
		2区花纹槽内	5.03		12.51		39.33	4.41	Si16.37；P7.06；Al11.42；Ca2.53；K1.34
		3区花纹槽边缘金箔裂纹	23.62		16.12	18.98	29.40	2.34	Si3.36；P3.76；Al2.42
		4区花纹槽内凹陷处	12.55		17.85	2.06	38.08	3.04	Si10.71；P7.77；Al7.94
	3	1区			66.51	16.75	11.88	1.99	As2.86
		2区平滑表面	88.90		11.10				
		3区粗糙区域			75.05	14.28	6.10	1.57	Si2.32
		4区粗糙区域			74.66	17.08	6.24	2.02	Al0.68
		5区粗糙区域			76.97	15.23	5.29	1.88	
		6区平滑区	84.66	2.44	12.89				
		7区平滑区	86.77	2.20	11.04				
鎏金装饰品 05DLⅠM6:4	1	1区			95.48			4.52	
		2区			98.44			0.77	Si0.79
		3区			99.14			0.86	
		3区内粗糙处			98.55			0.74	Si0.71
		4区			99.60				Si0.40
	2	1区	62.81	2.63	34.56				
		2区	81.51	2.64	15.86				
		3区	74.67	2.70	22.63				

表三　银器和包银器成分

器物	编号	选区	元素成分（%）					
			Ag	Cu	Fe	Si	Al	Mg
银耳环断面	05DLⅡM48：11	1区	99.78					0.22
		2区	99.56			0.44		
		3区	99.58			0.20		0.23
银耳环断面	05DLⅡM48：10	1区	99.77					0.23
		2区	99.84					0.16
		3区	99.82					0.18
包银泡钉	05DLⅠM17：10	1区	99.33		0.67			
		2区	90.98		1.33	4.21	3.00	0.48
		3区	98.93		0.32	0.25	0.20	0.30
包银铁钉表层银面	05DLⅠM17：11	1区	97.80		0.58	0.82	0.52	0.28
		2区	97.40		0.50	1.06	0.71	0.33
		3区	98.55		0.34	0.47	0.30	0.34
包银铜钉表层	05DLⅠM17：13-2	1区	3.55	92.84	2.04	1.57		
		2区		100.00				
		3区		100.00				
		4区		99.01	0.99			
		5区						

表四　青铜器成分

器物	编号	选区	元素成分（%）						
			Cu	Sn	Pb	S	Fe	Si	Ca
青铜带饰	04DLⅡM126：3 样1	1区	83.85	16.15					
		2区	85.63	14.37					
		3区	53.78	17.84	28.38				
		4区	30.72	3.47	65.81				
		4区内颗粒	29.83	2.85	64.24		0.34	2.12	0.61
		5区	29.93	2.87	64.46			2.13	0.62
		6区靠近2区	72.00	14.06	13.94				
青铜带饰	04DLⅡM126：3 样2	1区	70.01	25.99	4.00				
		2区	70.01	25.99	4.00				
		3区	62.11	32.15	5.74				
		4区粗糙	39.72	46.90	13.38				

器物	编号	选区	元素成分（%）						
			Cu	Sn	Pb	S	Fe	Si	Ca
青铜带饰	04DLⅡM126：15	1区	28.58	55.42	16.00				
		2区（1区内）	18.05	61.89	7.24	12.83			
		3区	15.94	71.06	8.16	4.84			
		4区	29.48	53.41	14.49	2.63			
		5区	15.61	71.50	9.25	3.64			
		6区（1区附近）	70.52	15.66	13.82				
青铜饰件	07DLⅠM3：23	1区	82.44	17.38		0.17			
		2区	88.10	19.49				0.41	
		3区	79.18	20.82					
		4区	69.42	28.81				1.77	
青铜饰件	07DLⅠM3：23（补片）	1区	99.55					0.45	
		2区	97.91					2.09	
		3区	99.07			0.26		0.67	
		4区	99.04					0.96	
青铜镜	05DLⅠM73：3	1区	63.24	33.16	1.52		0.93	1.15	
		2区	68.63	27.78	2.12		0.56	0.91	
		3区	68.68	26.54	3.42		1.20	0.16	
青铜带饰	05DLⅠM5：6	1区	78.41	16.86	4.73				
		2区	83.57	14.59	1.84				
		3区	79.00	18.61	2.39				
			78.00	20.05	1.95				

二、金相检测结果

本文采用日本尤尼恩光学株式会社（Union Optical Co.，LTD）生产的 Versamet－2 型金相显微镜完成金相检测。腐蚀剂为三氯化铁盐酸水溶液。

青铜带饰 04DLⅡM126：3

从金相照片观察，该件器物为铜锡铅三元合金，可见 α 相、α＋δ 相和铅颗粒，含锡量大约为 15% ～16%。

扫描电镜检测该件器物两个微区分别含锡 16.15、14.37，第三个微区含锡 17.84%，含铅 28.38%，平均含锡量为 16.12%（图版一〇五，1）。

青铜带銙 04DLⅡM126：1－1

金相检测观察，该件器物为铜锡铅三元合金，存在 α 相、α+δ 相和铅颗粒，含锡量大约为 15%～17%，含铅量大于 10%。（图版一〇五，2）

青铜带饰 04DLⅡM126：15

观察面为纵向断面，表面呈烟熏色泛黑，无光泽。

金相结构表明该件器物为铜锡铅三元合金，可见 α 相、α+δ 相和铅颗粒，含锡量大约为 12%～14%。

扫描电镜检测该件器物含锡 15.66%，含铅 13.82%（图版一〇五，3）。

青铜饰件 07DLⅠM3：23

青铜器 07DLⅠM3：23 原定为饰件，但看起来似乎为容器残片。器物外表呈铜绿色，器体较薄，局部破损处存在补片。取样时考虑到器物本体和补片可能应用了不同的材料，因此分别取样进行金相观察。结果表明二者确实出自不同的材料。器物主体断面显示 β 相基体上分布着延长度方向变形的 α 相，未见明显的铅颗粒存在。α+β 相，为含锡量 23% 左右铜锡合金热锻淬火组织。

扫描电镜检测确认该件样品主体为铜锡二元合金，4 个数据平均含锡 21.63%，与金相观察基本相符（图版一〇五，4）。

青铜饰件 07DLⅠM3：23 补片为含有少量杂质的铜片，4 个数据平均含铜 98.90%。金相检测表明青铜饰件 07DLⅠM3：23 补片经过热加工，为具有孪晶的 α 相等轴晶粒组织（图版一〇六，1）。

青铜带饰 05DLⅠM5：6

青铜带饰 05DLⅠM5：6 为铜锡铅三元合金，可见 α 相、α+δ 相和铅颗粒，金相检测观察含锡量大约为 14%～16%，含铅量大于 10%（图版一〇六，2）。

青铜带銙 05DLⅠM73：2－1

金相观察青铜带銙 05DLⅠM73：2－1 未见 α+δ 相，只有 α 相和铅颗粒，含铅量超过 10%（图版一〇六，3）。

青铜镜 05DLⅠM73：3

青铜镜 05DLⅠM73：3 金相组织可见 α 相、α+δ 相、铅颗粒和灰蓝色硫化物。含锡量稍低于 28%，铅颗粒较少且细小。电镜检测的成分数据中 27.78%、26.54%，与金相结构展示相符，33.16% 的数据可能是测在高锡的 α+δ 相区。根据一般都含有大量的铅元素，而六顶山含铅量的三个数据分别为：1.52%；2.12%；3.42%，平均含铅量为 2.35%，金相观察，铅颗粒较少而且细小，表明含铅量确实较低，与电镜检测结果一致（图版一〇六，4）。

鎏金带饰 05DLⅠM14：2

从扫描电镜观察鎏金带饰 05DLⅠM14：2 23X 花纹处形貌像。花纹凹槽可见有向下挤压的地方，也存在金层破损露出内部粗糙不平的，显然是在表面金层之上錾出的，表面鎏金层似乎有一定的厚度，有裂纹，与鎏金层菲薄有些差异，倒更像包金情况，但是又与基体连接的十分紧密。

鎏金带饰 05DL I M5：4 的花纹也是如此。由日本 KEYENCE 超景深三维显微系统 VHX - 1000（KEYENCE GLOBAL HEADOUARTERS）测得鎏金层厚度分别为 10.02μm、11.75μm、10.31μm（图版一〇七，1~4）。

表五　六顶山青铜样品金相组织及合金性质

序号	器物	编号	金相组织	合金性质及工艺
1	青铜带饰	04DL II M126：15	α 相 + α + δ 相 + Pb	铜锡铅三元合金铸造
2	青铜带銙	04DL I M73：2 - 1	α 相 + Pb	铜铅二元合金铸造
3	青铜带銙	04DL I M126：1 - 1	α 相 + α + δ 相 + Pb	铜锡铅三元合金铸造
4	青铜带饰	04DL I M126：3 - 2	α 相 + α + δ 相 + Pb	铜锡铅三元合金铸造
5	青铜饰件	07DL I M3：23	α + β 相	铜锡二元合金锻造淬火
6	青铜饰件补片	07DL I M3：23	α 相	纯铜热锻
7	青铜带饰	05DL I M5：6	α 相 + α + δ 相 + Pb	铜锡铅三元合金铸造
8	青铜镜	05DL I M73：3	α 相 + α + δ 相 + Pb + 少量硫化物	铜锡铅三元合金铸造

三、数据分析

通过对所选样品进行成分分析和金相检测，揭示出鎏金器、包金器、包银器、银器和青铜器合金性质的内在信息。

鎏金器和包金器

1. 所有含金表面层的检测结果都不含 Hg，包括表面层菲薄的两件器物。

2. 含有金表面层的器物包括鎏金器和包金器两种类型。

3. 鎏金器、包金器表面有金黄色、金黄色泛红、金黄色泛白等等明显的色泽变化，经定量检测分析确认这些器物的表面层的含金量确有差异，金黄色者含金量最高，金黄色泛红的器物为金铜合金，金黄色泛白器物含有较高百分比含量的银。鎏金带饰 05DL I M14：2 最高含金达 92.82%。包金泡钉 05DL I ST1：29 表层 3 个数据平均含金量为 97.44%。包金泡钉 05DL I M17：12，05DL I M17：15，05DL I ST1：2，表层为金铜合金。装饰品 05DL I M6：4 表层为金铜合金，含有少量银。05DL I ST1：29 含少量铜，三个数据平均含铜 2.56%。

4. 两件鎏金带饰 05DL I M14：2、05DL I M5：4 没有检测出汞，表层花纹凹陷处具有大量裂纹，是在金层上錾出花纹而不是先錾出花纹后鎏金，由于花纹处表层嵌入凹槽内，因此虽有裂纹但不易剥落，裂纹严重区域腐蚀加重，形成粗糙的腐蚀产物，同时，不能排除表面包金的可能性。

银器和包银器

1. 银器

本文所测银耳环 05DLⅡM48：10 以自然断面为成分分析表面，只含有微量杂质。三个微区平均含 Ag 99.81%。

2. 包银器

包银器的内胎有所变化，分为铜质和铁质两种。包银铜钉 05DLⅠM17：13 – 2 内部为 100% 纯铜。包银铁钉 05DLⅠM17：10 表面层最高含银量为 99.33%，05DLⅠM17：11 表面层含银量最高达 98.55%。

青铜器

1. 综合成分与金相检测结果，所测 7 件青铜器中有 5 件为铜锡铅三元合金。包括：青铜带饰 04DLⅡM126：3、04DLⅡM126：15、05DLⅠM5：6，青铜带銙 04DLⅠM126：1 及青铜镜 05DLⅠM73：3。鎏金带饰 05DLⅠM14：2 23X、05DLⅠM5：4 内质为铜锡铅三元合金。

2. 青铜饰件 07DLⅠM3：23 主体为铜锡二元合金，4 个数据平均含锡 21.63%，而补片为含有少量杂质的铜片，4 个数据平均含铜 98.90%。目前国内发现的具有热锻淬火组织的青铜器有青铜锣、铙钹，该类器物的出现可早至汉代[①]，峡江地区战国中晚期青铜剑 SC096 M22：6[②]，江都大桥镇出土南朝窖藏青铜器中的盘、碗、杯、洗（足除外）[③]，安徽南陵出土的春秋战国时期的越式鼎[④]，吴国青铜戈，则具有铸造后淬火的组织[⑤]。

3. 青铜镜金相组织可见 α 相、α + δ 相和铅颗粒，灰蓝色相为硫化物。含锡量分别为 33.16%、27.78%、26.54%，33.16% 的数据可能为高锡的 α + δ 相区，后两个数据与金相结构所示含锡量基本相符。金相观察，铅颗粒较少而且细小，表明含铅量确实较低，与电镜检测结果平均含铅量为 2.35% 一致。

四、结　论

本项工作利用扫描电镜 – X 射线能谱仪对六顶山出土鎏金器、包金器、银器、包银器和青铜器进行成分定量分析，并对青铜器样品进行金相检测，从中获取以下信息：

1. 鎏金器、包金器表面的含金量不同，有些含有铜或银。银器、包银器表面含银量较高，青铜器除青铜饰件的补片为纯铜材质之外，均为青铜合金，包括铜锡铅三元合金、铜锡合金和铜铅合金。

2. 根据青铜器样品的金相检测估计青铜器含锡量结果与扫描电镜 – X 射线能谱仪成分分析结果比较接近。

3. 青铜饰件 07DLⅠM3：23 为含锡量 21.63% 的铜锡二元合金热锻淬火组织，不含铅，符合热锻工艺对合金性质的要求。

　　致谢： 本文样品承蒙中国科学院长春应用化学研究所葛辽海高级工程师利用扫描电镜－X 射线能谱仪测定金属的合金成分，基恩士国际贸易（上海）有限公司北京办事处高渊博先生利用数码显微镜 VHX－1000 拍摄鎏金带饰 05DLⅠM14：2 表面形貌扫描照片，谨致谢意。

注　释

① 孙淑云、罗坤馨、王克智：《中国传统响器的制作工艺》，《中国科技史料》第 12 卷，1991 年第 4 期，《中国冶金史论文集》，第 145～151 页，图 3～5，北京科技大学，1994 年。

② 姚智辉、孙淑云、邹厚曦等：《峡江流域出土部分青铜器的成分与金相研究》，《自然科学史研究》2005 年第 2 期，第 106～118 页。

③ 王金潮、田建花、孙淑云等：《江都大桥镇出土的南朝窖藏青铜器工艺研究》，中国文物保护技术协会：《中国文物保护技术协会第四次学术年会论文集》，第 26～32 页，科学出版社，2007 年。

④ 贾莹、刘平生、黄云兰：《安徽南陵出土部分青铜器研究》，《文物保护与考古科学》2012 年第 1 期，第 16～25 页。

⑤ 贾莹、苏荣誉：《吴国青铜兵器的金相学研究》，《文物科技研究》第二辑，第 21～51 页，科学出版社，2004 年。

附录四

六顶山古墓群出土料器的成分检测与分析研究

高秀华

摘　要： 料器也称为"玻璃器"，玻璃在我们现代生活中占有重要的地位，它的出现至今已经有几千年的历史，我国关于古玻璃的研究，近些年来才有所发展，因此许多出土的古代玻璃制品还没有进行过科学地分析测定。从已发表的资料来看，我国古代玻璃主要有铅钡玻璃、高铅玻璃、钾钙玻璃、钠钙玻璃、钾铅玻璃、铅钠钙玻璃等。本文使用电子显微镜、扫描电镜及能谱分析仪对六顶山古墓群出土的料珠进行科学的检测分析与研究。

一、绪　论

中国制造玻璃的技术，最早可以追溯到西周时期，有"缪琳"、"火齐"、"琉璃"、"颇黎"、"明月珠"等不同说法。当时在铸造青铜器时，所产生的副产品经过提炼加工后，考古学上通常将半透明的加工物称为"璃"，透明的才称"玻璃"。在魏晋、南北朝时期，我国已有了用琉璃制作的日用品和装饰品。由颗粒装饰品进一步发展而成小件仿玉器装饰品和平板片，如直径十几厘米的乳白色璧、环等器物，至晚在 2400 年前的战国已经完成。再进一步发展成为日用饮食器物，约在 2100 年前的汉代已经制造成功[①]。宋代出现了五彩琉璃灯，建筑上也出现了琉璃砖和琉璃浮雕。元代在和平门外琉璃厂一带先后建立许多琉璃作坊，为修建皇宫提供材料。明朝以后北京料器得到迅猛发展。清康熙年间，皇帝命工部在北京琉璃厂设置御厂，至此料器迎来了鼎盛时期。

玻璃实际上是人们使用热处理方式得到的一种非晶态物质，是把融熔物质过冷到熔点以下才得到的。我国早期料器、玻璃器生产的一个主要目的是仿玉，而少量析晶会给人一种混浊如玉之感，人们是希望析出少量晶体的。虽然当时的人们并不了解"析晶"原理，但析晶现象却正好是人们的重要目的。由于各种原因，早期料器、玻璃器的熔融体未必都是均相，而很可能会出现一些微分相，如若分相的析晶倾向较大，冷凝过程中它便可能首先析晶，使凝固后的熔体在保持主体相为无序结构的同时，微分相却出现一些有序结构。这种早期的料器，视之为早期无序态物质，即早期玻璃[②]。综观我国古代玻璃，大多数作为仿珠玉、宝石类的装饰品，注重艺术效果，而比较忽视实用价值，也限制了玻璃成为人民生活日用品的迅速发展。从化学的观点看，它属于硅酸盐系统，与陶器、瓷器属于一类，主要用石英（主要成分二氧化硅 SiO_2）和一些矿物，如方铅矿（主要成分硫化铅 pbs）或碱性的盐类（如钾、钠的盐）一块熔化而形成的产物。所以它本身就具有一定的耐久性，可以经历几千年地下环境的影响而保存到今天[3]。由于墓内受侵蚀程度的不同，对器物的侵蚀分为三种：严重侵蚀、中等侵蚀、轻微侵蚀。

随着文物考古发掘工作的不断进行，在我国境内各地出土的古代玻璃器物的数量正逐步增多，器物分布范围也不断扩大，为研究中国古代玻璃提供了丰富的实物[4]。多年来几代考古学家对六顶山古墓群的墓葬进行多次考古发掘，出土了较为丰富的各类遗物。本文对吉林省文物考古研究所2004～2007年发掘出土的料器，进行成分检测与分析研究。

二、器物出土位置与保存情况

此次出土料珠、管共67粒[5]，表面打磨光滑，制作较为精美。这些料器分别出土于6个墓中。以ⅠM3出土数量居多，计59粒。其中蓝、绿相间料珠计55粒，分别发现于两个墓坑中，一串为25粒，另一串30粒，其余4粒中有3粒为大小不等、颜色较为相近的红色，1粒为绿色半透明葫芦形。此外在ⅠM2、ⅠM14、ⅠST5、ⅠST11中各出土1粒，ⅡM48、ⅡM126各出土2粒，且都为红色，但呈色不同。由于年代久远，料器的表面都有不同程度的侵蚀，相对而言，ⅠM3出土的两串串珠侵蚀较重。

三、设备仪器与分析技术

玻璃的化学组成的鉴定分析是研究中国古代玻璃的重要手段。器物表面及本体富集有大量的信息，为了获取信息，了解文物本体的化学成分构成。根据器物的颜色差异与出土单位等几个方面的考虑，选其中的7件作为检测样品（见表一），利用现代检测技术，对其进行科学的分析与研究。

表一　器物的形貌特征

序号	器物名称	件数	器物号	颜色	大小	形制描述
1	玛瑙珠	1	05DLⅠM2：1	红	直径1厘米 孔径0.2厘米 高0.7～0.5厘米	打磨光滑，外形较为规整。半透明，中有一孔。有深红色不规则条纹。夹有少量黑色杂质。
2	串珠	30	05DLⅠM3：17	蓝、绿	直径1.1～0.4厘米 孔径0.08～0.3厘米 高0.4～0.5厘米	绿色珠不透明，蓝色为半透明。表面有白色腐蚀物。外形规整，大小不一。
3	串珠	25	05DLⅠM3：80	蓝、绿	直径1.1～0.4厘米 孔径0.08～0.3厘米 高0.4～0.5厘米	绿色珠不透明，蓝色为半透明。表面有白色腐蚀物。外形规整，大小不一。
4	绿石珠	1	05DLⅠM3：75	绿	直径0.68厘米 孔径0.2厘米 高0.8厘米	打磨光滑，色彩艳丽，两粒大小几乎相同，且连在一起。半透明，中有一孔。有均匀的条状带且与孔平行。

序号	器物名称	件数	器物号	颜色	大小	形制描述
5	玛瑙珠	1	05DLⅠM3:67	红	直径 0.75 厘米 孔径 0.16 厘米 高 0.7 厘米	打磨光滑,外形较规整,壁厚孔细。半透明,色彩艳丽。红褐相间,且呈同心圆状的条带状。
6	玛瑙管	1	05DLⅠST11:1	红	直径 0.62 厘米 孔径 0.4 厘米 高 1.9 厘米	打磨光滑,晶莹剔透,色彩艳丽,外形较规整,壁薄孔粗。
7	料珠	1	05DLⅡM48:15	红	直径 0.9 厘米 孔径 0.19 厘米 高 1～0.8 厘米	打磨光滑。不透明。褐白相间呈同心圆状不规则的条带状。

设备: 日本电子株式会社(JEOL)JXA840 扫描电镜、Oxford IS - 300 能谱分析仪、数码相机及体视显微镜。

分析方法: SEM 本来就是靠检测电子束打到样品表面之后的反射电子来观察材料表面形貌,显示化学成分的空间变化,基于化学成分的相鉴定——化学成分像分布,微区化学成分分析。对于高分子而言,不像金属那样能激发出反射电子所以很难做出图像。此次检测的全部样品均采用无损检测,只在表面简单清洁后进行喷金处理。下面对检测结果逐一叙述。

1. 玛瑙珠ⅠM2:1 呈红色半透明圆球形,中有 0.2 厘米圆形穿孔,表面光滑。轻微侵蚀。SEM 检测结果显示其元素组成 Na_2O、SiO_2、Al_2O_3、K_2O、CaO、MgO、SO_3(图一、二)。各元素含量见表二。

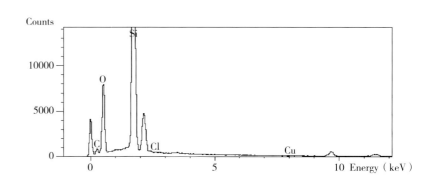

图一　ⅠM2:1 整体形貌　　　　　图二　ⅠM2:1 检测谱线

2. 串珠ⅠM3:17 由蓝、绿色珠组成,且以蓝色为主。大小不一,呈半透明状。料珠表面附有白色不透明的风化层。对其中一粒蓝色珠电镜检测,其包含 Na_2O、MgO、Al_2O_3、SiO_2、K_2O、CaO、CuO、Fe_2O_3 元素,各元素含量见表二(图三至五)。

表二　样品化学成分检测数据表

样品	化学成分（wt%）											
	Na₂O	Al₂O₃	SiO₂	Cl	K₂O	CaO	MgO	SO₃	TiO₂	Fe₂O₃	SnO₂	CuO
Ⅰ M2：1	0.78	0.94	97.82		0.06	0.04	0.22	0.12				
Ⅰ M3：17	10.57	2.76	68.27		2.25	5.23	3.28			1.53		0.15
Ⅰ M3：80	6.36	4.48	76.24		1.85	5.27	2.31			2.36		0.83
Ⅰ M3：67	0.58		96.57		0.24					2.02	0.60	
Ⅰ M3：75	5.68	6.51	72.29	0.13	11.40	1.42	0.85	0.56	0.14	0.61		
Ⅰ ST11：1	0.90		98.39	0.02						0.10	0.54	
Ⅱ M48：15	1.19		95.10							0.03	2.00	

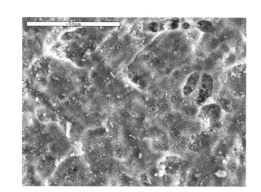

图三　Ⅰ M3：17 微区形貌

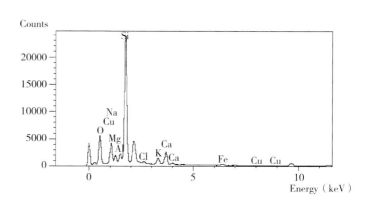

图四　Ⅰ M3：17 检测谱线

图五　Ⅰ M3：17 串珠整体形貌

图六　Ⅰ M3：80 串珠整体形貌

　　3. 串珠Ⅰ M3：80 与Ⅰ M3：17 同一墓出土，但位置不同。从器物形制及色泽上看极其相似。对一粒绿色料珠检测，结果显示化学组成为 Na₂O、Al₂O₃、SiO₂、K₂O、CaO、MgO、CuO、Fe₂O₃ 元素（图六至八）。此件器物的化学组成与Ⅰ M3：17 基本相同，各元素含量（见表二）的差别也不大。

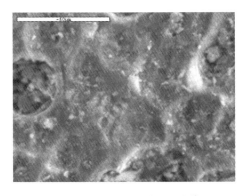

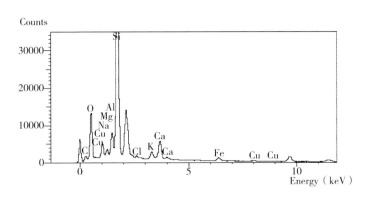

图七　ⅠM3∶80 微区形貌　　　　　　　　图八　ⅠM3∶80 检测谱线

4. 玛瑙珠ⅠM3∶67，外形不规整，打磨光滑，半透明，整体以红色为主，褐、白、黑三色相间且呈同心圆状较规则的条状带（图九）。电镜检测结果见表二，其元素组成为 Na_2O、SiO_2、K_2O、SnO_2、Fe_2O_3（图一〇）。

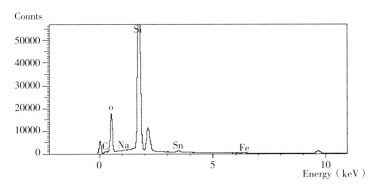

图九　ⅠM3∶67 整体形貌　　　　　　　　图一〇　ⅠM3∶67 检测谱线

5. ⅠM3∶75 绿石珠。为绿色半透明，孔径 0.2 厘米。两粒珠联接一起，整体呈葫芦形，称之为双联珠。与其他几件器物的条状带分布不同，细细的条纹，分布较为均匀，且平行于穿孔。根据相关研究文献记载，此种状态是采用拉制成型，学术界称其为拉制珠。电镜检测（图一一至一三）含氧化钠、三氧化二铝、二氧化硅、氧化钾、氧化钙、氧化镁、三氧化硫、二氧化钛、三氧化二铁元素，各元素的含量分布较均匀。SEM 检测结果见表二。

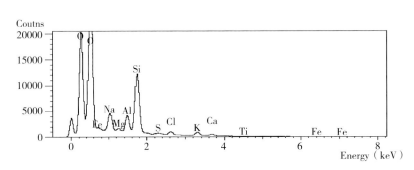

图一一　ⅠM3∶75 整体形貌　　　　　　　图一二　ⅠM3∶75 检测谱线

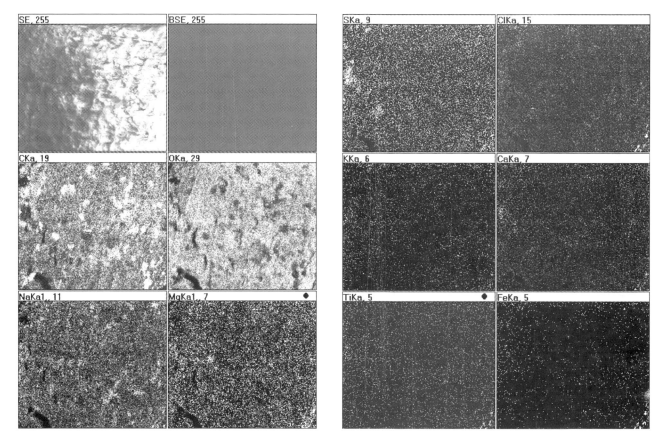

图一三　ⅠM3：75 绿石珠面分布图

6. 玛瑙管ⅠST11：1。打磨光滑，晶莹剔透，色彩艳丽。器形较规整，壁薄孔粗。截面为环形。内径0.62、高1.9厘米。经检测元素组成为 Si、Na、Fe、Sn、Cl（图一四、一五）。此件器物二氧化硅的含量极高（详见表二），竟达到98%以上。

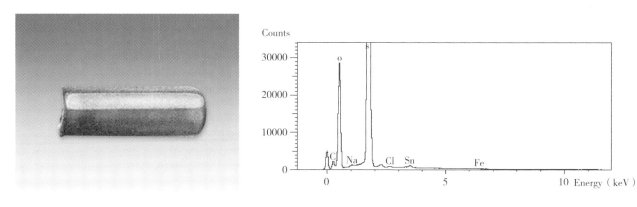

图一四　ⅠST11：1整体形貌　　　　　　图一五　ⅠST11：1检测谱线

7. ⅡM48：15 料珠，褐白相间且分布不均，打磨光滑，不透明，穿孔径0.19厘米。经检测含 Na_2O、SiO_2、Fe_2O_3、SnO_2 元素（图一六、一七）。元素组成与ST11：1的基本相同，只是含量上稍有差别（见表二）。

图一六　ⅡM48：15 整体形貌

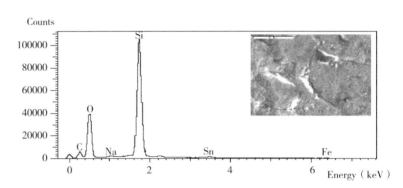

图一七　ⅡM48：15 微区形貌与检测谱线

四、结　论

玻璃，是一种无定形的固熔体。古代玻璃，大多是作仿珠宝、玉石类的装饰品，注重艺术效果，而比较忽视实用价值。因此，中国古代玻璃比起其他手工业品来说，发展是比较缓慢的。但是，中国古代玻璃高超的制作技艺和精美的艺术特色，在世界玻璃发展史上，仍有其辉煌的一页[6]。先进的检测技术，是古代玻璃的化学特征和物理特性研究的必要手段，可以为考古研究工作提供科学的有利证据，有助于对古代玻璃的起源和体系、制造年代、制备工艺等问题的研究[7]。中国历代的玻璃按其化学组成，可以分为三大类型。其一是以 PbO 为基本助熔剂的铅基玻璃。其二是以 K_2O 为基本助熔剂的钾基玻璃，它主要是 $K_2O - SiO_2$ 体系，唐代后又出现 $K_2O - CaO - SiO_2$ 体系。其三是以 $Na_2O - CaO$ 为基本助熔剂的钙钠玻璃，其基本组成是 $Na_2O - CaO - SiO_2$[8]。

根据表二检测结果，器物皆以二氧化硅（SiO_2）为主要元素，且含量都在80%左右。ⅠM3：75绿石珠。化学组成与江苏扬州[9]、广西合浦[10]、广西昭平乐群[11]等遗址出土的料器大致相同，是较为典型的钠钙玻璃，为两汉时期制造，直到唐代都存在。

ⅠM3：17、ⅠM3：80，两件器物的元素组成与江苏邗江甘泉[12]、青海大通上孙家寨汉墓[13]等遗址出土的料器基本相同，元素组成与隋唐时期钠钙玻璃相同。

ⅠM2：1、ⅠM3：67、ⅠST11：1、ⅡM48：15，四件器物的 SiO_2 的含量均在95%以上，还有少量的铁、锡、铜、钠等元素。从电镜检测结果上看，与玛瑙的元素组成极其相似。玛瑙是石英的变种，呈现出各种颜色，是由二氧化硅沉积而成的隐晶质石英的一种，主要成分为 SiO_2，且含有 Fe、Al、Ti、Mn、V 等元素，玛瑙一般为半透明到不透明，呈同心圆状较规则的条带状。

从器物表面的微区图片我们解读到更为丰富的信息。因为采用的加工方法不同，呈现的现象也完全不同。ⅠM3：17、80 两件玻璃珠的表面较为粗糙，而且有大小不等的孔洞。而ⅠM3：75 拉制双连玻璃珠，面分布图上拉制线条清晰可见，每条拉制线不仅方向一致而且极为规则。玛瑙珠ⅡM48：15 表面虽有痕迹，但很不规则，此种痕迹非人类加工而成，应为天然形成。

此外ⅠM3：17、ⅠM3：75、ⅠM3：80，三件器物中含有一定数量的三氧化二铝。这些 Al_2O_3 可能以杂质形式从配合料中引入，也可能从熔制玻璃的黏土坩埚中引入[14]。与其他元素发生化学反应后，对料器也有一定的着色作用。

我国古代对铁着色剂的利用大约可以上推到旧石器时代晚期，当时主要是作为一种颜料而用于装饰，新石器时代便较多地使用起来。采用铜着色剂的年代至迟可上推到西周时期[15]。古代玻璃着色一般靠添加过渡金属元素，有铁、钴、锰、铜、镍、铬等，在玻璃中都是以离子状态存在，而这些都是变价离子，它们的着色由离子的价态决定[16]。依据表二的检测数据，铁为主要着色元素，有些器物还伴有少量的铜。当时的人们通过对元素的含量、温度、气氛的控制，使料器呈现出不同的颜色，形成了鲜亮的色彩。

在吉林省境内关于此项研究较少，资料较为贫乏，导致可对比性低。加强这类出土器物的检测与研究，可为考古学研究提供更多更有价值的信息。本文是作者对料器检测分析研究的粗浅认识，望各位专家及同行们多提宝贵意见。

致谢：感谢中国科学院长春应用化学研究所葛辽海高级工程师完成扫描电镜检测；感谢吉林省文物考古研究所领导给予大力的支持；感谢王洪峰研究员为本文提供测试样品。作者在对此批料器分析研究的过程中，有幸得到中社科院上海光机所干福熹院士的亲临指导，本人受益匪浅。在此一并表示感谢。

参考文献

① 程朱海：《试探我国古代玻璃的发展》，《硅酸盐学报》1981 年 3 月。

② 何堂坤等：《荆门罗坡岗战国墓出土料珠的初步考察》，《江汉考古》1998 年第 4 期。

③ 后德俊：《谈我国古代玻璃的几个问题》，《江汉考古》1985 年第 1 期。

④ 李青会等：《中国出土的一批战国古玻璃样品化学成分的检测》，《文物保护与考古科学》2006 年第 2 期。

⑤《六顶山渤海墓葬》2004～2009 年发掘报告。

⑥ 程朱海：《试探我国代古代玻璃的发展》，《硅酸盐学报》1981 年 3 月。

⑦ 干福熹：《中国古玻璃研究——1984 年北京国际玻璃学术讨论会论文集》，中国建筑工业出版社，1986 年。

⑧ 杨伯达：《西周玻璃的初步研究》，《故宫博物院院刊》1980 年第 2 期。

⑨ 干福熹：《中国古代玻璃技术发展》，上海科学技术出版社，2005 年。

⑩ 干福熹：《中国古代玻璃技术发展》，上海科学技术出版社，2005 年。

⑪ 干福熹：《中国古代玻璃技术发展》，上海科学技术出版社，2005 年。

⑫ 干福熹：《中国古代玻璃技术发展》，上海科学技术出版社，2005 年。

⑬ 干福熹：《中国古代玻璃技术发展》，上海科学技术出版社，2005 年。

⑭ 杨伯达：《西周玻璃的初步研究》，《故宫博物院院刊》1980 年第 2 期。

⑮ 赵匡华：《试探中国传统玻璃的源流及炼丹术在其间的贡献》，《自然科学史研究》第 10 卷第 2 期，1991 年。

⑯ 干福熹：《中国古代玻璃技术发展》，上海科学技术出版社，2005 年。干福熹：《中国古代玻璃的起源和发展》，《自然杂志》2006 年第 28 卷第 4 期。

附录五

六顶山古墓群出土鎏金器物的保护[*]

高秀华　林世香　赵　昕

　　摘　要：鎏金器物的腐蚀主要来自金属胎体的锈蚀产生，也有掺杂其他金属所产生的腐蚀。由于锈蚀的产生，使鎏金层被顶浮在表面，或锈蚀产物出现在鎏金层的上面或夹杂的其中。本文运用扫描电镜、X 射线能谱分析仪对六顶山出土鎏金器进行科学检测分析，并结合分析结果对其保护研究。

一、引　言

　　金是最早被发现和使用的金属之一，早在新石器时代，人类已经能够识别黄金[①]。中国最早的金器发现于北京昌平雪山遗址和甘肃玉门火烧沟墓地，前者属于夏家店文化，后者为四坝文化，距今皆近 4000 年[②]。金性质柔软，延展性强，比重为 19.32，溶点为 1064.43℃，在空气中极稳定，不易受腐蚀。金在自然界总是以游离单质状态存在，闪亮发黄，性质柔软，其化学稳定性高，不易被氧化[③]。鎏金是将纯金装饰于另一金属表面的工艺，是将金与汞混溶成金汞齐，将其涂在被加工的银器、铜器等器物上，当加热时，汞蒸发，金则在器物表面形成金膜。这种技术在春秋战国时已出现。关于金汞齐的记载，最初见于东汉炼丹家魏伯阳的《周易参同契》。而关于鎏金技术的记载，最早见于梁代。《本草纲目·水银条》引梁代陶弘景的话说：水银"能消化金银使成泥，人以镀物是也"[④]。中国最早的鎏金器物为在曲阜春秋至战国初的 3 号墓中出土的鎏金长臂猿[⑤]。

　　本文主要对六顶山古墓群 2004～2007 年出土的鎏金器进行科学检测与保护研究。

二、埋藏环境

　　六顶山古墓群位于敦化市区南郊 5 公里的牡丹江支流之南。地处东经 120°28′～129°13′，北纬 42°～44°31′。属于北半球西风带大陆性中温带湿润气候区中的温凉和冷凉气候。夏季干燥酷热；冬季漫长寒冷，且江河结冰，大地封冻。随着季节的交替，冻融作用会反复发生。对土壤的化学性质、物理性质和生物性质产生影响，改变土壤有机质分解和矿化作用、重新分配土壤含水量，影响 pH 值、促进或减少元素的土壤吸附与解吸、形态转化等。

　　* 国家文物局文物保护和科学技术课题资金资助，课题名称：吉林省渤海时期金属冶炼及工艺研究，课题编号：2009066－11/14。

不同地区，由于地理埋藏与地质条件的不同，文物的埋藏环境也各不相同。即便是在相同地区，文物不同的埋藏方式，其埋藏环境也不相同。通气性（含氧量）、含水量、pH 值等，它们决定了土壤中其他影响因素对文物的腐蚀作用，也决定了文物在地下埋藏过程中的寿命。

总之，文物在地下经过千百年地埋藏，化学性质虽然都有了一定的变化，但它们与埋藏环境已经建立了某种平衡，还能较好的保持原有状态。但是一经发掘出土，这种平衡状态迅速被打破，各项因素的变化给出土文物的承受能力带来巨大的考验，如果这个变化超出了它的承受能力，文物将受到明显损害，所以在考古发掘现场进行及时的稳定性处理与保护是十分重要的。

三、观察与检测

1. 观察

此次发掘共出土鎏金器 15 件，包金器 4 件，其中有带饰、牌饰、环、钉等[6]。分别出土于 7 个单位，其分部与保存状况见表一。

表一　鎏金器物保存现状

序号	器物编号	器物名称	保存现状及锈蚀程度
1	05DLⅠM4：1	鎏金铜帽	外侧鎏金，内侧无鎏金。
2	05DLⅠM5：4	鎏金饰件	正面鎏金，且部分已经脱落，表面锈蚀严重。
3	05DLⅠM5：5	鎏金饰件	表面鎏金，阴刻非常精美的图案。整体锈蚀严重。
4	05DLⅠM5：7	鎏金带扣	整体鎏金，部分鎏金层已经脱落。
5	05DLⅠM5：20	鎏金带饰	整体鎏金，部分已经脱落。
6	05DLⅠM6：4	鎏金饰件	正面与内侧边缘鎏金，且有严重的脱落的现象。锈层厚。
7	05DLⅠM14：2	鎏金带饰	整体鎏金，且有脱落现象。
8	05DLⅠM17：12	包金钉	存有少量包金层，且锈层较厚。
9	05DLⅠM17：13	包金钉	钉面包金层全部脱落仅在内侧见到一部分，钉上有木质残块。
10	05DLⅠM17：14	包金钉	包金层有严重的剥落现象，且锈层较厚。
11	05DLⅠM17：15	包金钉	包金层已经与钉体脱离，且锈层较厚。
12	05DLⅠST1：1	鎏金钉	锈蚀较重，鎏金层金黄色泛红，有严重的脱落现象。
13	05DLⅠST1：2	鎏金钉	锈蚀，鎏金层脱落现象较重。
14	05DLⅠST1：29	鎏金钉	金黄色鎏金层部分脱落，有较厚的锈层。
15	04DLⅡM126：11	鎏金铜环	锈蚀严重，鎏金层色泽暗淡。

2. 检测

器物表面及本体富集有大量的信息，为了获取信息。在实施修复保护前对其进行系统的科学分析研究，同时在分析检测中或是在文物保护处理中都不能破坏文物古色古香的原貌。为了解其金属合金成分与腐蚀情况，获取大量的科技信息，系统的认知文物制作的材质、工艺流程、锈蚀类别等，并由此制定全面、科学的保护方案。我们不但对埋藏环境进行检测分析，还对器物的锈层及基体分别进行检测与分析。

（1）埋藏环境检测

埋藏环境的测试采用了土壤湿化学分析法。分别在ⅠM5、ⅠM14、ⅠM17及一、二墓区的地表、距地表30厘米及50厘米处采集土样，进行pH酸碱度的检测，值均在5~6范围内，属于弱酸性土质。

（2）器物检测分析

运用日本电子株式会社（JEOL）JXA840扫描电镜、Oxford IS－300能谱分析仪，对ⅠM17：12、ⅠM17：13、ⅠST1：29、ⅠM6：4、ⅠST1：2、ⅠM14：2、ⅠM5：4、ⅠST1：1共八件鎏金及包金器物进行检测。其结果显示：ⅠM17：13、ⅠST1：29、ⅠM6：4、ⅠST1：2、ⅠM14：2、ⅠM5：4、ⅠST1：1的基体为铜合金，只有ⅠM17：12的基体为100%纯铜。ⅠM5：4、ⅠST1：29、ⅠM14：2、ⅠST1：2中金的成分，所有表面有金黄色、金黄色泛白、金黄色泛红等等明显的色泽变化，经定量分析确认这些器物的表层的含金量确有差异，金黄色含金量最高，金黄色泛红的器物为金铜合金，金黄色泛白的器物含有较高百分比含量的银。鎏金带饰ⅠM14：2，最高含金量达98.82%，包金泡钉ⅠST1：29，含金量为97.93%，包金泡钉ⅠM17：12、15，ⅠM1：2三件器物的表层为金铜合金。装饰品ⅠM6：4，表层为金铜合金且含有少量银[⑦]。详细检测结果见表二。

表二　样品成分检测数据表

样品	成分（wt%）									
	Au	Ag	Cu	Fe	Si	Pd	As	Al	Sn	Ca
ⅠM17：13			99.90	0.18	0.92					
	31.39	1.45	65.63	1.53						
ⅠM17：12			100							
	72.41	4.26	23.33							
ⅠST1：29	97.63		2.37							
	97.93		2.07							
ⅠST1：2	82.64	2.54	14.82							
	84.44	5.32	10.24							
ⅠST1：1	62.12	2.36	27.88	0.80			6.83			
	71.95	4.03	24.02							
ⅠM14：2	90.65		9.35							
	60.17		12.86	2.16	6.15			5.78	K1.05	1.63
ⅠM5：4	84.66	2.44	12.89							
			75.05	1.57	2.32	6.10			14.28	
ⅠM6：4			95.48	4.52						
	62.81	2.63	34.56							

　　由于器物长期处于地下埋藏环境中，在这种复杂的多相体系中，地下水、可溶性盐、微生物、有机酸以及温湿度变化等诸多因素的存在，为各种腐蚀创造了条件，最主要的就是电化学腐蚀。鎏金器在对胎体进行鎏金时，难免会有肉眼看不到的裂缝、空隙和细微的空出现，水或水汽就可进入，使胎体发生腐蚀。铜氧化形成的绿色锈蚀物，青铜器锈蚀机理主要是"粉状锈"使青铜器遭到破坏。有些部位点蚀非常严重，形成很深的孔洞，由于锈蚀产物体积膨胀，点蚀中心堆积的锈蚀物要明显高出周围的鎏金，并且扩散覆盖的范围远远超过发生点蚀的孔洞。分别对ⅠM5：5、ⅠM6：4两件鎏金饰件的锈层分区检测，ⅠM5：5 由 CO_2、Al_2O_3、SiO_2、P_2O_5、K_2O、CaO、Fe_2O_3、CuO、Ag_2O 元素组成（图一、二），ⅠM6：4 中含有 CO_2、SiO_2、CaO、Fe_2O_3、CuO、NiO、As_2O_3、SnO_2、PbO 元素（图三、四），其中一部分为合金胎体锈蚀产物，而另一部分为土壤、水与器物电解的氧化物。各元素含量见表三。

图一　ⅠM5：5 鎏金饰件检测图片

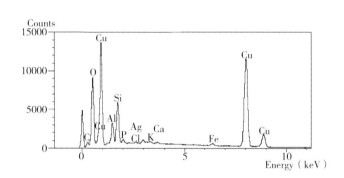

图二　ⅠM5：5 鎏金饰件电镜谱线

图三　ⅠM6：4 鎏金饰件检测图片

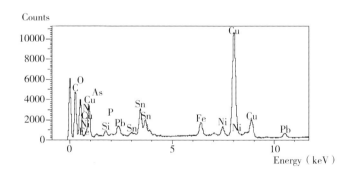

图四　ⅠM6：4 鎏金饰件电镜谱线

表三　样品成分检测数据表

样品	成分（wt%）												
	CO_2	Al_2O_3	SiO_2	P_2O_5	K_2O	CaO	Fe_2O_3	CuO	Ag_2O	NiO	As_2O_3	SnO_2	PbO
ⅠM5：5	13.24	5.51	11.18	1.26	0.20	0.23	0.74	66.37	1.19				
	8.70	2.11	3.56	0.65	0.08	0.09	0.32	82.31	2.10				
ⅠM6：4	29.72		2.36			0.28	3.15	40.40		0.72	2.55	15.76	5.06
	19.30		3.47			0.46	3.29	41.07		0.03	3.43	21.14	7.81

3. 器物的质地及保存现状

通过对器物科学检测与分析，我们了解六顶山鎏金、包金器物的基体为纯铜或铜铁合金。由于长期埋于地下，ⅠM5∶7 鎏金带扣、M5∶4 鎏金饰件、ⅠST1∶1 鎏金钉、ⅠM6∶4 鎏金饰件腐蚀较为严重（图五至八），尤其ⅠM6∶4 鎏金层脱落、开裂现象较为严重。ⅠM17∶12～15 包金钉腐蚀更为严重，表面鎏金层大部分脱落。现存鎏金层也有起皮、剥离现象。

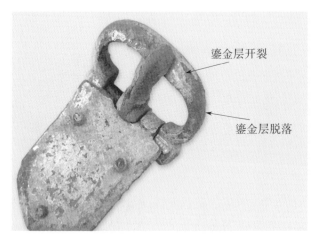

图五　ⅠM5∶7 鎏金带扣

图六　ⅠST1∶1 鎏金钉

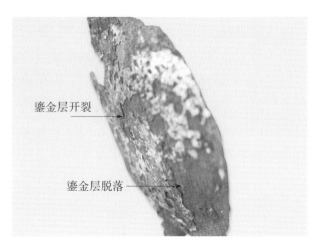

图七　ⅠM6∶4 鎏金饰件

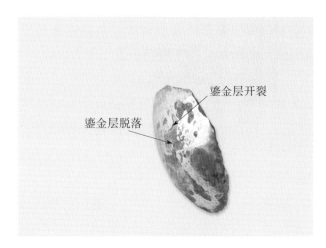

图八　ⅠST1∶29 鎏金钉

四、器物保护

有些腐蚀产物，不仅没有破坏古代艺术作品，反而更增添了器物的艺术效果。古色的腐蚀层，成为器物庄严古朴、年代久远的象征，锈层一般并未改变器物的形态，而且铜锈的性质也较稳定，不致使器物被破坏。随着文物保护"不干预"理念的确立，这类腐蚀层应保留。但鉴于大多数出土鎏金器物基本上都是有土及锈包着，如要露出鎏金层、花纹、图案、铭文等信息，就必须除锈。但除锈又不能损伤器物本胎，对器物没有腐蚀的锈可以保留好的锈色。青铜器锈蚀机理主要是氯离子的存在对青铜器的锈蚀影响最大，也是产生"粉状锈"使青铜器遭到破坏的主要原因。鎏金器的腐蚀，都是其他成分氧化的结果，可用碱性酒石酸钾钠或机械法清除。铜氧化形成的绿色锈蚀物，用酸类或氨水清除。金器表面氧化铁的红色锈蚀物，用盐酸溶液清除。要保护好器物，去除多余锈蚀及"粉状锈"方法很多，采用何种方法除，要视每件文物的具体情况而定，必须保持器物的原貌，特别不能伤害器物的鎏金层、铭文、花纹等任何信息。除锈的处理方法主要有三类：即机械法、化学法和电化还原法。

1. 清洗

清洗是利用各种工具和化学试剂对器物有害的锈层和结垢层进行最低程度的干预去除。是为了更好地去解读器物所留下来的各种历史信息，包括纹饰、铭文以及各种铸造痕迹，清除那些不稳定、不均匀的对器物有腐蚀的物质，还原器物表面及加工的原始面貌，为我们研究当时社会的政治、经济、文化提供理论证据[⑧]。对鎏金器物的清洗是比较麻烦，不能用还原方法进行处理，因为锈蚀产物还原成原来的金属会覆盖到鎏金表面上而损害鎏金。倘若鎏金层在腐蚀产物的下面或夹在中间时，机械清除是最好的方法。文物具有唯一性和不可再生性。操作时一不小心就会对文物本身造成不可挽回的损失，清洗是不可逆的操作，在选择清洗方法时要非常慎重。

这批器物腐蚀严重，部分器物的鎏金层已经脱落，多处与基体分离，为了保护器物防止后面的除锈过程中浮在脆弱铜锈附近的鎏金脱落。首先，对这些部位用8%的聚丙烯酸类高分子材料Paraloid B72先做滴渗加固。然后，采用比较简单而且易于控制和操作的物理清洗，不会轻易损伤文物。在显微镜下利用清洗剂，结合手工机械方法进行清洗，清洗时本着多保留少清除的物理清洗原则。清洗剂采用60%乙醇水溶液，调节PH至弱碱性，因其主要成分是无水乙醇，对鎏金器几乎没有腐蚀性，因此对于鎏金器表面的污物主要起软化溶解的作用，弱碱性条件下，可以使鎏金层表面的铜锈软化溶解。方法简单便于操作，用60%的乙醇水溶液浸泡湿脱脂棉，敷在污物表面，待其软化后，再用干净的浸有60%乙醇的脱脂棉轻轻擦拭器物表面，锈层较厚的部位，进行多次反复操作，直至将污垢完全洗净为止。局部又硬又厚的锈壳，先用犀角剔刀，轻轻将表面的锈壳剔掉，然后再用清洗剂进行清洗。最后，用脱脂棉将表面软化溶解的污物小心擦掉。

清洗一方面为了保存器物的特性，阻止腐蚀的进程，为进行下一步的保护修复工作作准备；另一方面对器物的认识和恢复。用此方法清洗对器物几乎无损伤，器物清洗前、后的对比图参见本书图版一〇八。

2. 鎏金器的封护

封护和加固处理均使用聚丙烯酸类高分子材料Paraloid – B72，使封护和加固两道工序一次完成。由于孔洞中的锈蚀产物质地疏松，首先对点蚀孔洞部位，采用滴渗的方法，使基体得到有效的加固。然后，用软毛刷蘸取3%的Paraloid – B72丙酮溶液涂刷整个鎏金器的表面，待自然干燥后再做下一次涂刷，总共涂刷三遍。浓度积累可能在局部产生眩光，可用丙酮溶液擦拭消除。最后器物表面形成一层无色、透明、耐老化的封护膜，同时这种高分子材料的渗入也使鎏金层下面的基体得到一定程度的加固[⑨]。

3. 鎏金器的养护

器物腐蚀会造成器物形态及表面的双重改变。在鎏金类文物的保养方面，应注意环境的治理，注意防尘、防潮及防止有害气体的侵蚀，从而杜绝鎏金文物胎质锈蚀的继续发生，从根本上解决鎏金的脱落问题[10]。文物一旦形成，其自身材质的特性便无法改变，其自然老化是不可避免的。而保存环境是引起文物变质老化的重要外界因素，为了最大限度的延长文物的寿命，要从保存环境入手，文物库房适应金属质地文物的湿度 0% ~ 40%，温度最好控制在 15℃ ~ 20℃ 之间，库内一天的温度变化最好不超过 2℃ ~ 5℃。器物的封护膜会在外界的各种因素的长时间作用下而磨损或老化，因此须对器物做定期检查，发现问题及时处理。

五、结　语

1. 虽然现代科技水平发展越来越快，但大多数中国特有的文物还得采用传统的方法进行保护与修复，目前科技保护中有很多方法是采用传统技术，传统技术中又渗透了很多现代方法，我们将传统技术与现代科技保护相结合才能有利于文物保护工作的开展。

2. 尽管金本身耐腐蚀性高，但胎体中的其他金属却可能遭受腐蚀，因而我们所见到的鎏金器，有些已经出现了各种各样的锈斑。根据掺杂金属的不同，锈斑的颜色也不一样。只有真正弄清器物概况，用正确的保护措施来挽救这些文物是非常重要的。

3. 库存的鎏金器，应保存在托盘上、套子里、垫棉花的盒子里或者放在小袋子里，避免互相碰撞或受到挤压，减少机械损伤。

4. 对鎏金器物除锈，第一不能用还原方法进行处理，因为锈蚀产物还原成原来的金属会覆盖到鎏金表面上而损害鎏金。第二绝不能用硝酸来软化锈斑，否则鎏金层会脱落。

通过对这批器物的保护处理，了解器物的保护不能完全使用一种方法操作。在实际工作中，应根据被处理器物的种类、锈蚀的状态及其锈蚀成分，结合其他辅助处理手段同时使用，这样就会取得良好的处理效果。

致谢：感谢中国科学院长春应用化学研究所葛辽海高级工程师为本文的样品做扫描电镜检测；感谢吉林省文物考古研究所领导大力的支持；感谢贾莹研究员无私的帮助；感谢王洪峰研究员为本文测试提供样品。

参考文献

① 郭硕明：中国大百科全书编辑委员会编：《中国大百科全书·矿冶卷》，北京，中国大百科全书出版社，1984 年。
② 黄盛璋：《论中国早期（铜铁以外）的金属工艺》，《考古学报》1996 年第 2 期。
③ 徐军平、郑捷：《两件鎏金青铜器的腐蚀分析与保护》，《中国文物保护技术协会第四次学术年会论文集》，中国文物保护技术协会编，科学出版社，2007 年。
④ http://baike.baidu.com/view/50657.htm。

⑤ 浙江省文物管理委员会等：《绍兴 306 号战国墓发掘简报》，《文物》1984 年第 1 期。

⑥《六顶山渤海墓葬》2004～2009 年发掘报告。

⑦ 贾莹：《六顶山渤海墓葬出土有色金属及合金性质研究》，《六顶山渤海墓葬》2004～2009 年发掘报告。

⑧ 苗红、马菁毓、张月玲、兰德省：《铜合金艺术品的保护处理》，《文物保护与修复的问题》，科学出版社，2005 年。

⑨ 张欢：《韶关东晋古墓出土龟钮鎏金铜印的保护》，《文物保护与修复纪实》，岭南美术出版社，2002 年。

⑩ 潘慧琳：《文物修复与养护》，万卷出版社，2005 年。

附录六

敦化六顶山渤海墓葬群出土人骨标本鉴定报告

张 旭 朱 泓

（吉林大学边疆考古研究中心）

吉林省敦化六顶山渤海墓葬群在 1959 年和 2005 年的两次发掘中共采集了 23 例个体的人骨标本，编号为 DL I M3 - 1（西）、DL I M3 - 2（北）、DL I M3 - 3（59 年）、DL I M3 - 4（59 年）、DL I M3 - 5（59 年）、DL I M3 - 6（59 年）、DL I M3 - 7（59 年）、DL I M3 - 8（59 年）、DL I M7（59 年）、DL I M11（59 年）、DL I M17、DL I M24、DL I M27、DL I M34、DL I M35、DL I M53、DL II M39、DL II M79 - 1、DL II M79 - 2、DL II M79 - 3、DL II M80、DL II M82、DL II M128。受吉林省文物考古研究所委托，吉林大学边疆考古研究中心人类学实验室对这批标本进行了形态学鉴定，现将鉴定结果刊布如下。

一、标本保存情况

受埋藏环境影响，人骨保存情况不佳。留存的骨骼标本分属于 16 例个体，标本标号与现存具体部位见图 1 - 1 ~ 4。

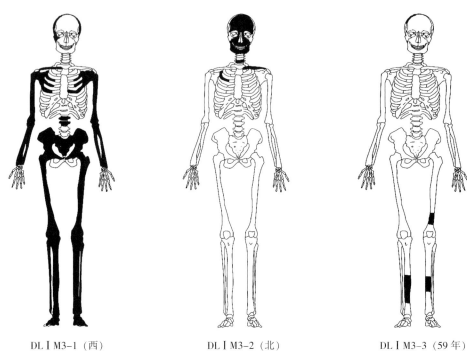

DL I M3-1（西）　　　　　　DL I M3-2（北）　　　　　　DL I M3-3（59 年）

图 1 - 1　标本保存现状

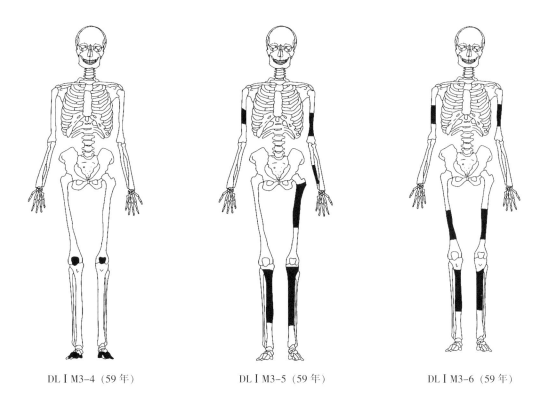

DL Ⅰ M3-4（59 年）　　　　　DL Ⅰ M3-5（59 年）　　　　　DL Ⅰ M3-6（59 年）

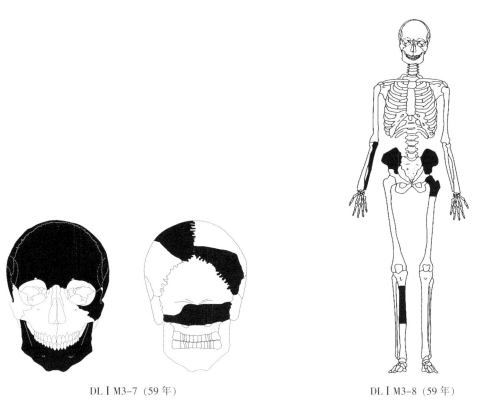

DL Ⅰ M3-7（59 年）　　　　　　DL Ⅰ M3-8（59 年）

图 1 - 2　标本保存现状

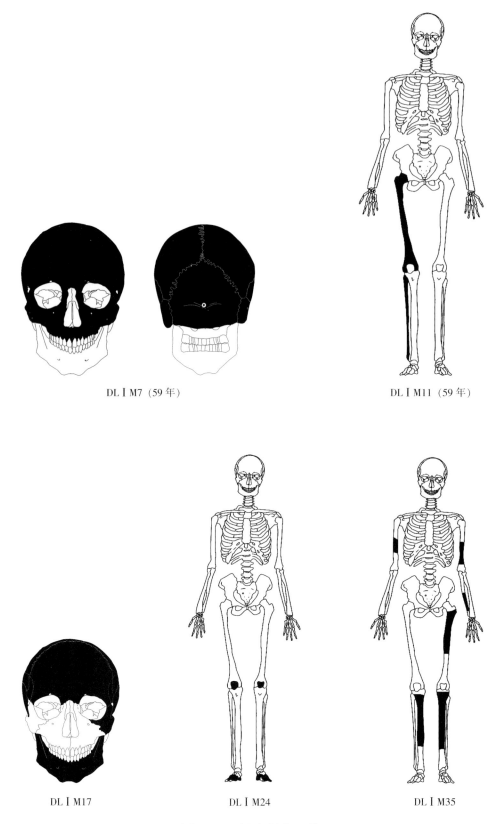

DL Ⅰ M7 (59 年)   DL Ⅰ M11 (59 年)

DL Ⅰ M17   DL Ⅰ M24   DL Ⅰ M35

图 1 - 3   标本保存现状

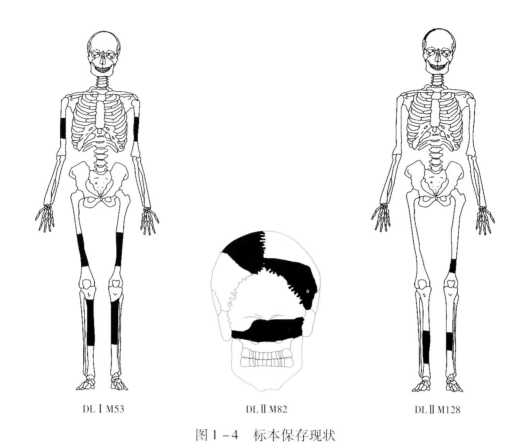

DL Ⅰ M53　　　　　　DL Ⅱ M82　　　　　　DL Ⅱ M128

图 1－4　标本保存现状

二、性别与年龄的推断

本实验室对标本性别与年龄的鉴定过程，视具体保存情况和不同部位，综合选用了下列文献中提及的适用标准。

1.《法医人类学》，陈世贤，人民卫生出版社，1998 年。

2.《法医人类学经典》，张继宗，科学出版社，2007 年。

3.《体质人类学》，朱泓，高等教育出版社，2004 年。

4.《Standards for data collection from human skeletal remains》，Jane E. Buikstra and Douglas H. Ubelaker，Arkansas Archeological Survey，1994.

5.《The human bone manual》，Tim D. White and Pieter A. Folkens，Academic Press，2005.

6.《Human Osteology》，Tim D. White，Academic Press，2000.

鉴定结果如下：

墓号	性别	年龄	墓号	性别	年龄
DL Ⅰ 3－1（西）	疑似女性	25 岁 ±	DL Ⅰ M24	性别无法鉴定	成年个体
DL Ⅰ 3－2（北）	疑似女性	30 岁 ±	DL Ⅰ M27	性别无法鉴定	未成年

墓号	性别	年龄	墓号	性别	年龄
DLⅠ3－3（59年）	疑似女性	35～40岁	DLⅠM34	性别无法鉴定	成年个体
DLⅠ3－4（59年）	疑似男性	成年个体	DLⅠM35	疑似女性	成年个体
DLⅠ3－5（59年）	疑似男性	成年个体	DLⅠM53	疑似女性	成年个体
DLⅠ3－6（59年）	疑似男性	20岁±	DLⅡM79－1	性别无法鉴定	未成年
DLⅠ3－7（59年）	疑似男性	40～45岁	DLⅡM79－2	性别无法鉴定	未成年
DLⅠ3－8（59年）	性别无法鉴定	未成年	DLⅡM79－3	性别无法鉴定	未成年
DLⅠ7（59年）	疑似女性	成年个体	DLⅡM80	疑似女性	成年个体
DLⅠ11（59年）	疑似女性	成年个体	DLⅡM82	性别无法鉴定	成年个体
DLⅠM17	疑似女性	成年个体	DLⅡM128	性别无法鉴定	成年个体

注：DLⅡM79－1、2、3出土的未成年的骨骼残片所属部位各不相同，且性别均无法鉴定，疑似为同一个体。

三、颅骨测量数据

为明确该批标本的颅面部形态特征，我们据邵象清[①]、吴汝康[②]等所述的各项测量项目标准，对保存较好的DLⅠ3－2（北）、DLⅠM7（59年）、DLⅠM17颅骨进行全面测量，全部测量数据见表一。

表一　六顶山墓地颅骨标本个体测量表

（长度：毫米）

项　　目	DLⅠM3－2（北）♀	DLⅠM7（59年）♀	DLⅠM17♀
5 颅基底长 n－enba	—	89.40	—
8 颅骨最大宽 eu－eu	—	137.20	148.00
9 额骨最小宽 ft－ft	87.45	—	90.45
11 耳点间宽 au－au	—	122.10	—
12 枕骨最大宽 ast－ast	—	105.10	—
7 枕骨大孔长 enba－o	—	32.90	—
16 枕骨大孔宽	—	27.10	—
17 颅高 b－ba	—	130.60	—
21 耳上颅高 po－po	—	111.80	129.00
23 颅周长 g－op－g	—	—	513.00

续表一

项　目		DL Ⅰ M3 - 2（北）♀	DL Ⅰ M7（59 年）♀	DL Ⅰ M17♀
24 颅横弧 po - b - po		—	310.00	—
25 颅矢状弧 n - o		—	345.00	—
26 额骨矢状弧 n - b		—	121.00	—
27 顶骨矢状弧 b - l		—	110.00	131.00
28 枕骨矢状弧 l - o		—	116.00	103.00
29 额骨矢状弦 n - b		—	108.00	—
30 顶骨矢状弦 b - l		—	98.60	—
31 枕骨矢状弦 l - o		—	98.10	—
51 眶宽 mf - ek	R	—	41.80	—
51a 眶宽 d - ek	R	—	40.50	—
52 眶高	R	—	35.50	—
MH 颧骨高 fmo - zm	R	—	51.20	—
MB 颧骨宽 zm - rim. Orb	R	—	25.00	—
66 下颌角间宽 go - go		96.68	—	—
67 髁孔间径		45.60	—	48.49
69 下颌联合高 id - gn		26.65	—	32.22
69 - 1 下颌体高 Ⅰ	L	26.86	—	—
下颌体高 Ⅰ	R	26.49	—	32.28
下颌体高 Ⅱ	L	25.63	—	—
下颌体高 Ⅱ	R	25.44	—	—
69 - 3 下颌体厚 Ⅰ	L	12.68	—	14.53
下颌体厚 Ⅰ	R	12.89	—	14.27
下颌体厚 Ⅱ	L	16.40	—	—
下颌体厚 Ⅱ	R	16.61	—	—
71a 下颌支最小宽	L	34.63	—	—
颏孔间弧		52.00	—	65.00

四、体骨测量数据与身高推算

保存有体骨的个体共 11 例，分别是：DLⅠM3-1（西）、DLⅠM3-3（59 年）、DLⅠM3-4（59 年）、DLⅠM3-5（59 年）、DLⅠM3-6（59 年）、DLⅠM3-8（59 年）、DLⅠM7（59 年）、DLⅠM11（59 年）、DLⅠM34、DLⅠM35、DLⅠM53，测量结果详见表二。

表二　六顶山墓地体骨标本个体测量表

（长度：毫米；指数：%）

项　　目	DLⅠM3-1(西)♀		DLⅠM3-3(59 年)♀		DLⅠM3-6(59 年)♂		DLⅠM35♀	
	左	右	左	右	左	右	左	右
肱骨全长	—	—	308.00	—	—	—	—	—
肱骨最大长	—	—	312.00	—	—	—	—	—
肱骨上端宽	—	—	51.00	—	—	—	—	—
肱骨下端宽	—	34.86	—	—	—	—	—	—
肱骨骨干中部最大径	16.81	16.65	22.00	23.36	—	—	23.22	—
肱骨骨干中部最小径	12.83	13.82	20.84	21.68	—	—	22.47	—
肱骨骨干中部矢状径	16.23	16.17	21.40	23.04	—	—	23.60	—
肱骨骨干中部横径	13.86	14.64	22.00	22.98	—	—	22.69	—
肱骨骨干中部周	53.00	53.00	66.00	71.00	—	—	—	—
肱骨骨干最小周	50.00	50.00	61.00	—	73.00	—	—	—
肱骨滑车和小头宽	—	18.13	—	—	—	—	—	—
滑车矢状径	—	12.81	—	—	—	—	—	—
鹰嘴窝宽	—	19.85	26.10	25.50	—	—	—	—
鹰嘴窝深	—	8.56	6.00	8.50	—	—	—	—
横断面指数	76.32	83.00	94.72	92.81	—	—	—	—
肱骨粗壮指数	—	—	19.55	—	—	—	—	—

项　　目	DLⅠM3-1（西）♀		DLⅠM3-8（59 年）未成年	
	左	右	左	右
尺骨骨干矢状径	8.94	—	12.68	—
尺骨上部横径	—	16.67	—	—
尺骨上部矢状径	—	19.12	—	—

项 目	DLⅠM3-1（西）♀		DLⅠM3-8（59年）未成年	
	左	右	左	右
鹰嘴宽	—	16.02	—	—
鹰嘴深	—	16.10	—	—
鹰嘴高	—	8.36	—	—
鹰嘴-冠突间距	—	7.81	—	—
桡骨骨干最小周	30.00	31.00	—	—
桡骨骨干横径	9.21	—	—	—
桡骨骨干矢状径	12.31	—	—	—

项 目	DLⅠM3-1（西）♀		DLⅠM11（59年）♀	
	左	右	左	右
腓骨最大长	—	—	—	331.00
腓骨小头外踝长	—	—	—	328.00
腓骨中部最大径	10.92	9.93	—	14.30
腓骨中部最小径	9.04	9.29	—	11.90
腓骨骨干中部周	34.00	35.00	—	37.00
腓骨最小周	28.00	—	—	35.80
腓骨下端宽	18.16	18.82	—	26.00
腓骨长厚指数	—	—	—	10.82
腓骨骨干断面指数	—	—	—	83.22

项 目	DLⅠM3-1（西）♀		DLⅠM3-6（59年）♂		DLⅠM34	
	左	右	左	右	左	右
跟骨最大长	65.57	65.10	—	86.90	72.97	—
跟骨全长	61.10	60.95	76.60	80.58	65.54	—
跟骨高	31.51	—	44.38	42.42	40.58	—
跟骨最小高	30.63	—	44.26	40.90	36.67	—
距骨长	46.63	—	—	—	—	—
距骨高	24.69	—	—	—	—	—

表三　六顶山墓群下肢骨标本测量表

项　目	DL I M3-1 (西) ♀ 左	DL I M3-1 (西) ♀ 右	DL I M3-3 (59年) ♀ 左	DL I M3-3 (59年) ♀ 右	DL I M3-4 (59年) ♂ 左	DL I M3-4 (59年) ♂ 右	DL I M3-5 (59年) ♂ 左	DL I M3-5 (59年) ♂ 右	DL I M3-6 (59年) ♂ 左	DL I M3-6 (59年) ♂ 右	DL I M7 (59年) ♀ 左	DL I M7 (59年) ♀ 右	DL I M35 ♀ 左	DL I M35 ♀ 右	DL I M53 ♀ 左	DL I M53 ♀ 右
股骨最大长	402.00	401.00	382.00	381.00	—	—	—	—	—	—	—	411.00	—	—	—	—
股骨全长	401.00	400.00	380.10	380.00	—	—	—	—	—	—	—	410.00	—	—	—	—
股骨转子内髁长	378.00	378.00	—	370.00	—	—	—	—	—	—	—	390.00	—	—	—	—
股长转子全长	371.00	367.00	371.00	370.00	—	—	—	—	—	—	—	382.00	—	—	—	—
股骨转子外髁长	376.00	374.00	—	369.00	—	—	—	—	—	—	—	372.00	—	—	—	—
股骨骨干长	314.00	313.00	296.00	310.00	—	—	—	—	—	—	—	294.00	—	—	—	—
股骨骨干中部矢状径	22.49	20.12	21.8	22.00	—	29.80	26.89	—	—	—	—	24.80	28.70	—	22.79	24.09
股骨骨干中部横径	24.64	20.42	23.1	23.00	—	33.26	27.10	—	—	—	—	24.20	25.37	—	26.09	26.41
股骨骨干中部周	77.00	70.00	72.00	74.00	—	99.00	85.00	—	—	—	—	80.00	86.00	—	82.00	82.00
股骨骨干上部矢状径	22.52	—	23.00	21.00	—	—	—	—	—	—	—	23.50				
股骨骨干上部横径	26.41	—	29.00	31.00	—	—	—	—	—	—	—	29.00				
股骨骨干下部最小矢状径	24.67	22.41	20.72	21.40	—	29.00	25.60	—	—	—	—	27.30				
股骨骨干下部横径	32.70	29.60	34.12	31.70	—	41.10	40.20	—	—	—	—	27.48	—	—	—	—
股骨颈头前长	57.95	50.66	—	—	—	—	—	—	—	64.20	—	77.50	—	—	—	—
股骨颈垂直径	26.48	25.56	—	—	—	—	—	—	—	—	—	33.10	—	—	—	—
股骨颈头矢状径	20.15	—	—	—	—	—	—	—	—	—	—	27.70	—	—	—	—
股骨颈周	84.00	—	—	—	—	—	—	—	79.00	107.00	—	96.00	—	—	—	—
股骨上髁宽	51.53	—	69.00	—	—	88.00	80.00	—	—	—	—	76.00	—	—	—	—

续表三

项　目	DL I M3-1 (西) ♀ 左	DL I M3-1 (西) ♀ 右	DL I M3-3 (59年) ♀ 左	DL I M3-3 (59年) ♀ 右	DL I M3-4 (59年) ♂ 左	DL I M3-4 (59年) ♂ 右	DL I M3-5 (59年) ♂ 左	DL I M3-5 (59年) ♂ 右	DL I M3-6 (59年) ♂ 左	DL I M3-6 (59年) ♂ 右	DL I M7 (59年) ♀ 左	DL I M7 (59年) ♀ 右	DL I M35 ♀ 左	DL I M35 ♀ 右	DL I M53 ♀ 左	DL I M53 ♀ 右
股骨头垂直径	38.31	35.12	—	—	—	—	—	—	—	—	—	44.30	—	—	—	—
股骨头矢状径	36.12	—	—	—	—	—	—	—	—	—	—	43.00	—	—	—	—
股骨头周	120.00	—	—	—	—	—	—	—	—	—	—	140.00	—	—	—	—
股骨外侧髁长	41.25	44.47	53.00	—	—	66.10	61.30	—	60.00	—	—	58.10	—	—	—	—
股骨内侧髁长	34.80	39.47	—	—	—	—	54.70	—	—	—	—	57.60	—	—	—	—
股骨外侧髁高	38.60	32.51	30.80	—	—	41.78	36.00	—	39.00	—	—	35.00	—	—	—	—
股骨内侧髁高	46.67	—	—	—	—	—	47.09	—	40.40	—	—	42.00	—	—	—	—
股骨长厚指数	—	—	18.94	19.47	—	—	—	—	—	—	—	19.51	—	—	—	—
股骨粗壮指数	—	—	11.81	11.84	—	—	—	—	—	—	—	11.95	—	—	—	—
股骨骨干上部断面指数	85.27	—	79.31	67.74	—	89.59	99.22	—	—	—	—	81.03	—	—	—	—
股骨骨干中部断面指数	91.27	98.53	94.37	95.65	—	70.56	99.22	—	—	—	—	102.48	—	—	—	—
胭区指数	—	—	60.72	67.51	—	70.56	63.68	—	—	—	—	99.34	—	—	—	—
股骨颈断面指数	—	—	—	—	—	—	—	—	—	—	—	83.69	—	—	—	—
股骨头断面指数	—	—	—	—	—	—	—	—	—	—	—	97.07	—	—	—	—
股骨上髁骨干宽指数	—	—	33.48	—	—	37.79	33.87	—	—	—	—	31.84	—	—	—	—
股骨上髁骨干长指数	—	—	23.31	—	—	—	—	—	—	—	—	25.85	—	—	—	—

续表三

项　目	DL I M3-1 (丙)(59年) ♀		DL I M3-3 (59年) ♀		DL I M3-4 (59年) ♂		DL I M3-6 (59年) ♂		DL I M3-8 (59年) 未成年	
	左	右	左	右	左	右	左	右	左	右
胫骨最大长	315.00	311.00	316.00	—	—	368.00	—	—	—	—
胫骨全长	312.00	310.00	310.00	—	—	365.00	—	—	—	—
胫骨长	309.00	303.00	—	—	—	—	—	—	—	—
胫骨生理长	302.00	298.00	—	—	—	—	—	—	—	—
胫骨髁踝长	309.00	304.50	—	—	—	—	—	—	—	—
胫骨上端宽	—	56.48	—	—	—	—	—	—	—	—
胫骨上内侧关节面宽	20.23	19.27	—	—	—	—	—	—	—	—
胫骨上外侧关节面宽	—	19.73	—	—	—	—	—	—	—	—
胫骨上内侧关节面矢状径	25.61	26.77	—	—	—	—	—	—	—	—
胫骨上外侧关节面矢状径	—	19.22	—	—	—	—	—	—	—	—
胫骨粗隆处最大矢状径	35.13	—	35.50	—	—	47.60	42.40	38.30	—	—
胫骨粗隆处横径	30.32	—	32.40	—	—	40.30	44.48	41.80	—	—
胫骨中部最大径	22.35	19.42	23.54	—	—	35.48	—	—	—	—
胫骨中部横径	16.67	18.05	17.00	—	—	23.90	—	—	—	—
胫骨中部周	64.00	61.00	64.00	—	—	93.00	—	—	—	—
胫骨干最小周	—	60.00	60.00	—	—	85.00	—	—	—	62.00
滋养孔处横径	—	18.56	19.10	—	—	24.50	24.00	22.36	—	20.00
滋养孔处矢状径	—	20.61	25.80	—	—	34.88	32.70	34.20	—	25.80
胫骨下端宽	44.13	36.64	42.30	—	—	53.30	—	—	—	—
胫骨下端矢状径	29.95	26.02	31.90	—	—	35.80	—	—	—	—
胫骨中部断面指数	—	—	72.22	—	—	67.36	—	—	—	—
胫骨指数	—	90.05	74.03	—	—	70.24	—	—	—	—
胫骨长厚指数	—	—	19.35	—	—	23.29	—	—	—	—
胫股指数	75.31	74.50	—	—	—	—	—	—	—	—

（一）据表三中长骨数据分析，DLⅠM3－1（西）女性的股骨扁平指数为正型；胫骨指数为宽胫型，胫股指数为短胫型。

根据推算蒙古人种女性身高的公式[3]，用股骨、胫骨最大长的测量值来估算 DLⅠM3－1（西）女性的身高：

身高＝股骨×3.71＋5厘米。以左侧股骨估算的女性身高为154.14厘米，以右侧股骨估算的女性身高为153.77厘米，左右两侧股骨合计的平均身高为153.96厘米。

身高＝胫骨×4.61＋5厘米。以左侧胫骨估算的女性身高为150.22厘米，以右侧胫骨估算的女性身高为148.37厘米，左右两侧胫骨合计的平均身高为149.29厘米。

（二）另据表三中长骨数据分析，DLⅠM3－3（59年）女性的股骨扁平指数为扁型；胫骨指数为宽胫型。

根据推算蒙古人种女性身高的公式[3]，用股骨、胫骨最大长的测量值来估算 DLⅠM3－3（59年）女性的身高：

身高＝股骨×3.71＋5厘米。以左侧股骨估算的女性身高为146.722厘米，以右侧股骨估算的女性身高为146.351厘米，左右两侧股骨合计的平均身高为146.536厘米。

身高＝胫骨×4.61＋5厘米。以左侧胫骨估算的女性身高为150.676厘米。

致谢：本次鉴定工作进行过程中，得到吉林省博物院保管部全体工作人员与吉林省文物考古研究所王洪峰先生的全力支持与热情帮助，谨致谢忱。

参考文献

① 邵象清：《人体测量手册》，上海辞书出版社，1985年。

② 吴汝康：《人体测量方法》，科学出版社，1984年。

③ 朱泓：《体质人类学》，高等教育出版社，2004年。

附录七

六顶山墓群绞胎、三彩等样品的检测分析报告

崔剑锋[1]　刘　爽[1,2]　吴小红[1]

（北京大学考古文博学院[1]　吉林大学边疆考古研究中心[2]）

一、研究背景

吉林敦化六顶山古墓群为目前发现的渤海国较大规模王室贵族墓地之一[①]，根据墓葬形制、贞惠墓志及遗物的类型学研究，墓群被认为是渤海国早期的遗存[②]。2004～2005 年发掘表明，六顶山古墓群中部分墓葬的年代可能会晚到渤海中期阶段[③]。

六顶山墓群最近的发掘中发现了一件三彩壶和一些绞胎器、三彩器残片。由于墓群年代相对较早，部分研究者认为可能是从中原腹地输入的，表明了唐和渤海国之间存在着一定的经济和文化交流。但是考古发现亦表明，渤海国也生产"渤海三彩"，因此六顶山墓地的三彩是从中原输入的还是渤海国自己烧制的，学界尚存疑虑。

为此，受吉林省文物考古研究所委托，我们选取了部分三彩和绞胎器样品进行了能量色散 X 荧光光谱（ED－XRF）成分分析，同时对其中两片残片进行釉层铅同位素比值分析。作为对比参照，我们还分析了墓葬中同出的部分鞊鞢陶器残片的成分。

二、样品介绍及分析方法

1. 样品介绍

2004～2005 年发掘出土的三彩及绞胎器出自 3 个遗迹单位，共 4 件。检测样品如下：

A. ⅠM5：28 为三彩壶，检测标本系修复后剩余残片，2 件分别编号 ⅠM5：28－1；ⅠM5：28－2。

B. ⅠM5：63 为器盖，残片 1 件。

C. ⅠM2：10 器盖（？）残片 1 件。

D. ⅠM4：7 为绞胎杯，残片 1 件。

陶器残片选出共 6 件，均为三彩壶同墓出土品，以便于比较。其中：

ⅠM5：43，褐陶器的下腹片；ⅠM5：40，灰陶鞊鞢罐口沿；ⅠM5：030，黑皮灰陶器底；ⅠM5：50，黑皮灰陶口沿；ⅠM5：61，灰陶器底；ⅠM5：56，灰陶盆口沿（内残）。

2. 分析方法

采用 ED – XRF 无损分析，仪器型号为日本堀场制作所（Horiba Inc.）生产的 XGT – 7000 型 X 荧光显微镜。

分析条件：X 入射线光斑直径：1.2mm；X 光管管电压：30kV；X 光管管电流：0.029mA；数据采集时间：150s。解谱方法为单标样基本参数法。其中绞胎瓷片的红色和白色的胎体由于直径较小，采用 50um 的小光斑进行分析。

铅同位素分析采用了北京大学地球与空间学院造山带与地球演化国家重点实验室的 VG – ELEMENTAL型多接收电感耦合等离子体质谱仪（MC – ICP – MS）。结合三彩釉层为铅釉的特征和 MC – ICP – MS 的自身特点，我们使用了直接酸溶法对样品进行前处理，使得样品的前处理大大简化。某些学者的研究结果[④]以及我们自己的实践经验[⑤]都表明，对于 MC – ICP – MS 来说，只需溶液中的铅离子含量符合仪器最适合检出限，即可以获得较好的精确度，这样就避免了使用热电离质谱测量铅同位素比值时所必须经过的提纯铅的前处理过程。

本实验的具体分析步骤如下：使用手术刀刮取 10mg 左右釉层样品，加入超纯硝酸溶解，滤除不溶物，将剩余的清澈溶液定容至 100ml。使用 ICP – AES 分析清液中的铅含量，根据所测铅含量的值，加超纯去离子水稀释溶液至铅含量在 1000ppb 左右。在溶液中加入铊（Tl）标准溶液（SRM997），使得溶液中铊含量在铅含量的 2/3 左右，样品即制备完成。测试时使用美国国家标准局铅同位素测试用标准溶液 – SRM981 校正仪器，每测试 3~5 个样品即测试一次 981。12 次测量 981 标准后和其所有比值的相对偏差平均值不超过 0.06%。对每个样品测量 20 次，求平均值，结果表明 5 个铅同位素比值的 2σ 测量误差都不超过 0.02%。

三、分析结果

1. 成分分析

表一和表二分别为三彩、绞胎器和陶器残片的成分分析结果。

表一　三彩和绞胎器的胎釉成分（wt%）

	Na₂O	MgO	Al₂O₃	SiO₂	P₂O₅	K₂O	CaO	TiO₂	Fe₂O₃	CuO	PbO
ⅠM5:28–1	0.52	0.77	35.34	58.08	0.53	1.32	0.36	0.93	2.10		
ⅠM5:28–1 釉	0.72	0.39	9.75	50.75		0.08	0.99	0.14	0.93	2.35	33.85
ⅠM5:28–2	0.54	0	35.34	58.81	0.26	1.70	0.40	0.91	2.08		
ⅠM5:28–2 釉	0	0.35	9.09	35.32		0.09	0.93	0.17	1.04	3.20	49.81
ⅠM2:10	0.65	1.3	25.90	65.83		2.25	0.52	0.63	2.88		
ⅠM2:10–釉	0.56	0.3	16.68	50.41		1.60	1.81	0.76	3.36	0.49	24.02
ⅠM5:63	0.7	0.64	23.13	68.12		2.65	0.67	0.66	3.40		

续表一

	Na$_2$O	MgO	Al$_2$O$_3$	SiO$_2$	P$_2$O$_5$	K$_2$O	CaO	TiO$_2$	Fe$_2$O$_3$	CuO	PbO
ⅠM5:63－釉	0.54	0.29	8.34	43.16		0.34	0.98	0.32	1.89	0.94	43.20
ⅠM4:7（平均）	0.71	1.1	22.39	66.96		2.32	0.91	0.65	4.93		
ⅠM4:7－w（白）			24.65	69.19		2.36	0.51	0.54	1.84		
ⅠM4:7－r（红）	1.13	2.16	18.71	67.21		3.35	1.23	0.66	5.45		
ⅠM4:7－釉	0.77	0.41	7.38	61.04		0.78	1.40	0.24	2.25		25.74

表二　陶片成分分析结果（wt%）

	Na$_2$O	MgO	Al$_2$O$_3$	SiO$_2$	K$_2$O	CaO	TiO$_2$	MnO	Fe$_2$O$_3$
ⅠM5:56	0.83	3.84	13.91	72.95	1.87	1.48	0.61	0.07	4.24
ⅠM5:36	0.82	3.11	14.07	72.99	2.25	1.61	0.67	0.08	3.94
ⅠM5:40	0.88	2.50	13.06	75.18	2.11	2.04	0.65	0.16	3.36
ⅠM5:50	0.82	2.81	13.79	73.32	1.84	2.13	0.59	0.09	3.83
ⅠM5:43	0.86	2.01	14.51	74.15	2.13	1.14	0.75	0.06	4.02
ⅠM5:61	0.87	3.15	13.44	74.53	2.13	1.22	0.68	0.11	3.73

2. 铅同位素比值分析

表三　绞胎残片ⅠM4:7和三彩壶残片ⅠM5:28的铅同位素比值

SAMPLE	^{207}Pb/^{206}Pb	^{208}Pb/^{206}Pb	^{206}Pb/^{204}Pb	^{207}Pb/^{204}Pb	^{208}Pb/^{204}Pb
ⅠM5:28	0.8643	2.1265	18.059	15.608	38.403
ⅠM4:7	0.8640	2.1254	18.056	15.601	38.376

四、结　论

1. 从表一釉成分分析结果看，无论三彩还是绞胎都是低温铅釉陶，其釉层中铅含量较高，由于ⅠM2:10和ⅠM4:7釉层剥落情况严重，因此实际PbO含量要较测量结果为高。

2. 从表一胎体成分分析结果看，三彩胎的化学组成都为高铝黏土即高岭土质胎。而绞胎残片的白色胎体部分也为类似的黏土所制，红色部分则使用了铁含量较高的红色易熔黏土制作。

3. 从表二可以看出，所有的陶片都是高铁易熔黏土烧制的，同时这类陶片的Al$_2$O$_3$含量又较绞胎红色部分偏低很多。

4. 和烧制绞胎器红胎的黏土相比，烧制陶片的黏土还具有二氧化硅含量高即含砂量较高的特点，因此六顶山墓地的三彩和绞胎器都不是使用烧制陶片的黏土烧制而成的。

5. 表三分析结果显示，绞胎残片 I M4：7 和三彩壶残片 I M5：28 两件样品的铅同位素比值基本相同，因此说明它们很有可能是同一窑厂烧制的。同时烧制这两件器物时，使用了来自同一矿山的铅料。

6. 和已有的各地釉陶和唐三彩的胎体成分进行统计分析，表明六顶山墓地铅釉器的成分分布落入了黄冶三彩胎体的成分分布范围。

7. 铅同位素比值分析的结果表明了六顶山墓地出土的绞胎器 I M4：7 和三彩器 I M5：28 最有可能都是黄冶窑的产品。

具体讨论另文详述。

致谢： 本文得到教育部人文社会科学研究青年基金项目《中国东北地区旧石器晚期遗址黑曜岩制品原料来源探索》（项目编号：10YJC780009）、国家社科基金《唐三彩釉料的产地与工艺研究》（10CKG003）的资助，特此致谢。

注　释

① 王承礼、曹正榕：《吉林敦化六顶山渤海古墓》，《考古》1961 年第 6 期，第 298~301 页。

② 中国社会科学院考古研究所：《六顶山与渤海镇》，中国大百科全书出版社，1997 年。

③ 吉林省文物考古研究所、敦化市文物管理所：《吉林敦化市六顶山墓群 2004 年发掘简报》，《考古》2009 年第 6 期，第 3~14 页。

④ Niederschlag, E., E. Pernicka, Th. Seifert, and M. Bartelheim. The determination of lead isotope ratios by multiple collector ICP-MS: A case study of Early Bronze Age artifacts and their possible relation with ore deposits of the Erzgebirge, Archaeometry, 2003, 1.

⑤ 崔剑锋、吴小红：《铅同位素考古研究——以中国云南和越南出土青铜器为例》，第 55~60 页，文物出版社，2008 年。

后　记

六顶山墓群发掘报告的出版是一项集体成果，历时七年，参加者众，凝聚着大家的才智和心血。

复查和发掘由吉林省文物考古研究所王洪峰领队负责，先后参加工作的有吉林省考古研究所杜运发、张建宇，敦化市文物管理所王晓明、王兴中、张宁、高峰、王波、孙玉鹏，长春市文物研究所王义学，德惠市文物管理所佟友波。工地照相由王晓明、谷德平、张宁、王波先后承担，遗迹绘图由马洪、王新胜，拓片和修复由林世香、于丽群完成。2007 年开始资料的整理工作，陆续加入有贾莹、高秀华、赵昕等检测、修复、摄影等方面工作人员，王昭补测了一墓区的部分遗迹。

2009 年大纲确定开始报告编写。主编王洪峰，撰写各章节要点，并由张建宇、王兴中、张宁、高峰、金成光分别主笔初稿。报告几经讨论，补充 2009 年新的材料后，2010 年完成报告五章初稿和插图制作。其中第一章由金成光、孙玉鹏、徐晓欢执笔，第二章由张宁、王波、刘凤芝执笔，第三章由王兴中、张建宇、高秀华执笔，第四章由高峰、王新胜、周文秀执笔，第五章由王洪峰执笔。器物照相由谷德平、赵昕完成，器物图和遗迹线图的清绘由王新胜、郝海波、王孟子完成，测绘图由王昭制作。高秀华、张宁二位还承担了大量的资料核对及编务工作。

报告编写过程中，得到了吉林省文物局、省博物院、敦化市政府、市文化新闻出版和体育局，以及各兄弟单位的热情支持，得到了吉林省文物考古研究所相关部门的通力协作，考古所诸位同仁对本书提出了多方建议，吉林大学边疆考古中心魏存成、王培新、冯恩学、彭善国诸教授还先后就报告体例和观点、方法提出了宝贵意见。

值此出版之际，谨向参加发掘清理和本书编写的同志们，向鞭策润色于本书的师长、同行和诸位领导，为他们所付出的劳动和汗水，为他们所给予的帮助和支持，致以深深的谢意。

编者

2011 年 10 月

ABSTRACT

Investigation and Excavation on the Liudingshan Cemetery from 2004 to 2009 was the largest scale work in the Cultural Relics and Archaeological Research Institute of Jilin Province. In this excavation, we had unearthed 500 grave relics. This book was the integration report of this investigation.

Through the test trench and investigation, we could know that there were 105 tombs in the No. 1 cemetery area in the west side; there were 130 tombs in the No. 2 cemetery area in the east side. Based on the character of different tombs, we can divide them into four kinds; they were earth pit with wood coffin; earth pit with stone coffin; earth pit with chamber tombs without cover; stone chamber tombs. They had introduced in chapter 2.

Chapter 3 is the report of the grave 3 and goods dug from 36 tombs.

We had excavated 16 earth pits with wood coffin, some were with wood inner coffin, some were with wood outer coffin, and they all of them were cremated. But there were some differences in the structure. Mostly was the first kind tomb, such as ⅡM74, it was well kept, the building method was dug one rectangle pit with 20 ~ 30 cm depth from the hillside, and let the inner coffin inside the pit, then was cremated, at last the mound covered them. The building method of the second kind was made a wall of stones partially on the upper side of pit, and it was called Tukengshibianmu (土坑石边墓). 2 tombs were excavated, they were all in the No. 1 cemetery area, and no bones and grave relics found from them. The building method of the third kind was built with stones around the mound, and it was called Tukengbaoshimu (土坑包石墓). We had excavated 8 such tombs, ⅠM73 and ⅡM126 were well kept.

ⅠM3, ⅠM10, who previously were identified as the stone chamber tomb, but I thought it was Tukengbaoshimu, because we hadn't found any stone chambers, but we had found earth pits and cremation signs. We had found 4 earth pits under the No. 3 tomb, inside them there were artifacts. And we had also found base-stones in square shape, parts of lime ground and walls on top of the tomb. A great number of building components such as tiles, tile-ends and bricks with decorative design and beast head were found around the tomb.

We had found 8 earth pits with stone coffin tombs. They were in the shape of rectangle without tomb door. But the scale of inner coffin was different, in the majority tombs we had found coffin nail, charcoal and burned earth after cremation. Among them, there were three special types of tombs, ⅡM28 was the double inner coffins side by side, in the middle of ⅠM16 and M18 there was a erect slab who divided the stone coffin into two separated parts.

We excavated 4 earth pits with chamber tombs without cover. The tomb was built inside the pit with 20 ~

50cm deep, with stone walls around, and without tomb cover. In the south there was tomb entrance and paved path. And we had found the architecture parts of M5 under Ⅰ M14, so the age of M14 should be more late.

We have confirmed 9 stone chamber tombs. These tombs were all kept tomb walls with 1 meters high. They were in the shape of square and rectangle. The door was in the south of the wall, the paved path made of slab connected the entrance. Two tombs had Corbel top. They were built on ground, semi-ground or under ground. The tombs built on ground were all with stone wall around the mould. Among them, Ⅰ M4, Ⅰ M5 had drainage system, showing the advance of the structure.

The cultural relics were including grave relics and architecture tiles. Such as daily-use ceramics, metal belt ornaments, tools, ornaments and a small amount of jade and stone ornaments. The majority of ceramics were "Mohe pots" with long belly, the second were pots with round belly, urn and basin, the third were the fragments of pots, vases and Zeng (甑). All these potteries reflected the cultural tradition of Mohe people in Songhua River valley. Mental ware included rectangle and self-round Daikua, rectangle plaque with connected beads on the verge, rings, bracelet ornaments, which were occurred in the Bohai cemetery. Tiles were usually found around the big tomb in No. 1 cemetery area. There were veins and ropes, basket designs on the surface of tiles, mostly were gray color. The Semi-cylindrical Tiles were with gray and brown color. On the surface of the tile-ends there were nipple pattern, cross patterns, and large cross patterns.

Chapter 4 had introduced the house sites and stone dais sites inside of cemetery. We had found 2 house sites, and they were located in the east side of the entrance of the cemetery. The two house sites were in the shape of fold-ruler, built of stone with two flues and Kang (炕). But the location of chimney and stove sites were opposite in the two house. We hadn't found any plinth and wall of the house sites. We had found 12 stone bases, which were built of rectangular basalt stones on the ground. On top of 5 stone daises, there were potteries, bronze ornaments, iron nails and tiles. So maybe the stone bases were used for funeral ceremony sometimes. The house sites were used for temporary accommodations for the vigil person.

Chapter 5 was the summarization of the excavation.

Frist, I thought that Bohai culture were mainly based on Mohe culture, and melting into Fuyu culture, Koguryo culture and central plain culture. We had found the potteries and metal wares with Mohe elements; The central plain culture elements were mainly embodied in design-transparent porcelains, three-color ware, bronze mirror and brick with beast designs; Fuyu (扶余) and Koguryo (高句丽) elements were mainly embodied in the tiles.

Second, Based on the change of the types of the tombs and its distribution, I thought that the earth pit tombs changed from Tukengbaoshimu (土坑包石墓) to Tukengshibianmu (土坑石边墓) to earth pit with stone coffin. To the earth pit with chamber tombs without cover and stone chamber tombs, the tombs in shape of square were earlier than the tombs in shape of rectangular, and the tombs built on the earth were earlier than the tombs under the earth.

Third, from the overall arrangement of the tombs, we can divide the No. 2 cemetery area into the east area with mostly of earth pits tombs and the middle and west area with mostly stone tombs. The large stone chambers tombs were concentrated on the south of No. 1 cemetery area. The type and scale and distribution character of the tombs in the south of No. 1 cemetery area and the west of No. 2 cemetery area were uniformed. And they were later than the tombs in the middle of No. 2 cemetery area, they must be the broaden area of the No. 2 cemetery area.

Fourth, based on the excavation information in the past years, I had discussed the cremation, the secondary burial and the joint burial customs, the different burial rites reflected Bohai was a multi-ethnic nation. The stone daises and house sites provided us with new date of Bohai burial rites. Based on the difference of tiles of M3 and M2, we can find the different styles of the house on top of the tombs.

Fifth, the result of this excavation about the character of the cemetery was in conformity with the former regards. There were a lot of noble tombs in the cemetery. But we can only confirm the tomb of Princess Zhenhui . The character of the cemetery should be the public cemetery including the noble tombs.

Sixth, about the age of the cemetery, based on the potteries, I thought it was not earlier than Zhaliba of Yongji, Hongzunyuchang of Ning'an, and it also not later than the third period of Hongzunyuchang. The age should be 8th century. But some tombs, such as I M6, I M8, I M14, maybe were the tombs of 9th century.

КРАТКОЕ СОДЕРЖАНИЕ

Повторное обследование могильника Людиншань, проведенное Институтом культурных ценностей и археологии провинции Цзилинь в 2004 – 2009 гг. , является до настоящего времени крупнейшими по масштабам исследованиями и раскопками, в ходе которых получено свыше 500 предметов древности. Данная книга является комплексным отчетом обо всех материалах исследования.

Для повторного обследования в соответствии с выявляемой на месте фактической обстановкой был выбран метод удаления поверхностного слоя земли в сочетании с разрезанием земляных насыпей траншеями. В результате установлено, что на западной стороне в 1 – й зоне могильника сохранилось 105 погребений, на восточной стороне во 2 – й зоне – 130 могил. Кроме того, сделана топографическая съёмка могильника и могилы заново пронумерованы. В соответствии с известными из раскопок особенностями форм бохайских могил можно разделить 235 погребений на четыре вида: могилы в земляных ямах, могилы с каменными саркофагами (гробами), могилы с каменными ямами и могилы с каменными склепами. Во второй главе дается ознакомление с каждым из этих видов.

В третьей главе по отдельным категориям докладывается об объектах и предметах из 36 могил. Среди них:

Грунтовых могил (в земляных ямах) раскопано 16 штук, все они являются трупосожжениями в деревянных гробах или в деревянных внешних гробах. По устройству есть три типа таких могил, слегка различающиеся между собой. Первый тип представлен могилой IIM74, сохранившейся довольно хорошо. Способ её сооружения следующий: на высоком месте, на горном склоне выкапывалась ровная площадка, затем на ней вырывали прямоугольную яму глубиной 20 – 30 см, в яму помещали гроб и совершали кремацию, затем засыпали землёй, образуя холмик. У второго типа вдоль верхнего края могильной ямы с разрывами выкладывали отрезки каменных стенок, или каменный бордюр в один слой. Их можно назвать грунтовыми могилами с каменным обрамлением. Раскопанные две такие могилы обе находятся в первой зоне могильника, в обеих не обнаружено человеческих костей и сопровождающих захоронение предметов. У третьего типа насыпь снаружи окружена кладкой камней для защиты от её размывания. Мы называем их грунтовыми могилами с каменным окружением. Всего раскопано 8 могил такого типа. Относительно хорошо сохранились могилы I M73 и II M126.

У ранее определяемых как могилы с каменными склепами погребений I M3 и I M10 в ходе этого обследования при расчистке дна были обнаружены земляные ямы с трупосожжениями и не найдено каких-либо следов каменного склепа. Поэтому их отнесли к типу грунтовых могил с каменным окружением. На дне могилы Ⅰ М3 обнаружили 4 земляных ямы, во всех их есть сопровождающие захоронение предметы. Сверху на могиле найдены каменные базы, остатки стен и покрытая известью поверхность земли от квадратной в плане галереи, вокруг могилы раскопано большое количество плоской и желобчатой черепицы, концевых дисков черепицы и декоративных кирпичей с рисунком зооморфного лика.

Могил с каменными саркофагами (гробами) раскопано 8 штук, все они являются прямоугольными в плане могилами с каменными конструкциями из выложенных по четырём сторонам стен без входа, построенными в грунтовых ямах. Каменные гробы сильно различаются между собой по размерам, в подавляющем большинстве их найдены гвозди от гроба и куски древесного угля и обожженная земля, оставшиеся после сожжения деревянных гробов. У трех из этих могил форма довольно своеобразна, в могиле Ⅱ М28 были два гроба, стоявшие параллельно восточнее и западнее друг друга. В могилах Ⅰ М16 и М18 в каменных гробах были установлены вертикально каменные плиты, делившие гроб на две неравные по размерам части.

Могил с каменными ямами обследовали только четыре. Их камеры строились в грунтовых ямах глубиной 20 – 50 см, вдоль четырех стен делались каменные кладки, а на южной стороне оставлялся вход и коридор, однако сверху могила предварительно не накрывалась. Среди них могила Ⅰ М14 в первой зоне была сооружена на скоплении остатков от обрушившейся постройки на могиле М5, располагавшейся западнее неё. Её датировка должна быть относительно поздней.

Могил с каменными склепами всего определено 9, большинство из них обследованы в этот раз. У могил этого вида сохранились сложенные из камней склепы высотой около 1 м, в плане они квадратные и прямоугольные. В южной стене оставлен вход, также снаружи от входа из камней сложены две боковые стены коридора. Что касается свода, то уже известно, что у двух могил был многослойный каменный свод. По глубине среди 9 могил выделяются три типа: наземные, полуподземные и подземные. Среди них у могил наземного типа на наружной поверхности земляной насыпи из камней сложена аккуратная наружная стена, которая сверху землёй не засыпалась. Из них вокруг могил ⅠМ4 и ⅠМ5 снаружи устроены водоотводные канавки, это отражает прогресс в устройстве.

Найденные вещи можно разделить на сопровождающие захоронение предметы и строительную черепицу. Первые включают в себя бытовые керамические сосуды, металлические детали поясов, орудия труда, украшения, также есть небольшое количество украшений из нефрита. Из глиняных сосудов большинство составляют《мохэские горшки》с глубоким туловом, за ними по количеству идут горшки с выпуклым туловом, а также корчаги и тазы, кроме того в небольшом количестве найдены фрагменты кувшинов, ваз и пароварок. Это довольно сильно отразило культурную традицию мохэсцев в долине Сунгари. Металлические изделия, такие как прямоугольные и полукруглые поясные накладки, прямоугольные пластины-украшения с жемчужником по краям, всевозможные кольца, браслеты-часто встречаются на других бохайских могильниках. Черепица в большинстве собрана вокруг больших могил в первой зоне. У плоской черепицы на наружной поверхности бывают оттиснутые рисунки сетки с квадратными ячейками, верёвки и плетения из грубых лент, больше всего черепицы серого цвета. У многих желобчатых черепиц есть хвостовой выступ для стыка, её цвета являют смешение серого и бурого. Рисунок на концевых дисках черепицы трёх типов: выпуклые точки, цветок в форме креста, большой цветок в форме креста. У двух первых типов в центре есть круглая выпуклина, снаружи добавлено кольцо с рельефным изображением летящих птиц.

Четвертая глава отчета знакомит с обнаруженными на могильнике остатками строений-жилищами и каменными платформами. Жилищ всего два, они находятся на краю горы на восточной стороне от входа в первую зону могильника, их форма в основном одинакова. От обоих жилищ сохранились Г-образные каны с двумя дымоходами и расположенные на противоположных концах остатки трубы и очага. Нет ни опорных камней, ни ясно различимых внешних стен. Каменных платформ всего 12, это вымощенные кусками базальта площадки. Устроены на поверхности земли. На пяти площадках найдены керамические сосуды, бронзовые украшения, железные гвозди и черепица. Анализируя это, полагаем, что каменные платформы могли использоваться для временного помещения умершего, также на них совершались сезонные жертвоприношения, жилища, возможно, были временным обиталищем сопровождавших гроб с телом покойника людей.

В пятой главе говорится о следующих новых данных, полученных в результате этого повторного обследования и раскопок:

Во-первых, после обобщения особенностей всех предметов считаем, что культура Бохая, имея в качестве главной составляющей культуру мохэ, впитала в себя культурные факторы Фуюй, Когурё и Великой китайской равнины. Первый выражен на керамических сосудах и металлических изделиях, последний проявился в фарфоре с перемешанным тестом черепка, в трехцветных сосудах, бронзовых зеркалах и в кирпиче с зооморфными ликами, когурёский фактор главным образом прослеживается на черепице.

Во-вторых, в соответствии с эволюцией форм погребений и закономерностями их распространения считаем, что грунтовые могилы прошли последовательную эволюцию через могилы с каменным окружением и с каменным обрамлением к могилам с каменными гробами (саркофагами). Могилы с каменными склепами и с каменными ямами можно разделить на два варианта в соответствии с формой могильной камеры, на основании глубины конструкции делятся на типы. Сопоставляя эволюцию форм керамических сосудов со стратиграфической связью между могилами IM14 и IM5, считаем, что из могильных камер двух последних видов квадратные в плане являются более ранними, чем прямоугольные, наземные являются более ранними, чем подземные.

В-третьих, принимая во внимание, что могилы всех видов демонстрируют эволюцию от ранних к поздним, считаем, что в общей планировке могильника можно выделить район концентрации грунтовых могил в восточной части второй зоны, район концентрации могил с каменными конструкциями в центрально-западной части второй зоны, а также район больших могил с каменными склепами в нижней части первой зоны. Обрамляющие их районы верхней части первой зоны и западной части второй зоны по устройству погребений, их масштабам и особенностям расположения сравнительно одинаковы. Они могут быть позже могил центральной части второй зоны и быть районами, в которые стал расширяться могильник, когда в центральной части стало слишком тесно.

В-четвертых, за все время обследований и раскопок этого могильника, здесь исследовали обряды кремации, вторичного захоронения и совместного погребения. Считаем, что разные способы погребения во всех видах могил отражает исторических факт основания бохайского государства многими народностями. Каменные платформы и остатки жилищ дали новые материалы для всестороннего понимания погребальных обычаев Бохая. Различия в содержании черепицы и способов её употребления в могилах I М3 и I М2 показали, что их обычай «на могильном холме делают домик» отличается по форме от «дома».

В-пятых, о характере могильника. Проведенные в этот раз раскопки подтвердили ранее выработанное мнение о том, что данный могильник содержит большое количество погребений аристократии, однако относящейся к царскому дому сейчас можно определить только могилу принцессы Чжэньхуй. А на основании наличия большого количества средних и малых могил, могильник следует определить как общее кладбище, содержащее могилы членов царского дома и аристократии.

В-шестых, о датировке могильника. На основании сравнения керамических сосудов считаем, что его нижняя граница не раньше могильников Чалиба в Юнцзи и Хунцзуньюйчан в Нинъани, верхняя граница не позднее третьего периода Хунцзуньюйчана. В целом, датировка приходится на VIII век н. э. Отдельные могилы, такие как находящиеся в обрамляющей зоне имеющие прямоугольные подземные каменные склепы I М6 и I М8, а также сравнительно поздняя по стратиграфии I М14, возможно, уходят в начало IX века.

日文要約

2004～2009年にかけて六頂山墓群で行われた発掘調査は、吉林省文物考古研究所の最大規模の考古学的な事業だった。出土した各種の遺物は約500点であり、本書はこの調査の総合的な報告である。

トレンチ調査や表土除去調査により、最終的に西側にある第Ⅰ墓区で105基、東側の第Ⅱ墓区で130基の古墳を確認するとともに、墓群を測量して新たに古墳番号をつけた。発掘調査の結果判明した渤海古墳の特徴から、235基の古墳は土坑墓、石棺墓、坑室墓と石室墓の四種類に分類できる。第二章の中で、その状況を逐一紹介している。

第三章では36基の墳墓と遺物を報告している。その内、発掘した16基は浅い土坑に木棺か木槨を設置して火葬している。この種の埋葬施設は、構造をもとに三種類の形態に分類できる。第一種は、保存状態が比較的良好だった第Ⅱ墓区M74号墓が代表的な事例である。墓の構築は、最初に斜面の高いところを削って平坦面を造成し、そこに深さ20～30cmの長方形の土坑を掘って中に棺を置いて火葬し、その後に土を盛って墳丘を構築している。第二種は、土坑上部の縁に石を数段積むか一列に配したもので、土坑石辺墓と呼んでいる。この形の墳墓は第Ⅰ墓区に2基あり、いずれも人骨や副葬品は検出できなかった。第三種は、石が斜面下方に流失して数が減っているが、墳丘の外側に石組を構築したもので、土坑石包墓と呼んでいる。この形式の墳墓は8基発掘しており、比較的保存状態が良かったのは第Ⅰ墓区M73号墓と第Ⅱ墓区M126号墓の2基である。

これまで第Ⅰ墓区のM3号墓と10号墓は石室墓とされてきたが、今回の調査で墳丘底面を調査したところ、いずれも火葬土坑墓を検出し、土坑内には石室の痕跡が無かった。この結果、この2基の古墳を改めて土坑包石墓に分類した。第Ⅰ墓区M3号墓では、墳丘底面から4基の土坑を検出した。いずれの墓坑にも副葬品があり、墳丘上には方形建物の礎石や壁体の残欠と漆喰を検出し、墳丘の周辺から大量の平瓦や丸瓦、瓦当と獣面の図案をもつ装飾磚が出土している。

石槨（棺）墓は8基発掘し、いずれも長方形土坑の四面に石を積み上げており、墓門は伴っていない。石槨（棺）の大きさはさまざまで、棺クギや木棺が火葬されて残った炭化物を多数検出した。この内の3基の形状は特殊で、第Ⅱ墓区M28号墓では東西に二基の棺を並列しており、第Ⅰ墓区のM16号墓とM18号墓では石棺内に板石を置いて広さが異なる二つの空間を造りだしている。

坑室墓は4基調査した。墓室は深さ20～50cmの土坑内に構築され、四面を石積みし、南面に墓門と甬道が設けられている。第Ⅰ墓区のM14号墓は西側にあるM5号墓上にあった建築物が倒壊して形成された土層の上に構築されており、その築造年代はM5号墓より新しい。

　　石室墓は9基あり、多くが今回調査された。いずれも高さ1mほど石を積んで墓室を構築している。平面の形状は、方形と長方形の二種がある。南壁には墓門と石積みの側壁を伴う甬道があり、天井部は2基が隅三角持送り構造である。この種の墓室は、地上式、半地上式、地下式の三形態に分類できる。このうち、地上式墓室の墳丘表面には石積みの壁が構築されている。この種墓室の内、第Ⅰ墓区M4号墓と5号墓には墳丘周囲に排水溝が設けられており、構築技術の進歩を示している。

　　遺物は副葬品と建築物に伴う瓦類の二種がある。副葬品には、日常陶器、金属製帯金具、工具、装飾具、そのほか少量の玉製品がある。陶器には、深鉢形のいわゆる「靺鞨甕」が多くあり、次いで甕や鉢、そのほかに少量の壺、瓶、甑などの破片が出土しており、松花江流域の靺鞨人の文化伝統を比較的多く反映している。金属器には、長方形と半円形の帯金具、縁を連珠文で装飾した長方形飾り、環状製品などが出土しており、いずれも渤海墳墓では一般的に見ることができるものである。瓦類は多くが一区の大型墓の周辺から出土しており、平瓦の表面には方格文、縄文と粗い蓆文が施され、多くは灰色に焼成されている。丸瓦は灰色と褐色の焼成が混在している。瓦当文様には乳文、十字花文、大型の十字花文の三種がある。

　　報告の第四章では、墓群内で見つかった住居跡と石組基台跡を紹介している。住居跡は2基あり、いずれも第Ⅰ墓区の入り口東側の山裾にあり、その形状は基本的に同じである。両住居跡では共にL字形の石組み煙道を伴うオンドル遺構があり、その両端に煙突とカマドが置かれている。また、住居跡には礎石や外壁は伴っていない。石組基台は12基あり、長方形に整形した玄武岩を使用して地表に構築している。この内、5基では基台の上面から土器、銅製装飾品、鉄釘や瓦などの遺物を検出した。石組基台は遺体を暫くこの上に安置して祭祀をおこなっていた可能性があり、住居跡は葬送祭祀をおこなう人が臨時に居住するための施設だった可能性がある。

　　第五章では、今回の発掘調査で明らかにできた事を述べている。

　　まず、出土した各種の分析を通して、渤海文化は靺鞨を主体として夫余と高句麗や中原文化の要素を吸収していることが判明した。靺鞨文化の要素は土器や金属器に見ることができ、中原文化の要素は絞胎瓷器、三彩陶器、銅鏡や獣面磚に見ることができ、夫余と高句麗文化の要素は主に瓦に見ることができる。

　　次に、墓葬形状の変化や分布状況から、土坑墓が土坑包石墓から土坑石辺墓、石棺（槨）へと変遷し、石室墓と坑室墓は墓室の形状を二種類に分けることができ、また墓室の地表からの深さでも分類できる。土器形式の様相差と第Ⅰ墓区のM14号墓とM5号墓の重複関係から、石室墓と坑室墓では方形が長方形より古く、墓室の構築位置も地上での構築が地下での構築よりも古い。

　　第三に、各類型の埋葬様式に見る新旧の変化と墓群における分布状況をもとに、第Ⅱ墓区東側の土坑墓集中区、中央西部の石坑墓集中区、第Ⅰ墓区下部の大型石室墓区を抽出することができる。第Ⅰ墓区上部と第Ⅱ墓区西部周辺の二つの区域では、埋葬様式や規模と分布状況が比較的一致していることから、これら二つの区域の墓群は第Ⅱ墓区の中心部に築造された墓群より新しく、この地域が墓群の拡大により形成された可能性を示している。

　　第四に、これまでの数次にわたる発掘調査を総括すると、火葬や二次葬（再葬）と合葬などの習俗があり、異なった埋葬様式が存在することは渤海の人々が多くの民族で構成されていた歴史を反映している。今回の調査で検出した石組基台と住居跡は、渤海の埋葬儀礼に新たな資料を追加するものとなった。第Ⅰ墓区のM3号墓とM2号墓から出土した瓦の様相や使用方法に差異があったことは、「塚上に建物を作る」（塚上作屋）習俗の中で「建物」のあり方が異なっていたことを示している。

　第五に、今回の調査では、貴族墓が多く王族墓は貞恵公主墓の一例だけという六頂山墓群に対する従来の見解が支持されている。多数の中・小型の墳墓は、この墓群が王室と関係を持つ貴族の共同墓地だったことを示している。

　第六に、墓群の年代については、出土した土器の比較検討から、永吉査里巴遺跡や寧安虹鱒漁場墓地などの時期を上限とし虹鱒漁場三期を下限とする8世紀代を比定している。墓群の周辺部に造営された長方形の墓室を地下に持つ第Ⅰ墓区のM6号墓と、構築層位の関係からやや新しいと判断した第Ⅰ墓区M14号墓は、いずれも9世紀初頭の造営だった可能性がある。

제요

2004－2009 년 길림성문물고고연구소에서 진행한 륙정산무덤떼에 대한 조사와 발굴은 지금까지 규모가 가장 큰 한차례의 고고발굴사업으로서 각종 문화유물 500 점을 얻었다. 이책은 이상 모든 재료를 망라한 종합보고서이다.

현지에 드러난 정황에 근거하여 재조사한후 표토를 벗기고 로출된 봉토는 긴흠을 파서 탐사하는 방법을 채용하여 마침내 서쪽 제 1 무덤구역에 현존하고 있는 무덤은 105 기이고 동쪽켠 제 2 무덤구역에 있는 무덤은 130 기임을 확인하고 측량과 제도를 진행한후 새롭게 무덤번호를 달았다. 아울러 발굴에서 드러난 발해무덤 구조형식과 특징에 근거하여 모든 235 기무덤을 토갱무덤, 석곽(관)무덤, 광실무덤과 석실무덤 등 4 개류형으로 분류하고 제 2 장에서 그 현상을 차례로 소개하였다.

제 3 장은 이번 발굴을 통하여 정리된 36 기무덤을 종별로 나누어 기록하였다. 그중,

토갱무덤은 16 자리로서 거개가 얕은 흙구덩이 목관무덤 혹은 화장한 목곽 무덤이며 구조형식에서 세가지 미세한 차이가 있다. 첫째는 기본구조인데 비교적 잘 보존된 제 2 무덤구역 제 4 호무덤을 례를 들면 경사진 산비탈 웃쪽을 파서 고르게 평한후 다시 0.20－0.30 메터깊이의 장방형 흙구덩 이를 파고 그 안에 널관을 넣어 화장한후 봉토를 하였다. 둘째, 흙구덩윗부분에 석벽을 띄엄띄엄 쌓았 거나 변두리를 돌며서 단벌로 돌을 쌓았는데 토갱석변무덤이라고 부를 수 있다. 발굴에서 드러난 2 기무덤은 모두 제 1 무덤구역에 있으나 인골과 부장품은 발견되지못하였다. 셋째, 무덤 봉토걸면에 돌을 감싸덮어서 봉토류실을 줄이는데 효과적이였는데 우리는 이런 무덤을 토갱포석무 덤이라고 부른다. 이부류의 무덤은 합쳐 8 기인데 비교적 완정하게 남아있는 무덤은 제 1 무덤구역 제 73 호와 제 2 무덤구역의 제 126 호무덤이다. 이전에 석실무덤으로 인정되던 제 1 호무덤구역 제 3,10 호무덤은 이번에 묘실 밑바닥을 청리할때 모두 화장거친 무덤으로 확인되고 석실흔적은 없었기에 다시 토갱포석무덤류형에 귀납하였다. 제 3 호무덤 밑바닥에서 발견된 4 개흙구덩안에는 모두 부장품이 발견되였고 무덤윗면에는 방형으로 된 회랑식 건축기초돌과 백회바닥흔적이 로출되 였으며 무덤주 위에서 평기와, 반원통형기와, 와당과 짐승얼굴도안의 장식벽돌이 대량으로 출토 되였다.

발굴된 석곽(관)무덤은 8 기로서 장방형네변은 모두 돌로 치석하고 따로 묘문을 내지 않았으며 모두 흙구덩안에 마련하였다. 석관은 크고 작음에 현저한 차이가 있을뿐 대부분 무덤에서 관못과 화장후 남은 관널숯덩이 및 불에 탄 흙을 발견하였다. 그 중에서

3 기무덤구조형식이 비교적 특벽한 바 제 2 무덤구역 28 호무덤은 널관 두개를 동서로 나란히 병렬하였고 제 1 무덤구역 제 16 호와 18 호 무덤은 석관 중간에 각기 판석 하나씩 세워놓았다.

광실무덤은 단지 4 자리만 청리하였다. 묘실은 0.20－0.50 메터 깊이의 흙구덩안에 마련하였는데 네벽은 돌로 쌓고 남쪽에는 묘문과 복도를 내였으며 흙 혹은 흙과 돌을 섞어 봉토하였다. 그중 제 1 무덤구역 14 호무덤은 서쪽켠에 있는 제 5 호무덤웃면의 건축페헤위에 건설하였는데 가능하게 시기적으로 좀 늦다.

석실무덤은 합쳐 9 기를 확인하였는데 대부분은 이번에 청리하였다. 이 부류의 무덤은 거개가 1 메터좌우 높이로 된 석실로 남아 있다. 평면은 방형과 장방형 두가지이고 남쪽벽에 묘문이 있으며 묘문바깥복도길 량벽은 돌로 쌓았고 이미 알려진 꼭대기 두 무덤덮개돌은 층층이 고임하여 얹은 상태다. 9 기무덤 묘실은 지상, 반지상 및 지하 등 세가지 형식으로 되였다. 그중 지상에 마련된 무덤 봉토네벽은 모두 돌로 가쭌하게 쌓았을뿐 그우에 재차 봉토를 하지않았다. 그중에 제 1 무덤구역 4 호, 5 호등 무덤주변에는 배수구가 설치되여 구조상에서의 선진적인 모습을 보여주고있다.

문화유물은 대체로 부장품과 건축부재 두가지로 분류할수 있는데 그 내용은 일용토기, 금속 띠장식, 공구, 장식품 외에 또 소량의 옥석장신구도 망라된다. 토기는 배가깊은《말갈단지》가 다수를 차지하고 배부른 단지와 항아리, 대야 등 종류가 버금으로 가며 또 적은 수량의 주전자, 병, 시룩따위의 잔편들이 출토되여 송화강구역 말갈인들의 문화전통이 그대로 반영되고있다. 금속기물로는 장방형과 반원형으로 된 띠돈, 련속구슬무늬로 변두리를 곱게 장식한 장방형패식, 각종고리, 팔찌장식품 등이 있는데 이러한것들은 기타 발해묘지에서 흔히 보이는 것들이다. 기와 대부분은 제 1 무덤구역의 큰 무덤주변에서 많이 나왔다. 그중 평기와 겉면에는 격자무늬, 노끈무늬, 굵은 오리로된 광주리무늬가 찍혀 있는데 대부분은 회색기와이다. 반원통형기와는 보통 한쪽에 이음새 턱이 있으며 색갈은 회색과 갈색이 뒤섞여있다. 와당도안은 대체로 젖꼭지모양,《십》자화모양과 큰《십》자화모양 등 세가지가 있는데 앞의 두가지는 한가운데 젖꼭지모양의 원형도안이 도드라져 있고 주변을 돌면서 비조형태의 도안이 부각되었다.

보고서 제 4 장에서는 무덤떼구역에서 발견된 집터와 석대건축유적을 소개하였다. 집터는 모두 두 자리로서 제 1 무덤구역 입구동쪽의 산기슭에 위치하였는데 구조형태는 기본상 같다. 두 집자리는 모두 돌로 쌓은 두 갈래의 곱자형 온돌고래와 상반된 위치에 자리잡은 굴뚝, 부뚜막흔적만 남아있을뿐 기초돌은 없고 집벽도 확실하게 남아있지 않다. 석대는 모두 열두자리로서 지표에 마련하였는데 현무암돌을 장방형형태로 고르게 깐 유적이다. 그중 다섯자리의 석대우에서 토기, 구리장식품, 쇠못과 기와 등 유물을 발견하였다. 이상 정황에 따라 분석하면 석대는 가능하게 주검을 단기간 놓거나 제사지내는데 사용되었고 집자리는 가능하게 신령을 동반하는 사람의 림시거처였을것으로 짐작된다.

제 5 장은 이번 재조사와 발굴에서 얻은 몇가지 느낀점을 토론하였다.

첫째, 각류형의 문물특징을 개괄하여 보면 발해문화는 말갈을 위주로하여 부여, 고구려 및 중원 선진적인 문화요소를 많이 받아들였다고 여겨진다. 전자는 토기와 금속기물에서 많이

구현되고 후자는 교태자기, 삼채기 및 구리거울과 짐승얼굴무늬벽돌에서 구체적으로 표현되며 부여와 고구려의 요소는 주요하게 기와에서 찾아 볼수 있다.

둘째, 무덤의 구조형식변화 및 분포규률에 근거하면 토갱무덤은 포석, 석변무덤이 점차 석관 (곽)무덤으로 이행하는 모습을 보여주고있다. 석실과 광실무덤은 묘실형태에 따라 두개류형으로 나누어지고 또 건축심도에 따라 여러개 형식으로 나눌수 있다고 본다. 토기형태의 변화와 제1무덤구역 14, 15호무덤지간의 겹놓인 관계를 결부시켜 고찰하여 보면 광실과 석실 두 류형의 무덤중에서 방형무덤은 장방형무덤보다 시기적으로 이르며 지상에 축조한 무덤은 지하에 축조한 무덤보다 이르다.

셋째, 각 류형무덤은 모두 이르고 늦은 변화를 갖고있는 점으로 보아 옹근 무덤떼는 배치상태에서 대체로 제2무덤구역 동쪽구간의 토갱무덤집거구, 중, 서쪽구간의 돌무덤집거구, 제1무덤구역 남쪽구간의 대형석실무덤구역으로 나눌수 있다. 제1무덤구역 웃쪽구간무덤과 제2무덤구역 서쪽변 두리 두개구간의 무덤은 구조형식, 규모와 분포특징상에서 비교적 일치한데 비추어보면 이상 무덤은 바로 제2무덤구역 무덤떼범위가 너무 붐비는 정황에서 점차 바깥으로 넓힌 부분으로서 시기적으로 제2무덤구역 중심에 위치한 무덤보다 늦다고 생각한다.

넷째, 력차의 발굴정황을 종합한 뒤 화장, 이차장과 합장 등 매장습속을 연구토론하였으며 각 류형무덤의 부동한 매장습관은 바로 발해여러민족이 뭉쳐 나라를 일떠세운 력사적사실을 반영하였다고 인정하였다. 무덤떼 구성부분의 하나인 석대와 집자리는 발해의 매장풍속을 전면적으로 료해함에 있어서 새로운 자료를 보충해주었다. 제1무덤구역 제3호와 2호무덤에서 나온 기와는 류형과 사용방법에서 일련의 차이를 보였는데 이는 두 무덤주인이 각기 《묘우에 집을 짓는 습속》과 《집》과 부동한 매장형식을 취하였다는 것을 분명하게 밝히고 있다.

다섯째, 무덤떼의 성질에 대하여. 이번 발굴은 변함없이 기왕의 인식을 지지하는바 무덤떼에는 대량의 귀족무덤이 포함되여있다고 여기며 왕실무덤은 비록 목전에 정혜공주일례만 인정되고 있지만 대량의 중, 소류형의 무덤과 무덤떼에는 분명히 왕실귀족 공동묘지가 포함되여있다고 보아야할것 이다.

여섯째, 무덤떼의 년대에 관하여. 토기를 비교연구한데 의하면 상한은 영길찰리바, 녕안송어어 장묘지보다 시간적으로 이르지 않고 하한은 녕안송어어장 제3기보다 늦지 않은바 총체적으로 기원 8세기에 머무르고 있다고 보아 할것이다. 개별적무덤 례하면 무덤떼 주변 구역에 위치한 장방형지하석실무덤, 즉 제1무덤구역 6, 8호무덤, 지층관계가 좀 늦은 제1무덤구역 14호무덤은 가능하게 9세기초반에 이르렀다고 여긴다.

图 版

六顶山远景（南–北）

六顶山远景（北–南）

六顶山全景

图版二

六顶山位置卫片

1. 一区M10发掘前

2. 一区M10发掘后

一墓区 **M10** 发掘前后

一区M1全景（南–北）

一区M1东侧（东–西）

一墓区 M1 全景和东侧

1. 一区M1北侧

2. 一区M1西北角

一墓区 M1 北侧和西北角

一区M1发掘前

一区M1西南角覆土清理中

一墓区 M1 发掘前和发掘中

一区M1墓室全景

一区M1塌落的盖石

一墓区 M1 墓室全景和局部

一区M2封土南侧

贞惠公主墓志

石狮

一墓区 M2 外形及遗物

1. 一区M3全景（南-北）

2. 一区M3全景（西北-东南）

一墓区 M3 全景

1. 一区M3东侧

2. 一区M3西侧

一墓区 M3 东侧和西侧

1. 一区M3东南角

2. 一区M3东北角

一墓区 M3 东南角和东北角

1. 一区M3中间墓圹

2. 一区M3西侧墓圹

一墓区 M3 底部墓圹

1. 一区M4墓室（2004年发掘情形）

2. 一区M4全景（2004年清理结果）

一墓区 M4 全景及墓室

1. 一区M4全景（2009年清理后）

一区M4东北角

一墓区 M4 全景和东北角

1. 北侧排水沟西北转角

2. 北侧排水沟东北转角

3. 北侧排水沟中段结构

一墓区 M4 北侧排水沟结构

1. 一区M5全景（南–北）

2. 一区M5北侧

一墓区 M5 全景和北侧

1. 一区M5东南角

2. 一区M5东北角

一墓区 M5 东南角和东北角

1. 一区M5护台西部

2. 一区M5甬道东壁

一墓区 M5 结构

1. 一区M5西北角

2. 一区M5西南角

一墓区 M5 西侧转角

1. 一区M5甬道（北-南）

2. 一区M5甬道（南-北）

一墓区 M5 甬道

1. 一区M5东侧外墙

2. 一区M5墓室西北角

一墓区 M5 局部

1. 一区M6墓室（南-北）

2. 一区M8全景（南-北）

一墓区 M6 墓室和 M8 全景

1. 一区M14全景（南-北）

2. 一区M13全景（北-南）

一墓区 M13、M14 全景

1. 一区M11全景（南-北）

2. 一区M25全景（南-北）

一墓区 M11、M25 全景

1. 一区M7、M17

2. 一区M7墓室（南-北）

3. 一区M17墓室（南-北）

一墓区 M7、M17 结构

1. 一区M18全景（南-北）

2. 一区M29全景（南-北）

一墓区 M18、M29 全景

1. 一区M24墓室

2. 一区M24墓口

一墓区 M24 全景

1. 一区M55墓室（南-北）

2. 一区M58全景（南-北）

一墓区 M55、M58 全景

一墓区 M73 墓室（西－东）

1. 二区M28墓口

2. 二区M28墓室

二墓区 M28 全景

1. 二区M25墓口（南-北）

2. 二区M44墓口（南-北）

二墓区 M25、M44 全景

1. 二区M45墓口

2. 二区M64、M65全景

二墓区 M45 和 M64、M65 全景

1. 二区M74全景

2. 二区M74局部

二墓区 M74 全景

1. 二区M63墓口（南-北）

2. 二区M81墓室（南-北）

二墓区 M63、M81 全景

1. 二区M103墓口全景（南-北）

2. 二区M129全景（南-北）

二墓区 M103、M129 全景

1. 二区M126墓室全景（北-南）

2. 二区M126墓口（北-南）

二墓区 M126 全景

1. 一区ST5全景（东南–西北）

2. 一区T9全景（东–西）

一墓区 ST5、ST9 全景

1. 一区ST7全景（北-南）

2. 一区ST7全景（南-北）

3. 一区ST7局部解剖

一墓区 ST7 全景和细部

1. 一区ST8全景（东-西）

2. 一区ST8全景（西-东）

一墓区 ST8 全景

1. 一区ST10全景（北–南）

2. 一区ST10全景（东–西）

一墓区 ST10 全景

1. ⅠM3：29 乳钉纹瓦当

2. ⅠM3：39 乳钉纹瓦当

3. ⅠM3：13 乳钉纹瓦当

4. ⅠM3：36 乳钉纹瓦当

5. ⅠM3：38 乳钉纹瓦当

6. ⅠM3：30 乳钉纹瓦当

一墓区 M3 出土瓦当

1.ⅠM3：27 十字纹瓦当

2.ⅠM3：25 十字纹瓦当

3.ⅠM3：27 十字纹瓦当

4.ⅠM3：31 十字纹瓦当

5.ⅠM3：7 十字纹瓦当

6.ⅠM3：26 十字纹瓦当

一墓区 M3 出土瓦当

1. ⅠM3：46 十字纹瓦当

2. ⅠM3：48 十字纹瓦当

3. ⅠM3：42 乳钉纹瓦当

4. ⅠM3：34 乳钉纹瓦当

5. ⅠM3：40 乳钉纹瓦当

6. ⅠM3：43 乳钉纹瓦当

一墓区 M3 出土瓦当

1. ⅠST5∶11 乳钉纹瓦当

2. ⅠM3∶28 乳钉纹瓦当

3. ⅠM3∶53 乳钉纹瓦当

4. ⅠM4∶2 乳钉纹瓦当

5. ⅠST5∶10 乳钉纹瓦当

6. ⅠM3∶35 乳钉纹瓦当

一墓区 M3、M4、ST5 出土瓦当

1. ⅠM5：17 乳钉纹瓦当

2. ⅠM5：11 乳钉纹瓦当

3. ⅠM5：12 乳钉纹瓦当

4. ⅠM5：16 乳钉纹瓦当

5. ⅠM5：10 乳钉纹瓦当

6. ⅠM5：26 乳钉纹瓦当

一墓区 M5 出土瓦当

1. ⅠM5：9 杏叶纹瓦当

2. ⅠM5：15 杏叶纹瓦当

3. ⅠM1：4 乳钉纹瓦当

4. ⅠM1：2 乳钉纹瓦当

5. ⅠM1：1 十字纹瓦当

6. ⅠM1：3 乳钉纹瓦当

一墓区 M1、M5 出土瓦当

1. ⅠM3：73 檐头筒瓦

2. ⅠM3：47 檐头筒瓦

3. ⅠM3：15 檐头筒瓦

一墓区 M3 出土檐头筒瓦

1. Ⅰ M3：4 筒瓦

2. Ⅰ M3：5 筒瓦

3. Ⅰ M3：6 筒瓦

4. Ⅰ M3：12 筒瓦

5. Ⅰ M3：41 筒瓦

6. Ⅰ M3：44 筒瓦

一墓区 M3 出土筒瓦

1. Ⅰ M3：标 36 筒瓦

2. Ⅰ M3：49 筒瓦

3. Ⅰ M3：50 筒瓦

4. Ⅰ M3：51 檐头筒瓦

5. Ⅰ M3：52 檐头筒瓦

6. Ⅰ M3：54 筒瓦

一墓区 M3 出土筒瓦

1. ⅠM3：标 35 篮纹

2. ⅠM4：标 2 绳纹

3. ⅠM19：标 12 绳纹

4. ⅠM5：标 3 绳纹

5. ⅠM5：标 10 方格纹

6. ⅠM3：标 27 方格纹

一墓区出土板瓦纹饰

1. ⅠM4：标 3 绳纹板瓦

2. ⅠM4：标 6 中粗绳纹板瓦

3. ⅠM1：标 2 中粗绳纹板瓦

4. ⅠM4：标 5 中粗绳纹板瓦

5. ⅠM1：标 5 中粗绳纹板瓦

6. ⅠM1：标 7 中粗绳纹板瓦

7. ⅠM1：13 筒瓦

8. ⅠM4：标 9 筒瓦

一墓区 M1、M4 出土瓦件

1. ⅠM3：33 板瓦

2. ⅠM3：59 板瓦

3. ⅠM3：14 板瓦

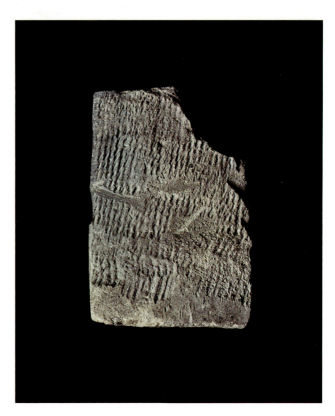

4. ⅠM3：标 39 中粗绳纹板瓦

一墓区 M3 出土板瓦

1. Ⅰ M3：45 板瓦（凹面）

Ⅰ M3：45 板瓦（凸面）

2. Ⅰ M3：60 板瓦（凹面）

Ⅰ M3：60 板瓦（凸面）

一墓区 M3 出土板瓦

1. ⅠM3：标 34 粗篮纹板瓦

2. ⅠM3：标 41 细篮纹板瓦

3. ⅠM3：标 38 方格纹板瓦

4. ⅠM3：标 25 粗篮纹板瓦

5. ⅠM3：标 37 粗绳纹板瓦

6. ⅠM3：标 40 粗绳纹板瓦

7. ⅠM3：标 22 粗线方格纹板瓦

8. ⅠM3：标 23 大方格纹板瓦

一墓区 M3 出土板瓦

1. ⅠM5：标5 细绳纹板瓦

2. ⅠM5：65 细绳纹板瓦

3. ⅠM5：标17 中粗绳纹板瓦

4. ⅠM5：标13 粗绳纹板瓦

5. ⅠM5：30 粗绳纹板瓦

6. ⅠM5：标1 粗篮纹板瓦

7. ⅠM5：27 筒瓦

一墓区 M5 出土瓦件

1. ⅠM8：标 7 中粗绳纹板瓦

2. ⅠM8：标 8 粗线方格纹板瓦

3. ⅠM7：标 2 中粗绳纹板瓦

4. ⅠM7：标 3 粗绳纹板瓦

5. ⅠM8：标 1 大方格纹板瓦

6. ⅠM8：标 2 粗篮纹板瓦

7. ⅠM7：标 4 粗篮纹板瓦

8. ⅠM7：标 5 粗线方格纹

一墓区 M7、M8 出土板瓦

1. ⅠM9：标 5 粗篮纹板瓦

2. ⅠM9：标 2 中粗绳纹板瓦

3. ⅠM9：标 3 粗绳纹板瓦

4. ⅠM9：标 1 粗绳纹板瓦

5. ⅠM19：标 3 细篮纹板瓦

6. ⅠM19：标 5 中粗绳纹板瓦

7. ⅠM19：标 9 粗绳纹板瓦

8. ⅠM19：标 12 粗绳纹板瓦

一墓区 M9、M19 出土板瓦

1. ⅠM16：标 19 粗线方格纹板瓦

2. ⅠM16：标 16 粗线方格纹板瓦

3. ⅠM16：标 4 粗篮纹板瓦

4. ⅠM16：7 粗篮纹板瓦

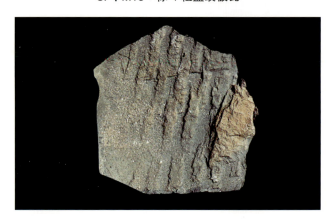

5. ⅠM16：标 17 粗篮纹板瓦

6. ⅠM16：标 10 小方格纹板瓦

7. ⅠM16：标 9 大方格纹板瓦

8. ⅠM16：标 18 大方格纹板瓦

一墓区 M16 出土板瓦

1. ⅠST11：标 3 粗线方格纹板瓦

2. ⅠST11：标 4 小方格纹板瓦

3. ⅠST5：标 1 细绳纹板瓦

4. ⅠST11：标 2 细篮纹板瓦

5. ⅠST11：标 10 小方格纹板瓦

6. ⅠST11：标 11 粗绳纹板瓦

一墓区 ST5、ST11 出土板瓦

一墓区 M3 出土兽面砖（Ⅰ M3：1）

1. ⅠM3：78 兽面砖

2. ⅠM3：57 兽面砖

3. ⅠM3：77 兽面砖

4. ⅠM3：10 兽面砖

5. ⅠM3：3 兽面砖

6. ⅠM3：20 兽面砖

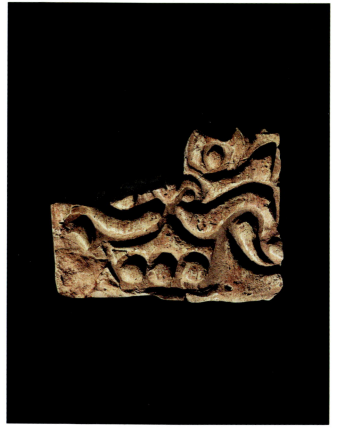

7. ⅠM3：2 兽面砖

一墓区 M3 出土兽面砖

1. ⅠM5：23 兽面砖

2. ⅠM5：22 兽面砖

3. ⅠM4：4 兽面砖

4. ⅠM5：24-1 兽面砖

5. ⅠM5：21兽面砖

一墓区 M4、M5 出土兽面砖

1．ⅠM3：85 壁画残块

2．ⅠM3：83 壁画残块

3．ⅠM3：82 壁画残块

4．ⅠM3：84 壁画残块

5．ⅠM3：80 壁画残块

一墓区 M3 出土壁画残块

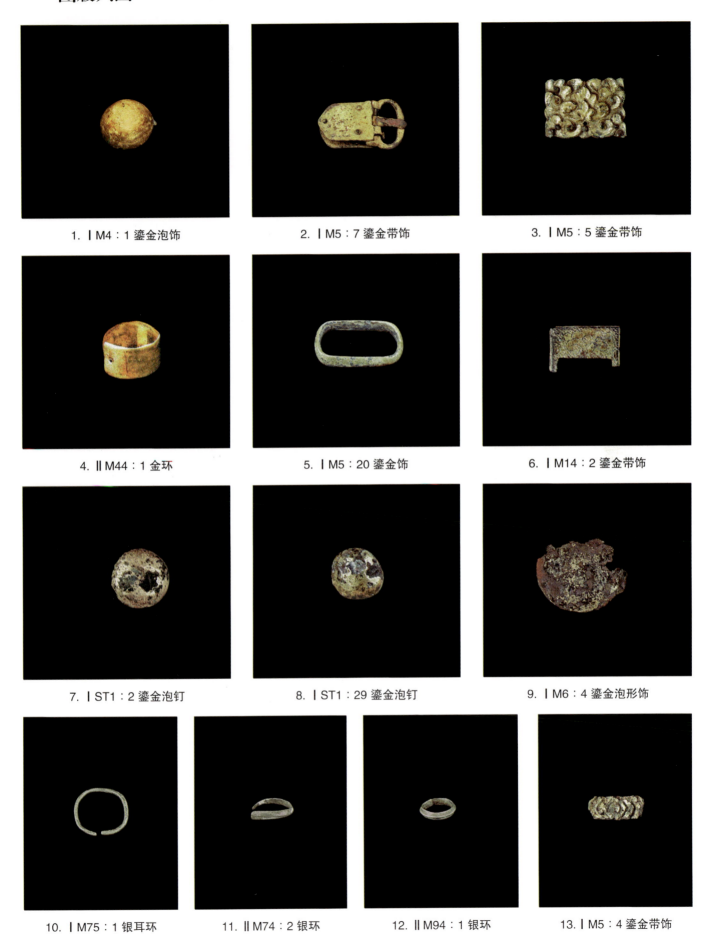

1. Ⅰ M4：1 鎏金泡饰　　　2. Ⅰ M5：7 鎏金带饰　　　3. Ⅰ M5：5 鎏金带饰

4. Ⅱ M44：1 金环　　　5. Ⅰ M5：20 鎏金饰　　　6. Ⅰ M14：2 鎏金带饰

7. Ⅰ ST1：2 鎏金泡钉　　　8. Ⅰ ST1：29 鎏金泡钉　　　9. Ⅰ M6：4 鎏金泡形饰

10. Ⅰ M75：1 银耳环　　11. Ⅱ M74：2 银环　　12. Ⅱ M94：1 银环　　13. Ⅰ M5：4 鎏金带饰

两区出土金器、银器、鎏金器

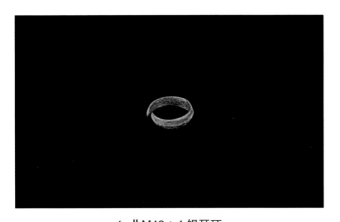

1. ⅡM48：4 银耳环

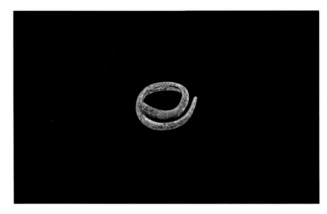

2. ⅡM7：13 银耳环

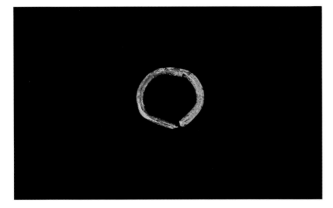

3. ⅠM6：1 银耳环

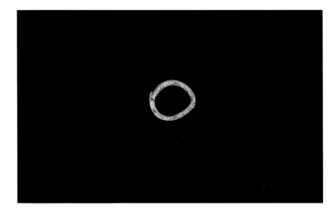

4. ⅠM3：69-3 银耳环

5. ⅠM3：69-2 银耳环

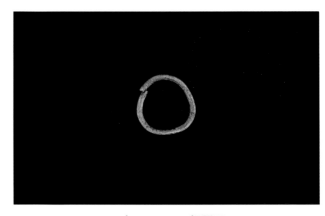

6. ⅠM3：69-1 银耳环

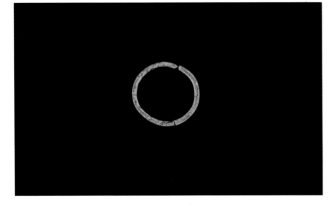

7. ⅡM48：11 银耳环

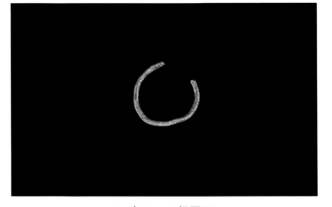

8. ⅠM1：5 银耳环

两区出土银耳环

1. ⅠM17：13 包银泡钉

2. ⅠM17：12 包金泡钉

3. ⅠM2：2 泡钉

4. ⅠM17：10 包银泡钉

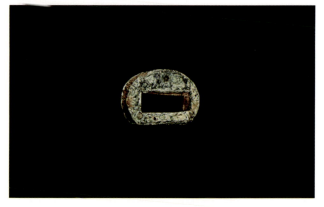

5. ⅠM7：1 铜带銙

6. ⅡM39：1 铜带銙

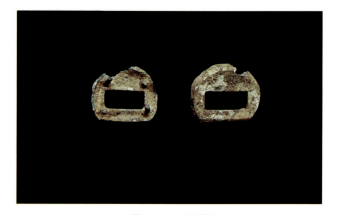

7. ⅡM94：4 铜带銙

8. ⅡM126：6、8 铜带銙

两区出土带銙、包银钉、泡钉

1. Ⅰ M73：6 铜带銙

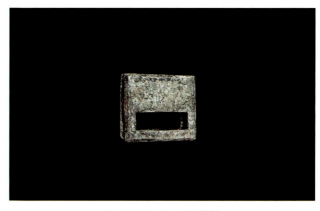

2. Ⅰ M73：2-1 铜带銙

3. Ⅱ M48：5 铜带銙

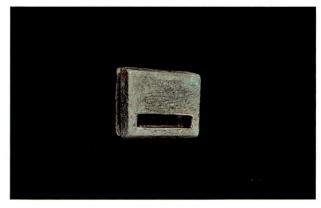

4. Ⅰ M57：1 铜带銙

5. Ⅰ M73：5-2 铜带銙

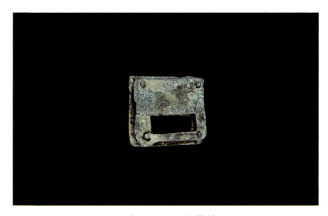

6. Ⅰ M73：4 铜带銙

7. Ⅱ M48：1 铜带銙

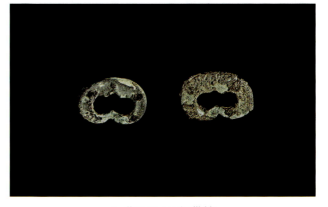

8. Ⅱ M48：3 铜带銙

两区出土铜带銙

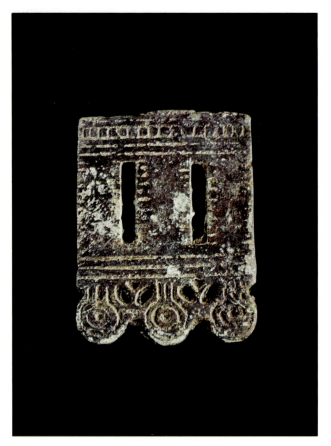

1. ⅠM17：1 铜带饰

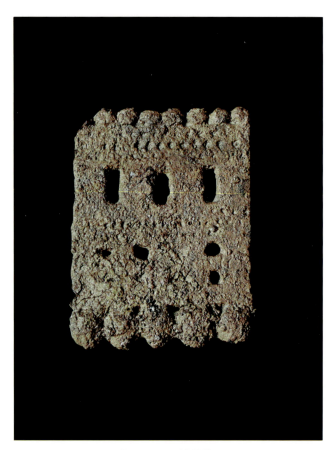

2. ⅠST5：16 铁带饰

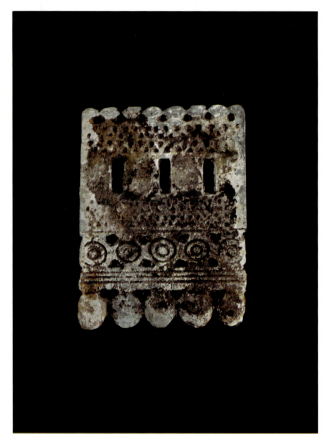

3. ⅡM130：1 铜带饰

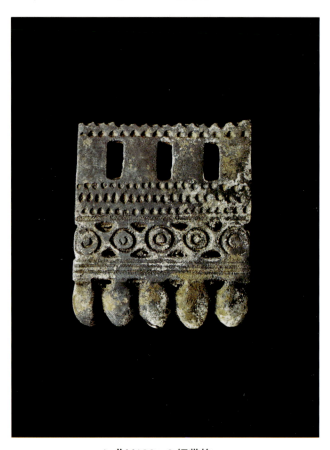

4. ⅡM126：2 铜带饰

两区出土带饰

1. ⅠM3：23 铜饰件

2. ⅡM94：3 铜带扣

3. ⅠM4：9 铜饰件

4. ⅠM17：2 铜棺饰

5. ⅠM17：6 铜饰件

6. ⅠM9：1 铜钉

7. ⅠM73：3 铜镜

两区出土铜饰、铜镜等

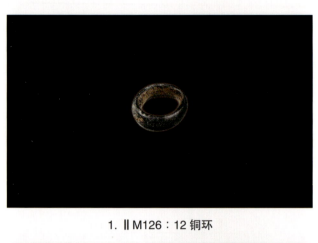

1. ⅡM126：12 铜环

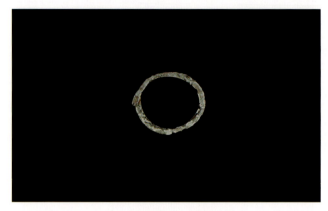

2. ⅡM82：4 铜环

3. ⅠM17：7 铜环

4. ⅠM5：2 铜镯

5. ⅠM3：68 铜镯

6. ⅠM66：2 铜环

7. ⅠM4：5 铜镯

8. ⅠST5：1 铜镯

两区出土铜环、铜镯

1. ⅡM97：1 铁镯

2. ⅠST5：3 铁镯

3. ⅡM78：3 铁环

4. ⅡM81：3、2 铁镯

5. ⅠM18：2 铁刀

6. ⅡM94：6 铁刀

7. ⅠST5：14 铁刀

两区出土铁刀、铁环、铁镯

1. ⅠST11：3 铁镬残片

2. ⅡM76：1 铁铃

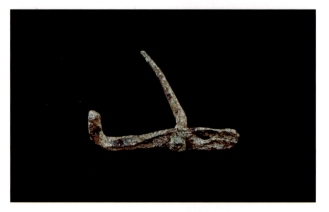

3. ⅠM18：1 铁器

4. ⅡM78：4 铁带銙

5. ⅠST9：1 铁饰件

6. ⅡM48：7 铁甲片

7. ⅡM78：5 铁带銙

8. ⅠM14：4 铁饰品

两区出土铁饰件、带銙等

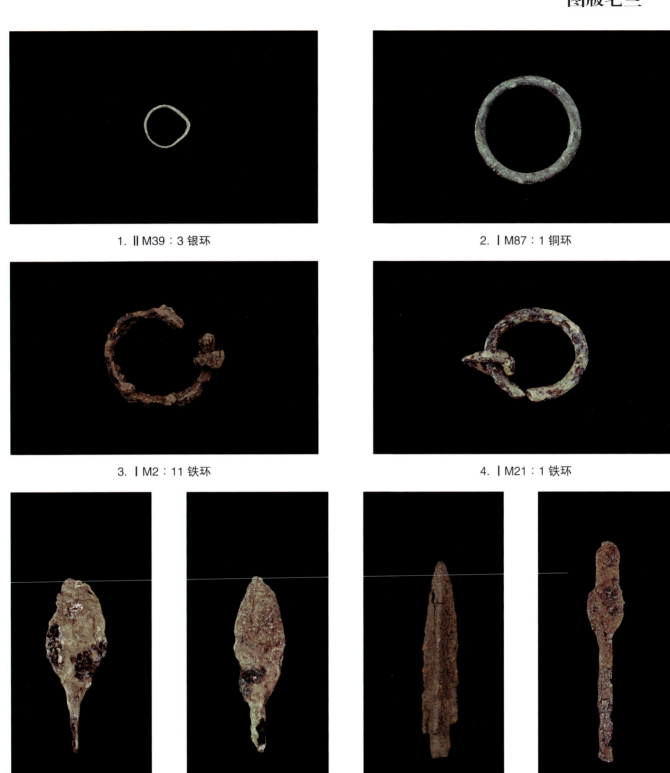

1. ⅡM39：3 银环

2. ⅠM87：1 铜环

3. ⅠM2：11 铁环

4. ⅠM21：1 铁环

5. ⅡM28：1 铁镞

6. ⅡM48：9 铁镞

7. ⅠM3：86 铁镞

8. ⅠM1：9 铁镞

两区出土金属器

1. ⅠM1：6 棺钉   2. ⅠM5：18 棺钉   3. ⅠM73：9 棺钉   4. ⅠM7：3 棺钉   5. ⅠM5：25 棺钉

6. ⅡM77：1、3、7～12 棺钉

两区出土棺钉

1. Ⅰ M5：19 铜铊尾

2. Ⅱ M126：10 铜饰

3. Ⅰ M87：2 铜饰件

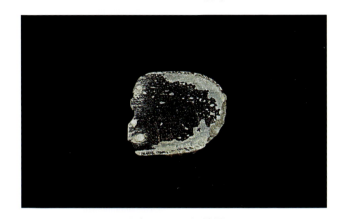

4. Ⅰ ST5：2 铜铊尾

5. Ⅱ M94：5 铜铊尾

6. Ⅱ M126：9 铜铊尾

7. Ⅰ M57：3 铁带銙

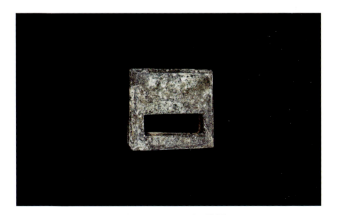

8. Ⅰ M73：2-2 铜带銙

两区出土铜、铁器

1. ⅡM126：5 棺钉　　　2. ⅡM82：2 棺钉　　　3. ⅡM82：3 棺钉　　　4. ⅠM3：70 棺钉

5. ⅡM48：14 棺钉

两区出土棺钉

1. ⅠM17：5-1、2 棺钉

2. ⅠM17：4-2 棺钉

3. ⅡM84：2 棺钉

4. ⅠM2：3 棺钉

5. ⅠM14：6-2、5~8 棺钉

两区出土棺钉

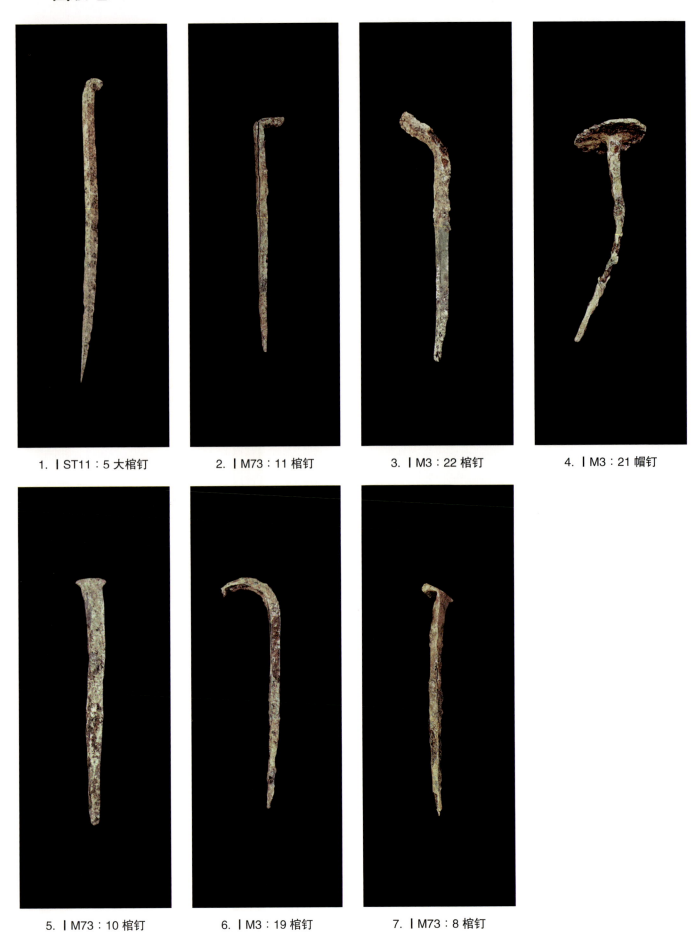

1. ⅠST11：5 大棺钉　　　2. ⅠM73：11 棺钉　　　3. ⅠM3：22 棺钉　　　4. ⅠM3：21 帽钉

5. ⅠM73：10 棺钉　　　6. ⅠM3：19 棺钉　　　7. ⅠM73：8 棺钉

一墓区出土棺钉、帽钉

1. Ⅰ M8：1 玉环

2. Ⅰ M3：66 玉环

3. Ⅰ M3：63 玉环

一墓区 **M3**、**M8** 出土玉环

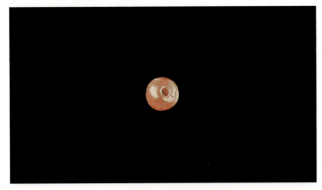

1. ⅠM3：76 玛瑙珠

2. ⅠM3：16 玛瑙珠

3. ⅠM3：67 玛瑙珠

4. ⅠM3：58 玛瑙珠

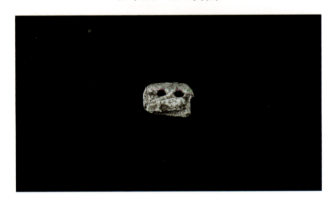

5. ⅠM3：71 蚌饰品

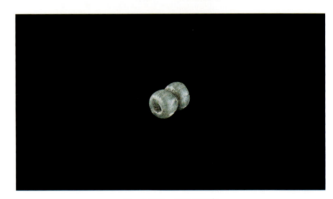

6. ⅠM3：75 石珠

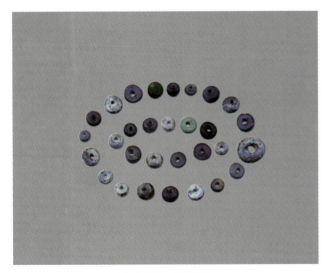

7. ⅠM3：17 串珠

8. ⅠM3：80 串珠

一墓区 M3 出土珠饰

1. Ⅰ M2：1 玛瑙珠

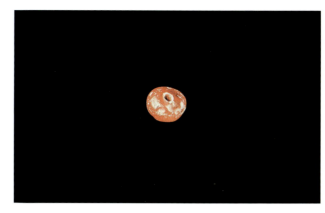

2. Ⅰ ST5：6 玛瑙珠

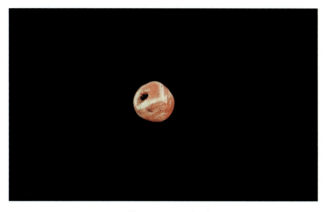

3. Ⅱ M48：15 料珠

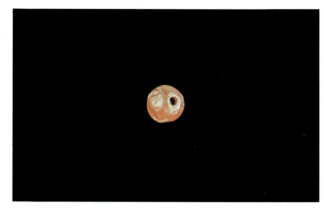

4. Ⅱ M126：13 玛瑙珠

5. Ⅰ M14：1 玛瑙管

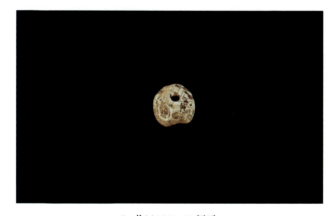

6. Ⅱ M126：7 料珠

7. Ⅰ ST11：1 玛瑙管

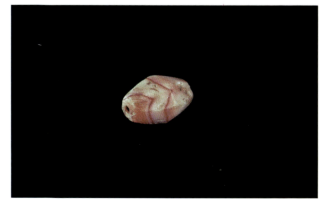

8. Ⅱ M48：2 料珠

两区出土料器

一墓区 M1 出土陶熏（ⅠM1：8）

1. Ⅰ M3：62 陶罐

2. Ⅰ M24：4 陶罐

3. Ⅰ M3：61 陶罐

4. Ⅰ M3：72 陶罐

一墓区 M3、M24 出土陶罐

一墓区 M5 出土三彩壶（Ⅰ M5：28）

1. Ⅱ M42：1 陶罐

2. Ⅰ ST5：9 陶罐

3. Ⅰ ST5：8 陶罐

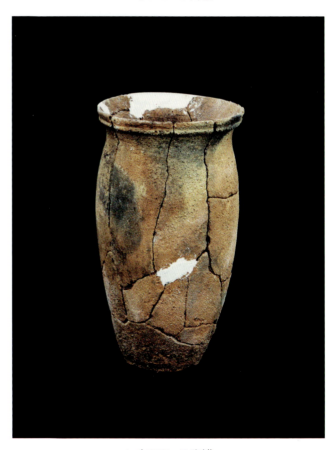

4. Ⅰ ST5：7 陶罐

一墓区 ST5、二墓区 M42 出土陶罐

1. ⅡM48∶16 陶罐

2. ⅡM94∶8 陶罐

3. ⅡM74∶1 陶罐

4. ⅠM8∶3 陶罐

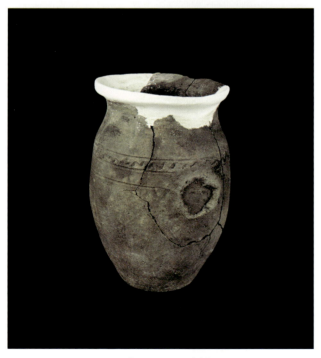

5. ⅡM127∶1 陶罐

6. ⅠM56∶1 陶罐

两区出土陶罐

1. Ⅰ M5：33 口沿

2. Ⅰ M5：34 口沿

3. Ⅰ M5：60 口沿

4. Ⅰ M5：48 口沿

5. Ⅰ M5：57 口沿

6. Ⅰ M5：64 口沿

一墓区 M5 出土陶器口沿

1. Ⅰ M3：9 口沿

2. Ⅰ M5：79 口沿

3. Ⅰ M10：3 口沿

4. Ⅰ M5：56 口沿

5. Ⅰ采：1 口沿

6. Ⅰ M62：1 口沿

一墓区出土陶器口沿

1. ⅡM126：14 口沿

2. ⅡM29：4 口沿

3. ⅠST1：6 口沿

4. ⅠST1：12 口沿

5. ⅠST1：15 口沿

6. ⅠM24：6 口沿

两区出土陶器口沿

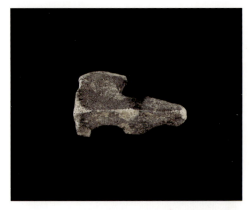

1. ⅠM58：2 多孔器

2. ⅠM4：7 绞胎杯口沿

5. ⅠM5：29 器座

3. ⅠM5：63 器底

4. ⅠM2：10 器底

6. Ⅰ采：7 陶器

一墓区出土三彩、陶、瓷器

1. ⅡM48：18 铁饰件

2. ⅡM48：13 铁饰件

3. ⅠM2：8、9、7、4 铁甲片

4. ⅠM2：6、5 铁甲片

5. ⅠM3：87~90 铁镞

6. ⅠST5：15 铁矛

两区出土铁器

图版九二

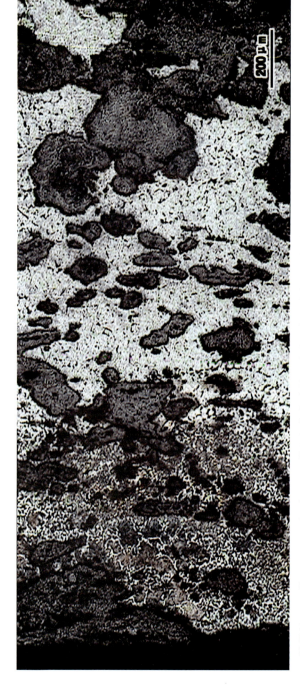

1. 铁带饰05DL I ST5∶4 莱氏体+渗碳体基体上分布着团絮状石墨

2. 铁带銙04DL II M78∶5-1 长边B-B面暗色区为含碳量0.8%珠光体组织，亮色区为铁素体组织

3. 铁带銙04DL II M78∶5-2 短边A-A面从左向右含碳量呈递减分布，暗色区为含碳量0.8%珠光体组织，右侧为铁素体，之间为碳量0.1%～0.7%不等的铁素体+珠光体组织

铁带饰 05DL I ST5∶4 及铁带銙04DL II M78∶5-1、2 金相组织

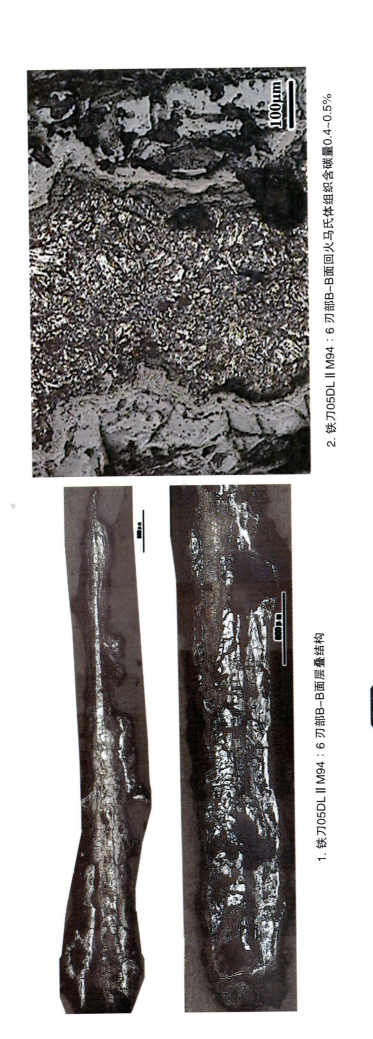

1. 铁刀05DL Ⅱ M94：6 刃部B-B面叠层结构

2. 铁刀05DL Ⅱ M94：6 刃部B-B面回火马氏体组织含碳量0.4~0.5%

3. 铁刀09DL Ⅰ 采：5 刃部A-A面全图第二次制样，表层回火马氏体组织，左上为刀正面，下方为刀的背面，为条状马氏体，中心区为铁素体及回火后回复、再结晶组织

铁刀 05DL Ⅱ M94：6 及铁刀 09DL Ⅰ 采：5 金相组织

2. 铁刀09DL I 采：5 第二次制样边缘低碳回火马氏体组织

4. 铁刀09DL I 采：5 第三次制样碳含量0.2%左右回火马氏体、条状马氏体回复、再结晶组织

1. 铁刀09DL I 采：5 第二次制样边缘回火马氏体组织

3. 铁刀09DL I 采：5 第三次制样边缘含碳量0.4%左右回火马氏体组织

铁刀 09DL I 采：5 金相组织

1. 铁镞09DLⅠM3：87 断面不同组织分布尖端含碳量高于中心，表层为回火马氏体组织，内部珠光体＋条状马氏体回复、再结晶组织

3. 铁镞09DLⅠM3：87 内部含碳量0.2%珠光体＋条状马氏体回复、再结晶组织

2. 铁镞09DLⅠM3：87 表层为回火马氏体、含碳量0.4%左右

铁镞 09DL Ⅰ M3 ： 87 金相组织

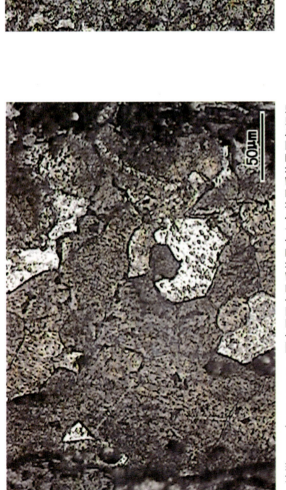

2. 铁镞09DL I M3：89 链端A–A面表层回马氏组织

4. 铁甲片09DL I M2：4 B–B面表面层为回火马氏体组织，向纵深内部为含碳量0.2%铁素体＋细珠光体组织

1. 铁镞09DL I M3：89 B–B面表层回火马氏体及中心条状马氏体及回复组织

3. 铁镞09DL I M3：89 链端A–A面由表层向纵深组织左侧暗色区为表层回火马氏体组织，中心为含碳量0.2%铁素体＋珠光体组织

铁镞 09DL I M3：89 及铁甲片 09DL I M2：4 金相组织

2. 铁甲片09DL I M2：9 B-B面条状马氏体组织

4. 铁棺钉04DL II M78：1-1 顶端条状马氏体回火后回复再结晶组织

铁甲片09DL I M2：4、9 及铁棺钉04DL II M78：1-1 金相组织

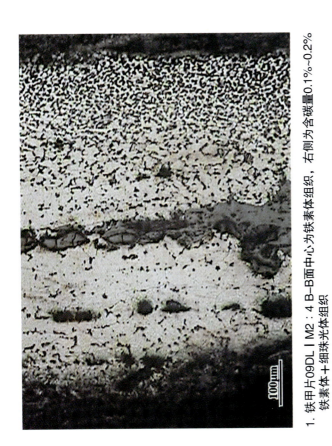

1. 铁甲片09DL I M2：4 B-B面中心为铁素体组织，右侧为含碳量0.1%~0.2%
铁素体+细珠光体组织

3. 铁棺钉04DL II M78：1-1 钉尖表层回火马氏体组织

铁甲片 09DL I M2：4、9 及铁棺钉 04DL II M78：1-1 金相组织

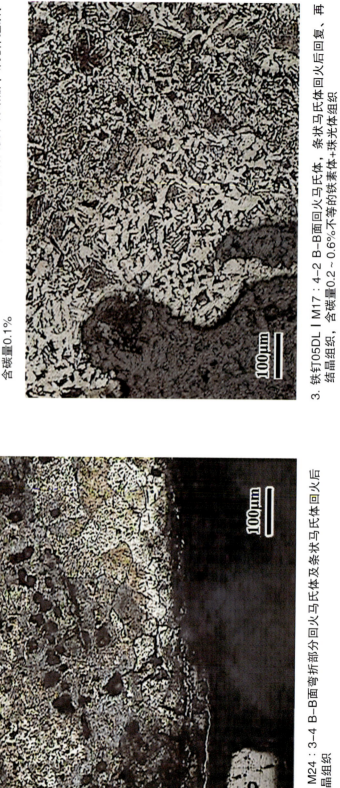

2. 铁钉04DL Ⅰ M24：3-4 条状马氏低回火后回复、再结晶＋珠光体组织，含碳量0.1%

3. 铁钉05DL Ⅰ M17：4-2 B-B面回火马氏体、条状马氏体回火后回复、再结晶组织，含碳量0.2～0.6%不等的铁素体＋珠光体组织

1. 铁钉04DL Ⅰ M24：3-4 B-B面弯折部分回火马氏体及条状马氏体回火后回复、再结晶组织

铁钉 04DL Ⅰ M24：3-4 及铁钉 05DL Ⅰ M17：4-2 金相组织

1. 铁钉05DLⅠM14：3-9 顶端弯折端面暗色为表层回火马氏体，白亮色为条状马氏体回火后α相恢复、再结晶组织，右边中部为含碳量0.1%~0.2%铁素体+细珠光体组织

2. 铁钉05DLⅠM14：3-9 A-A面不同含碳量组织分布暗色高碳区为含碳量0.6%~0.7%珠光体+铁素体组织，白亮色低碳区为铁素体组织，二者之间过渡区为含碳量0.1%~0.2%铁素体+珠光体组织

3. 铁钉05DLⅠM14：3-10 顶端弯折端面表层回火马氏体组织

4. 铁钉05DLⅠM14：3-11 B-B面靠近尖端回火马氏体、条状马氏体回火后回复、再结晶组织

铁钉 05DL Ⅰ M14：3-9、10、11 金相组织

1. 铁钉05DL Ⅰ M14：3-12 纵向B-B面靠近钉尖表层为回火马氏体，内部为含碳量0.2%~0.7%珠光体+α相回复及再结晶组织

2. 铁钉05DL Ⅰ M14：3-12 纵向B-B面靠近钉尖表层高碳区形成片状马氏体，含碳量低处为条状马氏体组织

3. 铁钉05DL Ⅰ M14：3-12 纵向B-B面靠近钉尖暗色区为表层回火马氏体，中心亮色区抛磨稍深，显示出珠光体+α相回复及再结晶组织，由右侧表层向左侧中心区，含碳量递减

4. 铁钉05DL Ⅰ M14：3-12 纵向B-B面钉身α相回复及再结晶组织

铁钉 05DL Ⅰ M14：3-12 金相组织

3. 铁钉05DL｜M14：3–13 B–B面含碳量0.2%回火马氏体＋细珠光体＋
α相回复及再结晶组织

4. 铁钉05DL｜M14：3–14 B–B面暗色区为回回火马氏体，中心为回火后
α相回复及再结晶组织

1. 铁钉05DL｜M14：3–13 B–B面回火马氏体组织

3. 铁钉05DL｜M14：3–14 B–B面回火马氏体组织

铁钉 05DL｜M14：3–13、14 金相组织

1. 铁钉05DL I M14：3-15 B-B不同含碳量组织表层为回火马氏体，断面可见含碳量0.1%~0.2%、0.4%、0.7%组织层状分布

2. 铁钉05DL I M14：3-15 B-B面含碳量0.1%~0.2%、0.7%组织

3. 铁钉05DL I M14：3-16 B-B面不同含碳量组织

4. 铁钉05DL I M14：3-16 B-B面回火马氏体及α相回复组织，右侧含碳量达0.7%，左侧含碳量约为0.5%

铁钉05DL I M14：3-15、16 金相组织

2. 铁钉05DL丨M14：3-18 纵向B-B面左侧为铁素体，右侧为含碳量0.1%铁素体＋珠光体组织

1. 铁钉05DL丨M14：3-16 B-B面条状马氏体回火后α相再结晶组织

3. 铁钉05DL丨M14-3-17 B-B面中心为铁素体组织，边缘可见回火马氏体，之间有含碳量0.1%～0.2%铁素体＋极细珠光体组织

铁钉 05DL 丨 M14：3-16、18、17 金相组织

2. 铁钉05DLⅡM48：14-2 B-B面表层马氏体、表层下条状马氏体回复组织、中心部位为再结晶程度不同的α相+珠光体组织

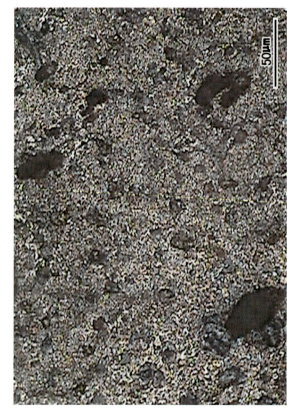

4. 铁钉05DLⅡM48：14-2 B-B面弯折区回火马氏体组织

1. 铁钉05DLⅡM48：14-2 B-B面不同组织：表层马氏体、表层下条状马氏体回复组织、中心部位为再结晶程度不同的α相+珠光体组织

3. 铁钉05DLⅡM48：14-2 B-B面弯折区回火马氏体组织

铁钉ⅡM48：14-2 金相组织

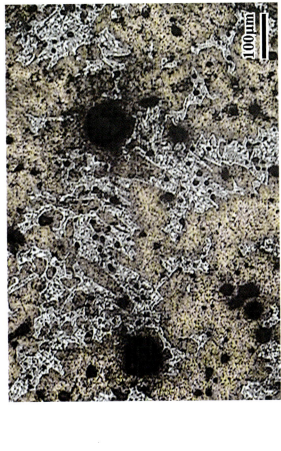

2. 青铜带銙04DL Ⅱ M126：1-1 铜锡铅三元合金组织 α 相＋ α ＋ δ 相＋Pb

4. 青铜饰件07DL Ⅰ M3：23 主体铜锡二元合金组织 α 相＋ β 相

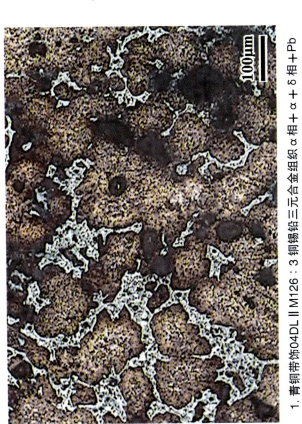

1. 青铜带饰04DL Ⅱ M126：3 铜锡铅三元合金组织 α 相＋ α ＋ δ 相＋Pb

3. 青铜带饰04DL Ⅱ M126：15 铜锡铅三元合金组织 α 相＋ α ＋ δ 相＋Pb

青铜带饰 04DL Ⅱ M126 ： 3、 15 及青铜带銙04DL Ⅱ M126 ： 1-1、 青铜饰件 07DL Ⅰ M3 ： 23 主体金相组织

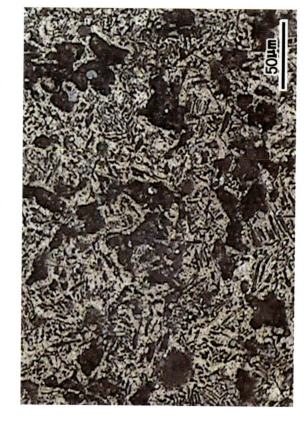

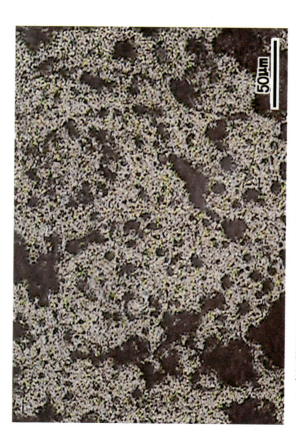

1. 青铜饰件07DL Ⅰ M3：23 补片纯铜热加工组织具有孪晶的等轴 α 相晶粒

2. 青铜带饰05DL Ⅰ M5：6 铜锡铅三元合金组织 α 相 + α + δ 相 + Pb

3. 青铜带銙05DL Ⅰ M73：2-1 组织未见 α + δ 相，只见 α 相 + Pb

4. 青铜镜05DL Ⅰ M73：3 断面组织 α 相 + α + δ 相 + Pb + 硫化物

青铜饰件 07DL Ⅰ M3：23 补片、青铜带饰 05DL Ⅰ M5：6、青铜带銙 05DL Ⅰ M73：2-1、青铜镜 05DL Ⅰ M73：3 金相组织

1. 鎏金带饰05DL I M14∶2 表面形貌

2. 鎏金带饰05DL I M14∶2 断面鎏金层鎏金层平均厚度：10.69μm

3. 鎏金带饰05DL I M14∶2 表面形貌

4. 鎏金带饰05DL I M14∶2 表面形貌

鎏金带饰 05DL Ⅰ M14 ： 2 表面形貌

ⅡM126∶11 鎏金铜环（清洗前）

ⅡM126∶11 鎏金铜环（清洗后）

ⅠM5∶7 鎏金饰件（清洗前）

ⅠM5∶7 鎏金饰件（清洗后）

ⅠM5∶5 鎏金饰件（清洗前）

ⅠM5∶5 鎏金饰件（清洗后）

鎏金器清洗前后对比